제3판

현대비서학

조계숙 · 최애경
정성휘 · 정미숙 · 김미영
윤미숙 · 조영아 · 오지현

도서출판 대영문화사

제3판 머리말

제4차 산업혁명 시대는 새로운 기술의 등장과 기술적 혁신으로 규모, 속도, 범위 면에서 매우 빠른 속도로 전개되고 있다. 사물인터넷, 빅데이터, 인공지능, 로봇공학 및 생명공학과 같은 과학기술을 핵심 성장동력으로 사회·경제 전반에 영향을 미치고 있다. 또한 COVID-19로 인하여 사회환경뿐만 아니라 기업환경과 직업환경까지 뒤흔들리는 상황을 맞이하였다. 원격 근무가 보편화되고 화상회의가 빠른 속도로 자리잡으면서 업무 처리 방식과 커뮤니케이션 방식은 급변하였다.

휴대폰 음성인식 서비스에서 출발하여 제공되어오던 다양한 서비스가 인공지능 기능을 갖추고 AI 비서라고 불리우며 비서의 기존 직무를 위협하고 있다. 예를 들면, 상사의 요청으로 항공기나 호텔 예약을 위한 정보를 조사해서 보고하던 비서의 업무를 AI 비서에게 음성으로 요청하면 즉시 정보를 제공해 줄 수 있는 단계에까지 이르렀다. 그러나 직업전망에 의하면, 이러한 첨단 테크놀로지의 발달로 인하여 단순 비서직의 숫자는 줄어들겠지만 비즈니스와 오피스의 환경적 맥락을 이해하고, 상사를 비롯하여 여러 이해관계자들과의 관계성을 인지하여 자율적으로 업무를 수행할 수 있는 역량을 갖춘 전문 비서에 대한 수요는 여전히 높을 것으로 전망되고 있다.

전문 비서는 경영자의 시간관리자, 정보관리자, 인간관계 관리자라고 할 수 있으며, 유능한 경영자는 실무 능력과 인간관계 능력이 뛰어나면서도 직업 윤리 의식이 투철한 비서를 잘 활용함으로써 더 많은 시간과 노력을 전략적인 업무에 집중할 수 있다. 비서가 전문 스태프로서의 역할을 잘할 수 있으려면 비서 스스로 전문적인 능력을 함양하여 단순한 업무 보조가 아닌 전략적 참모로서의 역할을 다할 수 있어야 한다. 조직과 상사는 비서들이 조직 내에서 성장해 나갈 수 있도록 여건을 조성하고 격려하여야 한다.

조직 체계 면에서 팀제가 확산되면서 팀을 지원하는 팀 비서의 숫자와 역할도 증가하였다. 이에 따라 팀 비서는 팀의 목표를 달성하기 위한 제반 활동들이 원활하게 돌아갈 수 있도록 팀원들을 지원하고 성과를 관리하는 프로젝트 매니저로서의 역할 또한 확대되고 있다. 뿐만 아니라 기업 비서를 주축으로 하여 법률 비서, 의료 비서와 같이 전문화된 다양한 영역에서도 비서로서의 기본 역량과 해당 전문 분야에 관한 지식을 갖춘 비서의 수요도 늘어나고 있다.

이 책 『현대비서학』에서는 비서학의 이론적 근거를 제공하는 여러 인접 사회과학 분야의 지식을 포괄적으로 소개함과 동시에 비서에게 필요한 다양한 지식을 재정의하였다. 특히 글로벌화와 테크놀로지의 발전으로 인하여 변화되고 확대된 비서 업무를 수행하는 데 필요한 기본적인 조직 관련 지식과 변화하는 첨단 테크놀로지의 흐름을 이해하기 위한 사무 정보에 관련된 내용을 다루었다. 또한 유능하면서도 조직원들이나 고객들과 조화로운 인간관계를 유지해 나갈 수 있도록 인간관계에 관한 제반 이론들에 대한 개요를 포함하고 있으며, 인성의 중요성과 끊임없는 노력으로 자기계발을 게을리하지 않는 프로의식을 강조하였다.

아무쪼록 이 책이 전문 비서가 되고자 하는 사람들에게 전문 비서의 개념과 역할을 인지하게 하고, 전문 비서가 되기 위해서는 어떤 능력이 필요한가를 인식하고 스스로 준비하는 데 이정표 역할을 할 수 있기를 바란다. 또 비서학을 전공하지 않고 현직에서 근무하고 있는 비서들에게는 비서직의 개념적 틀을 제공하고, 능동적이고도 진취적인 전문 비서가 되기 위하여 끊임없는 자기계발을 하고자 하는 동기를 불러 일으킬 수 있기를 기대한다.

제3판에서는 여러 대학에서 비서들을 교육하는 다수의 교수들이 개정 작업에 참여하였으며, 앞으로도 시대적 변화에 앞서 나가는 인재들을 배출하기 위한 비서학의 정체성을 지켜나갈 것이다. 항상 비서학 발전을 위하여 모든 면에서 후원을 아끼지 않으며 이 제3판이 나올 수 있도록 오래 기다려 주고 격려해 주신 대영문화사 임춘환 사장님과 임직원 여러분께 깊은 감사를 드린다.

2021년 1월

저자 일동

차 례

PART 03 비서와 인간관계

제7장 비서의 인간관계

제8장 커뮤니케이션

제9장 리더십과 동기 부여

PART 04 정보사회와 비서

제10장 비서와 정보관리

제15장
비서의 자기계발

PART 01

비서에 대한 이해

제 1 장

비서직의 개요

21세기에 들어 특히 COVID-19 이후 사회와 기업환경은 급변하고 있다. 특히 정보통신 기술 발전과 비대면 업무환경 확대로 때와 장소를 가리지 않고 업무가 이루어질 수 있게 되었다. 이러한 변화 환경에서 조직원들은 자신의 커리어 활동에서 살아남고 성공하기 위하여 끊임없는 지식과 기술의 습득은 필수적이 되었다.

조직에서 경영자를 보좌하는 비서는 경영환경에 영향을 미치는 사회의 여러 변화의 흐름을 잘 파악하고, 기업 조직의 전문화, 글로벌화 및 모바일 경제의 확대 등과 같은 최신 트렌드를 이해하고, 상사가 업무 수행을 효과적으로 할 수 있도록 보좌하는 스태프(staff)로서의 역할을 수행하여야 한다.

1.1 비서의 개념

1. 비서직의 역사

비서직의 유래는 인류의 역사와 더불어 부족사회의 형성부터라고 할 수 있다. 약 6,000년 전에는 고대 이집트의 왕 측근에서 왕의 치적을 기록하는 관직이 있었으며, 기원전 30년경에는 이집트의 클레오파트라(Cleopatra) 여왕에게 디오메데스(Diomedes)라는 남성 비서가 있었다고 한다. 근대적 의미로는 10세기에 영국 왕실에서 왕의 서신과 문서를 담당하던 관리를 'secretary'라고 하였으며, 산업혁명 이후 사기업(私企業)이 대거 출현함으로써 비서는 보편적인 직업이 되었다. 대부분의 직종이 그렇듯이 비서직도 남성직으로서 기원전부터 시작되었고, 여성 비서의 등장은 근대 사회에 들어와서 여성의 사회 진출이 시작되면서부터이다.

우리나라에서 최초로 비서라는 명칭을 사용한 것은 고려 초기에 축문(祝文)과 기록을 맡아보는 내서성(內書省)을 성종 14년(서기 995년)에 비서성(秘書省)으로 개칭하면서 비롯되었다고 볼 수 있다. 또한 조선 시대에는 각 고을의 수령 밑에서 인사, 비서 등의 사무를 맡은 아전이었던 이방아전(吏房衙前)이라는 직책이 있었다. 조선 말기와 대한제국에는 궁내부(宮內府) 소속으로 비서감(秘書監)·비서원(秘書院)의 관직이 있었다.

우리나라에서 여성 비서의 등장은 1945년 일본으로부터 우리나라가 독립하면서 우리나라가 합법적인 정부를 수립할 때까지 미군정 통치가 시작된 시점이다. 영어 의사소통이 가능한 여성들이 한국 주재 미군정 사무실이나 UN 관련 기관에서 활동하게 됨으로써 전문적인 여성 비서가 등장하기 시작했다. 이러한 비서 인력에 대한 수요를 충당하기 위하여 이화여대 영문과에 비서학 부전공을 설치하고, 국제연합한국재건단(United Nations Korea Reconstruction Agency: UNKRA)이 기부한 타자기 등의 교육기자재로 영문 타자, 영문 속기, 영문서 작성 등의 비서학 관련 과목들을 미국 여성 선교사가 강의하였다. 1968년도에는 이화여대에 비서학과가 독립 전공으로 설립되면서 대학에서의 체계적인 비서 교육이 시작되었다.

1970년대에는 국내 기업의 글로벌화와 외국인 투자기관 증대에 따라 전문 비서의 필요성이 높아졌으며, 1980년대에는 전문 지식, 외국어 능력, 사무 기술을 갖춘 전문 비서에 대한 수요가 대폭 증가하였다. 1990년대 이후 급속히 변화하는 환경에서 경영자를 보좌하기 위한 전문 비서의 필요성이 강조됨에 따라 대학에서의 비서학과 설치가 증가하고, 한국비서학회를 중심으로 지식과 이론이 체계화되기 시작하였다.

현재는 사회적 요구를 반영하여 다양한 비서 교육 과정이 개설되어 있으며, 필요에 따라 고등학교, 2년제, 3년제, 4년제 대학교에서 비서 교육을 받을 수 있다. 비서의 전문성 향상을 위한 전문직 단체로 한국비서학회와 (사)한국비서협회가 운영되고

한국비서학회 홈페이지

(사)한국비서협회 홈페이지

있으며, 정보교환과 상호 교류를 통해 비서직 성장발전을 도모하고 있다.

직업공동체 형성

비서 1: (사)한국비서협회 활동하는 분들이 이직률이 낮은 것 같아요. 그래서 저는 회사 후배들을 모아서 협회 모임도 가고 또 회사로부터 협회 관련 지원도 받아요. 후배들이 협회 활동에 적극적일 수 있게 길을 놓아 주고 있어요.

비서 2: (사)한국비서협회에서 활동하면서 제가 저희 상사를 추천해서 베스트 보스상에 뽑히셨어요. 그때부터 사장님께서 협회에 지원도 많이 해 주시고, 협회 활동을 하면서 비서로 성장할 수 있었고 또 보스에게 더욱 인정받게 된 것도 같아요.

비서 3: 비서들을 만날 수 있는 기회가 없었어요. 협회에서 비서들끼리 명함주고 받으면서 "비서들이 이렇게 많구나"라고 놀랐어요. 남자 비서 분들도 계시고 의외로 비서집단이 크다는 것에 굉장히 놀란 기억이 나요. 든든한 지원군들이 이렇게 많구나라는 생각도 들었어요.

출처: 강예린 · 최애경(2019)

2. 비서의 정의

"비서란 누구인가?"를 정의내릴 때 국가, 집무 상황, 역사적 배경, 역할과 기능을 어떻게 보느냐에 따라 그 정의도 달라질 수 있다. 현대와 같이 기술혁신과 사무환경이 급격하게 변하는 시대에는 비서의 본질을 올바로 파악하고 비서 개념을 확립하여야 한다.

『국어사전』에는 비서란 "일부 중요한 직위에 있는 사람에게 직속되어 있으면서 사무를 맡아보는 직위, 또는 그 직위에 있는 사람"으로 정의하고 있다. 『웹스터사전』에는 좀 더 광범위하게 정의하고 있는데, ① 어떤 조직 내에서나 개인을 위하여 기록의 보관, 통신의 취급 및 기타 서기적 사무를 위하여 고용된 사람, ② 이상의 업무를 담당하는 일반 공무원, ③ 정부의 각 부서에 소속된 관리 등으로 정의하고 있다.

비서란 어원상 중세 라틴어의 세크레타리우스(Secretarius)에서 나온 말로 '기밀을 맡길 수 있는 사람'이란 의미이다. 미국 현직 오피스 전문가들의 모임인 국제사무전문가협회(International Association of Administrative Professionals: IAAP)의 전신인 PSI(Professional Secretaries International)에서 정의한 바에 의하면, "Secretary is an executive assistant who possesses a mastery of office skills, demonstrates the ability to assume responsibility without direct supervision, exercises initiative and judgment, and makes decisions within the scope of assigned authority(비서는 숙달된 사무 기술을 보유하고 직접적인 감독 없이도 책임을 맡는 능력을 발휘하며, 창의력과 판단력으로 주어진 권한 내에서 의사결정을 내리는 간부적 보좌인)"라고 하였다. 이와 같이 비서에 대한 정의는 사전과 기관에 따라 표현상의 차이를 보이고 있는데, 그 중에서 미국 PSI의 정의는 좀 더 광범위하고 포괄적인 비서상을 제시하였다고 볼 수 있다.

비서에 대한 정의를 포괄적으로 내리자면 비서는 "경영자 또는 관리자가 그들 본연의 업무에 전념할 수 있도록 보좌하는 역할"이라고 할 수 있다. 문제는 보좌하는 업무의 내용과 수준, 즉 어떤 보좌를 하는가에 따라 비서의 역할이 달라진다는 것이다. 또한 비서의 특수성은 'secretary'라는 용어에서도 나타나는 바와 같이 기밀, 즉

'secret'에 관련된 정보나 문서를 다루는 데에 있다. 상사는 비서에게 모든 기밀 사항을 맡길 수 있어야 하며, 비서 또한 업무나 조직에 관련된 사항은 그 기밀을 절대적으로 유지할 수 있어야 서로 신뢰를 바탕으로 한 업무관계를 유지할 수 있다.

상사와의 신뢰감

비서 1: 업무 시작하고 5년이 지났을 때 상사께서 본인 이메일 비밀번호를 저한테 알려주셨어요. 그때부터 업무를 하나만 시키던 분이 20개, 30개를 시켰을 때 그 성취감은 어마어마해요.

비서 2: 순간순간 상사분이 저한테 의지하고 신뢰하심을 느낄 때가 있어요. 신입시절에 상사분이 제가 비서인데도 오래 모셨던 전임자에게만 일을 시키셨어요. 그 분은 업무를 쉽게 안 주셨거든요. 점점 시간이 지나면서 저한테만 일을 맡기시고 의지하려 하실 때 뿌듯하고 내가 관계를 잘 쌓아왔구나라는 생각이 들었어요.

비서 3: 저를 신뢰해 주시고 인간적으로 대해 주시는 상사는 아무래도 마음에 남아요. 인간적으로 굉장히 세심하게 저를 챙겨주셨어요.

출처: 강예린 · 최애경(2019)

3. 비서직의 변화

비서직은 사회적 요구 변화에 따라 꾸준히 변화해 왔으며, 기업 구조조정과 기술혁명으로 팀을 보좌하는 비서의 역할에 대한 요구가 더욱 확대되고 있다. 즉, 과거의 비서(secretary)가 주로 고위층의 상사를 보좌하였다면 오늘날의 비서(administrative assistant)는 고위층을 보좌하는 비서도 있지만 팀 비서로 프로젝트 관리자, 프레젠테이션 디자이너, 그리고 중요한 팀 구성원으로서 다기능(multi-function), 다기술적(multi-skill)이고도 적극적인 역할을 수행하고 있다. 최근에 와서 미국에서는 Secretary라는 용어 대신 assistant라는 용어를 일반적으로 사용하고 있다.

다기능화란 근로자가 한 가지 기능 영역을 넘어서 넓은 범위의 기능을 소유할 뿐 아니라 작업 현장에서의 비정상적인 상황 발생 시 대처 능력을 가지게 되는 것을 의미한다. 급변하는 상황에 유연하게 대처하기 위해서는 근로자들이 한두 가지 업무에 전문화되어 있는 것보다 상황 변화에 따라 다양한 업무를 수행할 수 있어야 한다.

비서는 최근의 조직원의 다기능적 역할 요구 변화 이전에 이미 한 분야의 업무를 주로 처리하는 일반 직원과는 달리 다양한 기술을 갖추고 다양한 역할을 수행하여 왔다. 비서의 다기능 역할 수행을 위해서는 핵심 역량으로 행정 지원 능력(administrative skill), 기술적 능력(technical skill), 그리고 팀워크 능력(teamwork skill)이 더욱 중시된다.

1.2 비서의 유형

비서는 조직의 규모와 특성에 따라 여러 유형의 비서가 존재하며, 어떠한 기준으로 나누는가에 따라 다양하게 분류할 수 있다.

1. 소속에 따른 유형

업무 수행 시 조직 내의 소속 및 보좌 형태를 중심으로 구분하면 개인에 소속된 비서, 비서실에 소속된 비서, 그리고 팀에 소속된 비서로 분류할 수 있다.

(1) 개인에 소속된 비서

한 명의 비서가 한 명의 상사를 보좌하는 유형이다. 전통적으로 상사와 비서는 1 대 1의 관계가 일반적이었으나 사무비용의 증가와 인건비의 상승으로 단독 비서를 채용할 수 있는 위치에 있는 사람은 대기업의 최고경영자 등의 고위직에 한정된다. 비서의 입장에서는 한 명의 상사를 보좌하므로 상사의 업무 분야, 특성 및 개인적 성향 등을 파악할 수 있어 효율적이며, 일의 계획이나 우선순위를 세울 때 비교적 용이하다.

(2) 비서실에 소속된 비서

① 그룹 비서

여러 명의 비서가 비서실에 배속되어 있으면서 최고경영층의 업무를 전담 업무별로 혹은 상사별로 보좌한다. 문서관리 담당, 일정관리 담당, 의전관리 담당 등 비서실 구성원 전체가 비서 업무를 분담하며 비서실장이나 비서과장의 책임과 지휘 하에 업무를 수행한다.

② 공동 비서

한 명의 비서가 여러 명의 상사를 지원하는 경우를 말한다. 예를 들면, 부사장, 전무, 상무를 한 명의 비서가 보좌하는 형태이다. 비서의 입장에서는 여러 상사의 지시사항을 수행하여야 하므로, 업무의 우선순위가 바뀌지 않도록 신중한 업무 조정이나 계획이 필요하다. 개인에 소속되어 있는 비서에 비해서 여러 명의 상사를 지원하다 보면 업무가 복잡할 수도 있으나, 능력을 인정받을 수 있는 기회가 많은 장점도 있다.

표 1-1 개인 비서와 그룹 비서의 비교

개인 비서	그룹 비서
① 1 대 1이므로 명령 라인이 통일되어 있다. 상사와 사내·외의 의사 전달의 경로 역할을 하고 단순한 업무는 재량으로 처리한다. ② 비서의 업무 범위가 명확하다. ③ 책임은 비서 개인이 진다. ④ 비서 업무를 잘 알아야 업무를 처리할 수 있다. ⑤ 모든 것은 혼자 처리하여야 하므로 바쁘고 힘들 때가 있다. ⑥ 상사와 비서의 업무 스타일이 맞지 않으면 일하기가 힘들다. ⑦ 다른 사원과의 교류가 적고 고립되어 있어 정보 공유가 힘들다.	① 상사가 여러 명이므로 명령 라인의 통일이 어렵다. 직속 상사에게서 업무 지시를 받을 때도 비서실장(과장)에게도 보고해야 한다. ② 비서 사이의 업무 구분이 명확하지 않다. ③ 형식적으로는 비서실장이 모든 책임을 지며 실제로는 비서실 비서진들이 공동으로 책임을 진다. ④ 미경험자라도 과(課) 안에서 직무 훈련이 이루어질 수 있다. ⑤ 서로 도움을 줄 수 있다. ⑥ 비서가 여러 명이므로 상사와의 인간관계가 업무에 많은 영향을 주지 않는다. ⑦ 비서실 내의 다른 사원과 교류하므로 정보를 쉽게 얻을 수 있다.

(3) 팀에 소속된 비서

2000년대 이후 국내에서는 기업의 다운사이징(downsizing)과 조직 구조의 변화로 팀 업무와 팀장의 비서 업무를 겸직하는 팀 비서가 증가되었다. 소속 부서나 팀의 업무와 팀장의 비서를 겸하는 유형으로, 고유 업무를 수행하면서 동시에 팀장과 팀원을 지원하는 비서의 업무도 수행한다. 예를 들면, 인사 팀이나 마케팅 팀에 소속되어 팀 전체의 업무가 원활하게 진행될 수 있도록 팀장과 팀원을 지원하는 한편, 마케팅 팀에서 자신의 고유 직무도 수행하는 방식이다.

이는 국내보다 기업의 다운사이징과 형태 변화가 빨리 나타난 미국에서 엔스맨(Richard G. Ensman)이 비서를 업무관리자로서 정보관리자, 재고관리자, 인사관리자로 제시한 것과 비슷한 맥락으로 생각할 수 있다.

국내 외국기업 팀 비서의 주요 역할은 정보관리자, 의사소통 관리자 및 사무행정 관리자이며, 요구되는 역량으로는 외국어 능력, 컴퓨터 활용 능력, 조직업무 이해 능력, 팀 업무 관련 지식 등이 있다. 국내 기업 팀 비서의 주요 역할은 행정지원자, 업무 파트너 및 팀원으로서의 역할비중이 높은 것으로 보고되고 있으며, 팀 비서의 주요 역량으로는 컴퓨터 활용 능력, 성품, 서비스 정신, 회계 및 경영지식, 인간관계 능력이 높은 것으로 나타났다. 이와 같이 동일한 조직 형태인 팀에서 비서직을 수행하더라도 조직문화에 따라 팀 비서에게 기대하는 역할과 역량에는 차이가 있을 수 있다.

2. 전문 분야에 따른 유형

각 조직에는 조직을 운영하는 관리자가 필요하고, 조직의 관리자는 업무를 보좌해 주는 비서를 필요로 한다. 법률가나 의사의 경우 각자의 전문 분야가 있는 것처럼 비서 업무도 분야별로 전문화되어 가는 추세이다. 비서로서 기본적으로 갖추어야 할 태도나 사무 기술은 공통적이지만, 업무 분야에 따라 자주 사용되는 용어와 업무 내용 등은 달라진다.

(1) 기업 비서(Corporate Administrative Assistant)

기업 비서는 기업 조직에서 경영자를 보좌하는 비서를 말한다. 기업은 근본적으로 영리 추구가 목적이므로 비서는 이를 달성하는 데 기여하고자 하는 자세를 갖추고 있어야 한다. 세계 경제의 글로벌화와 함께 국내 기업의 해외 진출 및 외국계 기업의 국내 진출이 확대되었으며, 이러한 환경 변화는 능력 있는 비서에 대한 수요를 더욱 확대시키고 있다.

기업 비서는 기업 운영에 필요한 경제학, 경영학, 인사관리, 회계학, 재무관리, 노무관리, 마케팅 등의 지식과 경영자의 역할을 이해하고 환경 변화에 능동적으로 대처함으로써 기업의 목표 달성에 기여하여야 한다. 특히 비서는 회사의 제일선에서 언제나 예의바르고 친절한 태도로 기업의 이해 관계자들을 대함으로써 기업에 대한 좋은 이미지를 심도록 노력한다. 아울러, 민첩한 상황 대응력과 사무 처리 능력을 갖추고 상사가 조직목표를 달성하는 데에 기여할 수 있어야 한다.

(2) 공공기관 비서(Public Administrative Assistant)

지방자치단체장, 관공서나 공공기관의 책임자를 보좌하는 비서이다. 공공기관의 의사결정 구조를 잘 알고 있어야 하며, 기관의 고유 문서 서식, 의사결정 구조 등 행정 업무에 관한 지식이 요구된다. 그 밖에도 법률의 제정 과정이나 관계 기관과의 긴밀한 업무관계를 파악하여야 한다.

이러한 기관에 근무하는 비서는 외부로부터 여러 정책에 관한 기밀 정보를 탐색하고자 하는 대상이 되므로 상사나 중요 정책에 관련된 사항이 공식적으로 발표되기 전에 미리 누설하지 않도록 각별히 주의하여야 한다.

(3) 교육기관 비서(Educational Assistant)

교육기관이나 연구기관의 행정책임자를 보좌하거나 연구 활동을 보좌한다. 대학 총장이나 연구소의 전문인을 보좌하는 비서로서, 해당 기관의 교육 이념, 목표 등을 이해하여 업무를 원활하게 처리하여야 한다. 교육기관이나 연구기관 특유의 조직 운영 방식에 빨리 적응하여야 하며, 자료의 수집, 정리, 검색 또는 자료 처리에 관련된 업무를 주로 수행한다.

교육기관의 운영에 있어 교육과 행정이 분리된 곳에서는 이 분야에 종사하는 비서의 수가 많다. 미국 교육기관 비서 관련 자격증 부여 프로그램으로는 1934년에 설립된 전문교육비서협회(National Association of Educational Office Professionals)가 주관하는 PSP(Professional Standards Program)가 있다. 교육, 경험, 그리고 협회 활동 등을 바탕으로 여러 단계의 자격증을 부여하고 있다.

(4) 의료 비서(Medical Assistant)

종합병원 병원장실이나 병원 부설 연구소 혹은 내과, 외과 등의 전공교실, 그리고 개인 병원에 근무하는 비서이다. 병원이 거대한 자금과 전문 경영인, 전문 의료인이 결합하여 대규모화되어 감에 따라 병원의 원장, 부원장 등의 관리책임자와 각 부문의 의료인들을 보좌하는 비서의 수요가 증가하고 있다.

이러한 의료 비서는 기본적인 의학 용어 이외에도 병원 회계 제도, 의료보험 사무, 결제 제도 등을 잘 알아야 한다. 이 밖에도 의료인의 한 사람으로서 기본 윤리 의식을 가지고 환자들에게 봉사하려는 자세로 임하여야 한다. 의료 비서에 관한 자격증으로 미국에는 미국의료비서협회(The American Association of Medical Assistants)가 주관하는 CMA(Certified Medical Assistant) 자격증이 있다.

(5) 법률 비서(Legal Assistant)

개인 법률사무소나 로펌(law firm)에서 법률에 관련된 문서를 처리하고 소송 문의, 의뢰인 응대를 하는 비서를 말한다. 로펌에는 소송 관련 변호사를 돕는 송무 비서와 기업 관련 자문 업무를 담당하는 변호사를 보좌하는 자문 비서가 있다. 송무 비서의 경우, 소송에 관련된 업무 이외에도 의뢰자의 접대, 판례 조사, 법원과의 연락 등에 관계된 업무를 한다. 따라서 법률 용어, 소송, 변호에 관한 지식, 회사 설립, 부동산 등기 등의 법률 수속에 관한 광범위한 지식이 요구된다. 최근에는 다국적 기업들의 국제 비즈니스가 활발해져 관련 업무를 다루는 외국계 로펌의 경우에는 상당한 수준의 외국어를 구사할 수 있는 비서에 대한 수요가 증가하고 있다. 현재 미국에는 법률 비서와 관련하여 전국법률비서협회(The National Association of Legal Secretaries)가 주관하는 PLS(Professional Legal Secretary)와 CLP(Certified Legal Professional) 자격증이 있다.

(6) 회계 비서(Accounting/Finance Assistant)

공인회계사, 세무사의 개인 사무실이나 회계법인에서 근무하는 회계 비서는 회계 지식과 회계 프로그램을 사용한 업무 처리 능력이 요구된다. 최근 기업의 글로벌화 추세로 외국 기업의 국내 진출은 물론 국내 기업의 해외 진출로 그 활동 범위가 확장되어 역할도 다양해졌다. 국내 기업들의 결산서 감사뿐만 아니라 한국과 외국과의 회계 원칙의 비교, 한국의 회계 원칙 하에 작성된 재무제표를 외국의 회계 원칙에 따라 재편성하며, 주석을 달고, 한국 기업의 재무제표를 영어나 그 밖의 외국어로 번역하는 등 그 업무 영역이 더욱 전문화되어 가고 있다. 이 분야의 전문 비서는 회계 전문 용어와 개념에 대하여 깊이 있는 지식과 영어로 회계 보고서를 작성하는 경우가 많으므로 회계학 용어와 개념을 영어로 익혀 두는 것이 필요하다. 또한 엑셀과 같은 스프레드시트 프로그램을 고급 기능까지 능숙하게 사용할 수 있어야 한다.

(7) 종교기관 비서(Church Assistant)

종교기관의 규모가 커지면서 그 기관의 행정적인 업무와 종교 지도자의 지원 업무를 담당할 비서가 필요하게 되었다. 종교 지도자의 대외 활동을 위한 보좌와 설교 자료의 준비, 종교단체의 행정 및 재무와 관련된 업무들을 처리하며, 신자들에 관한 자료를 정리 · 보관한다. 이 분야에서는 신앙심이 깊고 봉사 정신이 투철하며, 원만한 대인관계를 가진 비서를 요구한다.

표 1-2 업무 기능에 따른 비서직의 분류

비서직은 수행하는 업무의 기능에 따라 다음과 같이 분류가 가능하다.

(1) 참모형 비서(staff secretary)
행정이나 경영 라인 조직 최고책임자의 보좌역으로서의 비서를 말한다. 이러한 형태는 대통령 비서실장, 비서관 및 대기업의 비서실장, 또는 전문 분야별로 공·사조직 최고책임자의 비서가 이에 해당된다. 예를 들면, 주요 정책, 경영 계획 및 의사결정 과정에 참여하는 비서직은 모두 여기에 포함된다.

(2) 부관형 비서(adjunct secretary)
일반적으로 수행 비서를 의미하며, 조직의 장이나 최고책임자를 수행하는 역할을 맡는다. 이 유형의 비서는 사무 관련 전문 지식이나 경험보다는 상대적으로 좋은 인상, 원만한 인간관계와 활동력이 중요시된다. 상사와 많은 시간을 보내기 때문에 상사의 성격이나 기호 또는 대인관계 등에 대하여 충분한 지식을 가지고 있어야 한다.

(3) 행정 관리로서의 비서(government official secretary)
미국의 경우, 국무장관을 'secretary of state'로 부르며, 각부 장관도 'secretary'란 명칭을 사용하고 있다. 대통령을 보좌하여 국정을 운영한다는 의미이다. 이런 경우는 일반적 비서의 개념인 업무 보좌 역할과는 차이가 있다.

(4) 관리 책임자로서의 비서(general secretary)
정부, 국제기구, 공공단체에서 관리 책임의 위치에 있는 사람을 말한다. 여기에 해당하는 직책으로는 UN 사무총장, 국회 사무총장, 정당의 간사장, 위원회의 사무국장 등으로 이들은 각 조직에서 모든 업무를 총괄하는 위치에 있다.

(8) 정치 비서(Parliamentary Assistant)

국회의원, 지방의회 의원 사무실에서 근무하는 비서는 국회나 정당, 정부의 조직을 잘 알고 관계 기관과의 긴밀한 업무관계를 이해하여야 한다. 국회의원 비서진은 의원 산하에 4급 보좌관 2명, 5급 비서관 2명, 6~9급 비서 각 1명, 그리고 유급 인턴 1명 등 총 9명의 비서진을 둘 수 있다. 이들은 국가에서 별정직 공무원으로 분류하고 있으며, 4년 동안만 법적으로 직위가 보장된다.

의원의 임기와 비서의 임기가 같으며 국회가 열려 있는 동안 업무가 증가한다. 이들은 의원의 대외 활동 및 입법 활동 보좌, 출신 지역구와의 연락 사무에 큰 비중을 두고 유권자들에 대한 정보를 수집하고 관리한다.

(9) 기타 분야의 비서

사회가 다양화되고 전문화됨에 따라 여러 분야에서 유능한 비서를 필요로 하고 있다. 스포츠 관련 조직, 문화단체, 국제기구, 비영리기구 등 많은 다양한 조직에서 상사 보좌와 사무관리를 동시에 할 수 있는 비서를 찾고 있다. 이러한 분야에 진출하기 위해서는 의사소통을 비롯한 원만한 인간관계 능력, 시간과 업무 관리 기술, 의사결정 기술, 창의적 사고, 전문 기술 및 정보 관련 기술이 필요하다.

1.3 비서직의 현황과 발전 방안

1. 비서직의 현황

우리나라의 경우, 비서직에 대한 사회적 인식이 미흡하다. 비서직 자체를 주요 기능을 수행하는 참모로 인식하기보다는 아직도 상사의 일상적인 잡무를 보조하는 여성의 직업으로 생각하는 것이 일반적이다. 또한 조직의 제일선에서 기업 이미지를 좌우할 수 있는 일상적이면서도 중요한 업무, 예를 들어 전화 수신 업무, 손님 응대 업무 등이 그다지 중요하지 않은 단순한 업무라는 개념에서 벗어나지 못하고 있는 실정이다.

지금까지 비서에 대한 인식이 잘못되었던 이유를 살펴보면 다음과 같다.

(1) 비서 명칭의 남용

비서직에 대한 일반인의 인식 부족으로 비서라는 명칭이 남용되고 있다. 특히 우리나라 기업은 비서의 직급을 제대로 나누지 않기 때문에 비서라는 호칭은 단순 잡무를 처리하는 여직원에서 고도의 지식과 사고를 요구하는 대기업 최고관리자의 수석 비서에 이르기까지 구별 없이 사용되고 있다.

그러나 비서라는 명칭은 관리자나 경영자가 조직의 목표 달성을 위하여 계획을 수립하고 의사결정 등의 중요한 업무에 전념하는 데 필요한 업무의 준비, 보좌, 사후 처리 등을 대신 수행해 주는 사람에게 구별되어 사용되도록 하여야 한다.

(2) 비서 고유 직무의 부재(不在)

비서가 수행하여야 할 직무가 명확하게 명시되어 있는 외국과는 달리 우리나라 기업이나 행정기관에서는 비서를 고유 직무에 따라 채용하지 않는 경우가 많다. 또한 일반 여직원 중에서 외모와 태도가 손님을 응대하기에 적합하다고 생각되는 사람을 비서로 임명하였다가 상사가 다른 부서로 옮기면 타 부서로 배속시키기도 한다.

이와 같이 비서에게 전문적 기술과 능력을 요구하기보다는 용모 단정한 여성을 선호한다거나 비서로서 갖추어야 할 업무 처리 능력보다는 개인에 대한 충성심에 우위를 두는 것은 잘못된 관행(慣行)으로 근절되어야 한다.

(3) 비서 업무의 전문성 부족

예전의 비서는 일상적인 단순 업무를 담당하거나 최고경영자나 관리자의 차(茶) 대접, 전화 응대, 손님 응대 등의 업무를 수행하는 데 그쳤다. 그러나 글로벌 경쟁력 강화를 요구하는 추세 속에서 능력을 갖춘 전문 경영자가 필요한 것 못지않게 숙달된 사무 기술과 어학 능력을 갖추고 각종 업무를 처리하여 전문 경영자를 보좌할 수 있는 비서의 전문화에 대한 요구도 시급하다. 관리자를 대신해서 일정 관리, 전화 통화, 편지 초안의 정서, 서류 관리 등의 다양한 일을 전문적으로 처리해 줄 수 있는 전문 비서의 수요는 늘어날 것으로 예상된다.

또한 우리나라의 경제적인 위치가 국제적으로 부상되어 많은 다국적 기업이 한국 시장에 진출하고 있다. 국내에 파견된 외국 관리자들은 한국 사정에 밝고 외국어 의사소통이 자유로운 전문 비서나 오피스 매니저를 통하여 업무와 현지 적응에 관한 많은 도움을 받게 된다.

이와 같이 국내·외 기업에서 전문 경영자와 관리자들 사이에서 전문 비서에 대한 필요성이 늘어나고 있다. 따라서 대학교를 졸업하고 비서직으로 진출하는 초급 비서들도 꾸준한 자기계발을 통하여 필요한 업무 처리 능력과 관련 지식을 배워 전문적 능력을 갖춘 비서로 성장할 수 있도록 노력하여야 한다.

(4) 비서 교육 프로그램의 부족

선진국에서는 일찍부터 비서 교육 프로그램이 다양하게 개설되어 있어 각자의 교육 수준과 목적에 따라 고등학교, 특수학교, 2년제, 3년제, 4년제 대학 등에서 비서 교육을 받을 수 있다. 우리나라에서도 대학교에 비서 관련 학과가 있으며 고등학교에서도 비서 과목이 개설되어 있다. 그러나 앞으로는 전문화・글로벌화 추세에 따라 기업에서 필요로 하는 전문 능력과 외국어 능력을 갖춘 더욱 전문화된 비서를 양성하는 프로그램이 다양하게 개설되어야 한다.

비서의 경력 개발

비서 1: 저는 비서학 비전공자라서 한국비서협회에서 진행하는 전문 비서 교육 과정을 이수했어요. 그리고 미래에 교육자가 되기 위해 비서학 관련 대학원에 진학했지요. 이외에도 프레젠테이션 동호회와 사내 영어동아리에 가입하여 꾸준히 영어공부를 했어요.

비서 2: 업무를 수행하는 데 있어서 현실에 안주하지 말고 상사의 업무와 본인의 업무에 관심을 가지고 자신의 관심 분야가 무엇인지, 또 잘하는 업무가 무엇인지를 파악하는 것이 중요합니다.

비서 3: 전 직장에서 사원으로 근무하다 외국계회사에 대리로 입사했어요. 그리고 과・차장을 거쳐 현재는 부장으로 비서직을 수행하고 있습니다.

출처: 오지현・최애경(2013)

2. 비서직의 특징

비서직은 업무 내용과 취업 분야가 다양하다는 특징이 있다. 비서 업무를 성공적으로 수행하기 위해서는 다른 직업과 구별되는 비서직의 특징을 잘 파악하는 것이 필요하다. 비서직이 갖는 장·단점을 살펴보면 다음과 같다.

(1) 비서직의 장점

① 취업 분야의 다양성

정치·종교·기업·금융·법률·의료·교육 등 모든 조직에서 비서를 필요로 하므로 적정한 능력을 갖춘 비서는 자기의 관심 분야에 비교적 용이하게 취업할 수 있다. 적성에 맞는 분야에 취업함으로써 직무 수행을 통한 만족을 증대시켜 나갈 수 있을 뿐 아니라 그 분야에 대한 지식을 넓힘으로써 일을 통하여 자기계발을 해 나갈 수 있다.

② 취업 지역의 융통성

불가피하게 거주지를 옮겨야 할 경우 비서직은 다른 지역에서도 비교적 쉽게 새로운 직장을 구할 수 있다. 대도시는 물론 지방의 기업체, 연구소 등에서도 경험과 능력이 있는 비서를 원하는 경우가 많다. 최근에는 해외 지사나 사무소에 파견되어 근무하는 비서도 늘어났다.

③ 쾌적한 근무 환경

비서는 최고경영자와 함께 일하게 되므로 근무 환경이 비교적 쾌적하다. 또한 매일 만나는 사람들이 회사 내·외의 경영자의 지위에 있는 사람들이기 때문에 근무 환경 못지않게 중요한 사람들과 교류를 맺는다는 심리적 만족감을 가지게 된다.

④ 다양한 업무

사무직 여성들이 대부분 단순한 업무를 수행하는 데 반해, 비서직은 손님 응대, 문서 사무, 회의, 출장 준비 등 업무 내용이 다양하다. 파티, 기념행사, 국제회의 등 각종 주요 행사들을 준비하여야 하는 비서들은 많은 사람들을 만날 기회가 있을 뿐만 아니라 조직이나 회사를 위하여 중요한 업무를 수행하는 상사와 함께 일함으로써 성취 욕구에 대한 만족도를 높여 준다.

⑤ 높은 수준의 보수와 인정

일반적으로 비서의 보수는 일반 사무 직원들보다 높다. 특히 경험이 많은 비서는 외국어 능력, 기획력, 사무관리 능력 등 다양한 능력을 갖추고 있으므로 높은 연봉을 받는다. 또 인사에 영향을 줄 수 있는 위치의 관리자 업무를 보좌하기 때문에 비서의 능력이 뛰어날 경우 비교적 쉽게 인정을 받을 수 있다.

(2) 비서직의 단점

① 업무 내용의 가변성

상사에 따라 비서가 수행하여야 하는 업무 내용이 크게 달라진다. 비서가 수행하는 업무 내용이 비서의 개인적인 능력에 의하여 좌우되기보다는 상사가 비서에게 어떤 업무를 어느 정도 위임하느냐에 따라 달라진다.

② 상사에의 예속성

비서의 지위, 대우, 보수 등이 비서 자신의 능력에 따른 것이 아니라 상사의 지위에 의하여 결정되는 경우가 많다. 비서 자신이 독립적인 전문 직업인으로서 투철한 직업관과 사명 의식을 가지고 업무에 필요한 자질을 갖추어야 한다.

③ 승진의 제한

같은 조직에서 계속 비서로 남아 있을 경우 승진 등의 제한이 있다. 그 이유는 비서의 승진 경로가 확립되어 있지 않는 조직이 많기 때문이다. 이러한 제한점을 극복하기 위하여 비서직에 일정 기간 근무하다 다른 부서로 이동하여 비서직이 아닌 관리직을 추구하는 경우도 있다. 그러나 최근에 와서는 대기업에서도 과장, 부장으로 승진하는 비서들이 늘어났다.

3. 비서직의 발전 방안

기업은 우수하고 경쟁력 있는 비서를 확보하기 위해서, 국가는 유능한 여성 인적 자원의 활용을 위해서, 비서는 자기계발과 업무에 대한 자긍심을 갖기 위해서 다음과 같은 비서직 발전을 위한 방안이 필요하다.

(1) 관리자 인식과 기업 문화의 변화

관리자는 비서를 단순 반복적인 업무를 처리하는 사람이라는 인식에서 벗어나 전문성을 갖춘 전문인으로 인정할 필요가 있다. 그리고 비서의 자질 향상을 위한 교육 및 훈련을 실시하여 비서직을 수행하면서 능력과 기술을 최대한으로 활용할 수 있는 계기를 마련해 주어야 한다. 이를 통해 기업은 우수하고 경쟁력 있는 전문 비서를 확보할 수 있을 것이다.

비서직이 전문직으로 정착되면 경험이 축적된 40~50대의 비서를 주위에서 흔히 볼 수 있는 기업 문화로의 변화가 가능할 것이다. 선진국의 비서는 상사가 전근, 이직 등으로 인하여 바뀌더라도 부서에 계속 남아서 다음 상사가 왔을 때 새로운 업무를 잘 수행할 수 있도록 보좌하는 것을 볼 수 있다.

(2) 전문 직업인으로서의 자질 함양

전문성을 인정받기 위해서는 비서 자신이 전문 직업인으로서 투철한 직업관과 윤리 의식을 가지고 업무에 필요한 자질을 갖추어야 한다. 비서는 경제, 경영 등 사회과학의 광범위한 지식을 습득하고, 각종 첨단기기를 능숙하게 다룰 수 있는 능력을 갖추어야 한다. 체계적으로 자료를 수집하고 이를 바탕으로 보고서를 작성할 수 있는 능력도 갖추어야 한다. 또한 정확한 의사소통과 함께 원만한 인간관계를 구축하는 일도 중요하다. 글로벌화에 따라 다국적 기업에서 국내에 파견된 외국 관리자들은 외국어 의사소통이 자유로운 전문 비서를 통하여 업무와 현지 적응에 도움받기를 원한다. 이에 따라 어학 능력을 갖추고 전문 경영자를 보좌할 수 있는 비서의 전문화가 요구된다. 따라서 꾸준한 자기계발을 통하여 필요한 업무 처리 능력과 관련 지식을 배워 전문적 능력을 갖춘 비서로 성장할 수 있도록 노력하여야 한다.

(3) 비서 직무의 전문화

비서 직무의 특수성을 고려한 비서직 직무기술서의 확립과 비서직 경력 경로의 구축을 통해 비서 직무의 전문화가 이루어질 수 있다. 〈표 1-3〉과 같이 비서의 경력 경로(career path)를 통해 비서 직급을 단순 업무 처리부터 고도의 지식과 사고를 요

표 1-3 비서의 경력 경로(Career Path)

1) 수습 비서(junior secretary)
주요 직무 내용은 상사와 직원, 혹은 경영자와 고객을 연결하는 중재자로서의 역할을 담당하며, 서류 복사, 내방객 응대, 문서 수・발신, 회의실과 집무실 관리, 전화 응대 등을 주로 수행한다.

2) 비서(secretary)
수습 비서를 거쳐 선임 비서 단계 전에 2년 정도 경력이 쌓이면, 수습 비서의 업무 이외에도 일정 관리 업무, 출장 및 회의 관련 업무 등을 담당한다.

3) 선임 비서(senior secretary)
이 단계는 수석 보좌관 단계 전에 비서로 4년 정도 근무하게 되며, 전 단계의 정형적인 비서 업무를 포함하여 상사의 구체적인 지시가 없이도 주체적으로 상사의 의도를 파악하여 적절한 대응을 할 수 있는 능력이 요구된다.

4) 수석 보좌관(executive assistant)
수석 비서는 기업 경영에 바쁜 상사를 대신하여 문제점을 효율적으로 처리하는 능력, 상사의 폭넓은 인맥과 활동 범위를 파악해서 적절한 대처를 할 수 있는 능력, 미래의 불확실한 요소를 포함한 경영 방침을 이해하고 항상 관심을 가지고 정보 획득 및 공유에 노력하는 자질이 요구된다.

5) 오피스 매니저(office manager)
적어도 10년 이상의 비서 업무 경력이 있어야 하고, 회사의 경영 관리에 관련된 전문적 지식, 고도의 사무 기술과 커뮤니케이션 능력을 갖추고 조직 전체의 움직임을 파악하여 상황 판단을 할 수 있는 능력이 필요하다. 외국어에 능통함은 물론 글로벌화된 기업 조직 속에서 경영 활동에 참여하기 위해서 문화다양성에 관련된 지식이 필요하다. 또한 조직의 전문 사업에 특별한 지식을 가지고 한 분야를 다룰 수 있는 전문성이 요구된다.

6) 최고행정관리자(chief administrative officer: CAO)
비서 경력 경로의 최고 단계로 조직의 비전, 정책, 그리고 규정에 따라 조직 전반의 운영이 잘 돌아가는지를 지속적으로 모니터링하고 관리하는 직무이다. 기획, 예산, 회계, 인사, 총무 등의 업무를 총괄하며 관련 부서와 직원들이 직무를 효과적으로 수행할 수 있도록 리더십을 발휘한다. 또 운영 현황과 개선 방안 등을 최고경영자에게 직접적으로 보고한다. 주로 규모가 큰 사단법인, 비영리재단, 그리고 교육재단 등에서 CAO를 찾고 있으며, 우리나라에서는 사무국장, 사무총장이라는 직함으로 불리우기도 한다.

구하는 대기업 최고관리자의 수석 비서에 이르기까지 경력관리를 할 수 있도록 관리해야 한다.

영국 직업 시장의 미래에 대한 심층 연구를 기반으로 영국 BBC에서 제공하고 있는 "Will a robot take your job?" 사이트에서 직무가 보다 복합적이고 높은 사회지능과 인간관계 능력 및 협상력을 요구하는 고급 비서 직군인 오피스 매니저(office manager)는 대체 가능성이 1%로 매우 낮은 것으로 나타났다. 이는 비즈니스와 오피스의 환경 맥락을 이해하고 상사를 비롯하여 여러 이해 관계자들과의 관계성을 인지하여 자율적으로 업무를 수행할 역량이 요구되는 오피스 매니저와 같은 상위 비서직은 여전히 사회 수요가 높을 것으로 예상된다.

기업의 글로벌화 추세에 따라 비서는 관련된 국가의 언어, 문화, 법률, 경제에 관련된 지식이 요구된다. 정보사회의 급진전에 따라 관리자는 복잡 다양한 환경 속에서 업무를 처리하게 되므로 유능한 비서의 보좌를 필요로 한다. 이와 같이 사회 전반에 걸쳐 확대된 비서 업무에 따라 전문 비서에 대한 사회의 수요가 있으므로, 앞서 제시한 몇 가지 방안이 개선된다면 앞으로 비서직의 전망은 더욱 밝아질 것이다.

비서는 '토털 솔루션 프로바이더'

비서는 단순반복 업무만 하거나, 상사가 시키는 일만 하는 직업으로 오해하는 경우가 적지 않다. 그러나 실제론 그렇지 않다. 다국적 기업에서 9년 간 비서로 일해온 김수현씨는 비서 업무의 핵심을 "답이 없는 문제를 해결하는 것"이라고 강조하며 이렇게 말했다. "상사가 협력업체 사람을 만날 때 '어떤 선물을 주는 게 좋을까'라고 고민할 때 정답이 있는 게 아니잖아요. 예컨대, 협력을 잘하자는 의미를 전달하고 싶다면, 비서가 손을 붙잡고 있는 그림이 들어간 와인을 제안하는 식으로 스토리를 담을 수 있어요. 이런 건 인공지능(AI)이 인간을 대체하기 어려운 부분이에요." 김씨는 알고 지내던 미국의 60대 비서가 퇴직하자, 그 자리에 손주를 3명이나 둔 어르신이 후임으로 왔던 게 굉장히 인상적이었다고 하였다. "한자리에 오래 머물며 업무를 체득한 노련한 비서는 '내가 사장이 처음인데 이럴 땐 이렇게 하는 게 좋을까'라고 물어보면 가장 좋은 해결책을 제시할 수 있다"고 말했다. 삼성전자서비스 대표를 역임하며 비서를 뒀던 장형옥 이사장도 같은 이유에서 비서를 '토털 솔루션 프로바이더(Total Solution Provider)', 즉 해결

사라고 불렀다.

비서는 기본적으로 CEO 또는 팀의 일정 관리, 내방객 응대, 전화업무 등을 담당한다. 하지만 본인 의지와 사내 분위기에 따라 업무를 확장하는 게 가능하다. 외국계 기업에서 비서로 일하는 양효선씨는 "우편물 관리, 상사 집무실 정리 등과 같은 통상적 업무 외에도 외부에서 열리는 교육을 대신 참관한 뒤 사내에서 브리핑하고, 여러 부서의 예산을 직접 관리하는 일도 하고 있다"며, "비서로서의 경력 개발 의지를 강하게 피력했고, 회사가 수용한 결과"라고 설명했다. 17년 차 비서인 정은주씨도 "일반적인 비서 업무 외에도 사무실 전체를 관리하는 오피스 매니저 역할을 겸하고 있다"며, "초반에는 상사에게 귀속되어 수동적인 면이 많다고 느낄 수 있지만, 어떻게 일하느냐에 따라 능력을 인정받고 다양한 기회가 주어진다"고 말했다. 정씨는 현재 주 1회 대학에서 학생들을 가르치고 있다.

출처: 한국일보(2020.9.5)

익힘문제

1. 비서직의 유래와 비서의 정의를 서술하라.

2. 비서직의 장점과 단점을 열거하라.

3. 비서직의 현황과 비서직의 발전 방안을 제시하라.

사례연구

1. 비서 교육기관을 2년제, 3년제, 4년제 대학교, 그리고 기타 교육기관 등으로 나누어 현황을 조사해 보자.

2. 비서학 전공에서 배우는 교과 내용을 조사해 보자.

3. 현직 비서와의 면담을 통하여 비서직의 보람과 어려운 점을 조사해 보자.

| 제2장 |

현대 사회와 전문 비서

2.1 변화하는 비즈니스 환경

사무환경의 변화를 이해하기 위해서는 먼저 기업이 처한 경영환경을 이해하여야 한다. 글로벌화는 국경이 없는 세계를 탄생시켰으며 NAFTA, FTA 등을 통하여 무역 장벽이 없는 하나의 시장으로 통합되었다. 이에 따라 조직에는 다양한 문화, 나이, 능력을 가진 구성원들이 예전과는 다른 조직문화를 형성하고 있다. 또한 인공지능 시대의 도래와 기술혁신으로 AI 비서, 초고속 통신 및 네트워크, 대용량 스토리지 등을 통한 재택 근무, 위성 사무실, 가상 사무실(virtual office) 등이 자리잡아가고 있다. 앞으로도 테크놀로지의 급속한 발전으로 인하여 사무환경의 변화는 지속적으로 진행될 것이다.

1. 노동력의 변화

21세기 사무실은 다양한 문화적 배경을 가진 조직원들로 구성되고 있다. 상품과 서비스의 생산과 판매가 국내와 국외에서 동시에 이루어지는 비즈니스 형태인 다국적 기업이 보편화되었으며, 순수 국내 기업도 온라인 및 모바일 거래의 확대로 외국과의 거래가 활발해져 다른 문화에 대한 지식과 정보, 이해가 요구된다. 고도로 발달된 과학 기술로 인하여 세계는 하나의 시장이 되고 있다. 노령화 사회의 급속한 도래로 인하여 외국인, 여성, 그리고 고령 근로자가 크게 늘어날 것으로 예상되며 이에 대한 대비도 필요하다. 또한 제4차 산업혁명의 도래와 함께 인간의 일자리는 점점 줄어들고 인공지능이나 로봇이 인간의 일자리를 많이 대체할 것으로 예상된다.

(1) 성별 차이

과거 여성이 사무실의 보조 업무를 맡고, 남성이 감독·관리 업무를 맡았던 전형적인 업무 분담이 크게 변화하고 있다. 즉, 여성 인력의 수적 증가와 여권 신장 등의 영향으로 그들의 역할과 책임의 영역이 보조 업무를 넘어, 감독 및 관리자의 지위로 넓어지고 있다.

이러한 변화를 올바로 이해하고 받아들이기 위하여 여성과 남성 업무의 정형화, 즉 여성은 감성적이며, 사무 보조 업무에 국한시키거나, 남성은 이성적이며 관리 업무에 적합하다는 선입견과 편견에서 벗어날 수 있어야 한다. 성별을 떠나 능력에 따라 승진을 할 수 있는 제도가 정착되어야 한다.

(2) 세대 차이

한국사회의 인구 고령화로 55세 이상의 근로자가 지속적으로 증가할 것으로 예상된다. 따라서 한 사무실에서 18세부터 60세 이상의 근로자가 함께 일함으로써 산업사회 세대의 근로자와 디지털 네이티브 세대의 근로자가 공존한다는 것이다. 이러한 세대 차이가 직업관·세계관 등에서 차이를 가져올 수 있으나, 문화나 성별의 차이와 마찬가지로 단지 나이로 인하여 어떤 불이익이나 차별이 있어서는 안 되며, 한 개인으로서 서로를 이해하고 받아들여야 한다.

(3) 문화적 배경 차이

국내 노동시장에서 외국 인력은 상당한 비율을 차지하고 있다. 외국인 유입의 영향은 매우 광범위하고 다차원이어서 노동시장뿐만 아니라 상품시장, 정치, 사회, 재정에 걸쳐 다양한 효과를 가지며, 또한 내국인 집단별로 그 영향이 달라 이해관계가 서로 엇갈린다. 이로 인해 문화적인 이질감과 갈등이 야기될 수 있기 때문에, 다국적 · 다문화 · 다인종이 함께 공존하는 다양성을 인정하려는 노력이 필요하다.

2. 조직에서의 변화

오늘날 모든 공 · 사조직은 조직의 효율성과 유연성을 위하여 다운사이징(down-sizing)을 통하여 조직의 규모를 최소화해 왔다. 그 결과, 인력의 감소로 조직원이 수행하여야 할 업무량 및 업무의 종류가 증가하였다. 이러한 다운사이징의 흐름은 21세기에도 계속될 것으로 전망된다.

또한 계약직 근로자의 증가, 평생직장에서 평생직업으로의 전환 등 종래의 노동시장 구조와는 질적으로 다른 양상이 나타나고 있다. 비정규직의 증가, 노동시장의 유연성 제고를 위한 정리해고제와 근로자 파견제의 법제화, 종신고용에서 계약고용으로의 고용 개념 변화, 장기실업 현상과 반복실업 등이 노동시장의 일반적인 현상으로 자리잡고 있다.

(1) 계약직 근로자의 증가

탄력적인 조직을 운영하기 위하여 사무직에서도 계약직 근로자와 파견직 근로자가 증가하고 있다. 이러한 현상은 비서직도 예외는 아니어서 계약직으로 근무하거나 인력 회사에 소속되어 회사에 파견되어 근무하다 일정 기간 후 다른 회사로 파견되기도 한다. 그러나 다른 한편에서는 동시통역이 가능하거나 경험이 풍부한 정규직 비서직에 대한 수요 또한 높아져 가고 있어 양극화 현상이 심화되고 있다.

(2) 조직 구조의 변화

급변하는 경영환경 속에서 한국의 기업들은 생존을 위한 경쟁력 제고를 위하여 치열한 노력을 하고 있다. 조직 축소에 따른 인력 감축과 팀 조직, 지식 경영, 학습 조직 등과 같은 여러 가지 혁신 기법이 이용되고 있다.

조직 축소로 인한 조직 내 의사결정 단계의 축소화 및 계층 구조의 감소로 관리자들은 업무량이 늘고, 환경 변화를 고려한 전략적 판단 업무가 증가하였다. 따라서 부하 직원을 간섭하고 통제하기보다는 부하의 자율성과 창의성을 존중하여 구성원 각자가 자신의 역량을 발휘할 수 있도록 지원하는 역할이 늘고 있다.

(3) 조직문화의 변화

과거의 전통적인 명령과 통제 중심의 조직문화나 관리 형태가 창의적이고 구성원의 자율적 의사결정을 존중하는 조직문화로 바뀌고 있다. 즉, 이러한 조직문화가 조직관리의 도구가 되는 것이다. 따라서 조직은 조직원의 능력을 중시하므로 능동적이고 능력 있는 비서를 적극적으로 활용하는 추세이다.

3. 사무환경의 변화

21세기 사무 공간은 전통적 의미의 사무실 이외에도 집이나 다양한 형태의 장소가 될 수 있다. 근무 시간 또한 매우 유연하고 탄력적이 될 것이다.

(1) 가상 사무실

가상 사무실(virtual office)이란 과학 기술을 이용하여 언제, 어디서든 업무를 수행할 수 있는 유비쿼터스(ubiquitous)의 개념이다. 이러한 개념은 이미, 오래전 컴퓨터를 통하여 가정이나 기타 장소에서 업무를 수행하는 텔레커뮤팅(telecommuting)의 도입으로 예고된 것이다. 예를 들면, 여러 나라에 흩어져 있는 인재들이 하나의 글로벌 프로젝트를 수행하기 위하여 협업을 할 때 한곳의 물리적인 장소에서 일하는 것이 아니라 각자 노트북, 모바일 폰을 이용한 화상통화, 이메일, 구글 협업도구 등을 통하여 자신이 선호하는 장소에서 효과적으로 일할 수 있다. 비서 구인 인터뷰도 화상회의 시스템을 통하여 원거리에서 이루어질 수 있다. 예를 들면, 글로벌 기업의 서울오피스에서 비서를 뽑을 때 홍콩 아시아본부의 인사 담당자가 화상으로 지원자를 인터뷰하기도 한다.

또한 과학 기술의 발전은 주당 업무 시간에도 변화를 가져와 주 5일 근무제가 일반화되었으며, COVID-19 이후 재택 근무 혹은 원격 근무가 확대되고 있다. 재택 근무란 사무실 이외의 다른 장소에서 근무하며 컴퓨터로 사무실과 연결되는 업무 형태로 업무 스케줄에 융통성을 가지며, 출·퇴근 시간의 낭비를 막으며, 특히 여성의 경우 가사와 업무를 병행할 수 있는 장점을 가진다.

(2) 공유 오피스

공유 오피스(office sharing)란 건물이나 공간을 여러 개의 작은 공간으로 나누어 입주자에게 다시 임대하며 휴게실, 사무기기 같은 편의 공간과 시설은 자유롭게 공유하게 한다. WeWork가 전 세계적으로 가장 큰 공유 오피스 운영회사이며, 우리나라에도 여러 곳에 이 회사가 운영하는 공유 오피스가 있다. 스타트업(start-up)이나 1인 기업이 이런 오피스를 선호하는데 초기에 최소 비용으로 회사를 시작할 수 있으며, 입주자들 간의 네트워킹과 소통이 활발하며 협업을 장려하는 분위기에서 새로운 아이디어가 창출될 수 있는 장점이 있다.

우리나라 대기업의 경우에도 공유 오피스를 확대해 나가는 추세이다. 여러 계열 회사의 임직원들이 큰 공간을 함께 쓰며 좌석을 고정하지 않고 자신이 선호하는 자리에서 일하고 필요시 회의 공간을 예약하여 함께 회의를 할 수 있다. 휴게실, 피트니스 센터 등과 같은 편의시설을 공유하면서 다른 회사, 부서원들과도 자유롭게 창의적인 아이디어를 나눌 수 있는 장점이 있다. SK 서린사옥의 경우 여러 SK 계열사 임직원이 근무하나 고정된 사무실이나 자리가 없고 자유로운 분위기에서 자율적으로 근무함으로써 창의적인 아이디어를 촉진하고 직원들의 만족도를 높이고 있다.

(3) 업무 시간의 변화

근로자들의 라이프 스타일이 다양화됨에 따라서 탄력 근무제와 유연 근무제를 실시하는 기업이 늘어났고 법적으로도 이를 보장하였다. 탄력 근무제란 근무 시간을 자율적으로 조절하여 원하는 시간에 일할 수 있는 근무제도이다. 현재 주 52시간 근무 시간을 기준으로 9 to 5에 근무 시간을 고정하는 것이 아니라 원하는 시간대에 출·퇴근하거나, 때로는 한 주에 64시간 다른 주는 40시간 근무 등 탄력적으로 근무 시간을 조정할 수 있다.

유연 근무제는 근무 시간과 근무 장소를 자율적으로 선택하여 일할 수 있는 제도이다. 원하는 시간대에 회사 혹은 회사가 아닌 곳에서 근무를 할 수 있어 교통 혼잡을 줄이고 각 개인의 일정에 유연성을 부여할 수 있는 장점이 있다. 이 밖에도 파트타임제에 해당하는 직무 분담(job sharing), 즉 두 사람이 한 사람의 일을 하고 급여를 나누는 방식이 있다.

(4) 빅데이터 기술의 보편화

회사 내·외의 개인과 조직의 지식을 정보 기술을 이용하여 공유하고 활용하는 추세가 보편화되었다. 특히 빅데이터 기술의 확대로 모든 정보들이 시스템에 의하여 자동으로 축적되고 활용되고 있다. 비서의 역할도 단순 사무나 보조 역할에 그치는 것이 아니라 조직과 상사가 요구하는 정보와 지식을 생산하고 관리할 뿐만 아니라, 빅데이터를 적극적으로 활용할 수 있는 역량을 확대해 나가야 한다.

정보지식화와 스마트기기를 활용한 업무

비서 1: 비서에게는 상사 분의 일정관리가 핵심 업무잖아요. 제가 모시는 상사 분이 세 분이셔서 일정이 너무 많고, 상사 분들께서 회사에서 상주하시는 스타일이 아니고 다 외부로 나가셔서 각자 다른 프로젝트를 담당하시고 클라이언트들을 만나는 일이 잦으시다 보니 일정을 개인 스마트기기로 연동시켜서 일정을 관리하게 되었어요.

비서 2: 저희 회사 같은 경우는 비서 팀이 매우 큰 조직이에요. 일반적으로 생각하시는 일정관리나 예약 업무, 전화 수신 등 비서 고유 업무를 하는 비서 팀이 따로 있고요, 제가 속한 비서 팀의 구성원들은 보직이 비서이긴 하지만 사업, 콘텐츠 개발 및 기획에도 참여하고 있어요. 그래서 경영진께서 의사결정 시 도움이 될 만한 자료나 정보를 비서 스스로의 판단 하에 스마트기기로 검색 후 제공해 드리거나 경영진께서 원하시는 사업 방향성을 숙지해서 업무 진행에 관한 빠른 피드백을 드리고 있어요.

출처: 송가은 · 최애경(2012)

2.2 비서직의 전문화

1. 전문 비서직

전문직(profession)이란 용어가 본격적으로 사용되기 시작한 것은 20세기 초부터이며, 이후 급격한 산업의 발전과 사회의 변화가 진행되는 가운데 다양한 분야에서 여러 형태의 전문직이 탄생되었다. 특히 지식 및 정보산업에 관련된 분야에서 과거의 전통적인 전문직과는 전혀 다른 새로운 전문직이 급격히 증가되고 있는데, 비서의 경우는 바로 이러한 현대적 전문직의 하나이다.

전문직의 특징 중 하나는 전문직 구성원들의 자질을 높이기 위하여 자격 시험이 있다는 것이다. 우리나라에서도 1992년 이래 노동부 인정 비서 국가자격 시험이 대한상공회의소 주관으로 1급, 2급, 3급의 세 단계로 나뉘어 실시되고 있다. 이는 누구든지 비서가 될 수 있다는 과거의 인식을 없애고, 비서직의 전문화를 뒷받침해 주고 있다.

또한 비서의 전문직화 현상은 크게 두 가지 측면에서 나타난다. 첫째로 사회가 고도화됨으로써 여러 사회 분야에서 비서에 대한 수요가 늘고 있으며, 둘째로 비서의 활동이 가장 두드러지고 있는 기업의 경우에도 직급에 따라 전문직으로서의 비서직이 정착되고 있다.

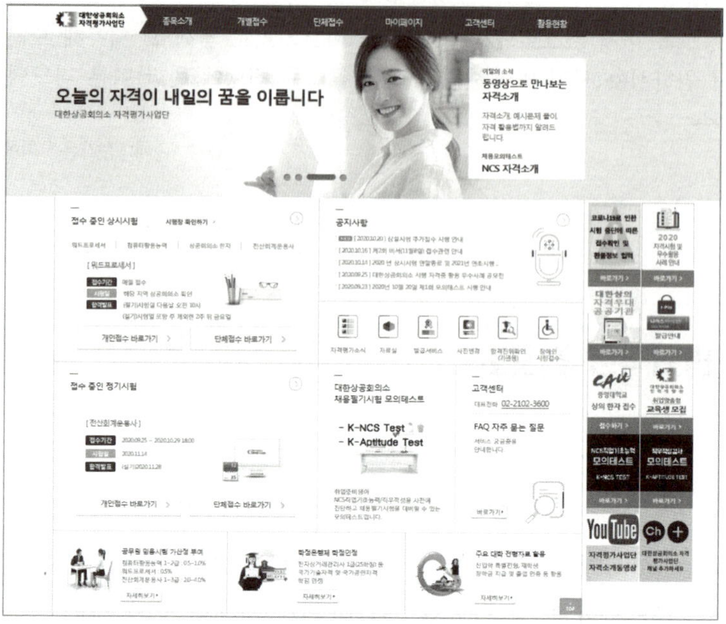

대한상공회의소 비서자격시험 홈페이지

2. 전문 비서의 자세

비서라고 하면 종래에는 차(茶)를 대접하고 전화를 받는 정도의 업무를 담당하는 직원이라는 인식이 지배적이었지만, 지금의 비서의 역할은 의사결정을 보좌하는 참모로서 자리매김하고 있다.

특히 기업의 글로벌화와 함께 프로젝트가 진행되는 동안에는 프로젝트가 성공적으로 완료될 수 있도록 상사를 도와 프로젝트를 지원하기도 한다. 또한 빈번한 외국 출장으로 자리를 비우는 상사를 대리하여 부재중의 업무를 처리하고 필요 서비스와 정보를 출장지의 상사에게 제공하기도 한다.

21세기의 비서는 적극적이고 긍정적인 사고를 하며 본인보다는 타인 중심적으로, 그리고 개인보다는 조직 중심적인 행동으로 조직에 기여하여야 한다. 직업 의식과 윤리 의식을 갖춘 전문 비서로 발전하기 위해서는 다음과 같은 마음가짐과 업무 처리 태도를 가지고 끊임없는 학습을 통하여 자기계발을 함으로써 자기 관리에 힘쓰는 전문가적 자세가 중요하다.

(1) 직업 의식을 갖춘 비서

자신의 직업을 평생직으로 생각하고 주어진 일에 최선을 다할 뿐 아니라 일을 스스로 찾아서 하도록 한다. 조직과 상사가 원하는 역할을 원활히 수행할 수 있도록 전문적 역량을 갖추도록 노력하여야 한다.

(2) 주인 의식이 있는 비서

최고경영진의 비서로 일하든 팀 비서로 일하든 회사의 목표와 비전, 그리고 중요 업무에 대한 이해를 바탕으로 주인 의식을 가지고 자신의 일을 해석하고 능동적으로 수행하여야 한다. 특히 최고경영진 비서는 경영자적 의식과 사고를 지녀야 한다. 이를 위하여 회사에 대한 지식을 넓히며 회사 내 주요 부서 사람들과 원만한 업무관계를 유지하도록 한다.

(3) 팀워크를 이룰 수 있는 비서

인사 담당자들은 신입사원을 채용할 때 가장 중요한 인성 요소 중의 하나로 팀워크 능력을 꼽는다. 비서는 모든 임 · 직원들과 유대 관계를 강화하여 원만한 인화(人和)를 이루며, 일할 때 협력하는 자세를 갖도록 한다. 특히 팀 비서는 팀원들과의 원활한 팀워크를 통하여 팀의 목표를 달성할 수 있도록 기여하여야 한다.

(4) 글로벌 감각이 있는 비서

비서는 글로벌 감각 및 관리 능력을 길러 주요 정책, 전략 결정 과정에 도움이 되도록 한다. 넓은 시야로 상황을 보고 의사결정을 할 수 있도록 매일 세계 뉴스 및 경제 동향들을 파악하고 전문 서적을 통하여 사회적인 변화 및 조직과 업무의 변화에 빠르게 대처할 수 있는 능력을 배양하여야 한다.

(5) 진취적이고 발전적인 비서

경험이 쌓여갈수록 오랜 비서 생활에 따른 타성에 젖어서는 안 되며, 항상 진취적인 사고와 자신의 역량 향상을 위하여 지속적인 노력을 기울여야 한다.

(6) 상사의 기대를 인지하는 비서

유능한 비서는 상사가 자기에게 무엇을 요구하는지를 인지하는 능력을 지녀야 한다. 업무 수행 시에 상사의 구체적 지시가 없어도 상사가 어떻게 처리하기를 원하는지 파악하여 상사의 의도에 맞게 처리한다.

(7) 업무 처리의 우선순위를 아는 비서

유능한 비서란 무조건 일을 열심히 하기보다는 해야 할 일을 효과적으로 할 수 있는 사람이다. 필요 없는 업무 수행에 시간을 낭비하지 않으며, 주어진 시간을 효율적으로 사용한다. 일이 한꺼번에 집중되더라도 과중한 업무량의 우선순위를 파악하여 요령 있게 대처할 수 있어야 한다.

(8) 자기계발을 위하여 노력하는 비서

전문적인 비서가 되기 위하여 평소에 교육에 투자하여 필요시 어떠한 업무라도 수행할 수 있도록 한다. 회사의 교육 프로그램에 참여하거나 시간을 따로 할애하여 외국어 및 최신 테크놀로지 관련 능력을 기르고, 회계, 세무, 법규 등 업무 관련 지식을 쌓으려고 노력한다. 특히 한 분야에서 전문성을 인정받으려면 지속적으로 시간과 노력을 투자하여야 한다.

(9) 신뢰를 받을 수 있는 비서

상사가 안심하고 업무를 맡길 수 있는 비서가 되어야 한다. 항상 성실하며 회사와 상사를 위하여 최선을 다하여 봉사하는 자세를 지니며 기밀을 누설하지 않는다.

(10) 효율성과 효과성을 지닌 비서

효율성(efficiency)이란 투입(input) 대 산출(output)의 개념, 즉 얼마나 적은 비용, 시간, 인력으로 어떤 일을 해 내는 것인가를 측정하는 것이며, 효과성(effectiveness)은 목적을 달성함에 있어서 제대로 된 방법을 사용하여 좋은 결과를 낼 수 있느냐의 문제이다. 예를 들면, 마케팅비를 삭감하여 예산을 효율적으로 운영할 수 있었으나 그 결과로 매출이 떨어졌다면 효과적인 전략은 아닐 수 있다. 효율의 증대를 높일 뿐만 아니라 종합적으로 효과를 올릴 수 있도록 일을 계획하고 집행하는 것이 중요하다.

(11) 호감을 주는 비서

업무 처리 태도나 행동, 대인관계 등에서 타인들에게 항상 호감을 줄 수 있도록 노력한다. 특히 AI 시대에는 공감 능력이 매우 중요한 역량으로 꼽히고 있으므로 상대방에게 적극적인 공감을 보임으로써 호감을 줄 수 있을 것이다.

(12) 정보 관리 능력을 갖춘 비서

인터넷을 이용하여 정보 검색을 효과적으로 하고, 정보 수집의 네트워크를 구축하여 필요한 정보를 수집, 정리, 가공, 축적하여 상사를 적극적으로 보좌할 수 있어야 한다. 또한 상업용 데이터베이스나 빅데이터를 활용할 수 있는 능력을 키워나가도록 한다.

3. 전문 비서 수칙

비서 수칙(Secretary's Creed)은 전문 비서로서 지켜야 할 행동이나 절차에 대한 규칙이다. 국제사무전문가협회(IAAP)의 전신인 세계비서협회(PSI)에서는 비서 수칙에 대해 다음과 같이 정의내리고 있다. 비서는 경영팀의 구성원으로서 조직과 상사, 동료, 그리고 나 자신을 포함한 모든 비서들에게 어떤 책임감을 가지고 행동해야 하는지에 대한 내용으로 구성되어 있다.

전문 비서 수칙(세계비서협회 제정)

As a member of the business team with which I am associated, I have an obligation to the organization that employs me, to my immediate boss, to my co-workers, to myself as an individual, and to secretaries or executive aides everywhere because I represent this occupational group as a whole.
To this end, I shall try to

내가 속해 있는 경영팀의 구성원으로서 조직과 상사, 동료, 그리고 나 자신을 포함한 모든 비서들에게 다음과 같은 책임을 이행할 것이다.

1. Be loyal to the secretarial profession.
   전문 직업인으로서의 비서직을 충실히 이행한다.

2. Study and understand something about goals, general policies, and products of the business so that I may work more intelligently.
   회사의 목표, 정책, 그리고 회사의 제품에 대한 지식과 이해를 높임으로써 효율적인 업무 수행을 하도록 노력한다.

3. Give an honest day's work.
   근무 시간에 성실하게 일한다.

4. Represent my company at all times so that I will be a credit to it. I shall try to be particularly careful about greeting callers and using the telephone. I shall edit letters carefully and see that promised enclosures are sent.
   항상 회사를 대표하는 마음가짐으로 회사에 보탬이 되도록 노력한다. 특히 전화응대를 할 때나 방문객을 맞을 때 회사의 이미지를 높이도록 노력한다. 주의를 기울여 서류를 작성하고 첨부서류가 제대로 보내졌는지 확인한다.

5. Be alert for inconsistencies, exceptions, and deviations to instructions given to me.
   지시를 받을 때에는 일관성이 결여되었거나 예외적인 사항이 있는지에 주의를 기울인다.

6. Follow through on responsibilities and activities assigned to me. I shall try to understand the scope and importance of my responsibilities so that I can work with minimum supervision.
   부과된 책임과 임무를 완수한다. 최소한의 상사 감독 하에 책임을 수행할 수 있도록 나의 업무의 범위와 중요성을 이해하기 위해 노력한다.

7. Anticipate needs, especially such things as deadlines, extra copies, and related materials.
   항상 상사의 요구 사항(마감 기일, 자료 등)을 예견하여 사전에 준비한다.
8. Be loyal to and cooperative with my boss. I shall try to work for and with him, realizing that we constitute a "team" when I serve his interests well, I serve my own and the company.
   상사와 회사의 이익을 증진시킴으로써 자신의 이익을 도모할 수 있다는 생각과 함께 상사와 효과적인 팀워크를 이루어 나갈 수 있도록 노력한다.
9. Keep confidences.
   신뢰를 유지하려고 노력한다.
10. Be a good listener and become informed about things that concern my boss.
    상대방의 말을 경청하며 상사와 관련된 정보를 숙지한다.
11. Keep all promises that I make so that my co-workers will know they can depend on me.
    동료들이 신뢰할 수 있도록 모든 약속을 충실히 이행한다.
12. Avoid unfriendly remarks, and avoid discussing personalities.
    예의 없는 발언을 하지 않고 타인의 인격에 대하여 논하지 않는다.
13. Be friendly and cheerful with co-workers at all times.
    동료들에게 항상 친절하며 명랑하게 대한다.
14. Take care of my health so that I will be pleasant to work with.
    자신의 건강에 유의하여 같이 일하기 즐거운 사람이 된다.
15. Respect the personalities and right of others.
    타인의 인격과 권리를 존중한다.
16. Keep myself neat and clean and groomed in good taste.
    청결함과 단정한 복장을 유지한다.
17. Strive to improve my business education and technical skills so that I can upgrade my position within my company.
    사무 지식 및 사무 기술을 향상시킴으로써 조직 내에서 자신의 위치를 높일 수 있도록 한다.
18. Maintain a balanced recreational, home, and business program so that I will continue to be a well-adjusted, happy person.
    여가, 가정, 직장 생활을 균형 있게 유지함으로써 조화롭고 행복한 사람이 된다.

19. Develop the poise, cooperativeness, and enthusiasm of a successful businesswoman.
성공적인 직장인에게 필요한 침착성, 협동심, 열정을 개발한다.

20. Grow personally and professionally so that I will be the type of person with whom others like to work.
전문 직업인으로서 뿐만 아니라 인격적으로도 성장함으로써 타인에게 함께 일하고 싶은 동료가 되도록 노력한다.

21. Express ideas in a calm, unemotional and prepared manner.
차분하고, 감정에 치우치지 않고 준비된 태도로 내 의사를 표현한다.

22. Understand the work habits, needs, and personality of my boss.
상사의 근무 습관, 요구 사항, 성격 등을 이해하려고 노력한다.

23. Grasp the instructions the first time given.
처음 지시가 내려질 때 정확히 파악하려고 노력한다.

24. Plan my work and work my plan.
업무를 계획하고 그대로 추진하려고 애쓴다.

25. Relieve my boss of detail.
상사가 잡무로 방해받지 않도록 한다.

2.3 비서의 역할과 역량

1. 비서의 역할

급변하는 경영환경 속에서 경영자들의 활동이 전문화·복잡화됨으로써 효과적인 경영 보좌에 대한 필요성이 증대하고 있다. 특히 현대 기업은 회사 설립 초기 소유주가 경영하던 방식에서 점차 소유와 경영이 분리됨에 따라 전문 경영인이 기업을 운영하는 시대로 변화되었다. 따라서 전문 경영인이 부수적인 행정 업무로부터 벗어나 중대한 의사결정에 많은 시간을 할애할 수 있도록 보좌하는 비서의 역할이 강조된다.

팀제의 도입과 정보 기술의 발전은 비서의 역할에 많은 영향을 주었다. 예전에는 비서가 한 명의 관리자를 위한 업무를 지원하는 것이 일반적이었으나 감량 경영의 결과로 비서는 여러 명의 관리자나 팀원들을 위하여 더욱 광범위한 업무를 수행한다. 광범위한 업무 지원을 하게 됨으로써 문서작성 업무, 리셉션 업무, 파일링 작업은 점점 적어지는 반면, 전문화된 PC 소프트웨어와 앱을 더 많이 사용하고, 사무관리자로서의 책임이 추가로 부과되었다. 과거의 비서 업무가 상사로 하여금 본연의 업무를 효율적으로 수행할 수 있도록 보좌하는 것이었다면, 현재의 비서의 역할은 더욱 확대되어 상사를 비롯한 조직 내의 관련 임직원들이 업무를 원활하게 수행할 수 있도록 전반적인 오피스 관리 업무를 관장하는 전문가(office professional)의 역할로 확대되고 있다.

비서의 역할은 경영 관리 측면에서 조직의 운영 관리에 관하여 깊이 있는 지식과 실제 관리 능력이 필요하며, 목표 지향적 관리자(goal-oriented manager)이어야 한다. 엔스맨(Richard G. Ensman)은 전문 비서의 관리 역할을 다음과 같이 제시하고 있다.

(1) 정보관리자(information manager)

전자 파일, 데이터베이스 관리 등 각종 정보 및 자료를 관리하는 다양한 정보관리 책임자로서 각종 정보와 자료를 관리할 뿐만 아니라 전자, 다기능 미디어 기술을 활용하여 정보를 조직화하고 가공하여 사용할 수 있어야 한다.

(2) 커뮤니케이션 관리자(communication manager)

각종 문서를 기안 · 작성 · 편집하고, 컴퓨터 등의 사무기기들을 활용하여 이메일 등 통신을 한다. 단순히 전달하는 것에 그치지 않고 메시지에 담겨 있는 의미를 파악하여 전하는 전략적 의사소통에 기여한다. 인터넷과 텔레커뮤니케이션이 보편화된 만큼 상사나 다른 팀원들이 새로운 소프트웨어나 앱을 활용할 수 있도록 도우며, 화상 회의를 용이하게 진행할 수 있도록 도움을 줄 수 있어야 한다. 또한 기업 차원에서도 국제적으로 문화 교류가 확산되어 글로벌 감각과 능통한 외국어 능력을 갖춘 커뮤니케이션 관리자가 되어야 한다.

(3) 재고관리자(inventory manager)

과거에는 단순히 물품을 주문하는 데에 그쳤으나 지금은 효율적인 물품 구매를 위하여 인터넷을 통하여 물품을 주문하고 관리한다. 재고 수준을 관리하고 비용 절감 효과를 측정함으로써 구매에 관한 의사결정에 참여한다. 인터넷을 통한 가격 비교를 통하여 가장 저렴하고 합리적인 결정을 내릴 수 있다.

(4) 계획관리자(planning manager)

업무의 마스터플랜을 관할하고 그에 따라 관련자들에게 마감일, 진행 상황 등에 관해 알려 주며, 상사의 스케줄을 계획·관리한다.

회의 일정 조율, 의제 계획, 일정에 따른 출장 및 면담 관리 등의 제반 업무와 회의에서 토의된 사항에 대한 사후 조치 등과 관련하여 모든 사람들의 시간을 최대한 효과적으로 사용할 수 있도록 조정하는 역할을 한다. 상사의 업무량을 조절하고 처리하여야 할 일에 대해서는 상사와 업무 관련자들 사이에서 조율함으로써 일의 효과를 높인다.

(5) 정책관리자(policy manager)

비서는 조직의 규정과 업무 절차에 관한 매뉴얼을 작성하고, 최신의 상태를 유지하기 위하여 갱신하고 보완한다. 신입 사원들을 위하여 매뉴얼에 있는 규정이나 절차 등을 설명하기도 하고, 업무합리화를 위하여 규정의 개정을 제안하기도 한다.

(6) 인사관리자(human resources manager)

소규모 조직에서 따로 인사관리자가 없을 경우 신입 사원 채용 시 지원자들을 인터뷰하고 채용하는 일에 참여하고, 근무 일정, 복지 제도 등 다른 종업원들의 관심사에 대한 질문에 답변하는 관리자 역할을 수행하기도 한다.

(7) 재무관리자(financial manager)

영수증을 준비하고 비용 관련 서류를 컴퓨터로 작성한다. 회계, 금융, 세무, 재정에 관련된 정보를 수집하고 관리한다. 예산과 관련하여 현재의 집행 상황을 부서 관련자들과 조정한다.

(8) 홍보관리자(community relations manager)

방문자, 판매 사원, 고객, 지역사회 관계자 등 다양한 외부사람들로부터의 요구를 수용하며 조직 구성원의 요구를 듣고, 문제 해결을 하거나 혹은 관련자에게 연결시켜 주는 역할을 한다.

(9) 교육훈련 관리자(training manager)

비서는 업무상 절차나 기술에 관한 문의가 들어왔을 때 이를 접수하고 해결 방안을 제시할 수 있어야 한다. 조직 구성원들이나 신입 비서에게 직무 수행에 필요한 능력을 훈련시키는 프로그램이나 매뉴얼을 개발한다.

(10) 위기관리자(crisis manager)

상사가 부재중일 때 모든 위기 상황을 해결할 수는 없을지라도 긴급 사태에 충분히 대처할 수 있도록 평소에 위기관리 능력을 기르고, 관련된 사람들을 최대한 배려하여 위기에 효율적으로 대처해 나간다.

(11) 고객관리자(customer relations manager)

고객의 불만 및 불편 사항에 대한 처리를 하는 등 고객이나 클라이언트와의 관계를 효과적으로 유지하며, 기업 이미지 제고에 주력한다.

위와 같은 관리 역할 외에 고경력 비서들은 회사와 상사 및 회사를 위한 의전(protocol) 관리자의 역할 및 회사나 최고경영자인 상사의 대외 이미지를 높일 수 있는 CI(Corporate Identity)나 PI(Personal Identity) 관리에 참여하기도 한다.

이와 같이 사회가 변화함에 따라 기존의 보조적인 비서의 역할에서 다른 사람들의 업무를 촉진시키고 가능하게 하는 촉진자(facilitator)의 적극적인 역할로 변화하고 있다. 다시 말하면, 오늘날의 전문 비서에게는 조직 전체가 효율적으로 운용될 수 있는 윤활유와 같은 사무, 행정 전문가로서의 역할을 요구하므로 관리적 능력을 계속 개발하여 조직의 일원으로 더욱 중요한 업무를 수행해 나가야 한다.

2. 전문 비서에게 요구되는 역량

현대 사회에서 비서에게 요구하는 역량은 다양하다. 기술(skill)면에서 탁월한 능력을 가지고 있으면 과업 수행이 용이하다. 그러나 이러한 기술은 사회과학적인 지식(knowledge)이 바탕이 되어 주도적으로 업무를 수행할 수 있을 때 활용되는 것이지 이러한 지식이 부족할 때에는 항상 보조적인 역할만 하게 된다. 또한 풍부한 지식과 뛰어난 사무 기술을 지녔다고 하더라도 비서에게 특히 중요한 것이 태도(attitude)이다. 긍정적인 사고를 가지고 인간관계가 원활한 비서는 최고관리층으로 통하는 의사소통의 통로로서 조직의 여러 갈등 요인까지도 제거할 수 있는 매개 역할을 할 수 있다. 비서의 역할은 조직과 상사에 따라 매우 범위가 넓으므로 탁월한 식견과 다방면의 재능을 겸비하여야 한다. 특히 동시에 여러 명의 상사 혹은 팀원들을 지원하고 여러 업무를 처리하며, 여러 개의 프로젝트를 관리할 수 있는 멀티태스킹(multi-tasking) 능력은 필수적이다.

(1) 전문 비서에게 필요한 자질

비서 업무를 수행하는 데 요구되는 자질은 선천적인 성격, 후천적인 경험, 교육, 환경 등에 영향을 받아 형성된다. 선천적인 자질은 부족할지라도 끊임없는 노력과 교육, 그리고 경험을 통하여 전문 비서로서의 자질을 길러 나갈 수 있다. 중요한 것은 자신에 대하여 긍정적인 자아 개념(positive self-image)과 자신감(self-confidence)을 가지도록 노력하는 것이다. 이렇게 형성된 개인적인 성향은 사회에서의 역할과 행동 양식에 영향을 준다.

비서로서 요구되는 적성과 자질을 살펴보면 다음과 같다.

① 민첩성과 침착성

비서는 상사의 측근자로서 또는 회사 내·외부와의 의사소통의 전달자로서 필요에 따라 즉시 정보를 제공하거나 사무 처리를 해야 하는 신속한 행동이 요구된다. 그러나 재치 있고 민첩한 비서 중에는 간혹 경솔하게 지레짐작을 하는 경우가 있다. 민첩한 가운데 냉정하고 침착하게, 그리고 정확하게 업무를 처리할 수 있는 것은 비서의 중요한 자질이다.

② 판단력

비서는 상황과 정보를 신속하게 분석한 후 정확한 판단을 내릴 수 있어야 한다. 비서실에는 많은 사람들이 출입하며 상사와의 면회를 위하여 방문하는 사람은 먼저 비서실에서 응대하게 된다. 예를 들면, 손님이 예약 없이 갑자기 찾아와서 면회를 원하는데 예정에 없던 긴급회의가 소집되었다면 비서는 손님에게 짧은 시간에 면회를 끝내도록 안내하거나 정중하게 사정을 설명하고 다음에 다시 방문하도록 중재하여야 한다. 이런 일로 인하여 신용과 신뢰를 잃을 것 같은 판단이 서면 상사와 의논하여야 한다. 상사 부재 시 사내에 중요한 문제가 발생하였을 경우에는 신속하게 상사와 관계자에게 연락하여 그 상황에 대한 책임자의 지시에 따라 대처하여야 하는 상황 판단력이 요청된다.

③ 적응력

비서는 직업을 통하여 끊임없이 변화를 경험하게 되고 어떠한 변화에도 신속하게 능동적으로 대처해 나갈 수 있어야 한다. 회사 내에서 조직 재편성이 있다든가, 새로운 컴퓨터 시스템이 설치된다든가, 상사가 바뀌는 등의 변화들이 계속해서 생기게 된다. 변화된 상황이나 새로운 경향에 대하여는 개방적이고도 수용적인 마음자세를 가지고 훈련이나 재교육 프로그램에 적극적으로 참여하여야 한다. 업무 처리에 타성적이기보다는 효율적인 방안을 생각하고 분석적인 태도와 창의적인 사고를 가져야 한다. 이렇듯 변화를 자기 발전과 도약을 위한 기회로 삼아 현명하게 대처해 나가는 능력이 필요하다.

④ 기억력

방문객의 이름과 얼굴, 약속 사항, 서류의 내용, 서류의 보관 및 대출 현황 등 비서가 기억해 두어야 할 사항이 많다. 비서는 마치 컴퓨터와 같이 기억, 연산, 출력뿐만 아니라 조정, 제어와 같은 총괄적인 역할을 수행하여야 한다.

기억하기 위해서는 언제나 메모하는 습관이 바람직하지만 뜻밖의 손님이나 갑작스런 질문, 연락이 겹칠 때에는 메모조차 할 시간이 없으므로 기억력이 필요하다. 하루 동안 일어났던 일을 기억에서 사라지기 전에 업무일지 형식으로 정리해 기록해 두면 나중에 귀중한 참고 자료가 될 수 있다.

또한 기억력을 증진시킬 수 있는 여러 방안을 연구하고 연습하면 기억력은 향상될 수 있다. 예를 들면, 사람에 대한 기억력이 부족한 비서는 명함 뒤에 손님의 인상착의, 특징, 최초 방문일, 거래 관계 등을 적어 수시로 기억하도록 노력한다. 또 고객 데이터베이스를 만들어 변화 사항이 생길 때마다 업데이트한다. 같은 손님이 다시 방문을 하면 상당한 기간이 경과하였을지라도 즉시 알아보고 반갑게 맞이하며 필요한 조치를 취할 수 있어야 한다.

⑤ 예견성

비서 업무는 질적이나 양적으로 복잡한 특성을 지니고 있다. 일상적인 업무는 신속하고 정확하게 처리하여 항상 다음의 업무를 준비하는 자세를 가져야 한다. 모든 업무는 사전에 예측하고 대처하였을 때 상황 변화에 쉽게 적응할 수 있으며, 업무의 성과가 나타나게 된다. 업무가 바쁠 때를 예측하고 필요한 사전 준비 작업을 해 두고 상사의 지시 이전에 적절한 조치를 취할 수 있도록 평소에 회사의 방침, 목표, 조직의 상황, 상사의 특성, 업무의 처리 절차 등을 파악하도록 노력한다.

⑥ 친절함과 기밀성

비서는 조직의 톱니바퀴를 잘 돌아가게 하는 윤활유와도 같은 존재이다. 누구보다도 사람을 만나는 일이 많기 때문에 모든 사람을 밝고 명랑하고 친절하게 응대해서, 다른 사람이 회사나 상사에 대하여 호의적인 인상을 가질 수 있도록 하여야 한다. 전화를 받을 때나 손님을 응대할 때는 물론, 동료들에게도 항상 친절히 대함으로써 밝은 분위기를 만들도록 하여야 한다.

그러나 친절하면서도 과묵함이 때로는 요구된다. 비서는 상사의 업무를 보좌하기 때문에 기업의 정보를 다른 사람들보다 빨리 알게 되는 기회가 많다. 상사가 일일이 기밀 여부를 지시할 수 없으므로, 비서는 스스로 판단해서 기밀을 누설하지 않도록 주의하며 민감한 이슈는 아예 화제로 삼지 않는다.

⑦ 적극성

상사는 대체적으로 비서를 신뢰하여 자세한 지시를 하지 않고 비서의 업무도 감독하지 않는 경향이 있다. 즉, 비서가 모든 일을 빈틈없이 처리해 줄 것으로 기대하고 있는 것이다. 따라서 비서는 솔선해서 업무에 대한 적극성을 가져야 한다. 그러나 주도권을 가지고 앞서 나가 일을 하는 비서는 때때로 적극성이 지나쳐 주위의 사람들로부터 부정적인 평가를 받는 경우도 있다. 예를 들어, 서류가 결재되었는지를 상사에게 여러 번 독촉하여 상사의 기분을 상하게 하는 경우도 있다. 적극적인 업무 자세는 비서에게 필요한 태도이지만 비서 본래의 임무가 상사를 보좌하는 데 있으므로 강요나 재촉은 삼간다. 적극적이면서도 겸손하고 자중할 줄 아는 자기 제어가 항상 필요하다.

⑧ 책임감

비서의 적성으로 중요한 것은 직무 수행상의 책임감이다. 항상 성심껏, 그리고 완벽하게 일을 처리해 내기 때문에 상사는 언제든지 믿고 중요한 일을 맡길 수 있는 것이다. 아무리 많은 지식이나 뛰어난 기술을 갖추었다 해도 책임감이 없으면 업무를 완벽하게 수행할 수 없다. 비서의 하는 일이 사람들 눈에 잘 띄지 않으므로 대충 생략하거나 적당히 자기 나름의 합리화나 타협을 하는 것은 결코 바람직한 태도가 아니다. 일이 제대로 진행된 후 표면에 나타나는 것은 최종 결과이다. 그 결과가 상사의 신뢰에 부응하고 기업의 성패에 영향을 주는 것이므로 완벽하게 업무를 처리하고자 하는 책임감이 강조된다.

그러나 책임감이 강한 사람은 때때로 일을 독점하는 경향이 있어 남에게 일을 맡기지 않는다. 업무가 과중해지고 업무가 폭주하면 다른 사람의 도움을 요청하거나 외부의 지원을 받는 것이 좋다. 예를 들면, 다량의 우편물을 빠른 시간에 내보내야 할 때는 상사와 의논하여 대량 우편물 발송을 전문으로 하는 업체에 외주를 주는 것이 좋다.

⑨ 정확성과 신뢰성

부정확한 업무 처리는 상사의 업무뿐만 아니라 회사의 이미지, 그리고 회사의 신용에까지 영향을 끼친다. 그러므로 비서에게는 신속하면서도 정확히 업무를 처리하는 능력이 요구된다. 예를 들면, 이메일이나 서류는 항상 재검토하여 오자(誤字)나 탈자(脫字)가 없는지를 확인하고 중요한 서류나 숫자는 업무 담당자에게 재확인한다.

또한 상사가 비서를 믿고 일을 맡기기 위해서는 신뢰할 수 있어야 한다. 신뢰는 하루아침에 얻어지는 것이 아니라 일정 기간 직무 관계를 통하여 쌓아 나가야 한다. 상사가 비서에게 상사의 일정에 관하여 이야기하지 않거나 기밀 서류를 맡기지 않는다면 그것은 비서를 신뢰하지 못한다는 신호이다. 비서는 신뢰받을 수 있는 행동과 정확한 업무 처리를 통하여 신뢰를 쌓아 나가야 한다.

⑩ 충성심과 정직성

충성심은 상사에게 무조건 복종하는 것이라기보다는 자신의 임무를 최선을 다하여 열심히 하는 것이다. 또한 업무 처리 시에 상사의 지위와 입장을 고려하며 상사의 편에 서서 자신을 앞세우기보다는 상사가 돋보이도록 앞세우는 태도를 의미한다. 상사에 대한 충성심뿐만 아니라 회사에 대한 애사심이나 조직에 대한 관심도 포함한다. 자사에서 생산되는 상품에 대한 지식을 넓히며 회사에 대한 긍지를 가지고 회사의 생산성 향상에 관심을 기울여 좀 더 능률적으로 업무 처리를 할 수 있는 방안을 연구하여야 한다.

정직은 비서뿐만 아니라 모든 인간에게 기본적으로 요구되는 규범이다. 그럼에도 불구하고 강조되는 것은 그만큼 완벽하게 실천하기가 힘들기 때문이다. 회사의 규칙과 정책을 준수하며 불의한 행동, 즉 뇌물 수수, 거짓 진술, 회사 비품의 개인적인 사용 등을 하지 않으며, 정당하게 일을 해 주고 그에 대한 보상으로 급료를 받는 투철한 직업 정신이 필요하다. 회사의 기구나 봉투, 문구류 등의 비품을 아끼고 사적인 목적으로 사용하지 않는 등의 작은 일에서부터 정직성은 지켜져야 한다.

(2) 전문 비서에게 요구되는 지식과 기술

상사를 보좌하는 직무를 수행해 나갈 때 비서가 반드시 갖추어야 할 전문적 지식이나 기술은 다양하다. 비서의 전문성을 살려 효과적으로 보좌하기 위해서는 다음과 같은 지식과 사무 처리 능력이 필요하다.

① 사회과학 지식

단기간 주어진 일을 처리하는 수준이 아니라 장기적으로 긴 안목을 가지고 일을 하려면 반드시 사회과학 지식이 필요하다. 관리자 혹은 경영자의 시각을 가지고 문제 해결을 하고 의사결정을 돕는 데 필수적인 사회과학 지식은 다음과 같다.

- 경제학: 경제구조, 경제와 사회 혹은 기업과의 관계
- 경영학: 기업 경영, 조직론, 인사관리, 재무관리, 마케팅 등의 지식
- 법학: 상법, 기업법, 노동법, 세무, 보험, 수표, 어음관리 등
- 회계학: 회계 원리, 재무회계, 관리회계 등
- 사무관리: 효율적인 사무 처리를 위한 이론
- 정보학: 정보의 수집, 관리, 빅데이터 활용
- 심리학: 인간심리, 조직심리학 등
- 커뮤니케이션이론: 효과적인 의사소통을 위한 이론 및 기법
- 인간관계론: 효과적인 인간관계 형성 및 관계 개선을 위한 기법들
- 기타 지식: 상식, 시사 문제, 조직의 업무 영역에 대한 지식

② 문제 해결 능력

문제 해결 능력은 경험을 활용한 체계적인 접근에 의하여 길러진다. 과거에 경험한 일에 대해서 기록을 해둠으로써 비슷한 상황에 처하였을 때 참고할 수 있다. 매일같이 발생하는 수많은 업무를 해결해 나가기 위해서는 관련자들과 좋은 인간관계를 형성하고, 함께 의논하여 문제점들을 즉각 처리해서 어려운 문제가 발생하지 않도록 미리 조처한다. 컴퓨터 활용을 비롯한 사무 기술과 지식을 갖추고 과거에 비슷한 상황을 어떻게 처리하였는가를 토대로 문제점을 예측하여 처리한다. 또한 현재 기업의 경영, 관리 상태, 회사나 상사가 당면한 문제 등에 대한 다양한 관심과 거시적인 사고력이 있을 때 문제해결력을 갖춘 비서가 될 수 있다.

③ 커뮤니케이션 능력

커뮤니케이션(communication)이란 의사 전달, 의사소통을 의미하며, 의견 · 정보 · 지식 · 방침 · 가치관 · 감정 등을 교환함으로써 상대방의 행동을 유도하는 과정이다.

비서는 직무 특성상 정확하고 올바른 커뮤니케이션 능력을 갖추어야 한다. 특히 전화 응대, 손님 응대 등 대외적으로 의사소통을 할 기회가 많은 만큼 경어, 존칭어, 겸양어 등을 바르게 구사할 수 있어야 회사와 상사의 이미지를 높일 수 있다. 언어적인 의사소통 능력뿐만 아니라 얼굴 표정, 몸짓, 손짓 등 비언어적인 의사소통 능력도 중요하므로, 이를 적절히 활용하여 정확하고 효율적으로 의사소통을 할 수 있는 커뮤니케이션 능력을 배양하도록 노력하여야 한다.

사회가 정보화되고 업무 처리 방식이 자동화될수록 인간적인 요소는 더욱 강조된다. 컴퓨터 중심의 업무 처리로 자칫 소홀해지기 쉬운 인간관계는 의사소통을 단절시킬 수 있으므로 인간관계의 윤활유 역할을 수행함으로써 의사소통을 원활히 하여야 한다.

④ 외국어 능력 및 글로벌 감각

글로벌 시대에는 어느 직장에서나 외국어 능력이 중요해지고 있다. 소속된 기업이 외국계 기업이든 국내 기업이든 대부분의 기업들이 국제적 교류를 하고 있고, 또한 전 세계적으로 통용되는 정보의 70퍼센트 이상이 영어이다. 따라서 외국계 기업에 근무하는 경우가 아니더라도 능통한 영어 사용 능력은 필수적이다. 또한 국가 간의 왕래가 빈번해 지구촌을 이루고 있으므로, 비서는 평소에 여러 나라의 다양한 풍습과 관습에 관심을 가지고 다른 문화권에 대한 이해를 높임으로써 글로벌 감각을 가져야 한다. 예를 들면, 상사가 특정한 국가를 방문하거나 그 나라의 방문객을 맞아야 하는 경우 해당 국가의 문화를 충실히 이해한다면 우호적인 관계를 유지하는 데 도움이 된다. 한편 우리의 전통과 문화에 대한 긍지와 지식을 가지고, 이를 다른 문화권의 사람들에게 알릴 수 있는 교량 역할을 할 수 있으면 더욱 바람직하다.

⑤ 정보 활용 능력

비서에게는 정보의 수집 및 관리 능력이 절대적으로 필요하다. 정보 활용의 중요성에 대한 인식을 하고 필요한 정보는 수집뿐만 아니라 적절한 방법으로 가공 처리하여 활용할 수 있어야 한다. 뿐만 아니라 미래에 필요로 하는 정보의 축적 및 필요할 때 즉시 찾아낼 수 있는 효율적인 정보관리를 할 수 있는 능력이 있어야 한다.

3. 제4차 산업혁명 시대의 비서 직무와 역량 변화

제4차 산업혁명 시대에는 자동화, 기계 및 인공지능 기술의 발전으로 인간의 노동력이 대체되고, 직업인에게 요구되는 직업 역량에도 많은 변화가 예상된다. 비서의 현재 역량과 미래 역량을 비교하는 연구에서 지식 면에서 현재는 사무관리 능력이, 제4차 산업혁명 시대에는 IT 트렌드 지식이 가장 중요한 역량인 것으로 나타났다. 기술 면에서는 현재는 경청 기술을 포함한 커뮤니케이션 능력이, 제4차 산업혁명 시대에는 돌발 상황 대처 능력이 가장 중요할 것으로 나타났다. 반면 태도 면에서는 현재와 제4차 산업혁명 시대에 공통적으로 비서의 센스가 가장 중요한 역량으로 꼽혔다. 즉, 인간만이 가지고 있는 주요 능력과 영역은 자동화되지 않을 것이라는 전망이다. 인간 고유의 능력으로 판단되고 있는 것은 다음과 같다.

① 다양한 지능의 복합적 활용 능력

인공지능은 많은 데이터를 활용하여 단순하고 반복적인 일을 인간보다 훨씬 빠르고 정확하게 하는 반면에, 언어 능력, 수리 능력, 의사소통 능력 등 다양한 지능을 복합적으로 활용하는 능력은 인공지능이 아직 도달하지 못한 인간만의 능력이다.

② 상황 맥락 지능

제4차 산업혁명 시대에는 기술 혁신의 빠른 진보 때문에 노동자가 지속적으로 적응해 나가며 새로운 능력을 배우고, 다양한 맥락 안에서 문제를 해결할 수 있는 능력을 구축하는 것이 중요해진다. 특수 상황에서 인지한 것을 제대로 이해하고 적용하는 상황 맥락 지능은 인간 고유의 능력이다.

③ 공감과 신체 능력

생각과 감정을 정리하고 결합해 자기 자신 및 타인과의 관계를 맺는 정서 지능은 인간 고유의 역량이다. 공감 능력을 바탕으로 변화를 이끌고 공동의 이익을 추구하기 위해 개인과 공동의 목적, 신뢰성 등의 여러 덕목을 활용하는 능력이 요구된다. 그 외에 개인에게 닥칠 변화와 구조적 변화에 필요한 에너지를 얻기 위해 자신과 주변의 건강과 행복을 구축하고 유지하는 신체 능력이 제4차 산업혁명 시대에 요구되는 역량이다.

제4차 산업혁명 시대에는 사람들이 다른 사람과의 상호 작용 과정에서 가지게 되는 능력인 소프트 스킬(soft skill)이 강조되고 있으며, 비서는 대인관계 업무를 통해 이러한 역량을 발휘할 수 있다. 예를 들면, 다른 사람과 원만하게 상호작용할 수 있는 사회적 스킬, 정보와 감정을 주고받을 수 있는 커뮤니케이션 능력, 자기조절 능력, 자기 효능감을 의미하는 긍정적인 자아 개념, 비판 능력과 문제 해결, 의사결정 등을 의미하는 고차원적 사고 능력 등이 비서 업무를 수행하는 데 필요하다.

제4차 산업혁명 시대에 경쟁력 있는 직업군은 다양한 학문 지식과 기술을 복합적으로 활용하는 직업이다. 문제 인식 역량, 대안 도출 역량, 기계와의 협력적 소통 역량 등 새로운 기술을 받아들이고 접목하는 역량을 요구한다. 비서는 이러한 사회 변화에 대해 준비하고 역량을 개발하도록 노력할 필요가 있다.

〈표 2-1〉은 제4차 산업혁명 시대의 비서에게 필요한 역량, 즉 지식, 태도, 기술을 정리한 표이다.

표 2-1 제4차 산업혁명 시대의 비서에게 필요한 역량

구 분	도출 내용
지식	조직에 대한 이해(조직 특성 및 역사 등)
	세계경제 동향 파악을 위한 언어, 경제 관련 지식
	회계 및 경영지식
	타 문화에 대한 이해
기술	최신의 트렌드를 읽고 분석할 수 있는 통합적 사고 능력
	정보수집 능력
	정보활용 능력(데이터 해석 및 분석 능력)
	선견지명 능력
	상황판단 능력
	돌발상황 대처 능력
	시간관리기술
	인적네트워크 형성 및 관리 능력
	리더십
	일의 우선순위 결정 능력
태도	신기술(IT, 정보통신 분야) 학습에 개방적인 태도
	능동적/창의적/유연한 태도
	상사와 직원 간 원활한 중재
	사람의 마음을 헤아리고 배려하는 태도
	직업의식

출처: 오지현 · 양지혜(2019). 일부 수정.

익힘문제

1. 비서의 역할에 영향을 미친 사회 환경의 변화에 대하여 알아보라.

2. 전문 비서의 관리적 역할에 대하여 알아보라.

3. 제4차 산업혁명 시대에 변화하는 직무와 역량에 대해 알아보라.

사례연구

1. 유능한 비서가 되기 위해서는 어떤 능력을 요구하는지 연구 결과를 조사해 보자.

2. 스스로 유능한 비서가 되기 위해서는 어떤 점이 부족하고 어떤 점을 더 함양해야 할지를 적어 보고, 이러한 능력을 키우기 위하여 어떠한 노력을 기울일 것인지 구체적인 계획을 세워 보자.

제3장

전문 비서의 업무 관리

3.1 업무의 범위 및 내용

1. 업무의 범위

비서의 업무는 상사의 역할, 성격, 담당 업무 및 조직의 형태에 따라서 매우 다양하다. 비서의 주업무는 상사가 능률적으로 성과를 올릴 수 있도록 보좌하는 것이다.

비서의 업무는 유형에 따라서 다음과 같이 구분할 수 있다.

(1) 일상적 업무(routine duties)

일상적인 업무는 사무실에서 매일 반복해서 수행하는 기본적인 업무이다. 우편물 수·발신, 전화 응대, 서류의 작성 및 처리 보관, 방문객 안내 및 응대, 상사의 스케줄 관리, 신문 및 잡지 스크랩, 사무실 관리, 퇴근 전 상사의 다음날 일정 확인, 서류함 잠그기 등이 일상적인 업무에 해당한다. 이러한 업무는 상사가 지시하지 않아도 비서가 계획을 세워서 능률적으로 처리한다.

(2) 지시를 받아서 하는 업무(assigned tasks)

지사를 받아서 하는 업무는 상사가 필요에 따라서 지시하는 업무를 말한다. 업무 내용은 단순한 것부터 특별한 보고서를 작성하는 일에 이르기까지 다양한 범주의 업무를 포함한다. 이처럼 지시를 받아서 하는 업무는 주어진 시간 내에 마쳐야 한다는 특징이 있으므로 지시를 받을 때는 업무의 성격을 명확하게 이해하여 상사가 원하는 시간 내에 처리하여야 한다. 특정 자료의 복사, 이메일 · 보고서 초안 작성, 출장 일정표 작성 등 일정한 형식에 맞추어 작성하는 업무, 회의와 관련된 사전 준비, 회의 중 지시되는 업무 처리 등이 지시를 받아서 하는 업무에 해당한다. 이러한 업무를 수행할 때는 우선순위가 높은 것부터 시행한다.

(3) 창의력이 필요한 업무(creative works)

창의력이 필요한 업무는 상사를 보좌할 때 솔선해서 창의력을 발휘할 수 있는 업무를 말한다. 그러나 창의력이 수반되는 업무를 할 수 있는 시간적 여유는 일상적인 업무와 지시를 받아서 하는 업무를 완수한 후에야 가능하다. 상사가 보고서를 작성할 때 이에 필요한 서류를 상사의 요구가 없더라도 미리 준비해 주거나 조직에서 사용하는 서식을 개발하거나 신문, 전문 서적, 논문 등에서 주요 기사를 발췌하여 상사의 능률을 높이기 위한 참고 자료를 준비하는 일, 조직 이벤트 기획 등이 포함된다. 이 범주에 속하는 업무의 내용과 범위는 비서의 독창성과 조직에 기여하고자 하는 의욕에 따라 다양하다.

정보 테크놀로지의 발전과 함께 일상적인 업무와 반복적인 업무는 컴퓨터에 의하여 신속히 처리됨으로써 비서의 창의적인 업무 수행에 더 많은 시간을 할애할 수 있으므로 능력을 충분히 발휘할 수 있는 기회가 증가하고 있다.

2. 비서의 업무 내용

비서가 수행하여야 하는 업무는 매우 다양하고 세분화되어 있다.

(1) 비서 직무 국가직무능력표준(NCS)

국가직무능력표준(National Competency Standards: NCS)는 산업 현장에서 직무를 수행하기 위해 요구되는 지식, 기술, 태도 등의 내용을 국가가 체계화한 개념이다.

NCS에서 정의한 비서 직무는 “상사와 조직을 위하여 충성심과 상호 신뢰를 바탕으로 기밀 유지 및 비서 윤리를 준수하고, 조직과 경영 전반에 관한 지식, 사무 정보기술, 의사소통 능력을 갖추어 경영진을 전문적으로 보좌하는 일”이다.

비서직의 NCS의 능력 단위는 모두 12개이며, 구체적인 내용은 〈표 3-1〉과 같다.

표 3-1 비서 직무 능력 단위

능력 단위	능력 단위 요소
경영진 지원 업무	1. 경영진 출・퇴근 업무 지원하기 2. 사무환경 관리하기 3. 경영진의 신상정보 관리하기 4. 명함 관리하기
경영환경 동향분석	1. 조직 내부환경 파악하기 2. 조직 외부환경 파악하기 3. 경영진 동향 분석하기
경영진 일정관리	1. 경영진 일정 계획하기 2. 경영진 일정 조율하기 3. 경영진 일정표 작성하기 4. 예약 업무하기
출장관리	1. 경영진 출장 전 준비하기 2. 경영진 출장 중 업무하기 3. 경영진 출장 후 업무하기
응대 업무	1. 경영진 전화 연결하기 2. 경영진 부재중 응대하기 3. 내방객 응대 준비하기 4. 내방객 선별 응대하기 5. 내방객 방문 후 업무하기
보고 업무	1. 경영진의 업무 지시받기 2. 메시지 전달하기 3. 경영진에게 업무 보고하기

경영진 문서 작성관리	1. 문서 기획하기 2. 문서 작성하기 3. 문서 관리하기 4. 전자문서 관리하기
회의의전관리	1. 회의 기획하기 2. 회의 지원하기 3. 회의 종료 후 업무하기 4. 의전 업무하기
비서 사무 정보관리	1. 정보 검색하기 2. 정보기기 관리하기 3. 정보 보안 유지하기
경영진 예·결산관리	1. 비서실 예산 운영관리하기 2. 경비 처리하기 3. 회계관리 시스템 활용하기
비서 영어회화 업무	1. 외국어 전화 응대하기 2. 외국인 내방객 응대하기 3. 일정에 따른 예약하기 4. 업무 보고하기
영문서 지원 업무	1. 수신 영문서 내용 파악하기 2. 영문서 작성 업무 지원하기 3. 비즈니스 영문서 작성하기

(2) 비서의 업무 내용

위의 비서 직무들은 크게 대인관계 업무와 보좌 업무, 문서·사무 업무, 기타 업무로 구분되며, 이에 대한 세부적인 내용은 다음과 같다.

① 대인관계 업무

㉠ 전화 응대

전화와 관련한 비서의 업무는 전화 받기, 전화 중개, 상사를 대신한 전화 걸기와 받기, 상사 부재 시 전화 응대, 사내 전화, 국제 전화, 전화대장 관리 등이다. 친절하고도 정확한 전화 응대는 상대방에게 상사나 기업에 대한 좋은 인상을 남김으로써, 회사의 이미지를 높이고 업무관계가 원만하게 이루어지게 하는 계기가 된다.

㉡ 방문객 응대

비서가 수행하는 방문객 응대 업무는 방문객 접수와 안내, 상사 부재 시 방문객 응대, 상사와 방문객 중개, 상사 집무실 또는 접견실로 안내, 다과(茶菓) 접대, 환송, 돌아간 뒤의 환경 정비 등이다. 방문객 응대 역시 전화와 마찬가지로 기업과 상사의 이미지에 영향을 미치므로 항상 예의 바르고 정중한 태도가 필요하다.

㉢ 경・조사 업무

경영자의 네트워크 관리 활동은 회사 경영상 필수적이며 대표적인 것이 경・조사 관리 업무이다. 상사의 활동을 보좌하기 위하여 비서는 여러 경・조사에 상사의 대리로 참석하거나 상사를 수행하기도 한다. 비서는 각종 경・조사의 절차와 경조 규정을 파악해 두고 실행할 수 있는 능력을 길러야 한다. 경・조사 정보의 수집, 확인, 연락, 상사를 대리한 경・조사 업무 처리, 대리 출석 등의 역할을 담당한다.

② 보좌 업무

㉠ 일정관리

상사의 회의, 면담, 출장, 방문 등에 대한 일정의 작성, 실행, 변경, 조정 등을 하는 것으로 비서는 이러한 일정을 효율적으로 진행할 수 있도록 일정표를 작성하여 상사의 업무 수행에 적절한 준비와 조언을 한다.

㉡ 회의 업무

원활한 회의 진행을 위하여 비서는 회의 안내장 작성 및 발송, 참석자 명단 작성, 통지서 작성, 회의 장소 선정 및 예약, 회의장 운영, 필요한 비품 준비, 회의 자료 준비・작성・배부, 회의장에서의 접수, 출석 확인, 지연자에 대한 연락, 다과・식사 준비, 폐회 후 마무리, 회의록 작성 및 배부 등의 업무를 수행한다.

㉢ 출장 업무

비서가 수행하는 출장 관련 업무는 여행 일정표 작성, 교통편 예약, 현지 책임자 연락, 숙박업소 예약, 출장 경비 계산, 휴대품 준비, 출장지 연락 및 확인, 여행에 필요한 자료 및 서류 준비 등이다. 상사의 출장 기간 동안 위임된 업무를 처리하는 등 상사 부재 시의 영향을 최소화할 수 있도록 업무를 수행하는 것도 출장 업무에 포함되며, 상사가 출장에서 돌아온 후에는 방문객, 전화 등 부재중에 발생한 일에 대한 결과를 보고하여야 한다. 출장중 상사가 가져온 자료를 정리하고 보고서 작성 및 출장 여비를 정산하고, 필요에 따라서 인사장을 작성하여 발송한다.

③ 문서 · 사무 업무

㉠ 사무환경 정비

쾌적하고 기능적인 환경을 유지하기 위하여 상사 집무실 및 접견실을 깨끗하게 유지하고, 조명 · 방음 · 공기 조절 · 적정 온도 유지 등 환경 정비를 한다. 비품 · 소모품을 효율적으로 관리하여 상사의 업무 능률을 높일 수 있다. 비서는 전체 업무의 흐름을 파악하고 자신의 업무 능률 향상뿐만 아니라 조직의 생산성 향상을 위하여 사무환경에 관한 지식을 습득하고 사무환경을 효율적으로 정비할 수 있어야 한다.

㉡ 문서 작성

비서의 문서관리 업무는 넓은 의미에서 정보관리 업무라고 할 수 있다. 보고서, 의사록, 전언문 등의 사내 문서와 이메일 인사장, 메모 등 다양한 문서의 초안을 작성하고 상사의 피드백을 받은 후 최종 문서를 작성한다. 다양한 정보의 수집, 가공, 보관 및 보안 등을 담당한다.

㉢ 문서 수 · 발신

사내 · 외 문서의 수신과 발신을 담당한다. 문서를 수신하면 수신부에 기재한 후에 상사에게 전달한다. 외부 문서의 경우에는 상사에 따라서 비서가 자신의 우편물을 개봉하는 것을 허용하지 않는 경우도 있으므로, 상사와 상의하여 업무 처리 방식을 결정한다.

문서의 발신은 일반적으로 총무부와 같은 문서 발신 부서에서 일괄적으로 처리하더라도, 효율적인 발신 업무 처리를 위하여 비서는 우편 제도에 대한 다양한 정보를 인지하고 있는 것이 바람직하다.

㉣ 문서 정리

문서 정리는 문서를 필요로 할 때 바로 이용할 수 있도록 체계적인 방법으로 정리하여 보관하는 것을 의미한다. 전자문서 관리 시스템을 이용하면 업무를 더욱 효율적으로 처리할 수 있다.

④ 기타 업무

비서 업무는 앞에서 열거한 업무 이외에도 그 범주가 매우 넓고 다양하므로 비서는 조직이나 상사의 필요에 따라서 어떠한 업무라도 수행할 수 있는 능력을 갖추어야 한다. 경력이 많은 비서는 신입 비서를 훈련하고 감독하는 책임이 있을 수 있으며, 필요에 따라서 재무/회계에 관계된 업무도 수행한다. 그 밖에도 경력 비서에게는 관리 업무, 기획 업무, 조직 업무, 인사 업무, 지도 업무, 통제 업무, 의사소통 업무 등의 업무를 총괄적으로 수행하기를 기대한다.

경우에 따라서는 외국 손님의 통역을 맡거나 공장 안내를 하고 관광이나 쇼핑 가이드를 하게 되기도 한다. 그러므로 비서는 상황 판단에 의하여 맡겨진 업무 이외에 다른 업무도 솔선해서 수행한다.

비서의 표준직무기술서(Prototype Secretarial Job Description)

국제사무전문가협회(International Association of Administrative Professioanl: IAAP)의 전신인 국제전문비서협회(Professional Secretaries International: PSI)에서 제시하는 비서의 표준직무기술서를 예시하면 다음과 같다.

Prototype Secretarial Job Description

A secretary relieves executives of various administrative details: coordinates and maintains effective office procedures and efficient work flows: implements policies and procedures set by employer: establishes and maintains harmonious working relationships with superiors, co-workers, subordinates, customers or clients, and suppliers.

- Schedules appointments and maintains calendar. Receives and assists visitors and telephone callers and refers them to executive or other appropriate person as circumstances warrant. Arranges business itineraries and coordinates executive's travel requirements.
- Takes action authorized during executive's absence and uses initiative and judgment to see that matters requiring attention are refereed to delegated au-

thority or handled in a manner so as to minimize affect of employer's absence. Sorts, reads, and annotates incoming mail and documents, and attaches appropriate file to facilitate necessary action: determines routing, signatures required and maintains follow-up. Composes correspondence and reports for own or executive's signature. Prepares communication outlined by executive in oral or written directions.

- Researches and abstracts information and supporting data in preparation for meetings, work projects, and reports. Correlates and edits materials submitted by others.
- Organizes material which may be presented to executive in draft format. Maintains filing and records management systems and other office flow procedures.
- Makes arrangements for and coordinates conferences and meetings. May serve as recorder of minutes with responsibility for distribution to participants.
- May supervise or hire other employees: select and/or make recommendations for purchase of supplies and equipment: maintain budget and expense account records, financial records, and confidential files.
- Maintains up-to-date procedures manual for the specific duties handled on the job.
- Performs other duties as assigned or as judgment or necessity dictates.

3.2 업무 수행 자세

비서는 공식적으로 상사를 외부와 연결하는 창구(gate keeper)가 된다. 따라서 비서의 업무 처리 방식은 곧 상사의 업무 처리 방식으로 인식된다. 그러므로 비서는 업무를 수행할 때 효율성과 아울러 업무에 임하는 태도 또한 매우 중요하다.

바람직한 업무 수행 자세는 다음과 같다.

① 최선을 다해서 한다

아무리 단순하고 반복적인 업무라 할지라도 정확하게 처리하기 위해서는 정성을 다하여야 한다. 비서가 수행한 업무는 대리·과장 등 단계적 검토를 거치지 않고 직접 상사에게 전해지는 경우가 많다. 그러므로 비서는 스스로 여러 번 확인·검토함으로써 완벽한 결과를 상사에게 제시하여야 한다. 모든 업무를 책임감을 가지고 정확하게 처리함으로써 비서가 수행한 업무 결과에 대하여 상사가 항상 신뢰할 수 있도록 하여야 한다. 상사의 입장에서는 작은 일에 최선을 다하며 실수가 없는 비서에게 좀 더 중요하고 큰 업무를 맡길 수 있기 때문이다.

② 일을 스스로 찾아서 한다

일을 찾아서 한다는 말은 업무 처리에서 주어진 일, 지시받은 일뿐만 아니라 항상 일을 스스로 찾아내고 연구하는 자세로 업무에 임함으로써 조직 내에서 꼭 필요한 구성원으로 인정받을 수 있는 것을 의미한다. 다른 사람의 업무를 대리로 하여야 할 경우에도 자신의 일로 생각하고 자진해서 돕는 것이 좋다. 회사에 대한 주인 의식을 가지고 있다면 다른 사람의 업무도 나의 일이라고 생각할 수 있으며, 이는 좋은 대인관계 형성에 큰 도움이 된다.

③ 문제 의식을 가지고 일한다

업무가 제대로 처리되었는지, 결과는 만족할 만한지, 또는 더 나은 방법은 없었는지를 항상 검토함으로써 업무 처리 능력을 향상시켜 나갈 수 있다. 타성적으로 또는 전임자가 해오던 대로 안일하게 업무를 처리하는 것이 아니라 자신의 업무 처리 방식에 대하여 진지하게 생각해 보는 자세가 필요하다. 일을 하기 전에 사전 계획을 세우고 진행 경과 및 결과를 재검토하여 업무 개선을 할 수 있는 방안을 찾아내고, 이를 건의하여 조직 전체의 생산성을 향상시켜 나가야 한다.

④ 일을 통하여 자신을 계발한다

직업을 가지는 이유가 단순히 경제적인 이유라면 직장 생활에서의 발전을 꾀하기가 힘들다. 자신의 일을 소중히 여기며 직장에 대한 애사심을 가지고 조직의 발전을 위하여 최선을 다할 때 일을 통하여 자기 자신이 발전·성장하는 것이다. 예를 들면, 문서 작성을 하면서 입력하고 있는 문장의 내용과 업무관계를 이해하며 작성하고,

모르는 용어나 개념을 찾아서 익히는 과정에서 더 많은 지식을 습득할 수 있다. 새로운 사무 테크놀로지를 익히며, 회사 내의 각종 교육·훈련 프로그램에 적극적으로 참여함으로써 자신을 계발시켜 나갈 수 있다.

⑤ 자신의 분야에서 전문가로 인정받을 수 있도록 한다

신입 사원 때에는 모든 일을 배우면서 또 물어서 지시를 받아가며 처리하여야 하나 2~3년이 지난 후에도 이와 같은 방식으로 일할 수는 없다. 자신의 분야를 적극적으로 배우고 연구하여 조직 내에서 전문가로 인정받을 수 있어야 한다.

또한 평소에 교양과 전문 지식을 넓혀 특정 정보는 어느 곳에서 찾을 수 있는지(know-where), 도서관에서 문헌조사를 하려면 어떻게 하는지 등의 정보 출처(information resource)에 대한 지식을 넓혀야 한다. 또 회사 안에서나 혹은 외부 사람 중 도움을 요청하거나 도움을 줄 수 있는 사람들을 많이 알고 지내는 것(networking)도 유능한 비서로서 활동하는 데 매우 귀중한 자산이 된다.

3.3 관리 순환 과정에 따른 업무 진행

비서는 주어진 업무를 처리할 때 먼저 계획을 세워 그에 따라 실행하고, 실행한 결과를 체계적으로 평가하여 다음 계획에 반영시키는 업무 진행 방법에 대한 원칙을 실천하여야 한다. 이렇게 계획(plan), 실행(do), 평가(see)의 세 과정을 정확하게 실천할 때 비서 업무의 효율화를 도모할 수 있다.

이 세 과정은 각각 독립해 있는 것이 아니고 상호 관련을 갖고서 순환 과정을 형성하고 있다. 이 과정을 관리 순환이라고 한다.

1. 계획 단계

계획은 모든 업무 관리에 있어서 가장 기본이 된다. 계획을 체계적으로 세우면 그

일의 절반을 끝낸 것과 같다. 비서 업무는 순서가 처음부터 정해진 정형적 업무가 많으나 그렇지 못한 경우에는 업무를 효율적으로 진행하기 위해서는 목적·목표를 달성하기 위한 구체적인 계획을 수립하지 않으면 안 된다. 지시를 받고 전체적인 계획을 세우지 않은 상태에서 일에 착수하면 일의 부분에 사로잡혀 전체 업무가 진행되는 상황을 볼 수 없게 되고, 결과적으로 다른 작업이나 성과에 영향을 미쳐 일정을 지연시키게 된다.

계획을 수립할 때의 유의 사항은 다음과 같다.

① 착수하려는 업무 내용을 완전히 이해할 것

전체 업무와의 관련뿐만 아니라 업무의 중요도와 긴급도, 상사의 기대 정도 등을 정확하게 알아야 한다.

② 가장 효율적인 방법을 생각할 것

업무 기간을 고려하여 순서대로 처리한다. 신속하면서도 정확하게, 그리고 쉽게 처리하도록 연구한다.

③ 우선순위를 정할 것

한꺼번에 두 가지 이상의 일이 주어졌을 때는 우선순위를 정한다.

2. 실행 단계

실행 단계는 계획에 따라 실제 업무를 수행하는 단계로서 시간이 많이 소요되기도 한다. 실시할 때는 목적과 수단에 알맞게끔 효율적으로 해야 한다. 비서는 정해진 업무 외에 돌발적인 비상 사태를 맞는 경우가 많다. 그럴 때는 상황을 적절하게 판단해서 재치 있게 대처하지 않으면 안 된다.

실행 방법은 다음과 같다.

- 처음 생각한 순서대로 진행되고 있는가를 점검하면서 실시한다. 예정대로 진행되지 않을 때는 즉시 수정 방향을 검토하여 상사에게 보고한다.

- 상사로부터 지시받은 업무는 어떤 일이라도 정확히 실시한다. 상사가 지시한 업무에 흥미가 없거나 단순 작업이라 할지라도 최선을 다한다.
- 상사가 기대하는 기간에 맞추기 위해서는 자신의 작업 속도를 파악해 두어야 한다. 또한 진행 중에 문제가 발생하면 즉시 상사에게 중간 보고를 한다.

3. 평가 단계

평가 단계는 업무가 처음 계획과 같이 진행되고, 또한 기대만큼의 결과에 도달하였는가를 점검·평가·반성하는 일이다. 나아가 검토 결과를 다음 계획에 반영하여 개선하면, 새롭게 높은 수준으로 발전해 나갈 수 있을 것이다. 따라서 검토는 생략할 수 없는 중요한 단계이다.

검토의 요령은 다음과 같다.

- 계획과 실적의 차이를 분석한다. 먼저, 처음 계획대로 성과가 있었느냐를 점검한다. 다음으로, 계획과 차이가 있었다면 그 원인을 분석·검토하여 객관적이고도 정확한 평가를 하고 반성한다. 반성한 사항은 '개선 메모' 등에 기록하여 훗날 같은 실수를 되풀이하지 않도록 하며 새로운 계획에도 반영시킨다.
- 과거에 경험한 업무나 다른 사람의 성과와 비교 분석한다. 분석 후 부족한 지식이나 기술을 알게 되면 그것을 학습하기 위하여 노력한다.

3.4 업무 처리 원칙

비서는 동시에 여러 업무를 진행하는 경우가 많으므로 다음과 같은 업무 처리 방법의 원칙을 세워 업무를 수행하면 효율적이다.

① 일상적인 순서에 구애받지 않고 사례별로 처리

업무를 수행하기에 앞서 일의 우선순위와 각 개별 업무에 대한 진행 방법 및 순서를 계획한다. 우선순위를 정할 때에는 중요도, 시간적 제약, 상사의 취향, 일의 능률성 등이 주요 고려 요인이 된다. 그러나 원칙이 세워져 있다고 하더라도 융통성을 발휘하여 상황 변화에 적응하며 업무 처리를 하여야 한다. 예를 들면, 계획된 업무를 처리하는 도중이라도 매우 중요하거나 긴급한 일은 우선적으로 처리한다. 급한 이메일은 먼저 보내고, 여러 개의 서류 중에서 급한 것은 먼저 완성하여 발송한다. 면회 약속 시간에 방문한 손님은 상사에게 바로 알리며, 상사의 신속한 결재가 필요한 서류는 먼저 결재를 받도록 한다.

② 일을 시작할 때 철저히 준비하고 마친 후 정리

일을 시작할 때는 그 업무를 수행하는 데 필요한 모든 문구류나 비품, 서류를 갖춘 다음에 시작하면 도중에 일을 중단하는 경우가 적어진다. 효율성을 높이기 위하여 필요한 비품은 미리 준비해 둔다.

일을 효율적으로 처리하는 사람들의 공통적인 특징은 정리를 잘해 나가는 것이다. 책상서랍 속이 잘 정리되어 있으면 쓸데없는 동작을 최소한으로 줄일 수 있다. 또 책상 위에 필요 없는 물품은 두지 말고, 하나의 일이 끝나면 불필요해진 것은 원래의 위치로 되돌려 두어 언제나 일하기 좋은 상태로 정리해 놓는다.

③ 문서화된 모든 자료는 작성 일자 또는 접수 일자 표시

문서에 표시된 날짜는 매우 중요한 의미를 가지고 있다. 날짜 표시는 각 문서의 거래 순서의 표시도 되며, 문서 정리의 순서도 된다. 이를 위하여 모든 수·발신 문서에는 접수 날짜 및 문서 작성 일자를 표시해 두고, 간단한 메모나 전화 메모도 반드시 날짜를 기입해 둔다. 특히 작성 일자와 받은 일자의 차이가 많은 경우 받은 일자를 표시하고 일자의 지연으로 인하여 문제가 생길 소지가 있는지 검토하여야 한다. 임대차 계약서, 보험 증권, 계산서, 송장, 수표, 영수증, 기타 장부류에도 모두 날짜를 표시하여야 한다.

④ 업무 처리는 정확히 하고 진행 과정을 모니터링하여 마무리

기업은 업무 처리의 잘못, 판단 착오 등과 같은 작은 실수에 의하여 많은 손실을 입기도 한다. 계산할 때는 두 번 이상 확인함으로써 절대적으로 정확을 기하며 면회자, 성명, 시각, 항공편 번호, 그리고 금액 등 숫자와 관련된 모든 사항을 재확인한다.

모든 업무는 처음부터 끝까지의 진행 사항을 점검할 수 있도록 정리한다. 업무의 진행을 위하여 주고받는 모든 문서에 주의를 기울이고, 업무와 관련된 상사의 메모와 지시 사항도 함께 정리해 둔다. 장기간에 걸쳐 진행되는 업무나 타 부서와 연관이 있는 업무는 일이 마무리될 때까지 자주 점검한다.

업무 진행 상황을 기록해 두고 후속 조치가 필요한 사항을 기록해 두면, 후에 비슷한 업무를 다시 진행할 때나 후임자에게 많은 도움이 된다.

⑤ 모든 서류를 일정한 기준에 따라 정리 · 보관

회사에서 모든 업무의 기본이 되는 것은 서류이다. 효과적인 분류 방법을 사용하여 필요한 경우에 신속히 찾아낼 수 있도록 잘 보관한다. 명함은 명함철에 가나다 순으로 보관하고 내용은 엑셀파일로 저장한다. 일정표는 약속 순서에 따라 보기 쉽게 정리하며, 전화번호부도 항상 가장 최근 것으로 정리해서 컴퓨터에 보관한다.

⑥ 기업의 기밀에 관한 사항은 보안에 특히 유의

비서는 업무 성격상 많은 기밀 사항을 취급하게 되며, 일 중에는 그 자체로는 기밀이 아닌 것이라도 경쟁자에게 유출될 때 중요한 단서를 제공하게 되는 경우도 있다. 비서는 회사의 각종 전략 계획, 인사 관계 등 사내 · 외의 기밀 사항들을 매일 취급하므로 사내 직원들과의 대화 중에도 말과 행동을 조심함으로써 무의식적으로 기밀을 누설하지 않도록 유의한다. 퇴근 시에는 중요한 문서는 반드시 서류함에 넣고 잠그도록 한다. 또한 컴퓨터 화면은 사람들이 지나다니는 통로에 노출되지 않도록 하며, 잠시 자리를 뜰 때도 책상 위에 서류가 펼쳐 있지 않도록 유의한다.

3.5 효율적 시간관리

1. 시간 계획의 설정

시간을 효율적으로 관리하기 위해서는 우선 시간이 무엇을 위하여 어떻게 사용되고 있는지를 자세히 알아야 한다. 이를 위하여 시간 일지(time sheet)를 기록하여 시간 계획을 세우고, 그 결과를 분석하여 문제점을 개선하면 좀 더 효율적인 시간관리가 가능해진다.

표 3-2 행동 및 시간 분석

번 호	업무 행동	시간대	소요 시간(분)	비 고
1	전화 상담	11:00 am~11:15 am	15분	상사와의 면담 요청
2	서류 작성	11:20 am~11:50 am	30분	
3	작성한 서류 3부 복사	11:50 am~11:55 am	5분	
⋮	⋮	⋮	⋮	⋮

시간 일지를 작성할 때는 시간을 될 수 있는 대로 작은 단위로 나누어 기록하며 일정 시간 동안 수행한 일을 일정 기간 계속 작성하여 분석한다. 일단 비서로 근무를 시작하면 약 2~3개월 동안 매일 매시간의 업무 진행 상황을 상세히 기록하면서 관찰한다. 그렇게 되면 업무 처리에 일정한 유형이 있음을 발견하게 되어 다음 계획을 수립하는 데 많은 도움이 된다. 업무의 시작과 마치는 시간, 어떤 일에는 얼마만큼의 시간과 어떤 기기가 필요한가, 좀 더 효율적으로 처리할 수 있는 방법은 무엇인가 등을 파악하고 그에 따라 행동하면 주어진 시간을 좀 더 효과적으로 사용하는 것이 가능해진다. 시간 계획을 작성할 때는 예상치 못한 방해나 긴급 상황에 대한 여유 시간을 두어야 하며 효과 저해 요인에 대하여 주의를 한다.

업무 분석을 통하여 정기적으로 업무량이 많은 시기를 파악하여 업무량이 적을 때 미리 대비한다. 예를 들면, 다가오는 행사에 대비하여 초대장 봉투 주소 레이블을 출력해 놓거나 필요한 비품의 구매, 주문, 문서의 이관, 주소록 정리, 필요한 서류 복사 등을 해 두면 바쁜 시기에 업무가 집중되는 것을 막을 수 있다.

체크리스트를 사용하면 반복적인 업무를 할 때 정확을 기할 수 있고, 장기간 계속되는 업무에 대하여 그때그때의 추진 상황을 기록할 수 있게 해 주며, 시간을 절약하고 실수로 빠뜨리는 것을 막아 준다. 또한 업무를 정형화시켜 하루 업무를 순서, 시간별로 일정하게 배분하도록 한다. 잡지 회람 및 서류 정리는 미루지 말고 매일 규칙적으로 실시하고, 될 수 있으면 같은 종류의 일을 묶어서 처리한다. 규모가 큰 작업은 여러 개의 작은 부분으로 나누어 하나씩 체계적으로 수행함으로써 정해진 기한 내에 전체를 마칠 수 있도록 한다.

시간적으로 무리한 계획은 짜지 말고 충분한 시간을 배정한다. 장기적으로 계속되는 업무에 대해서는 시간 계획표를 미리 짜서 중간에 점검 시간을 정해 두고, 계획대로 잘 이루어지고 있는지 확인하는 절차가 필요하다.

비서가 담당하여야 할 시간관리에는 상사를 위한 관리와 자신의 시간관리가 있다. 상사를 위한 관리는 상사의 업무 진행 방식이나 가치관, 습관 등과 밀접한 관련이 있으므로 그에 적합한 계획을 세운다. 자신을 위한 시간관리에서는 업무 능률을 최대한으로 올리는 동시에 자기계발의 측면도 고려하여야 한다.

2. 우선순위의 결정

어떠한 일이든 목표를 달성하기 위해서는 치밀한 사전 계획을 세우는 것이 필수적이다. 비서는 매일 아침 업무를 시작하기에 앞서 10분 정도 그날의 일과를 계획한다. 이때 '일일 작업 계획표'를 작성하고 각 업무에 대하여 우선순위를 매겨 우선순위대로 업무를 처리한다. 우선순위는 즉시 처리할 일, 오늘 중으로 끝내야 할 일, 시간나는 대로 하면 될 일 등으로 순위를 정한다. 또한 긴급한 일과 중요한 일을 처리할 때 이에 대한 처리 방침을 명확히 하여야 한다. 긴급 사항이란 시간적으로 빨리 해결하여야 할 일이고, 중요한 사항이란 일의 성격이 목표 달성이나 가치 추구에 비중이 큰

그림 3-1 업무의 종류

중요도 \ 긴급도	높음	낮음
높음	중요하고 긴급한 일 Do It Now	중요하고 긴급하지 않은 일 Plan It
낮음	중요하지 않고 긴급한 일 Delegate (or Do Later)	중요하지 않고 긴급하지 않은 일 Don't Do

일을 의미한다.

우선순위를 결정하는 데는 언제까지 수행하여야 하고, 시간이 어느 정도 소요되는가 하는 시간 제약, 내용의 중요도, 상사의 의향 등 여러 판단 기준이 있다. 우선순위는 경험에 의하여 결정할 수도 있지만 상사의 가치관, 업무 처리 방식을 고려하여 상사의 기준에 맞추도록 한다.

그러나 자신의 정한 순위를 절대로 바꾸지 않는다든가, 비서가 여러 사람을 보좌하는 경우 개인적으로 좋아하는 사람의 일을 먼저 처리한다거나, 싫어하는 일은 뒤로 미룬다든가 하는 식으로는 원활히 업무를 처리할 수 없다. 무엇을 먼저 할 것인가를 생각하면서 업무를 진행시켜야 시간의 낭비가 없어진다. 이를 위하여 일에 대한 체계와 우선순위를 정해 놓는 것이 좋다. 자신의 직무기술서를 통하여 모든 중요한 사항이 포함되어 있는 일반적인 월간 계획표를 만들 수도 있고, 금요일 오후에 다음 주의 계획을 세워 상사와 의논할 수도 있고, 상사에게 다음 주에 하여야 할 일에 대하여 물어보도록 한다. 상사와 정기적으로 일과 관련된 것 사항들을 의논할 시간을 맞출 수도 있으며, 하여야 할 일의 중요도에 따라 일의 목록을 작성할 수도 있다. 일에 소요되는 시간을 파악하여 다음에 일의 계획을 세울 때 이용할 수도 있는데, 시간이 오래 걸리는 일의 경우 진행을 확인할 수 있도록 중간 데드라인(deadline)을 세우는 것이 좋다. 매일 아침에 하여야 할 일들을 확인함으로써 그날의 계획을 실천할 수도 있다. 전화를 하여야 할 사람과 만나야 할 사람들의 목록을 작성한 뒤 상사에게 확인한다. 전화 연결이 안 되었을 경우에는 연결될 수 있는 시간을 물어 전화로 불필요하게 소모되는 시간이 없도록 한다.

표 3-3 우선순위 설정의 예

오늘의 우선순위		
우선순위	업무 내용	실시 여부
1	3시 약속 변경 연락	✓
2	3시 약속 변경 내용 운전 기사에게 연락	✓
3	조전 보내기	✓
4	2시 회의자료 복사	
5	조의금 준비	
6	여비 정산	
7	인사장 작성	
8	문서 정리	
9	:	
10	:	

3. 업무 시간관리

(1) 업무의 조직화

일상 업무는 순차에 따른 직렬 처리보다는 몇 가지 일을 동시에 처리하여야 하는 병렬 처리가 대부분이다. 그러기 위해서는 일의 중요도를 선별하여 처리하는 능력을 키워야 한다. 일의 우선순위를 정하는 것이다.

업무를 조직화하게 되면 일에 대한 집중력을 높일 수 있다. 업무를 좀 더 체계적이고 효율적으로 처리할 수 있다면 일에 대한 스트레스도 줄일 수 있고 시간을 효과적으로 사용할 수 있다. 효율적인 업무 수행을 위해서는 일에 대한 체계와 우선순위를 정해 놓는다. 우편물 분류나 서류 정리 등 반복되는 일상적인 업무는 매일 일정한 시간대에 수행하고, 정기적으로 발생되는 업무를 위한 시간대도 할애한다. 시간대를 조정하여 방해가 많은 시간과 그렇지 않은 시간을 구분하여 그 시간대에 적합한 업무를 계획한다.

한편 업무를 표준화해서 일상적인 업무를 위한 매뉴얼을 만들어 두면 타인에게 업무를 용이하게 위임할 수도 있다. 업무를 시작하기 전 상사와의 면담을 통하여 그날 하여야 할 일들과 필요한 사항을 확인한다. 아침 일찍 그날 하여야 할 일들을 확인하고, 중간에 점심 시간 전에 끝내야 할 일들이 있는지를 확인한다. 이른 오후에 일들의 우선순위가 바뀌었는지를 확인하고, 늦은 오후에는 그날 한 일들을 정리하고 완성된 일에 대하여 확인한다. 하루의 업무를 끝내기 전에는 다음 날 하여야 할 일들에 대하여 상사와 점검하는 등 적어도 하루에 서너 번 그날의 일들을 정리할 시간을 마련한다. 두 명 이상의 상사를 보좌하는 경우 어떤 일들이 우선되어야 하는지를 상사들과 의논하여 우선순위를 정해 둔다.

일에 대하여 집중력을 높이고 스트레스를 줄이기 위한 업무 조직화 방법은 다음과 같다.

- 어려운 업무는 능률이 가장 잘 오르는 시간에 완성한다.
- 업무 처리 방식이 비슷한 업무는 동시에 처리한다.
- 한꺼번에 수행하기 어려울 만큼 미루어 두지 말고 일정한 간격으로 업무를 수행한다.
- 대규모 프로젝트나 일정 기간 동안 많은 업무를 처리하여야 한다면, 우선순위에 따라 수행하여야 할 업무에 대한 목록(to-do-list)을 작성한다.

(2) 습관 교정

평생에 걸쳐 효율적인 시간관리를 하기 위해서는 시간 경영에 대한 의지와 개인의 습관 교정이 필요하다. 시간관리에 대하여 사람들이 가지고 있는 잘못된 생각들은 다음과 같다.

- 사람들은 긴장할 때 일을 더 잘하므로 일을 마감일 직전까지 미룬다.
- 더 빨리 일하면 원하는 것을 이룰 수 있다.
- 바쁜 일정 속에서 우선순위에 따라 일하는 것은 불가능하다.
- 작은 일이지만 급한 일들을 먼저 처리하여야 큰 일을 위한 시간을 벌 수 있다.

(3) 업무 위임

일을 효율적으로 할 수 있도록 계획표를 작성하고 업무에 따라 수행 지침을 마련한다. 그러나 업무에 대한 욕심이 과중하여 모든 일을 스스로 하려고 하면 생산성은 떨어지고 본인도 스트레스를 받게 된다. 다른 사람에게 업무를 수행할 수 있는 방법을 가르쳐 주어 업무를 분담하거나 다른 부서에 일시적으로 도움을 받는 것이 효과적이다. 또한 본인보다 잘할 수 있는 다른 사람에게 업무를 위임하고 스스로 잘하는 업무에 집중하는 것도 한 방안이다.

조직에서 가장 심각한 시간 허비 요인은 바로 비효율적인 업무 위임이다. 우리나라 기업 조직은 스태프 조직이 활성화되어 있지 않고, 피라미드 형태의 라인 조직이 아직 많이 있다. 수평적 조직 구조로 전환되고 있으나 여전히 상명하달식의 업무 처리가 주로 이루고 있다. 이런 구조에서는 비중 있는 일의 책임은 당연히 윗사람에게 집중되기 마련이다. 과감한 업무 위임은 부하 직원의 직무 능력 개발에도 도움이 된다.

4. 시간 낭비 요소의 제거

현대 사회에서는 신속성이 경쟁의 우열을 가리게 되므로 즉시 처리하려고 결정한 일은 미루지 않고 즉각적으로 처리하여야 한다.

또한 어떤 일을 한 번에 완료하지 못하면 나중에 그 나머지를 또 해야 하므로 다시 일을 생각하여야 하는 시간 낭비가 생긴다. 따라서 우선 일을 끝낼 수 있도록 시간 배분을 하고 시작하되 할 수 없어 뒤로 미루어야 할 경우, 매듭짓기 좋은 부분에서 일을 나누어 끝내도록 한다. 중단하였을 때는 다음에 다시 시작할 때 시간 낭비

없이 바로 착수할 수 있도록 일의 순서 등을 메모해 둔다.

시간 낭비는 복잡한 업무 처리 절차와 비표준화, 비효율적인 사무실 공간의 배치, 비체계적인 문서 및 정보 보관, 그리고 우리나라의 정립되지 않은 시간 문화 등으로 유발된다. 생산성을 높이기 위해서는 일상적인 업무 활동을 평가하여 시간 낭비 요소라고 여겨지는 다음과 같은 요소를 제거함으로써 시간을 효율적으로 관리하여야 한다.

- 불필요한 전화
- 사내와 외부의 방해 및 방문
- 중복된 서류 보관
- 불필요한 복사
- 반복적이며 비생산적인 회의
- 잡담과 개인적인 문제 해결을 위한 업무 시간의 유용
- 동료 및 관리자와 쉽고 직접적인 의사소통의 부족
- 비품 부족

또한 이러한 시간 낭비 요소를 제거하기 위해서는 항상 문제 의식을 가지고 업무의 진행 상황을 끊임없이 검토하며 개선 방안을 연구하여야 한다. 생산성을 향상시키기 위한 방안은 다음과 같다.

- 책상 위에는 일상적으로 사용하는 품목만 비치하고 컴퓨터, 프린터 등은 근접한 다른 작업대 위에 설치한다. 정기적으로 책상서랍을 정돈하고 자주 사용하는 비품은 손닿기 쉬운 곳에 보관한다.
- 관련 서류는 한꺼번에 처리하도록 한다.
- 보관 문서를 조사하여 장기적으로 더 이상 활용되지 않을 문서들을 규정에 따라 폐기한다.
- 소모품의 활용을 효율적으로 하기 위해 편지지, 서식 등 유사한 문구류를 함께

정리한다.

- 각각의 파일 서랍에 색인(index) 표제를 붙여 쉽게 문서를 찾을 수 있도록 한다.
- 잡지 · 회보 등 인쇄 자료들은 상자나 바구니에 한꺼번에 보관 후 나중에 분류하여 활용하거나 폐기한다.

표 3-4 비서의 효율적 시간관리를 위한 체크리스트

비서의 효율적 시간관리를 위한 체크리스트
문서 업무(paperwork) • 메모를 만드는 대신 음성 메시지를 남길 수 없을까? • 메모나 보고서를 덜 쓸 수는 없을까? • 보고서를 전화나 서서 하는 간단한 회의로 대신할 수 없을까? • 어떻게 하면 복사를 줄일 수 있을까? • 복사 대신에 회람시킬 수는 없을까? • 효율적인 문서 정리 시스템(filing system)을 가지고 있는가?
회의(meeting) • 회의를 전화 통화나 이메일 메시지로 대신할 수 있을까? • 정시에 시작해서 정시에 끝날 수 있을까? • 회의 안건 순서지(agenda)가 준비되어 있는가? • 안건 사항이 우선순위대로 배열되어 있는가? • 회의 참석 시 노트를 하고 회의가 빨리 진행되도록 돕는가? • 나는 회의에 준비되어 있으며 적극적인가?
이메일(e-mail) • 하루 중 정해진 시간에 체크한다. • 이메일에 답을 해 줄 수 있을 때 메일함을 체크한다. • 일단 연 파일은 불필요하면 삭제하고, 업무 관련 이메일은 저장하고 답을 한다. • 이메일을 보낼 때 수신자를 위하여 간단명료한 제목을 쓴다. • 메시지를 쓸 때 간단하게 그러나 상대방으로부터 원하는 바를 정확하게 기재한다. • 한 메일당 메시지를 한 가지 주제로 국한시킨다. • 오 · 탈자가 없도록 한다.

5. 첨단 기술의 활용

과학 기술의 발달이 생산성에 많은 영향을 미치고 있다. 여러 하이테크기기와 인공지능 비서 기능을 사용하면 비서 업무의 생산성과 효율성은 향상될 것이다. 인공지능 비서가 인간 비서를 대체할 것이라는 비관적 전망도 나오고 있지만, 창의적 상상력과 공감 능력을 발휘하는 인간 비서만이 할 수 있는 영역을 최대화하고, 인공지능 비서의 기능을 활용하고 감독함으로써 좀 더 효율적인 시간관리가 가능해진다.

회사에서 사용하고 있는 그룹웨어 중 일정관리를 위한 프로그램이 있다면 활용하여 효율적인 시간관리가 이루어지도록 한다. 구글(Google)의 다양한 기능이나 마이크로소프트(Microsoft)의 아웃룩(Outlook)은 메일 송수신과 일정관리가 가능하여 시간관리 프로그램으로 유용하게 쓰인다.

3.6 프로젝트 관리

프로젝트(project)는 일상적인 경영 활동이나 업무 이외에 일시적인 시작과 끝을 가진 사업이나 일이라고 할 수 있다. 또한 주어진 경비, 스케줄, 품질 내에서 목표를 수행해 가는 과정이다. 새로운 책의 발행, 건물 신축, 영화 제작, 새로운 제품 개발, 발전소나 공장 신축, 새 모델의 자동차 개발 등이 프로젝트의 대표적인 예가 될 수 있다.

기업이나 상사가 신제품 개발, 신기술 개발, 신규 시장 개척 등 프로젝트를 책임맡게 되었을 때 비서는 그 프로젝트가 원활히 진행되어 좋은 결과를 얻어낼 수 있도록 지원하고 모니터링하는 프로젝트 지원 비서의 역할을 맡게 된다. 때로는 여러 나라에 흩어져 있는 전문가들이 각각의 프로젝트 팀을 구성하여 동시에 여러 개의 프로젝트를 진행하기 때문에 비서에게는 프로젝트 관리에 대한 기본 이해와 지식이 필요하다.

1. 프로젝트 관리란?

프로젝트 관리(project management)는 프로젝트를 성공적으로 수행하기 위하여 필요한 자원을 모으고, 이를 최대한 효과적으로 활용하는 것이다. 이에 해당하는 자원은 기술, 능력, 협력, 시설, 수단, 설비, 정보, 시스템, 테크닉, 자금 등이 있다.

프로젝트 관리는 1960년대 초 미국이 우주선 프로그램을 성공적으로 수행하기 위하여 개발되어 꾸준히 발전되어 왔다. 프로젝트는 정부, 군사, 산업 분야에 빠르게 확산되었고, 오늘날 프로그램 관리, 제품관리, 그리고 건설관리라는 이름으로 널리 활용되고 있는 개념이다.

프로젝트는 다음과 같은 성격을 가지고 있다.

- 명확한 시작과 종료 시점을 갖는다(제한된 수명 주기).
- 목적과 성과 목표를 갖는다.
- 시간에 대한 특성과 제한을 갖는다.
- 자원을 이용한다.
- 제한된 예산을 갖는다.
- 특정 조직 형태나 별도의 팀이 운영된다.

그림 3-2 프로젝트의 세 영역

프로젝트가 진행되는 동안 세 가지 측면, 즉 품질(quality), 시간(time), 그리고 경비(cost) 면에서 관리하여야 한다. 성공적인 프로젝트 관리는 상세한 성취, 즉 품질 기준에 따라, 마감 시간에 맞추어 주어진 예산 내에서 완수하는 것이다.

2. 프로젝트 관리자

프로젝트 관리자는 프로젝트 관리 능력뿐만 아니라 그 프로젝트에서 요구하는 기술에 대한 전문 지식도 갖추어야 한다.

프로젝트 관리자는 문제 해결, 의사소통, 그리고 인간관계 기술을 포함하는 프로젝트 관리에 대한 기본적인 기술을 배워야만 한다. 강력한 프로젝트 관리 기술을 갖고 있는 프로젝트 관리자라 할지라도 집단적 노력을 수행할 수 있는 능력이 없으면 실패할 것이다. [그림 3-3]은 의사소통 및 인간관계 능력이 프로젝트를 관리하는 데 가장 중요하다는 것을 보여 주고 있다.

프로젝트를 시작하기 전에 먼저 프로젝트에 대한 정의를 내리는 것이 필요하다.

첫째, 프로젝트를 연구하고, 토의하고, 분석하는 시간을 가진다. 이것은 프로젝트에 대한 명확한 이해를 위하여 필수적이다. 비슷한 프로젝트가 어떻게 진행되었는지, 과거의 경험에서 어떤 것을 배워야 하는지에 대하여 연구하는 시간이 필요하다.

둘째, 임시적인 프로젝트 정의를 내린다. 추가적인 정보와 경험에 의하여 변경될

그림 3-3 프로젝트 관리의 기술

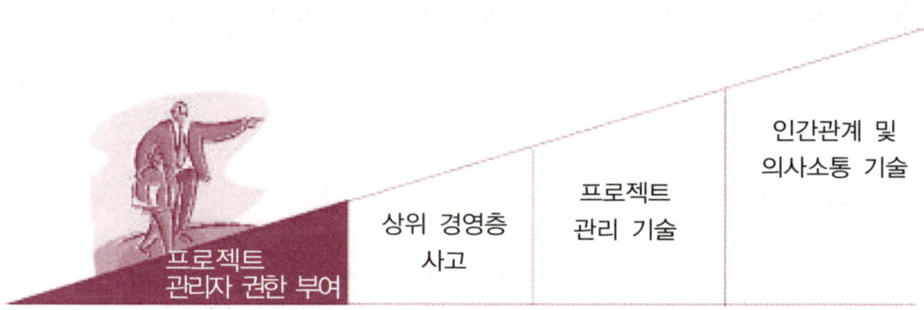

수 있다.

셋째, 프로젝트 정의를 이용하여 결과 지향적인 목표를 정한다.

좋은 목표는 SMART한 목표이어야 한다. 즉, 구체적(Specific)이어야 하며, 평가 가능(Measurable)하여야 하고, 성취 가능(Attainable)하여야 하고, 현실적(Realistic)일 뿐만 아니라 시간(Timely)을 고려한 것이어야 한다.

넷째, 프로젝트의 성공을 위해서 필수적인 것과 필수적이지는 않지만 포함되어야 할 요소를 적어야 한다.

다섯째, 창의적이고 대안적인 전략을 세운다. 이 단계에서 팀원이 모여 브레인스토밍(brainstorming: 아이디어 회의)을 할 수 있다.

여섯째, 대안적인 전략들을 평가한다. 평가의 기준이 현실적이고 목표 지향적이어야 한다.

마지막으로, 프로젝트 정의와 목표를 수행하기 위하여 어떻게 실천할지 실천 순서를 정한다.

브레인스토밍 진행 시 유의 사항

- 모든 아이디어를 적는다.
- 평가하거나 판단하지 않는다.
- 이해를 위하여 정리하되 비판이나 토론하려고 하지 않는다.
- 실현 가능성이 낮은 아이디어라고 미리 판단하지 않는다.
- 아이디어가 중복해서 나오더라도 그대로 적는다.
- 많을수록 좋다. 많은 아이디어가 나올수록 좀 더 유용한 것을 발견할 기회가 커진다.
- 아이디어가 더 이상 나오지 않으면 잠시 휴식하고 다시 시작한다.

3. 프로젝트 계획

계획은 모든 시간관리의 기본이 된다. 계획을 체계적으로 세우면 일의 절반은 끝난 것과 같다. 비서의 업무는 순서가 처음부터 정해진 정형적 업무가 많으나 그렇지 못한 경우에는 업무를 효율적으로 진행하기 위해서 목표를 달성하기 위한 구체적인 계획을 수립하여야 한다.

그러기 위해서는 먼저 착수하려는 업무 내용을 완전히 파악하고 있어야 한다. 전체 업무와의 관련성, 업무의 중요도와 긴급도, 상사의 기대치 등을 정확하게 알아야 한다. 또한 업무 시간을 고려하여 가장 효율적인 방법을 생각하고 우선순위를 정하여 처리한다.

프로젝트의 세 가지 주요 요소(일정/비용/품질) 중 한 가지 목표라도 달성하지 못하였거나 완료하지 못하였을 때, 그 프로젝트는 실패한 프로젝트이다. 〈표 3-5〉는 프로젝트 실패 이유를 예시한 것이다.

표 3-5 프로젝트 실패 이유

달성 못한 부문	이 유	
시간/일정 (time/schedule)	- 적시에 의사결정 능력 부족 - 완벽주의 - 필요 시점에서 가용한 자원 부족 - 흥미나 동기 부여 결핍 - 상세 기준(specification)의 변경	
비용/예산 (cost/budget)	- 소요 기간의 증가 - 견적가 계획 평가 오류 - 치밀하지 못한 조정·통제	
품질/성과 (quality/performance)	- 구체적이지 못한 목표 설정 - 비현실적인 목표 - 구체적이지 못한 설명 및 실행	

(1) 품질(quality)에 대한 계획

상세 기준(specification)은 프로젝트의 품질을 좌우한다. 그러므로 어떤 재료를 사용하는지, 맞추어야 하는 기준은 무엇인지, 품질을 맞추기 위하여 수행하여야 하는 테스트는 무엇인지 알고 있어야 한다.

상세 기준을 문서화해서 팀원이 공유하고 기준을 맞추도록 한다.

(2) 시간(time)에 대한 계획

항상 프로젝트는 정해진 마감 시간을 가지고 있다. 프로젝트 수행 시 세 가지 중요한 시간 요소를 파악하고 있어야 한다.

갠트 차트(Gantt Chart)

시간 계획 시 필요한 도구의 하나로 엔지니어였던 갠트(Henry L. Gantt)가 제2차 세계대전 중에 창안하였다. 수평막대기가 각 프로젝트 단계에서 시간의 전후 관계를 보여 준다. 각 단계의 할당된 기간에 막대가 놓여진다. 갠트 차트(Gantt Chart)는 순차적인 활동의 흐름을 보여 주며 때로는 동시에 이루어져야 하는 활동이 무엇인지 알려 준다. 갠트 차트를 만들기 전에 먼저 업무표를 작성할 필요가 있다. 업무표는 업무 번호와 업무명, 예측 시간, 그리고 선행되어야 할 업무로 이루어져 있다.

아래는 한 프로젝트의 업무표와 갠트 차트의 예이다.

프로젝트명: 프로젝트 관리 소프트웨어 구입

업무 번호	업무명	예측 시간	선행되어야 할 업무
1	요구 분석	5일	–
2	컴퓨터 하드웨어 선택	4일	1
3	소프트웨어 선택	3일	1
4	구입	1일	2, 3
5	배달	5일	4
6	사용자 교육	3일	4
7	시스템 설정	1일	5
8	완료		6, 7

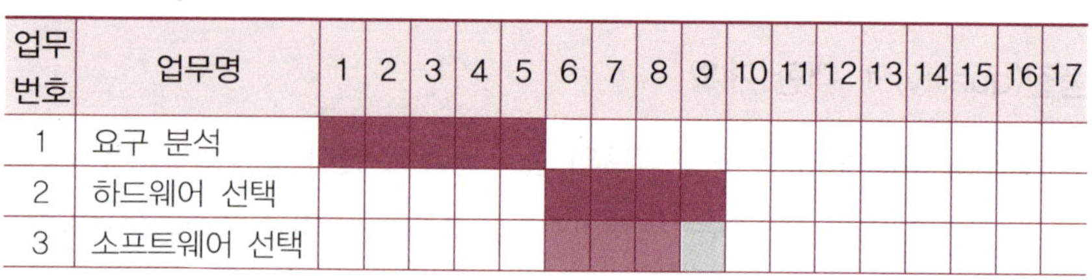

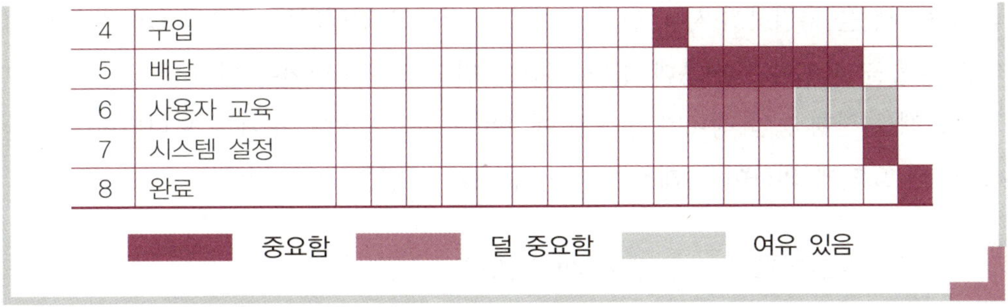

- 각 단계의 소요 시간
- 최선의 시간: 일이 가장 순조롭게 이루어질 경우 소요 시간
- 최악의 시간: 일이 가장 순조롭지 못한 경우 소요 시간

(3) 경비(cost)에 대한 계획

현실성 있는 경비 계획을 세워야 하며, 필수품이나 재료 등 필요한 자원에 대한 정확한 예산 계획이 있어야 한다.

좋은 예산이란 프로젝트가 진행되는 동안 경비를 모니터해서 초과되지 않도록 하는 데 그 기능이 있다. 간혹 예산이 추가되는 피할 수 없는 경우도 발생하지만, 초기 예산 계획 단계에서 일을 제대로 못한 실수로 인하여 예산을 추가하는 일은 없어야 한다.

전형적인 경비 요소는 다음과 같다.

- 노동력(labor)
- 일반적인 행정 비용(phone, mail)
- 재료(material)
- 비품(supplies)
- 간접 비용(overhead)
- 기기 대여(equipment rental) 등

정규 직원을 투입하여 사내 일정 공간을 차지하고 진행되는 프로젝트의 경우 이에 대한 비용을 빠뜨리기 쉬운데 경비 계산에 반드시 포함되어야 한다.

프로젝트 진행 동안 경비가 정해진 예산을 초과하지 않도록 계속 모니터하여야 한다. 아래 요인에 의하여 잠재적인 예산 문제가 발생할 수도 있다.

- 장기간 프로젝트인 경우 물가 인상 요인
- 국제 간의 프로젝트인 경우 환율 요인
- 공급자와 피공급자 간의 가격 약속 파기
- 초기 예산 수립 시 업무 미비로 인한 불완전한 예산 등

4. 프로젝트 수행 및 평가

(1) 프로젝트 수행

프로젝트를 수행할 때는 체크리스트, 프로젝트 통제 차트, 분기점 차트, 예산 통제 차트 등을 통하여 관리하게 된다. 이러한 관리를 원활하게 할 수 있도록 도와주는 Microsoft 회사의 project management software인 MS Project를 사용하거나 무료(open source)로 사용할 수 있는 프로젝트 관리(Open Project) 플랫폼을 사용하여 관리하기도 있다. 혹은 회사 차원에서 구축한 전사적 프로그램을 통하여 다른 부서나 다른 지역 프로젝트 팀원과의 협업을 할 수도 있다.

(2) 프로젝트 평가

프로젝트가 완료되면 목표를 제대로 달성했는지에 대한 평가를 하게 된다. 업무가 처음 계획과 같이 진행되었는지, 기대만큼의 결과에 도달하였는가를 점검, 평가, 반성하는 과정이다. 나아가 검토 결과를 차후 계획에 반영하여 개선함으로써 추후 더 나은 성과를 올릴 수 있다. 프로젝트가 일단 완료되면 그 프로젝트 팀은 해체가 되고 다음 프로젝트에 투입되기도 한다. 빠르게 변화하는 사회와 경제구조 속에서 경쟁력을 갖추기 위해서는 프로젝트 형태의 업무가 더욱 확산될 것이다.

익힘문제

1. 비서의 업무를 유형별로 나누어 설명해 보라.

2. 관리 순환 과정에 따른 업무 진행 절차에 대하여 설명해 보라.

3. 바람직한 업무 수행 자세에 대하여 알아보라.

4. 효율적인 업무 수행을 위한 시간관리 방안을 제시해 보라.

5. 프로젝트 진행 시 실패 이유를 서술하라.

6. 브레인스토밍의 장점과 브레인스토밍할 때의 유의 사항을 서술하라.

사례연구

1. 미국 비서들의 직무를 인터넷에서 검색하여 한국 비서들의 직무와 비교해 보자.

2. 하여야 할 일들의 리스트를 적은 후 우선순위를 매겨 실행한 후 평가해 보자.

3. 사흘 동안 자신의 시간 사용에 대한 기록을 30분 단위로 적어본 후 시간 낭비 요소가 어디에 있는지 살펴보자.

4. 구글에서 'open source project management software' 키워드로 검색하여 어떤 무료 프로젝트 관리 프로그램들이 있는지 알아보자.

PART 02
조직과 비서

| 제4장 |

조직에 대한 이해

조직 구성원은 속해 있는 조직에 대한 특성, 운영, 규정, 구조 등 조직 전반에 관한 지식과 이해가 필요하다. 또한 조직인으로서의 비서의 역할 수행을 위한 기본적인 지식이라고 할 수 있다. 즉, 전문적이고 능동적으로 업무를 처리하기 위해서는 조직의 체계와 일의 흐름을 알아야 한다.

이 장에서는 어떠한 형태의 조직에서나 존재하는 공통된 속성을 조직의 대표적인 형태인 기업 조직을 중심으로 개략적으로 살펴보고자 한다.

조직을 운영하려면 여러 경영 및 행정 활동이 필요하다. 경영자 및 관리자는 이들 활동을 그 성격에 따라 정의하고 일정한 기준에 따라 분류하고 배열한다. 분류된 업무는 구성원들에게 할당되고, 관리자는 정해진 목표가 달성되도록 구성원을 통솔하며 개인의 업무나 부서 간의 업무를 조정하게 된다. 조직의 규모가 커지면 인적 자원과 물적 자원 및 정보 자원의 확보와 활용이 더욱 중요해진다. 조직은 이러한 자원을 결합시켜 업무를 효율적으로 수행하기 위하여 조직을 구성하게 되고, 경영자는 목표 달성을 위하여 조직원을 통솔한다.

비서는 상사 가까이에서 조직 운영에 관한 많은 일을 지원하게 된다. 조직원으로서뿐만 아니라 비서로서의 역할을 잘 수행하려면 조직에 대한 이해와 아울러 상사가 속한 조직의 운영에 대한 폭넓은 지식이 필요하다. 상사의 지위와 권한, 상사의 직무 내용, 상사의 사내·외 관계, 상사의 개인적인 특성 등을 파악하는 것이 중요하다.

4.1 조직의 의의와 특성

현대 사회의 가장 큰 특징적인 현상의 하나가 조직이다. 공산품의 거의 전부가 기업이라는 조직에서 생산되고, 대부분 농가에서 생산되는 농산물도 농협이나 기타 조직을 통하여 유통되거나 가공되어 소비자에게 공급된다. 서비스도 대부분 조직을 통하여 공급되고 있다. 건강 유지와 회복에 필요한 의료 서비스는 병원이라는 조직을 통하여 제공받고 있으며, 교육은 학교라는 조직에서 받게 되고, 기타 정보의 관리나 공공 서비스는 행정 조직을 통하여 받게 된다. 이와 같이 조직은 사회의 어느 곳에서나 찾아볼 수 있다. 즉, 우리는 평생 동안 조직의 구성원으로서 일하며 다른 많은 조직으로부터 영향을 받으면서 살아간다. 따라서 조직을 효과적으로 설계하고 관리하는 것은 우리의 삶의 질을 높이고 효과적인 사회를 만드는 데 매우 중요하다.

1. 조직의 의의

조직이란 공통의 목적을 위하여 서로 유기적인 관계를 유지하고 있는 두 사람 이상의 집합체를 의미한다. 규모가 확대되면 한 사람의 힘만으로는 업무를 추진할 수 없게 되어 여러 사람이 업무를 분담하여야 한다. 이러한 이유로 사람들은 조직을 형성하거나 조직의 일원이 되어 조직을 중심으로 개인의 능력을 모아 혼자 할 수 없는 일도 성취할 수 있게 된다. 합리적으로 조직을 운영하려면, 각 담당자가 수행할 직무와 이들 직무 간의 관계를 명확하게 하여야 하는데, 이것이 조직화이다.

조직 내의 각 구성원들은 전체적인 목표 달성을 위하여 조화를 이루어야 하기 때문에 개인의 감정이나 행동 양식은 제약을 받을 수밖에 없다. 따라서 관리자는 개인의 능력을 통합, 조정하여 목표 달성을 위한 방향으로 이끌어 나가는 한편, 개인의 이익과 조직의 이익이 균형을 이루도록 하여야 한다.

그림 4-1 조직의 의의

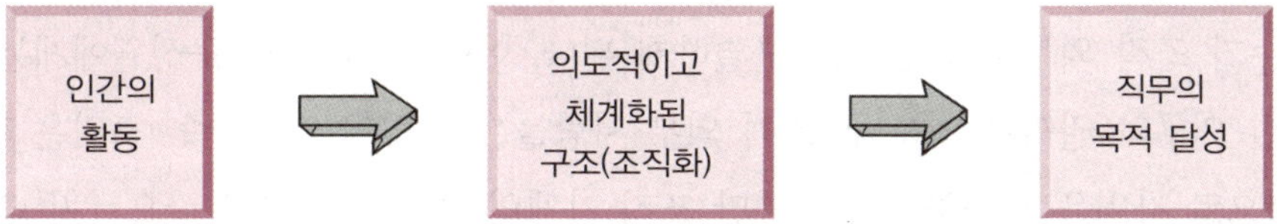

2. 조직의 특성

조직은 두 가지의 의미가 있는데, 하나는 구조적인 것(organization)이고, 다른 하나는 과정적인 것(organizing)이다. 여기에서 조직이란 기업, 국회, 정부, 병원 등 구조적 측면을 말하는 것이기 때문에 조직화(organizing)라는 개념과는 구분되어야 한다.

효과적인 조직이 가지는 기본적인 특성들을 살펴보면 다음과 같다.

① 공동의 목표를 가지고 있다

모든 조직은 목표을 가지고 있으며 조직 구성원은 목표를 달성하기 위하여 노력한다. 조직이 목표를 상실할 때 조직으로서 존속할 수 없으므로, 모든 조직 구성원들은 공동의 목표를 알아야 할 뿐만 아니라 조직의 목표 달성을 위하여 노력하고 기여하여야 한다.

② 체계화된 조직 구조를 형성한다

조직은 목표를 달성하기 위하여 조직의 과업을 분류하여 그 업무를 부서에 부과하고 구성원의 역할을 규명하며, 그 역할 간의 관계를 결정하는 규정과 절차 등을 만든다. 이렇게 체계화된 조직 구조의 테두리를 바탕으로 조직 구성원이 상호 작용하면서 조직의 목표를 달성하게 된다.

조직 구성원들에게는 각자 맡은 바 책임이 있고 각자의 역할을 충실히 수행함으로써 궁극적으로는 조직 목표 달성에 기여하게 된다.

③ 조직은 경계가 있다

조직은 경계를 통하여 조직 내부와 외부 요소를 구분하게 되며, 누가 조직 구성원이며 누가 조직 외부 사람인가를 구별하게 된다. 이에 따라 조직 구성원에게는 조직에 대한 의무와 권리가 있으나, 조직 외부 사람들은 그렇지 않다. 즉, 조직은 환경과 지속적으로 자원을 교환하기는 하지만 조직 자체의 경계를 분명히 함으로써 다른 조직과 구별할 수 있는 집단을 형성하게 된다.

④ 외부 환경 변화에 적응한다

모든 생명체가 환경의 변화에 계속적으로 적응하여야 살아남을 수 있는 것과 마찬가지로 조직도 환경의 변화에 계속적으로 적응하여야 존속할 수 있다. 환경은 조직에 필요한 인적·물적 자원과 기술적 정보 및 시장을 제공하기 때문에 환경과 지속적인 교류를 가지게 될 뿐 아니라 기술이나 시장의 변동에 적응하여야 생존할 수 있다. 그 밖에도 정부 정책이나 사회의 압력과 요구를 적절히 수용하고 대처할 수 있어야 존속하고 성장할 수 있는 것이다.

⑤ 조직은 인간으로 구성된다

조직이 사용하는 유형의 자산인 건물이나 공장 등과 무형의 자산인 기술이나 비법(秘法) 등은 조직이 아니며, 단지 조직이 목표를 달성하기 위한 수단으로 사용하는 자원이다. 예를 들어, 제조업의 무인 공장이나 방송국의 무인 송신소는 조직이 아니다. 그러나 아무런 자산을 가지고 있지 않아도 공동의 목표를 달성하기 위하여 상호작용하는 여러 명의 사람이 모였다면 조직이 되는 것이다.

4.2 조직화 과정

조직화란 경영자가 과업 및 권한 체계의 구조를 설계함으로써 목표를 달성하는 수단적 활동이다. 어떠한 규모나 유형의 조직에서도 효과적인 조직화를 통하여 경영

성과를 높여야 한다. 조직화를 성공적으로 하면 업무의 흐름을 명확히 할 수 있어 개인별 직무에 대한 지침을 제공할 수 있으며, 각 직무를 성공적으로 수행하기 위한 행동 체계를 마련하여 계획 수립과 통제하는 데 도움이 된다.

조직화 과정은 기본적으로 업무의 분화에서 시작된다. 분화란 전체 과업을 더 작은 과업 단위로 세분화하는 것이라고 할 수 있다. 일반적으로 조직 분화는 수평적 분화와 수직적 분화로 구분한다. 수평적 분화는 업무의 종류에 따라서 라인 부문과 스태프 부문을 형성하는 것이고, 수직적 분화는 업무를 수행하는 직위 계층에 따른 관리 직능의 분화이다.

조직화 과정은 다음의 7단계로 설명될 수 있다.

그림 4-2 조직화 과정

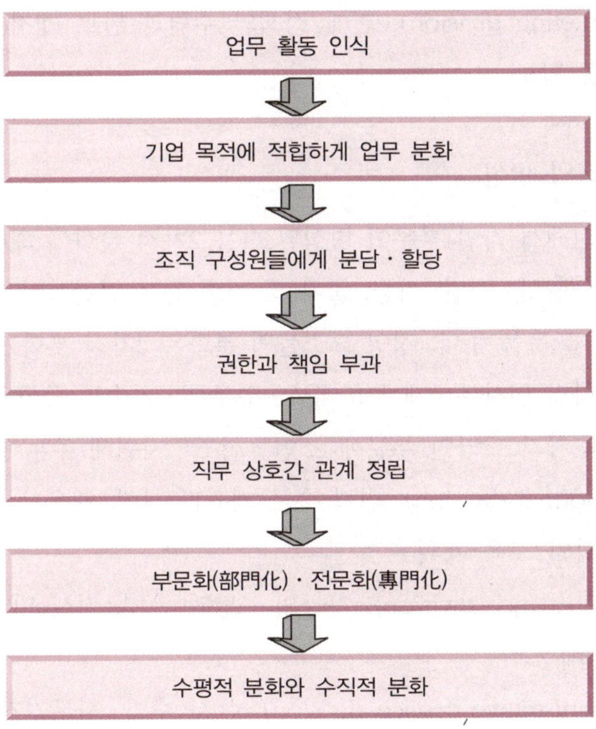

1. 조직의 수평적 분화

수평적 분화란 업무의 종류에 따라 각 부문 간의 통일적인 관리 기능과 밀접한 관계를 가지고 목표 달성을 위한 기본적인 활동으로 분화하는 과정이다.

(1) 라인 부문의 형성

기업의 목표을 달성하기 위해서 기본적으로 수행하여야 하는 활동은 1차적으로 분화되어 라인 부문을 형성한다. 1차적 분화는 기업 경영 활동의 가장 기초가 되는 활동이 구매, 생산, 판매 등 순환과정의 단계에 따라 분화한 것이다.

① 구매부(purchasing division): 원재료, 자재의 수급 계획의 수립 및 원자재 및 부자재의 확보, 재고의 조사 및 관리

② 생산부(production division): 공장 관리 및 제품의 생산에 따른 제반 업무

③ 판매부(marketing division): 판매 정책의 수립과 판로 개척 및 지점, 대리점 등의 판매망 확보

(2) 전문 스태프의 형성

1차적 분화에 의해서 라인 부문이 형성된 다음 2차적 분화에 의한 전문 스태프가 형성된다. 전문 스태프는 사람, 자금, 물자 및 기술 등을 결합하여 경영 활동을 원활히 수행하는 데에 도움을 준다. 경영 요소들의 분화는 2차적 분화 또는 요소적 분화라고 하며, 이에 따라 인사부 · 재무/회계부 · 총무부 · 기술부 등이 형성된다. 전문스태프는 전문성을 가지고 라인 부문에 조언 · 협조 · 지원해 주는 역할을 수행한다.

① 인사부(personnel division): 인력 수급 계획과 시행, 채용과 퇴직, 급여 · 상여금, 인사고과와 교육 계획

② 재무/회계부(finance division): 자금의 조달과 운영, 결산 및 재무제표의 작성 보고, 자금 배정

③ 총무부(administrative service division): 문서 수발, 사무기기, 비품관리

④ 기술부(technical support division): 기술 지원 업무, 기술 판단에 관한 협조 사항

그림 4-3 경영 조직화 과정

인사	재무/ 회계	총무

전문 스태프
(요소적 분화)

(3) 관리 스태프의 형성

3차적 분화는 경영관리 직능인 계획 · 조직 · 지휘 · 통제 기능이 명확히 분화되는 과정적 분화이다. 이에 따라 기획부 · 조사부 등으로 형성된 관리 스태프(management staff)가 관리 직능에 대하여 라인 부문에 조언 · 협조 · 지원하는 역할을 수행한다.

① 기획부(planning division): 회사의 기본 경영 계획과 방침 수립, 신규 사업 계획의 실행에 따른 당위성 분석, 사규의 제정

② 조사부(research division): 시장조사 활동, 경쟁 업체의 조사 활동, 일반 경제 동향 조사

2. 조직의 수직적 분화

조직화 과정에서 업무 종류에 의한 수평적 분화뿐만 아니라 계층별 구분에 의한 수직적 분화가 이루어진다. 조직의 수직적 분화는 경영관리 직능을 조직의 계층화, 감독 한계의 원칙, 계층 단축화의 원칙에 따라서 최고경영층, 중간관리층, 하위감독층으로 나누는 것이다.

조직의 구조는 상황에 따라 매우 단순한 것에서 매우 복잡한 것까지 다양하다. 예를 들면, 가장 단순한 상황에서는 사장과 직원 몇 명으로 구성될 수도 있으며, 이 경우에는 업무와 권한의 할당 및 협조 관계는 매우 단순할 것이다.

그러나 기업이 발전하여 규모가 커지고 직원의 수가 증가하게 되면 사장은 혼자의 힘으로 직원들을 지휘할 수 없고 또 그들의 협조를 이끌어 내기 어렵게 된다. 그래서

그림 4-4 조직화 과정과 조직 구조

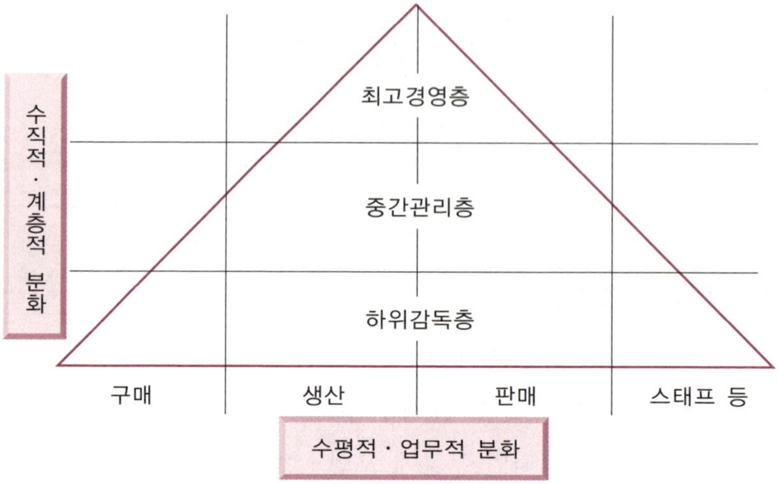

기업 내에 필요한 경영 계층을 형성하고 각 계층에 관리자를 두게 된다. 이때부터 기업은 계층 분화가 이루어지게 되는 것이다.

(1) 계층별 경영 구조

[그림 4-4]에서 보는 조직은 대기업에서 볼 수 있는 일반적인 조직 계층으로 위로부터 최고경영층(top management), 중간관리층(middle management), 하위감독층(lower management) 및 일반사원(worker)의 피라미드형으로 조직되어 있어 최고경영층에서 결정된 회사의 방침이 일반 사원에게 원활히 전달되며 의사소통이 신속히 이루어지도록 되어 있다. 그러나 최근에 와서는 이러한 계층 구조가 점차 수평화(flat)되어 중간관리층과 하위감독층의 숫자가 줄어들고 있다.

표 4-1 각 계층별 특징

구 분	특 징
최고관리층	• 조직의 의사결정 권한을 행사한다. • 조직 목표에 대한 전반적인 책임을 진다. • 조직 부서 간의 이해 조정, 의사결정 및 인력 및 재정 등의 자원을 배분할 통제권을 갖는다.
중간관리층	• 조직 내 의사소통의 중추적인 역할을 한다. • 현장 하위감독층을 직접 지휘 · 감독한다. • 최고경영층에서 결정된 정책들을 실행에 옮긴다. • 최고경영층이 결정한 방침에 따라 각 부문의 활동을 관리한다.
하위감독층	• 중간관리층의 지시에 따라 일반 사원들을 지도 · 감독한다. • 주로 단기 목표가 달성될 수 있도록 감독한다. • 상하 간 및 부문 상호간의 의사소통을 원활히 한다. • 기계나 원자재를 포함한 경영 자원을 직접 관리하기도 한다.
일반 사원	• 조직의 목표 달성을 위한 실질적인 역할을 담당한다. • 하위감독층의 직접 감독을 받게 된다.

(2) 최고경영층과 비서

비서의 경우, 상사의 업무 내용에 따라 수행하여야 하는 업무의 내용이 다양하다. 변호사를 보좌하는 법률 비서, 병원이나 의료기관의 장을 보좌하는 의료 비서 등 전문 분야에 따라 비서직도 전문화된다. 일반적으로 기업 비서가 보좌하는 상사는 대부분이 조직의 최고관리자 혹은 최고경영층인 경우가 많으므로 최고경영층의 역할과 기능을 파악하면 더욱 신속하고 효율적으로 지원할 수 있다.

오늘날 기업을 둘러싸고 있는 국 · 내외 환경은 이전에 비하여 그 어느 때보다도 변화가 심하다. 첨단 산업을 지향한 기술 혁신, 산업의 글로벌화와 치열한 경쟁, 근로자들의 가치관의 다양화, 소비자 선호의 변화뿐만 아니라 국제 관계에 따른 국제 시장의 다변화, 글로벌 무한경쟁 현상, COVID-19 등은 일찍이 볼 수 없었던 상황이다.

이러한 상황 속에서도 기업은 끊임없는 성장과 발전 및 안정을 지속하기 위하여 새로운 성장 기회를 찾아 꾸준히 노력하지 않으면 안 될 것이다. 경영진은 변화에 소극적으로 적응해야 하는 것이 아니라, 능동적으로 새로운 기회를 찾는 노력을 한다.

조직의 장래 목표를 구체화하여 계획하고 실행하며, 성취하는 책임은 조직의 최고경영층에 있다.

다양한 최고경영자의 역할을 좀 더 자세하게 이해 관계자에 대한 역할과 조직 내 운영상의 역할로 나누어 살펴보면 다음과 같다.

① 이해 관계자에 대한 역할

이해 관계자란 기업과의 관계에서 이익을 얻거나 잃는 사람들을 말한다. 전문 경영인은 소유주나 주주의 이익을 위하여 그들의 대리인으로서 경영 활동을 하며 그 성과에 대한 책임을 지게 된다. 한편 의사결정을 할 때는 언제나 종업원이나 소비자, 정부 및 사회의 이익도 고려하여야 한다. 그렇지 않으면 기업은 그로 인하여 존립의 바탕을 잃어 버리기 때문이다.

또한 상품과 서비스에 대한 불만, 기타 문의 및 의뢰 사항 등이 비서를 통하여 최고경영층에 전달되기도 한다. 개별적인 사안에 대한 문제 해결은 담당 부서로 돌려지지만 처음에 불만을 접수하고 응대하는 사람이 비서인 경우가 많다. 따라서 접수 방법 및 처리 방법이 회사의 인상을 크게 좌우하고, 상사와 회사의 첫인상을 상대에게 심어 주는 데 결정적 역할을 하기도 한다. 상사의 지위가 높을수록 비서의 언행에는 신중함과 책임이 따라야 한다.

특히 언론기관이나 경쟁 기업의 사람을 응대할 때에도 가급적 협조적인 태도로 임하여야 하지만 공식적으로 발표되지 않은 사항을 함부로 말하지 않도록 한다. 예를 들면, 어떤 사실을 알고 있더라도 기밀 사항인 경우 조금이라도 알고 있는 듯한 표정이나 모호한 언행은 삼가도록 한다.

[그림 4-5]는 기업 조직의 이해 관계자를 나타낸 것이다. 모든 이해 관계자(stakeholders)가 기업을 유지하는 데 필수적이지만 그 중에서도 소비자가 가장 중요한 집단이다. 소비자는 재화와 서비스를 구매하여 기업의 자금원이 되기 때문이다. 따라서 기업은 고객의 욕구 충족을 위하여 더 많은 노력을 하여야 한다. 대부분의 기업에서는 고객 서비스센터나 고객 불만 신고센터 등을 개설하여 소비자 욕구 충족에 관심을 기울이고 있다. 이처럼 경영자들은 소비자의 욕구를 충족시키는 역할을 하여

그림 4-5 기업의 이해 관계자

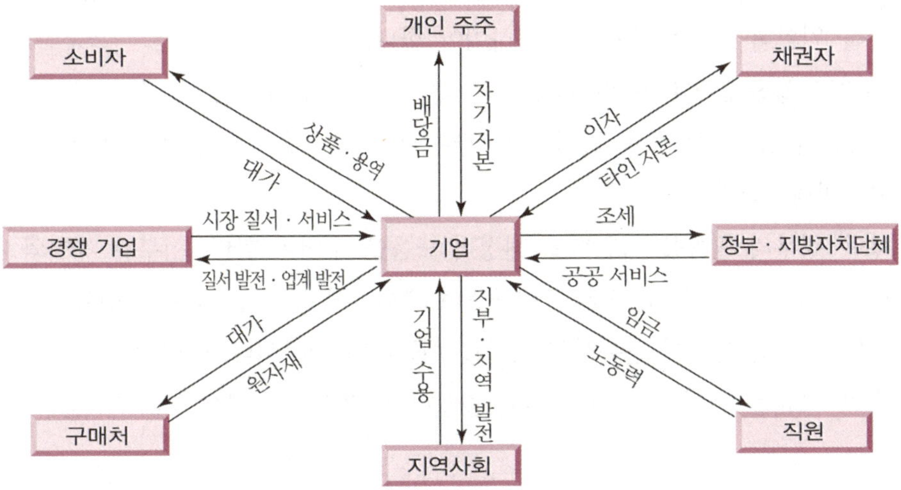

야 한다. 소비자의 불만 사항이 비서실로 들어오는 경우 비서는 소비자의 입장에서 최대한 도와 줄 수 있는 방안을 찾아보고, 어떠한 경우이든 친절히 응대함으로써 소비자에게 좋은 인상을 주도록 노력한다.

기업에 자본을 출자한 사람을 소유주라 한다. 기업의 규모가 작은 경우 경영자와 소유주가 동일한 소유 경영자 형태가 가능하지만, 점차 기업 규모가 커지게 되면 소유와 경영이 분리되게 된다. 출자자는 전문 경영인에게 경영을 맡기고 이윤을 기대한다. 따라서 경영자에게는 출자자의 이런 기대를 충족시켜야 하는 역할이 주어진다. 출자자의 기대를 충족시키지 못하였을 경우 경영자는 해고될 수 있으므로 경영자에게는 가장 신경쓰이는 집단이다. 출자자들이 의사결정을 하는 기관인 주주총회를 위한 자료 및 회의 준비를 점검하는 과정에서 비서는 적극적으로 상사를 보좌할 수 있다.

또 중요한 집단으로 직원을 들 수 있는데, 이들은 기업을 통하여 금전적 보상, 고용 안정, 좋은 작업 조건 등 경제적 · 심리적 · 사회적 만족을 얻으려 한다. 따라서 경영자는 직원의 만족도를 알아본다든지 직원이 사용자나 상사에게 가지는 불평이나 불만을 해결해 줄 수 있는 고충 처리 기구를 설치하는 등의 역할을 수행하여야 한다. 비서는 직원이면서도 경영층을 보좌하는 위치에 있으므로 경영자와 직원 사이의 의사소통을 원활히 할 수 있도록 노력하여야 한다.

공급자란 생산에 필요한 원재료, 시설, 설비, 도구 등을 제공해 주는 기업을 말하는데, 기업의 경영자는 협력 업체 혹은 관련 업체와의 유기적인 협력 체제를 구축하는 것이 바람직하다.

기업은 정부의 활동을 지원하고 재정적 도움을 주어야 한다. 정부가 재화와 서비스 생산에 필요한 사회적 구조를 제공하며 법률, 제도, 경찰, 국방, 도로, 상·하수도, 전력 등 기업 활동에 필수적인 기반을 제공하기 때문이다. 따라서 기업은 정부의 기본적인 지원을 인정하고 지지하며, 충실하고 정직한 납세의 의무를 준수하여야 한다.

기업은 도시의 과밀화, 교통 혼잡, 배기 가스 유출 등으로 환경을 오염시키고 있다. 공기, 수질, 소음, 쓰레기 오염 등 환경에 대한 책임 의식을 가지고 보호하고 개선하려는 노력을 하여야 한다. 또한 이익을 얻도록 도와 준 지역사회에 대한 보답으로 이익의 일부를 사회에 환원하는 사업을 하는 것도 바람직하다. 비서는 회사 내 자원 재활용 및 에너지 절약 운동에 앞장서며 지역 사회봉사 활동에 적극적으로 참여하는 자세를 갖는 것이 바람직하다.

② 조직 운영상 최고경영자의 역할

경영자는 조직 목표 달성을 위하여 경영 활동을 수행하는 과정에서 중요한 결정을 내리고 구성원들의 활동을 지휘·조정하는 권한과 책임을 가진다. 조직의 책임자인 경영자에게는 공식적인 권한이 주어져 있다. 이 권한의 상징으로 지위가 주어지고 이것은 각종 대인관계로 이어지며, 또한 많은 정보 획득도 가능해진다. 이 정보들은 경영자가 합리적인 의사결정을 내리고 전략을 수립할 수 있도록 해 준다.

㉠ 대인관계적 역할: 경영자는 기업 내·외부의 많은 사람들을 만나고 원만한 관계를 유지해야 한다. 회사를 대표하여 경조사에 참여하기도 하고 외부 조직과의 갈등을 조정하기 위하여 양보와 타협을 이끌어 내야 한다.

또한 경영자는 직원을 고용하고 훈련시킬 책임이 있다. 직원들에게 목표를 인식시키고 지도·감독하는 리더로서의 역할이기도 하다. 직원들에게 동기 부여를 하고 그들의 개별적인 욕구를 조직의 목표와 조화시켜야 한다. 경영자는 회의를 주도하거나 다른 사람을 만나거나 통화를 하면서 업무를 처리하는 데 이 모두가 대인관계적 역할인 것이다.

ⓛ 정보 전달자의 역할 : 경영자는 조직의 중추신경이다. 경영자가 모든 일을 다 알 수는 없지만 일반적으로 부하들이 아는 것보다는 더 많이 알고 있다. 따라서 경영자는 정보에 접근할 수 없는 부하들에게 특별 정보를 직접 전달하기도 한다. 성공적인 경영자는 어떤 정보가, 그리고 얼마만큼의 정보가 유용한 것인가를 결정하는 중요한 일을 한다.

또한 경영자는 다른 사람들에게, 특히 조직 외부의 사람들에게 회사의 공식 입장에 관하여 정보를 전해 준다. 그러기 위해서 공공 연설을 하거나 공급 업자에게 제품의 개조를 제의할 수도 있다. 이사나 주주들에게는 재무 상황에 대한 보고를 하며 소비자 집단에게는 회사가 사회적 책임을 수행하고 있다는 확신을 주도록 노력한다. 그리고 정부 및 지방자치단체 관련 관료들에게는 회사가 국가의 법과 규정을 준수하고 있다는 것을 알려 주어야 하는 역할이 있다. 비서는 경영자나 회사의 활동을 외부에 긍정적으로 알릴 수 있는 기회를 찾음으로써 대외 이미지를 높이는 데 도움이 되도록 노력하여야 한다.

ⓒ 의사결정적 역할 : 정보는 그 자체가 목적이 아니라 의사결정에 필요한 자료가 되기 때문에 중요한 것이다. 경영자는 신뢰성 있고 정확한 정보를 토대로 사업 목표를 세우고 여러 방안 중에서 목표 달성에 가장 유리한 방안을 선택하여야 한다. 이것이 의사결정이고 경영자란 의사결정자라 할 만큼 의사결정은 경영자의 기능 중에서 가장 중요한 기능이다.

합리적인 의사결정은 타당한 정보의 활용을 전제로 한다. 가치 있는 정보를 얼마나 광범위하고 정확하게 적시에 수집할 수 있느냐 하는 것은 효과적인 의사결정을 하는 전제가 된다. 경영자는 장기 발전 계획이나 새로운 사업 계획은 물론 전략, 방침, 절차, 그리고 예산까지도 결정하여야만 한다. 하루가 다르게 급변하는 환경 속에서 획득한 정보를 토대로 정확한 의사결정을 할 수 있어야 한다. 비서는 정보의 수집, 처리, 가공 및 보관에 이르기까지 적절한 기술을 습득하여 상사의 정보 활동을 보좌하도록 한다.

그림 4-6 최고경영자의 역할

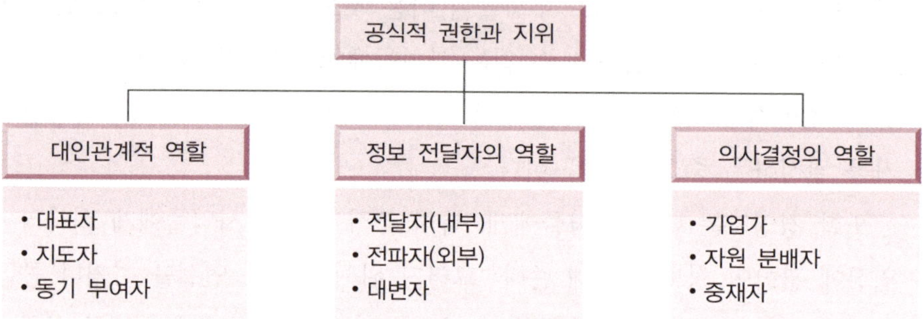

억만장자 제프 베조스의 성공 뒤엔 '고객 중심 · 장기 관점 · 문제 해결'

최근 제프 베조스 아마존 CEO는 세계 최고 부자로 등극하면서 수많은 언론을 장식했다. 그의 자산은 19일 『포브스』 집계 기준으로 1,080억 달러(약 116조 원)에 달했다.

베조스가 역대 최고 부호가 될 수 있었던 것은 그가 1994년 창업한 아마존의 지분 덕이다. 그러나 그는 아마존 외에도 우주 여행 벤처기업인 블루 오리진을 창업하고 미국의 권위 있는 매체인 『워싱턴포스트』를 인수하는 등 끊임없이 모험을 이어가고 있다.

그는 2016년 유명 토크쇼 진행자 찰리 로즈와 했던 인터뷰에서 자신의 삶의 방식에 대해 "오랫동안 고민한 뒤 나는 열정을 따라 덜 안전한 길을 택한다. 그런 선택이 자랑스럽다"고 말했다.

◉ 고객 중심 · 장기 관점 · 문제 해결을 중심으로

베조스는 사업을 운영할 때에도 뚜렷한 원칙을 가지고 있는 것으로 잘 알려져 있다. 그가 각종 매체와의 인터뷰에서 밝히는 대표적인 원칙은 고객 중심, 장기 관점, 문제 해결로 수렴된다고 미국 경제매체 CNBC는 분석한다.

실제로 베조스는 늘 "고객이 최우선"이라고 강조한다. 그는 아마존의 가장 중요한 철학이자 원칙은 "경쟁사에 집중하는 게 아니라 고객에 집중하는 것"이라면서 "고객의 입장에서 그들이 지금 무엇을 원하는지, 앞으로 무엇을 원할지를 예측하여 새로운 기술을 발전시키는 것이야말로 우리가 가장 중요하게 생각하는 것"이라고 말했다.

또 다른 원칙은 "장기적인 관점으로 생각하라"는 것이다. 그는 "10년 후 변하지 않을 것"을 생각해야 한다고 말한다. 많은 사람들이 10년 후 세상이 어떻게 변할지에 대해 묻지만 그는 "10년 후 변하지 않을 것을 생각한 뒤 그것을 중심으로 사업 전략을 세워야 한다"고 강조한다. 베조스는 "위험을 기꺼이 감수하고 장기적인 관점을 유지하는 것은 아마존을 특별하게 만든 비결"이라면서 "우리는 5~7년 동안 무척 위험한 새로운 계획에 기쁜 마음으로 투자한다"고 말했다.

마지막으로, 그가 꼽는 원칙은 내부의 문제를 발견하고 그것을 고치는 것을 중요하게 생각한다는 점이다. 그는 "조직을 잘 운영하고 결함을 찾고 그것을 짚어내어 고치는 일은 사업 운영에서 엄청난 개선을 가져다준다"면서 "모든 훌륭한 기업들은 이 부분에서 강점을 가지고 있다"고 말했다.

출처: 아주경제(2018.1.13)

3. 라인과 스태프

(1) 라인과 스태프의 의의

라인과 스태프는 경영 조직의 기본 개념으로 기업 내부의 권한 관계의 성격에 따라 분류된다. 경영 조직의 수평적 분화 과정에서 1차적 분화에 따라 형성되는 구매부, 판매부, 생산부 등을 라인 부문이라 한다. 라인 부문은 경영 활동을 직접 집행하는 계층에 속하는 부문이다.

한편 스태프는 조직의 2차적 분화와 3차적 분화에 의하여 형성되는 부문인 기획부, 총무부, 재무/회계부 등의 부문으로 라인에 대하여 조언과 조력을 함으로써 라인 활동을 더욱 효과적으로 촉진하는 역할을 담당한다.

그러나 오늘날 대규모화된 조직에서 스태프 기능이 강화되는 경향이 있어 스태프가 자신의 전문 분야에 한하여 라인에 대해서 명령을 내릴 수 있는 권한을 행사하는 데, 이를 직능적 권한(functional authority) 또는 특화된 권한(specialized authority)이라 한다.

(2) 스태프의 종류

스태프가 수행하는 업무 내용에 따라 개인 스태프, 전문 스태프, 관리 스태프로 분류할 수 있으며, 일반적으로 전문 스태프는 중간경영층에서 활용되고 관리 스태프는 최고경영층에서 활용된다.

① 개인 스태프

개인 스태프(personal staff)는 전문적인 지식과 기술을 가지고 특정한 관리자의 직무 수행을 돕기 위하여 조언·조력을 제공하는 보좌 직위이다. 개인 스태프는 특정 관리자를 보좌하고, 전문적인 사항보다는 일반적이고 종합적인 사항에 대하여 조언·조력한다. 일반적으로 비서는 개인 스태프에 속한다. 개인 스태프는 라인 보조자(line assistant)와 스태프 보조자(staff assistant)가 있다.

② 전문 스태프

전문 스태프(specialized staff)는 전문적 직능에 속하는 사항에 대하여 라인 부문이나 다른 스태프에게 조언과 조력을 제공하는 권한과 책임을 가지고 있는 스태프이다. 개인 스태프와는 달리 특정 직위에 대해서만이 아니라 조직 전체에 대해서 조언과 조력을 할 수 있다.

전문 스태프가 가지는 일반적인 권한에는 다른 부문을 위하여 작업적 성격의 지원을 제공하는 서비스 권한(service authority), 전문 스태프가 가지고 있는 전문적 지식 및 기술에 대하여 다른 부문에 조언·상담·원조·지도 및 권고 등을 하는 조언 권한(advisory authority), 직능적인 전문 사항에 대하여 지시와 통제를 할 수 있는 직능적 권한이 있다.

③ 관리 스태프

관리 스태프(management staff)는 라인 부문의 전반적 관리 기능에 대하여 조언과 조력을 하는 스태프이다. 특히 최고경영층의 전반 관리 직능에 대해서 조언하는 관리 스태프를 일반 스태프(general staff)라 한다. 이러한 관리 스태프는 기업이 대규모화되고 업무 내용이 복잡해짐에 따라 기업 전체적인 관점에서 계획, 조직 및 통제와 같은 분야에서 관리적 조언과 자문을 필요로 하게 되면서 생겨난 유형의 스태프이다.

(3) 스태프로서의 비서 역할

현대적 의미의 비서의 개념은 개인 스태프에서 점차 전문 스태프로서의 역할이 강조되면서 전문적인 사무관리자로 변화하고 있다. 점점 치열해지는 글로벌 경쟁 속에서 최고경영자의 역할은 고도로 복잡해지고 정확하고 신속한 의사결정력이 필요하게 되었다. 따라서 비서의 역할은 최고경영자가 업무를 능률적으로 수행하도록 고도의 관리 역할에까지 활동 범위를 넓혀나가야 한다. 최고경영자의 활동 범위가 크면 클수록 비서에게 업무를 위임하여 비서의 관리 업무가 확장된다.

현대 조직 사회에서 스태프로서의 전문 비서상(秘書像)을 확립하기 위해서는 비서 자신이 직업 의식과 함께 업무에 필요한 전문 지식 및 능력과 같은 역량을 강화하는 것이 필요하다.

4.3 조직 구조의 유형

조직 구조는 인체의 혈관과 같은 기능을 수행한다. 혈관이 인체에 필요한 산소와 영양분을 혈액에 실어 온몸에 운반하듯이 조직이 성장하고 존속하는 데 절대적으로 필요한 정보의 원활한 흐름을 위하여 조직 구조가 잘 설계되어야 한다.

조직 구조가 조직 내에서 중요한 기능을 수행하고 있음에도 불구하고 특정 기업에 가장 적합한 조직 구조를 결정하기는 여간 어려운 일이 아니다. 조직 구조의 설계는 환경, 기술, 조직 규모, 조직 목표 등을 충분히 고려하여 여러 가지 구성 요소와 구성원들의 업무 수행 과정에 대하여 업무 분담, 권한 및 책임의 배분, 업무 보고 체계 등을 효율적으로 조직화함으로써 이루어진다.

따라서 기업의 최고경영자는 조직이 속해 있는 환경을 정확히 인식하고 필요한 기술, 조직의 규모, 조직의 목표 등을 충분히 고려하여 최고의 경영성과를 올릴 수 있는 조직 구조를 설계하여야 한다. 조직이 성장함에 따라서 구조에 영향을 미치는 변수들도 변화하므로, 비서도 이러한 변화를 민감하게 인식할 수 있는 자질을 함양할 수 있도록 해야 한다.

1. 단순 조직 구조

단순 조직 구조(simple organization structure)는 부문화가 낮으며 통제의 범위가 넓고 권한이 한 사람에게 집중되어 있는 조직 구조이다. 조직의 모든 구성원들이 의사결정을 가지고 있는 개인 한 사람에게 보고하고 지시도 받는다. 이는 소규모 자영업이나 가족 중심의 회사, 사업 초기에 많이 나타나는 조직 구조이다.

계층적 분화가 거의 이루어지지 않은 조직이므로 한 사람이 모든 구성원을 직접 관리 및 감독하여야 하는 데에서 비서의 역할도 그만큼 복잡하고 다양해지게 된다. 그러나 역량이 있는 비서는 충분히 그 능력을 발휘할 수 있는 기회를 가질 수 있게 된다.

표 4-2 단순 조직 구조의 특징

구분	내용
특 징	• 집권화된 유기적 조직 구조이다. • 소규모로 초창기 조직에서 볼 수 있다. • 최고관리자가 직접 감독 및 관리한다.
장 점	• 계층이 없어 환경 변화에 신속하고 유연하게 반응할 수 있다. • 각 구성원의 기여도를 명확하게 파악할 수 있다.
단 점	• 조직이 증대될 경우 권한 집중으로 인하여 비효율적이다. • 관리자의 판단 여하에 따라 조직의 성패가 좌우된다.

그림 4-7 단순 조직 구조

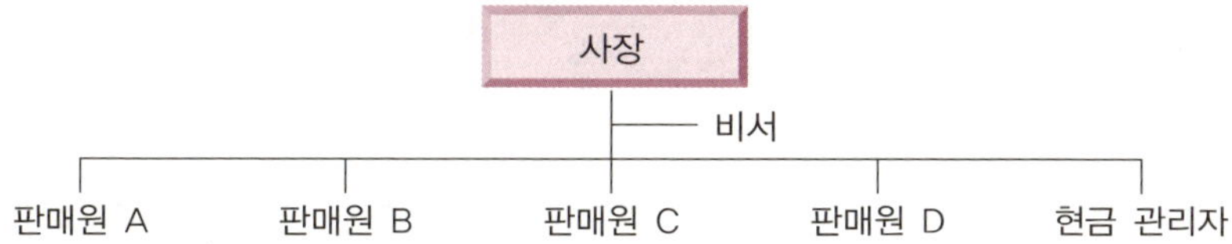

2. 기능 조직 구조

기능 조직 구조(functional organization structure)는 기업 내에서 수행되어야 할 모든 일을 유사하거나 관련성이 있는 업무 내용에 따라 분류 결합하여 부(部)·과(課) 등으로 부서화한 조직 구조이다. 마케팅, 재무/회계, 제조, 인사 등으로 나누어 담당하는 일을 전문화하고, 각 부문에 관리자를 두고 직원들을 전문적으로 지휘 감독하게 된다. 기능 조직 구조는 전문화를 통해 고도로 정형화된 업무와 공식화된 규칙과 임무를 갖춘 조직 구조로서, 기능적 부서, 집권화된 권한, 협소한 통제 범위를 특징으로 한다.

기능 조직 구조에서의 비서는 비교적 업무 영역의 한계가 분명하고 단순한 편이나 반면 단조로운 업무로 인하여 스스로 무사안일주의에 빠지기 쉽다.

표 4-3 기능 조직 구조의 특징

구분	내용
특 징	• 중간 규모 이상의 기업으로 최고경영자의 개인적 리더십 하에 운영될 때 효율적인 조직 유형이다.
장 점	• 전문화에서 오는 경쟁 우위의 이점을 최대한 활용할 수 있다.
단 점	• 기능적 목적에 치우쳐서 조직의 목적을 소홀히 하기 쉽다. • 미래의 최고경영자를 양성하기에 부적합하다. • 경영 다각화 및 시장 다변화 등에 대한 대응 능력이 취약하다.

그림 4-8 기능 조직 구조

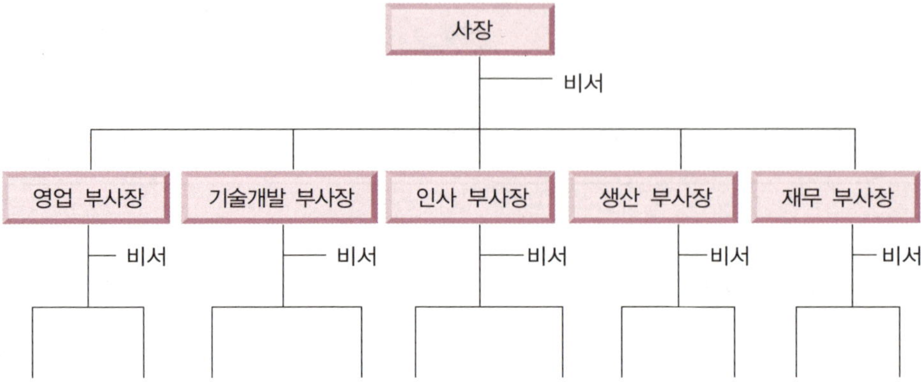

3. 사업부제 조직 구조

사업부제 조직 구조(divisional organization structure)는 1920년대에 미국의 제너럴 모터스 사와 듀퐁 사에 의하여 제창되었으며, 우리나라에서는 1970년대 초부터 시작하여 주로 대기업들이 채택하고 있다. 각 사업부 조직 내에는 각기 다양한 기능 부서가 존재한다. 사업부제 조직은 기능 조직이 점차 대규모화함에 따라 단위적 분화에 의하여 제품별 · 지역별 · 고객별로 조직을 분화하고 독립채산제로 운영하는 조직 형태이다. 즉, 경영 활동을 단위적 사업부로 분화하고, 각 사업부에 독립성을 인정하여 권한과 책임을 위임함으로써 자주적인 이익 중심적으로 운영하며 본사는 각 사업부를 전반적으로 관리하는 조직 형태이다.

이 조직이 발생하게 된 배경은 첫째, 시장에서의 소비자 욕구의 다양화 및 이의 충족을 위한 다양한 제품의 필요성, 둘째, 생산 중심에서 마케팅 중심의 시장으로 이전, 셋째, 경쟁 심화에 의한 이익 중시, 넷째, 전문적인 경영자 육성의 필요성 증대, 다섯째, 권한 위양에 의한 구성원의 동기 부여 등이라고 할 수 있다.

이러한 사업부는 단위적 분화에 의해서 제품별 사업부제, 지역별 사업부제, 고객별 사업부제 형태를 취할 수 있다.

표 4-4 사업부제 조직 구조의 특징

구분	내용
특 징	• 안정된 대규모 기업에서 볼 수 있다. • 독자적인 경영이 허용되어 있다. • 조직의 성과에 조정 메커니즘을 둔다. • 업무상의 의사결정 체계는 사업부장이 가지고 있다. • 조직 전체의 목표와 사업부의 목표를 조정하는 메커니즘을 갖는다. • 사업부에 의사결정 권한이 위양되어 독립적이며 이익 중심점이 된다.
장 점	• 책임 한계와 업적 평가가 명확하다. • 조직의 총체적 성과를 올리는 데 적합하다. • 사업부를 통한 위험의 분산과 환경 변화에 대한 전략적 대응이 가능하다. • 경영자 양성에 용이하다.
단 점	• 조직 활동과 자원의 중복 투자로 비용이 증대하고 능률이 저하될 수 있다. • 각 부서 간의 통제 및 조정이 어려워질 수 있다. • 사업부의 최고책임자가 유능하지 못할 경우 역효과적일 수 있다.

그림 4-9 사업부제 조직 구조

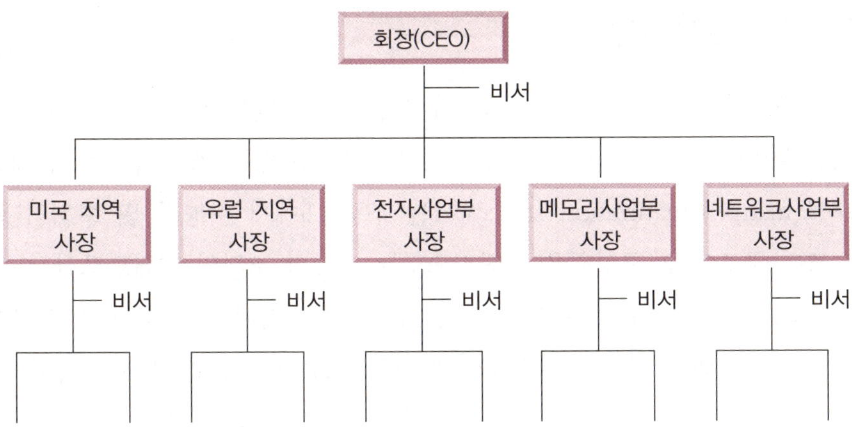

(1) 제품별 사업부제

제품의 수와 복잡성에 의하여 조직의 활동들을 구분하는 것이다. 제너럴 모터스와 같은 자동차 회사에서는 차의 모델별로 사업부가 형성되어 있다. 각 모델별 사업부

내에서는 사업본부장 밑에 생산 연구 개발, 마케팅 등의 기능 부서의 관리자가 있어 사업본부장에게 보고한다.

(2) 지역별 사업부제

조직의 생산과 판매 장소의 수에 의하여 조직 활동을 지역에 따라 구분하는 것이다. 부패성 식품, 특수 가공식품, 청량음료 등을 전국적으로 생산 판매할 경우 유통 과정을 신속히 하고 제품의 신선도를 유지할 수 있게끔 유통 기간을 줄일 수 있는 지역별 사업부제가 바람직하다.

(3) 고객별 사업부제

다양한 고객 집단에게 특성별 서비스를 제공하기 위하여 고객 집단에 의하여 구분하는 것이다.

4. 매트릭스 조직 구조

기능적 구조의 장점인 전문화의 이점과 사업부제 조직의 장점인 제품의 부문화가 제공하는 책임과 조직 성과의 중요성을 함께 얻을 수 있는 조직 구조로서 매트릭스 조직 구조(matrix organization structure)는 조직 내에서 수평적 및 수직적 권한을 결합한 조직 구조이다. 구성원은 수직적으로는 기능별 조직의 일원으로서, 수평적으로는 프로젝트 조직의 일원으로서 조직에 이중으로 소속된다. 따라서 조직 구성원은 기능 부문 담당자와 프로젝트 책임자에게 각각 보고하는 명령 체계를 가지게 되며, 프로젝트 팀과 다른 점은 일시적 조직 구조가 아니라 영구적인 조직 형태라는 점이다.

비서도 상사를 보좌하지만 소속이 비서실이 아니라 총무부 혹은 인사부일 경우에는 매트릭스 조직 구조에서 근무한다고 할 수 있다. 평가도 상사와 소속 부서 양쪽에서 받게 된다. 예를 들어, 대형 로펌(law firm)에 근무하는 비서들은 상사와 프로젝트를 진행하면서 인사부의 소속으로 통제를 받는다.

표 4-5	매트릭스 조직 구조의 특징
특 징	• 이원적인 권한(dual authority)과 균형적 권력(balanced power)이라는 특성을 지닌다. • 복잡한 업무를 수행하는 우주산업, 연구개발 산업, 대규모 기업 등의 조직에 적합하다.
장 점	• 소비자 욕구에 신속하게 반응한다. • 기능적 장벽을 줄이고 하부 단위 지향의 문제점을 극복할 수 있다. • 전문가들의 상호 작용을 통하여 기업의 핵심 역량을 개발할 수 있는 기회를 제공한다.
단 점	• 기능 팀과 제품 팀 혹은 프로젝트 팀 양 부문 간의 갈등 해소에 시간과 노력이 소모될 수 있다. • 인사고과 평가를 할 때 불편함이 있다.

그림 4-10 매트릭스 조직 구조

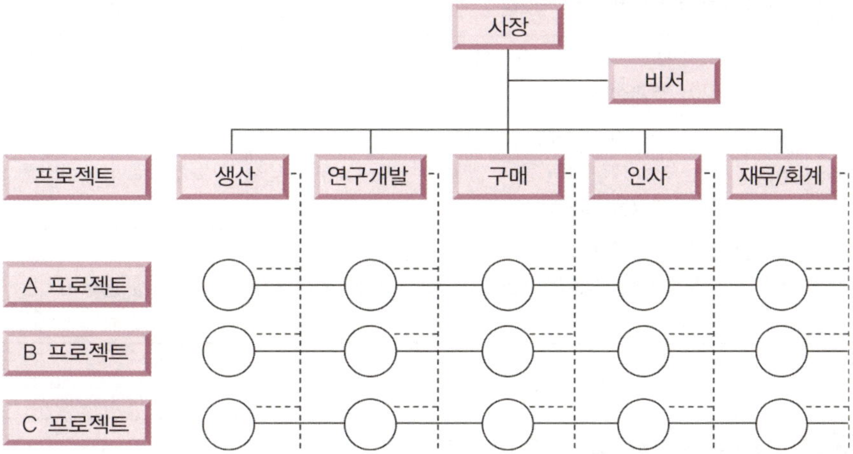

5. 네트워크 조직 구조

네트워크 조직 구조(network organization structure)는 정보통신 기술을 활용하여 조직의 유연성과 연계성의 극대화를 이루며 새로운 기술과 시대 변화에 신속히 대응하는 형태의 조직 구조로 신기술 산업 및 패션 산업 등에서 주로 볼 수 있다. 핵심제품 제조기술과 같은 가장 핵심적인 분야만 소유하고, 그 외의 다른 제품 생산과 판매 및 유통은 그러한 기능을 핵심적인 사업 분야로 활동하는 다른 기업과 네트워크를 형성하는 조직 구조이다.

예를 들어, 전 세계적으로 몇천 개의 매장을 가지고 매년 엄청난 규모의 매출액을 올리는 베네통(Benetton)은 직접 생산하는 의류는 전혀 없으며 디자인도 직접 개발하지 않는다. 본사에서는 정확하게 마켓과 디자인과 홍보 콘셉트(concept) 등만 설정하고 모든 것은 다 네트워크 조직을 통하여 아웃소싱한다고 한다. 생산은 비용이 저렴한 곳에 있는 공장으로부터 의류를 납품받는다. 직접 고용하는 디자이너의 수는 최소화하고 전 세계에 흩어져 있는 프리랜서 디자이너들로부터 디자인을 받는다고 한다.

표 4-6 네트워크 조직 구조의 특징

특 징	• 형식적 위계보다 계약이나 동의에 의하여 행동들이 조정되는 서로 다른 조직들의 집단이다. • 한 조직이 효과성을 찾는 방법으로 네트워크를 만들어 나간다.
장 점	• 시대 변화나 경기 변화에 민첩하게 대응할 수 있다. • 낮은 비용으로 생산 활동을 수행할 수 있는 외부 기업을 확보함으로써 생산비를 감소시키고 위험 부담을 줄인다.
단 점	• 집단 간의 조화를 이루는 데 시간이 필요하다. • 기업 내부의 핵심 역량을 만드는 것에 소홀히 하여 품질이나 기술을 향상시키는 기회를 놓칠 수 있다.

그림 4-11 네트워크 조직 구조

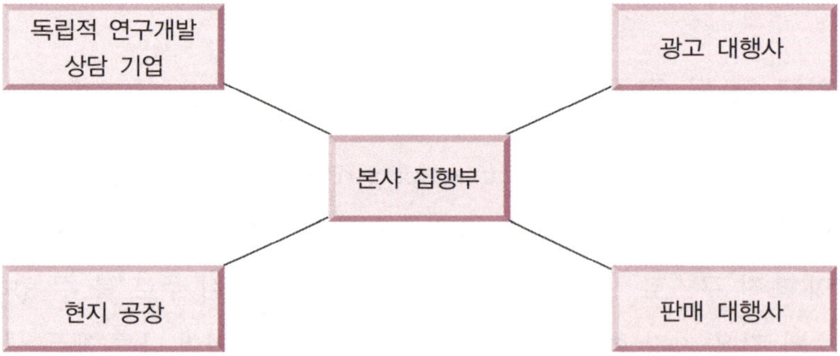

6. 특수 형태의 조직

(1) 위원회 조직

경영 조직은 각 부문 상호간에 의견이 불일치가 일어나 마찰이 생기기 쉬우므로 급격한 환경 변화와 다양한 이해 관계자의 욕구를 충족시키고 이에 적합한 의사결정을 수행하기 위해서는 광범위한 다량의 정보가 필요하다. 이러한 요청에 따라 각 부문에서 여러 사람들을 선출하여 조직 내에 설치하는 것이 위원회 조직(committee organization)이다.

위원회 조직은 특정한 사항을 처리하기 위하여 개인의 지식과 경험을 결합시키고 기능적 라인을 단축시키는 조직 형태로 구성원은 소속 부서에서 업무를 수행하는 동시에 시간의 일부를 위원회를 위해서 일한다. 위원회는 성격상 경영 활동에 책임을 지는 라인의 역할을 수행하는 위원회와 라인을 조언하고 조력함으로써, 스태프의 역할을 수행하는 위원회로 나눌 수 있다. 인사위원회, 정책위원회 등 다양한 위원회가 존재하며, 위원회 구조는 일시적이거나 영구적일 수 있다.

긴급한 사안이나 일반적이지 않은 문제를 해결하여야 할 때는 특별위원회(ad hoc committee)를 설치하고 상황이 종료되면 바로 해산하기도 한다.

표 4-7	위원회 조직의 특징
특 징	• 단독 결정을 피하기 위하여 의사결정에 집단 토의 방법을 도입한 조직 형태이다. • 의사결정 시 광범위한 정보나 참가자의 전문 지식이 필요할 때 적합하다.
장 점	• 민주적인 의사결정으로 협조적인 참여를 유도할 수 있다. • 라인은 주 업무에 열중할 수 있고 스태프의 조언이 존중된다. • 라인의 활동을 스태프에 의하여 평가받을 수 있다.
단 점	• 회의 과정에서 시간과 비용이 많이 들고 기동성이 결여되기 쉽다. • 라인이 스태프에 지나친 의존을 하거나, 반대로 라인이 스태프를 활용하지 않을 수 있다. • 스태프가 월권하는 경우가 있을 수 있다.

(2) 프로젝트 조직

태스크 포스(Task Force: TF) 조직이라고도 하며, 경영 관리상 비반복적으로 발생하는 특정한 과업의 수행을 위하여 일정 기간 모였다가 그 프로젝트가 완료되면 해산하는 일시적인 작업 집단으로 구성되는 동태적 조직의 한 형태이다.

일종의 규모가 작은 매트릭스 구조로서 기존의 공식 조직으로부터 선발된 전문가들로 구성되며 이들은 프로젝트의 전체적인 성공 여부에 책임을 진다. 이러한 조직은 목표 과제가 완수되면 해산되어 구성원들은 본래의 부서로 돌아가거나 새로운 프로젝트 조직(project organization)에 배치된다.

표 4-8 프로젝트 조직의 특징

특 징	• 한시적 조직으로 이루고자 하는 목표가 완료되면 해체된다. • 빠르게 변화하는 환경에 유효한 조직 구조이다. • 조직 성원의 책임 권한 관계가 수평적이다. • 프로젝트 팀 구성원은 주로 분야 전문가이다.
장 점	• 조직의 목표가 뚜렷하고 기동성을 높일 수 있다.
단 점	• 프로젝트 조직에 선발된 자가 자만심으로 인하여 다른 부문의 사기 저하를 가져올 수도 있다.

그림 4-12 프로젝트형 팀제

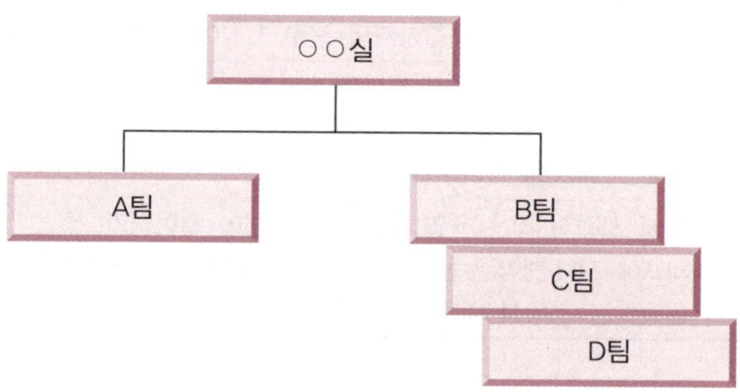

(3) 팀 제

2000년대 이후 조직의 수평화(flat)와 함께 좀 더 유연한 형태의 조직으로 가기 위하여 팀제를 도입하는 회사가 늘어났다.

팀제란 부·과(部·課)를 대신하는 조직 체계이다. 기업마다 다소 다르지만 팀장은 과장부터 이사까지 여러 직급이 맡을 수 있다. 따라서 팀장 외의 부장, 차장, 과장, 대리 등은 팀원으로 활동한다. 팀원은 자기 담당 업무를 수행하고 팀장에게 보고하는 구조이다.

팀장은 인사권과 결재권(決裁權) 등 강력한 권한을 갖는다. 부·과제(部·課制)에서는 직원이 부서 간에 이동할 때는 인사 발령 절차를 거치지만 팀제에서는 팀장 지시로 쉽게 업무가 바뀐다. 1개 팀의 규모는 5명 이내에서 수백 명이 될 수도 있다. 기업들이 흔히 대팀제라고 부르는 것은 기존의 부(部)를 팀으로 바꾸고, 그 아래 팀원을 매우 많이 둔다는 의미에서이다.

팀의 형태는 크게 나눠 세 가지가 있다.

첫째, 팀장 밑에 중간관리자가 없고 팀원들만이 있는 수평형으로 대개 사무직 분야나 팀원들이 전문성을 가지고 있는 기회조정실 등이 그 예다.

둘째, 대부·대과형으로 팀장 밑에 종전의 부·과제보다 강력한 결재권을 가진 부장·차장·과장이 있다. 팀원이 수백 명에 달해 팀장 혼자 결재나 감독을 할 수 없는 판매 조직이나 생산직에 많다.

셋째, 프로젝트형으로 새로운 서비스나 상품을 개발하기 위하여 여러 부서에서 공동으로 참여하거나 연구소에서 프로젝트별로 구성하는 팀 형태이다.

가장 효율적인 팀제 형태가 존재한다기보다는 기업마다 업무 특성에 맞는 팀을 구성하면 된다. 한 회사 여러 가지 형태의 팀이 혼재할 수도 있다.

팀제를 시행하는 이유로 기업들은 무엇보다 경영 혁신의 필요성을 들고 있다. 급변하는 기업 환경에서 층층이 결재를 받는 낡은 시스템으로는 대처할 수 없다는 것이다. 대리-과장-부장-이사-전무-부사장-사장 등으로 이어지는 7~8단계 결제 라인을 대폭 줄여 의사결정을 빨리 내리자는 것이 팀제 도입의 주된 이유이다. 저성장

시대도 기업들을 팀제로 몰아가고 있다. 관리직 신설이 어려워지자 심화된 인사 적체의 돌파구로 기업들은 팀제를 활용하기도 한다. 즉, 부·차·과장으로 직급은 올려 주되 결재만 하지 말고 직접 자기 일을 하라는 것이다. 자리 중심에서 일 중심으로 직급은 살리되 직책은 파괴하자는 것이 팀제의 주요 취지이다.

이전에도 기업 내에서 특수 프로젝트를 위하여 팀을 구성했었지만 요즈음은 조직 자체가 팀제로 바뀌고 있다. 그러나 팀제도 기업 내의 진통이 적지 않다. 기업들은 팀제 아래 중간관리자들이 자리에 연연하지 말고 자기의 일과 역할을 해 주길 원하고 있다. 예컨대, 과거에는 재무/회계부장 자리가 비어야 부장 승진이 가능했었다면, 팀제에서는 재무/회계부장이 있어도 차장이 부장급으로 승진해 팀장으로 활동할 수 있다. 따라서 팀제의 시행으로 인사권과 결재권을 박탈당한 부·차·과장급의 상실감은 심각하다. 또 팀원 관리 업무가 중간층이 없이 팀장에게만 집중되어 팀장의 일이 과중되는 문제점도 생긴다. 중견 직원은 한가해지는 반면, 초급 직원들은 일을 제때 처리 못해 쩔쩔매는 등 팀이 잘 돌아가지 않는 일도 생긴다. 최근 들어서 인사팀, 홍보 팀, 마케팅 팀과 같은 팀에 소속되어 팀장과 팀원들의 업무를 지원하는 팀 비서에 대한 수요가 증가하고 있다. 팀 비서는 자신의 고유 업무를 하는 동시에 지원 업무까지 담당하게 된다.

팀제가 성공하려면 직원들에 대한 사전 교육과 정밀한 업무 분석, 이에 따른 적절한 팀내 역할 분담 등이 전제되어야 한다. 또 권한의 과감한 하향 이양도 팀제 성공의 필수 조건이다.

표 4-9 팀제의 특징

구분	내용
특 성	• 독자적인 유기체적 조직이다. • 신속하게 환경에 대응할 수 있는 탄력적인 의사결정 체제를 갖춘 조직이다. • 팀은 자체 내에 완결된 업무 과정을 가짐으로써 팀 사이에는 네트워크적인 관계가 성립한다.
장 점	• 높은 성과를 이룰 수 있다. • 인력 활용의 효율성을 도모할 수 있다. • 축소된 관리 계층으로 조직의 유연성을 제고한다.
단 점	• 팀내 · 팀 간의 갈등 현상이 야기될 수 있다. • 감독 · 통제가 어렵다.

표 4-10 부 · 과(部 · 課) 조직과 팀 조직의 비교

기 준	부 · 과(部 · 課) 조직	팀 조직
조직 형태	계층적(pyramid) 조직	평면적(flat) 조직
환경 대응	공식 프로세스를 통한 대응	자율적인 결정으로 신속 대응
의사결정 형태	라인에 의한 계층적 의사결정	팀장과 팀원의 신속한 의사결정
리더십 형태	지시 및 통제	코치 및 촉진
보상 형태	연공서열 보상	능력에 따른 보상

그림 4-13 수평형 팀제

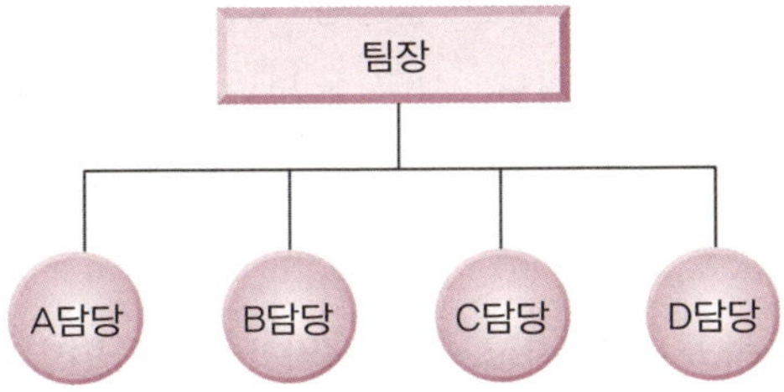

그림 4-14 대부 · 대과형 팀제

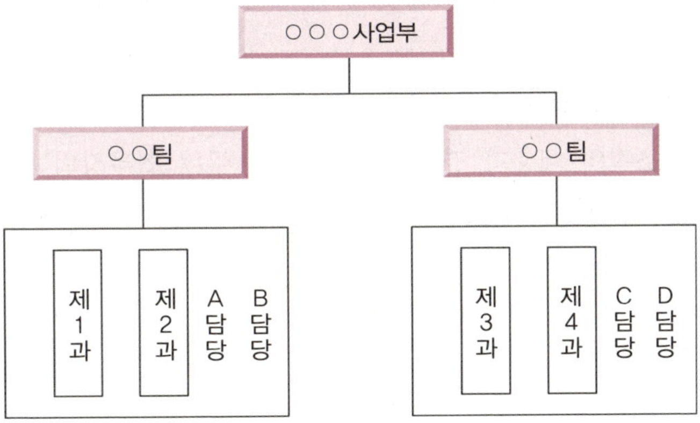

7. 공식 조직과 비공식 조직

비서는 다른 일반 직원들처럼 상사나 자신이 소속된 부서의 업무에 관한 것만 알고 있어서는 안 된다. 상사의 지위나 업무의 내용에 따라 회사 내의 여러 부서에 연락을 취할 경우가 많기 때문에 비서는 회사에 대한 충분한 지식을 가지고 있어야 한다. 즉, 조직 구조를 그림으로 나타낸 조직도(organization chart)가 머릿속에 그려져 있어야 한다. 각 부서의 장과 각 부서의 업무에 대한 이해는 물론, 각 부서와 우리 부서와의 관계, 각 부서의 장과 상사와의 관계를 파악하도록 한다.

(1) 공식 조직

공식 조직(formal organization)이란 일정한 목표를 달성하기 위하여 인위적 · 의식적으로 만들어진 조직이며, 조직도, 사규(社規) 혹은 직제에 규정된 조직을 말한다. 공식 조직은 먼저 일이 전제가 되고 이러한 일을 적재적소에 분담함으로써 형성되는 조직이다.

공식 조직은 뚜렷한 목표를 가지고 업무상의 명령 라인이나 직책상 직위 라인이 체계화되어 있는 공식 구조로 반드시 수행되어야 하는 작업을 처리하기 위한 틀을 말한다. 즉, 경영자가 기업의 목표를 합리적으로 달성하기 위해서 필요에 따라 계획적으로 만든 구조로 구성원에게 부과된 직무, 권한, 의무의 체계이다. 따라서 공식 조직은 고정된 영역 안에서 자신의 고유한 책임을 가지게 되며 임의적인 구조이기 때문에 구성원의 적응이 필요하다.

공식 조직은 한 조직의 활동이 어떻게 세분화되어 있고 어떻게 연결되어 있는가를 보여 준다. 또한 조직의 계층과 권한 구조를 보여 주며 업무상의 보고 체계도 알려 준다. 조직 구조는 부문화의 결과로 생기며 조직 구조에 따라 안전성과 영속성이 좌우된다.

① 비서가 알아야 할 회사의 개요

처음 직장에 들어가면 회사나 상사에 대하여 빠른 시일 내에 파악할 수 있도록 노력한다. 〈표 4-11〉은 비서가 알아야 할 회사의 개요를 보여 주고 있다.

표 4-11 비서가 알아야 할 회사의 개요

회사 연혁	• 창립 연월일과 설립자 • 창립 이래의 주요 변천사 • 경영철학과 추구하는 가치 • 회사윤리헌장(code of ethics)
회사 현황	• 조직도 • 최고 경영진의 이름, 얼굴 및 경력 • 직원 수 및 남녀 비율 • 자본금 및 상장 여부 • 자사 제품이나 서비스에 대한 기초 지식 • 최근 연간 판매액과 과거 판매액의 추이 • 지점이나 영업소, 공장 및 해외 지사의 소재지 • 주요 거래처 및 거래 은행 • 회사의 주요 행사(창립 기념일, 종무식이나 시무식 등 연말연시 행사, 체육대회 등) • 주요 경쟁사
조직원으로서의 규범	• 각 부서의 행사 • 사규 및 업무 처리 절차 • 급여 체제와 승진 제도 • 복지 후생시설의 유무와 조합의 활동 상황 • 기타 복무 규칙에 관한 사항

비서는 회사에서 발간하는 편람, 회사 소개서, 업무지침서 등을 통해서 회사 관련 일반적인 정보를 얻을 수 있으며, 업무와 관련된 사항들은 서류함에 보관된 서류들을 훑어봄으로써 상사의 업무 내용과의 연계를 좀 더 효과적으로 파악하고 이해할 수 있게 된다. 또한 결재 서류, 우편물, 현재 입력하고 있는 서류 등을 기계적으로 전달하거나 입력하지 말고 내용을 파악하면서 업무를 처리하도록 한다.

② 조직도

조직 구조는 너무 복잡하기 때문에 말이나 글로 표현한다는 것은 어려운 일이다. 업무의 분담과 책임관계 등에 대한 복잡한 조직 구조를 보기 쉽게 그림으로 나타낸 것이 조직도(組織圖, organization chart)이다. 즉, 조직도는 기업의 내부 구조에 대한 청사진이다.

조직도를 통해서 조직 구조를 쉽게 파악할 수 있다. 조직도는 작업상 직위 간의 기본적 관계를 표시하고 있을 뿐만 아니라 다음과 같은 사항들을 알 수 있게 해준다.

- 권한과 명령 체계를 알 수 있다.
- 의사 전달 계통을 알 수 있다.
- 업무 및 서류의 흐름을 알 수 있다.
- 승진 체계를 알 수 있다.
- 조직의 사업 성격을 한눈에 파악할 수 있다.
- 업무의 배분과 부서 간의 관계를 알 수 있다.

그러나 조직도의 중요한 단점은 조직의 복잡한 활동 상황을 완전하게 표시할 수 없다는 것이다. 또한 일을 수행하는 주체가 되는 사람에 대해서 명확한 설명을 할 수 없다는 것이다. [그림 4-15]는 한 회사의 조직도이다. 사장 아래에 산업전략, 영업, 제품개발, 고객지원 등의 주요 부서를 두고 있는 것을 볼 수 있다.

그림 4-15 ○○ 전자 회사의 조직도

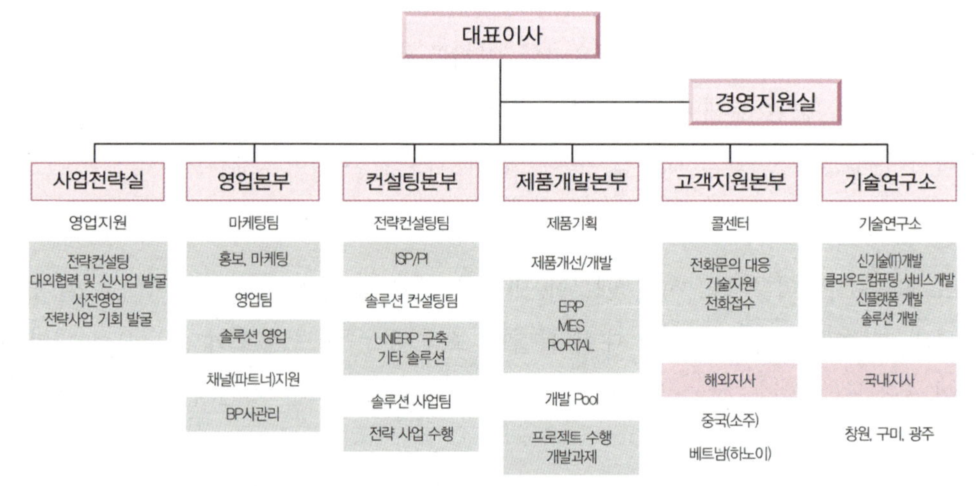

③ 공식 조직 내 비서의 위치

회사 내에서 비서의 위치는 회사의 사정에 따라 다르지만, 우리나라 대기업에서 최고경영자의 비서는 사장실, 비서실, 총무부 등의 부서에 속해 있는 것이 일반적이며, 중소기업이나 외국인 투자 기업에서는 비서가 직접 상사 개인에 소속되어 업무를 처리한다. 중간관리층의 팀 비서는 상사와 같은 부서에 속하여 상사의 업무와 부서의 업무를 동시에 수행하는 경우가 많다.

[그림 4-16]은 단순화한 기업의 조직도상에 비서의 위치를 예시한 것이다. 비서는 총무과 소속이든, 비서실에 배치되어 비서실장 지휘 아래 근무하든, 상사의 직접 지휘 아래 근무하든 소속에 상관없이 업무를 수행할 때 겸손한 태도로 임해야 한다. 상사의 권한이 마치 자신의 권한인 것처럼 착각하는 일이 없도록 하여야 한다. 비서직이 특수직이기는 하지만 결코 동료의 우위에 서 있는 것이 아니라는 점을 명심하여야 한다.

그림 4-16 공식 조직 내 비서의 위치

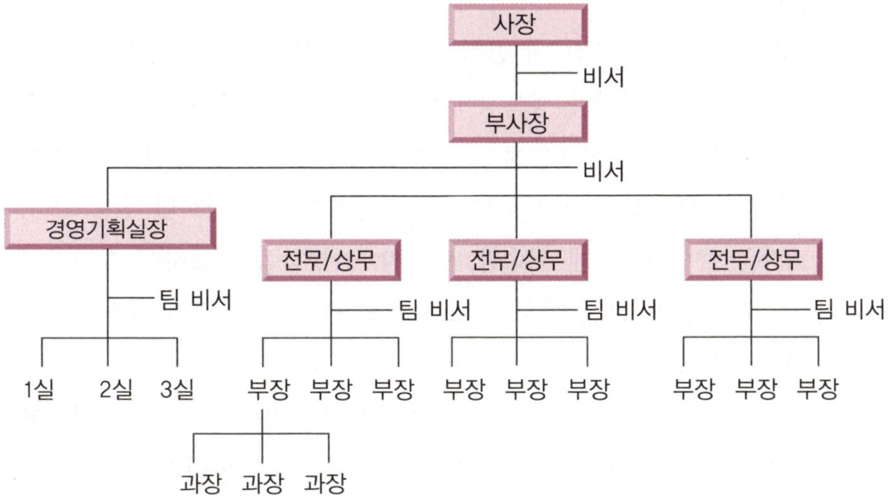

(2) 비공식 조직

모든 조직에는 조직도에 나타나는 공식 조직만 있는 것이 아니라 조직 내에 개인과 집단의 본능적인 욕망이나 사회적 욕구를 충족시키기 위해서 자연발생적으로 형성된 자생적 조직인 비공식 조직(informal organization)이 있다. 조직도에 나타나지 않는 비공식 조직은 기업 내 의사결정과 조직 목표 달성에 영향을 주기도 한다.

공식 조직은 뚜렷한 목표를 가지고 업무상의 명령 라인이나 직책상 직위 라인이 체계화되어 있는 인위적인 조직이다. 반면 비공식 조직이란 출신 고장, 출신 고등학교, 취미 등에 따라 만들어지는 자연발생적 집단이다. 비공식 조직은 메이요(Elton Mayo) 교수 등의 호손 실험(Hawthorne Experiment)에서 밝혀져 경영관리에서의 중요성이 증대되었다.

비공식 조직은 공식 조직만으로는 개인의 욕구를 충족시킬 수 없기 때문에 발생한다. 공식 조직의 비인간적 측면은 규범이나 가치만으로 개인을 규정하려고 하기 때문에 감정, 욕구 및 태도 등에 의해서 형성된 인간관계 집단인 비공식 조직이 나타나게 된다. 또한 조직 구성원의 일상적인 문제들을 해결하기 위해서 비공식 조직이 발생하기도 한다.

따라서 경영자는 언제나 조직 내 공식 조직과는 별도로 비공식 조직이 형성되어 있으며 이것이 조직의 분위기와 생산성에 영향을 미칠 수 있음을 인식하여야 한다. 비공식 조직은 공식적 권한 체계상에서 인력과 자재의 흐름을 유연하게 하며, 조직도에서 간접적 접촉 통로망을 가지는 부서들 사이의 협동을 강화할 수도 있다. 나아가 비공식 조직은 구성원들에게 귀속감, 만족감, 안정감을 제공하여 사회적 욕구를 충족시키는 데 도움을 줄 뿐만 아니라 조직의 목표를 효과적으로 달성하는 데에도 한몫을 담당하게 된다.

그러나 비공식 조직이 경영층의 방침에 역행할 수도 있다는 점에 유의하여야 한다. 지나친 비공식 조직의 활성화는 조직원들이 조직문화에 방어적이며 변화에도 저항적인 태도를 가지게 되어 조직 발전을 저해할 수도 있다. 또한 비공식 집단이 그들의 목표만을 추구하게 되면 자연히 공식 집단의 목표가 소홀히 될 우려가 있게 되어

표 4-12 공식 조직과 비공식 조직의 비교

구 분	공식 조직	비공식 조직
조직의 논리	합리성, 능률 논리	비합리성, 감정 논리
형성 원인	인위적 형성	자연발생적
조직의 파악과 유지	조직도와 직제상 명시, 외재적 질서로 유지	파악이 어려움(동태적인 인간관계에서 발생하기때문에), 내재적 질서로 유지
조직의 범위	조직 전체적인 질서	부문 또는 계층의 소집단

역할 마찰이 발생한다. 예를 들면, 비공식 조직에 속한 구성원들이 경영자가 제시한 성과 기준을 낮추기로 자체적으로 결정하고 여러 가지 방법으로 업무를 지연시키거나 방해할 수 있다.

① 비공식 조직의 형성 원인

조직 구성원들은 임의로 다른 사람들과 비공식 집단을 형성하며, 그 속에서 사회적 욕구를 충족하려 한다. 비공식 집단을 형성하게 되는 배경은 다음과 같다.

㉠ 인접한 위치

공장 혹은 사무실이 서로 가까운 장소에서 일하는 사람들 사이에 공감대가 생길 가능성이 높다. 인접한 위치에서 서로 마주 보며 작업하거나 공통된 작업상의 애로 사항들을 이야기할 수 있다는 사실이 사람들을 좀 더 친근하고 가깝도록 만들기 때문이다.

㉡ 공통적인 배경

작업자들의 배경이 서로 유사하면 할수록 서로 간에 친화력이 강해진다. 출신 학교, 출신 지방, 입사 연도, 취미 등의 여러 가지 공통적인 배경이 종업원으로 하여금 비공식 조직을 형성하게 한다.

㉢ 공통된 목적

때때로 사람들은 공통된 이상을 가지고 있다든지, 또는 공통된 목적을 지지하고 있기 때문에 비공식 조직을 형성하는 경우가 있다. 예를 들면, 조직 내의 각종 종교, 취미 관련 모임들이 이에 속한다.

② 비공식 조직의 중요성

㉠ 생산 성과에 대한 영향

생산성을 향상시키려면 관리자의 역할도 중요하지만 무엇보다도 종업원들의 역할과 영향이 크다. 만약 종업원들이 담합하여 생산을 제한하기로 결정하게 되면, 그 부서의 생산 목표 달성은 어려움을 겪게 된다. 사실 그들에게는 다수라는 힘이 있기 때문에 관리자도 그들 모두를 처벌하거나 해고할 수는 없다. 반면에 관리자들이 설정한 목표를 지지하고 나서기로 합의할 수도 있다. 그러므로 관리자는 비공식 집단이 조직 목표 달성의 장애물이라고 보아서는 안 되며, 오히려 조직 목표를 달성해 가는데 강력한 추진력이 될 수 있다는 사실을 인식하여야 한다.

㉡ 사기에 대한 영향

만약 비공식 집단이 회사의 관리자를 신뢰하지 못하면 회사 종업원들의 사기는 낮아지게 마련이다. 사기(士氣, morale)란 회사나 직무에 대한 종업원들의 태도를 말한다. 사기와 생산성은 비공식 집단의 태도와 관련성을 가지고 있기 때문에 이와 같은 문제를 신중하게 다루게 되는 것이다.

㉢ 변화에 대한 저항

만약 비공식 집단이 작업 변화로 인하여 어떤 위협을 느끼게 되면 그 변화에 저항할 수 있다. 그러므로 관리자는 직무의 구조를 변경한다든지 종업원의 전근 및 부서 이동 시에는 비공식 집단의 영향력을 고려하여야 한다.

③ 비공식 조직과 비서

비서는 조직체 내의 공식조직과 직제상의 직위 체계를 알아야 함은 물론 조직의 비공식적인 측면을 잘 이해하고 파악하여 주의를 기울여야 함과 동시에 경우에 따라 잘 활용할 수 있어야 한다. 뿐만 아니라 상사가 속해 있는 비공식 조직을 잘 파악하여야 한다. 예를 들면, 사내에서 업무 시간 이후에도 자주 만나는 사람, 상사가 참여하는 사내·외 모임, 동창 관계, 포럼 등을 알아 둔다.

또한 비서 자신도 가능하면 여러 개의 비공식 조직에 속하여 조직 내의 의사소통의 흐름에 민감하게 대처함으로써 좀 더 효율적인 보좌를 하여야 한다. 예를 들어,

비공식적인 경로를 통하여 알게 되는 직원들의 희망 사항을 상사에게 자연스럽게 건의할 수 있는 위치에 있는 것이 바로 비서이기 때문이다. 직장에서 직무 관계로 맺어진 인간관계는 학연이나 지연 못지않게 중요하다. 직장 동료도 인격적으로 서로 이해하고 존경하며 가까워지면 직장 생활뿐 아니라 개인 생활을 풍부하고 윤택하게 하는 친분 관계로까지 발전할 수 있다.

그러나 비서의 비공식 조직 참여는 어디까지나 조직과 자신의 발전에 기여할 수 있는 바람직한 측면이어야지, 파벌을 조성한다든지 실력 행사를 위한 바람직하지 않은 참여는 마땅히 삼가야 한다. 또한 자신이 인식하지 못하는 사이에 직무상 기밀을 누설하지 않도록 보안에도 각별히 유의하여야 한다.

익힘문제

1. 라인과 스태프의 차이를 설명하라.

2. 회사에서 볼 수 있는 조직 구조의 유형을 서술하라.

3. 비서가 알아야 할 회사의 개요는 무엇인지 열거하라.

사례연구

1. 내가 속해 있는 동아리나 집단의 조직도를 그려 보자.

2. 관심을 가지고 있는 기업의 조직도를 구해서 어떤 조직 형태로 구성되어 있는지 알아 보자.

3. 우리 대학에는 어떤 공식 조직과 비공식 조직이 있는가 조사해 보고, 자신은 어떤 공식 조직과 비공식 조직에 속해 있는지 답해 보자.

제5장

전문 분야별 비서

조직의 최고관리자들은 국내·외적으로 급변하는 환경 변화에 대응하여 수준 높은 의사결정을 하여야 한다. 또한 조직이 전문화 및 세분화되어 감에 따라 전문 분야별 조직이 효율적으로 운영되기 위하여 해당 분야에 자질을 갖춘 전문 비서를 필요로 한다.

즉, 경영자를 보좌하는 경영 비서, 병원이나 의료기관의 장이나 의료진을 보좌하는 의료 비서 등 기업을 비롯한 행정, 정치, 법률, 의료 등 전문 분야에 따라 비서직도 전문화되고 있다.

이에 이 장에서는 여러 형태의 조직의 유형을 알아보고 각각의 조직에서 요구하는 비서의 역할 및 자질에 대해서 알아본다. 제1장에서도 분야에 따른 비서의 종류를 간략히 살펴본 바 있으나 전문화된 조직 내 기능 분담을 통하여 조직 능률을 증대시키는 비서의 역할을 좀 더 자세히 알아보자.

5.1 기업 비서

비서가 가장 많이 진출해 있는 기업은 하나의 경영 조직으로 이해할 수 있다. 제4장에서 경영 조직을 중심으로 비서가 알아야 할 조직 구조와 비서의 역할을 학습하였고, 이 장에서는 일반적인 기업의 형태와 특성을 알아본다.

1. 경영 조직 개요

(1) 기업의 정의 및 역할

현대 사회에서는 일반적으로 경영 조직이라 하면 기업을 의미한다. 기업이란 학자마다 다르게 정의하고 있지만, 일반적으로 "이윤을 목적으로 제품이나 서비스를 영속적으로 생산 및 판매하는 협동적 조직 시스템"으로 정의된다.

기업은 국민 경제와 사회 발전을 위하여 매우 중요한 역할을 한다. 즉, 경제적 기관으로서 경영 자원을 효율적으로 이용하여 사회가 필요로 하는 제품이나 서비스를 생산 공급하는 생산 기능을 담당한다. 또한 기업은 고객, 경쟁 업체, 정부를 비롯한 각종 조직으로 구성된 사회 시스템 속의 한 부분이며, 인간 생활의 질적 향상과 건전한 사회문화 형성을 위한 사회적 역할에 대한 요구에도 부응하고 있다.

(2) 현대 기업의 조직 특성

제4차 산업혁명 시대의 도래와 함께 급변하는 경영환경 속에서 한국의 기업들은 경쟁력 제고를 위하여 여러 가지 노력을 하였다. 대대적인 조직 축소에 따른 직접적인 인력 감축은 물론, 팀 조직, 학습 조직, 사내 벤처 등과 같은 경영혁신 방법이 도입되었다.

표 5-1 현대 기업 조직의 특징

현대 기업 조직의 특징
• 수평적 조직 구조 • 자율성과 창의성 강조 • 직무의 재설계 • 사내 벤처(Internal Corporate Venturing) 활성화 • 조직의 네트워크화

이러한 기업의 변화 속에서 과거의 전통적인 명령과 통제 중심의 조직 구조에서 탄력적이고 조직원에게 자율성과 창의성을 부여한 조직 구조로 변화하고 있다. 즉, 소유주 중심으로 집권화된 경영 체제나 관료제에서 탈피하여 분권과 참여 경영이 확대되고 있다.

2. 기업의 형태에 따른 비서의 역할

기업 형태의 분류 방법은 다양하지만 일반적으로는 기업의 규모, 업종, 출자자의 수와 성질, 형태에 관한 관계 법령에 따라 다음과 같이 분류하고 있다.

- 자본의 규모: 대기업, 중견기업, 중소기업
- 기업 업종: 금융 및 보험업, 정보통신업, 제조업 등
- 법률적 규제: 주식회사, 유한회사, 합자회사, 합명회사
- 소유와 지배의 형태: 모회사, 지배회사, 지주회사(홀딩스) 등
- 공·사적인 성격의 형태: 공기업, 사기업, 공·사 공동 기업

법인격의 유무, 사원의 책임 한계, 지분, 증권 발행 가능성 등의 법률적 특징에 따라 우리나라에서는 〈표 5-2〉와 같이 분류하고 있다.

표 5-2 법률적 특징에 따른 기업의 분류

기업의 형태	소유 형태	특징과 종류
사기업	개인 기업	개인의 단독 출자
	소수 공동 기업	합명회사, 합자회사, 유한회사, 익명조합
	다수 공동 기업	주식회사, 협동조합
공기업	국가 혹은 지방자치단체	공익 혹은 행정상의 목적으로 설립, 공공 수요 충족

(1) 사기업

① 개인 기업

개인 기업(single or sole proprietorship)은 법률상 개인 상인으로 한 개인이 자본 출자를 하여 단독으로 소유하여 출자와 경영이 일치하는 기업 형태로, 소유자가 직접 경영하며 채권자에 대해서는 무한 책임을 진다.

② 공동 기업

공동 기업은 2인 이상의 출자자에 의한 기업을 말한다.

표 5-3 소수 공동 기업의 종류

기업의 종류	특 징
합명회사 (unlimited partnership)	2인 이상의 사원이 출자자가 되어 있는 회사로 회사 경영에 무한 책임을 지며 회사의 업무에 관여할 수 있다.
합자회사 (limited partnership)	무한 책임을 지는 출자자와 유한 책임을 지는 출자자로 조직되는 기업 형태이다.
유한회사 (private company)	1인 이상이 출자액에 한하여 책임을 지는 회사로 소규모의 주식회사라고 할 수 있다.
익명조합 (undisclosed association)	직접 업무를 담당하고 무한 책임을 지는 경영자와 그 영업에서 생기는 이익을 분배받되 영업에 관한 권한은 갖지 않는 유한 책임의 출자자로 구성되는 기업 형태이다.

표 5-4 다수 공동 기업의 종류

기업의 종류	특 징
주식회사 (corporation)	주식의 발행으로 설립된 회사로 자본과 주식과 주주에게 유한 책임이 있는 기업 형태이다.
협동조합 (cooperative)	공동으로 소유되고 민주적으로 운영되는 사업체를 통하여 공통의 경제적 · 사회적 · 문화적 필요와 욕구를 충족시키고자 하는 사람들이 자발적으로 결성한 자율적인 조직이다.

(2) 공기업

공기업(public enterprise)이란 국가 또는 지방자치단체가 공익 내지 행정상의 목적으로 출자와 동시에 경영상의 책임을 지는 기업 형태이다. 이는 국민경제 측면에서 공적 수요를 충족시키는 공공성과 경영 활동을 전개하는 기업성을 동시에 갖는다.

공기업은 공공 부문 중에서 민간 기업의 경영 원칙을 가장 많이 수용하는 조직으로서, 기업 경영의 측면에서 볼 때 사기업과 매우 유사한 성격을 갖는다.

① 공기업의 목적 및 종류

공기업의 목적은 사기업과는 달리 이익 추구와 함께 공익(公益) 추구도 고려하여야 한다. 공기업은 국가의 정책 이행 수단이므로 공기업의 투자 의사결정은 공기업의 공공성을 달성할 수 있도록 수행되어야 한다.

공기업의 종류로는 정부투자기관, 정부출자기관, 간접투자기관, 지방공기업 등이 있다.

② 공기업 비서의 업무 및 자질

우리나라 공기업은 민간 기업의 경영 원칙을 많이 수용하여 국가 산업 발전을 주도하여 왔으나, 공기업 조직의 관료주의적 경영 형태는 민간 기업보다 경직된 조직 구조를 가지고 있어 적응력이 떨어진다. 이를 극복하기 위하여 최근에는 사기업과 같이 전문 경영 체제를 도입하여 공기업 최고관리자의 책임 소재를 명확히 하는 경영 혁신을 추진하였다. 이에 최고관리자들을 보좌하는 공기업 비서는 고도의 전문 지식과 판단력, 창의력, 문제 해결력 등의 자질이 필요하다.

공기업의 비서는 그룹비서실장이 있는 비서실에 소속되거나 총무부서 등 특정 부서 소속이나 별정 조직 소속(사장 직속, 부사장 직속 등)으로 되어 있으며, 업무 내용은 사기업 비서와 유사하다.

- 커뮤니케이션 업무: 조직의 마스터 플랜 관할 및 보고, 전화 및 손님접대 업무
- 계획/조정 업무: 업무 기획, 상사의 출장 계획 및 관리 업무, 회의 준비
- 정보관리 업무: 컴퓨터 문서 작성, 인터넷 활용, 수신 문서 및 우편물 정리, 기

사 검색 및 간행물 내용 요약 정리 및 업무 관련 자료 수집
- 사무관리 업무: 경조사 처리 업무, 영수증/지출 경비 관리

3. 자본 규모에 따른 기업 형태와 비서 역할

자본 규모에 따라 기업 형태를 대기업/중견기업/중소기업/벤처기업으로 나눌 수 있다. 과거 우리나라에서는 회사를 대기업과 중소기업으로 구분하였으나, 대기업에는 미치지 못하지만 중소기업보다 우수한 기업을 중견기업으로 구분하고 있다. 벤처기업은 중소기업 수준이지만, 독자적인 고도의 기술을 가지고 시장을 개척하는 소규모의 기업을 일반 중소기업과 구분하기 위하여 벤처기업이라 부른다.

(1) 대기업

① 정의 및 특징

대기업은 생산량·거래량·종업원 수·관계자 수가 많은 면에서 경제뿐만 아니라 한 나라의 사회·문화에 대해서도 큰 영향력을 지닌다. 자본주의가 발달함에 따라 기업의 규모가 커지는 경향이 있는데, 분업화, 전문화, 대량생산 방식, 자본조달 용이, 대외적 신용도 등에서 유리하기 때문이다.

특히 대기업은 국내 생산이나 판매에 한정되지 않고 세계 곳곳에 생산공장과 현지 법인을 세워 글로벌 기업으로 성장하였다. 삼성, 현대, LG와 같은 거대 대기업들은 외국인 주주의 비중이 높은 회사이기도 하다.

② 대기업 비서

대기업 비서는 최고경영자 비서와 임원 비서로 구분된다. 일반적으로 비서는 최고경영자를 보좌하여 상사가 본연의 직무를 효율적으로 수행할 수 있도록 보좌하는 사람을 의미하나, 기업 규모가 크고 조직 구조가 복잡한 대기업에서는 상무, 전무 등의 임원을 보좌하는 임원 비서가 있다. 최고경영자 비서는 일대일 또는 공동 비서 등 일반적인 비서 업무를 수행하며 상사와 기업의 이미지와 동일시되는 경우가 많다. 반

면 임원 비서는 임원이 관장하고 있는 업무 부분만을 보좌하고 있어 업무 영역이 명확하며 임원 비서는 부서의 업무를 함께 수행하기도 한다.

(2) 중견기업

① 정의 및 특징

중견기업은 대기업 수준에 맞먹는 규모와 글로벌 경쟁력을 갖춘 중소기업으로 대기업과 중소기업의 중간에 위치하는 기업을 가리킨다. 미국, 독일 등의 해외 주요국에서는 중소기업을 중견기업으로 혼용하여 사용하고 있으며, 중견기업의 용어는 우리나라와 일본에서만 사용하고 있다. 중견기업은 대기업이 아니면서 근로자 수 1,000명 이상, 자산총액 5,000억 원 이상 등 5개 기준 중 한 개 이상 충족하면 중견기업으로 분류된다. 중견기업은 대기업보다 조직의 구조가 복잡하지 않고 단순하여 환경 변화에 쉽게 대응이 가능하다. 그러나 중소기업과 같이 업무 구분이 명확하게 이루어지지 않기 때문에 소수의 사람이 과중한 업무를 맡게 되기도 하고, 몇 명에게만 권한이 집중되기도 한다.

② 중견기업 비서

중견기업은 기업 규모가 대기업보다 작고 조직 구조가 단순하여 비서는 대표이사인 회장, 사장 등의 최고경영자 비서가 대부분이다. 최고경영자 비서는 대기업 비서의 업무와 유사하다.

(3) 중소기업

① 정의 및 특징

중소기업의 개념을 정의할 때 기준이 나라마다, 업종마다 각기 다르다. 일반적으로 중소기업이란 대기업과 비교해서 상대적으로 작은 규모의 기업을 말하는 것으로, 기업 규모나 매출 규모로서 기업을 분류할 때도 상대적인 의미를 갖는다.

중소기업은 소규모의 조직 구조로 유연성과 결집력이 강하다. 일반적으로 중소기업은 독립성을 가지고 있고 다양한 업무를 동시에 하고 있으며, 자금을 확보하는 데

제한이 있다. 중소기업은 소자본으로 경영이 가능하고 신속한 업무 처리 및 창의력 발휘가 용이하기 때문에, 소수 경영자에 의해 개인적으로 관리 및 운영된다. 또한 최고경영자에 의하여 많은 영향을 받으며 확고한 기업 가치를 보유하며 일반적으로 조직 구성원들이 일체감을 가지고 일한다.

② 중소기업 비서

중소기업 비서는 소규모 조직의 비서이므로 기업의 대표이사인 회장, 사장 등을 보좌하는 개인 비서 형태가 대부분이다. 중소기업은 경영자와 조직 구성원들이 같은 공동체라는 의식을 갖기 쉽고 의사결정 경로가 상대적으로 단순하여 비서는 상사의 부하인 임원들이나 직원들과도 업무 교류가 많으므로 회사 전반에 대한 이해가 필요하다.

(4) 벤처기업

자본 경쟁 시대에서 기술 경쟁 시대로 변화함에 따라 소자본으로 고도의 기술을 보유한 벤처기업이 많이 늘어났다. 벤처기업 또는 벤처 비즈니스(venture business)란 벤처(venture)와 비즈니스(business)의 합성어로 벤처는 모험이란 뜻을 가진다. 우리나라에서는 1998년부터 벤처기업 제도를 시행하였고, 2006년 제도를 개편하여 중소벤처기업부에서 벤처기업을 지원 및 관리하고 있다.

① 정의 및 특징

벤처기업협회(Korea Venture Business Association)에 의하면, 벤처기업이란 개인 또는 소수의 창업인이 위험성은 높으나 성공할 경우 높은 기대 수익이 예상되는 신기술의 개발 아이디어를 독자적인 기반 위에서 사업화하는 신생 기술집약적 중소기업으로 정의하고 있다.

표 5-5 **벤처기업의 특징**

벤처기업의 특징
• 중소 규모의 기업 • 고수익 · 고위험 추구 • 창업을 통하여 개발 아이디어를 상업화 • 틈새 시장의 공략 • 기술 집약형 기업 • 성장 및 기업 공개를 지향 • 일종의 프로 조직 • 동태적 조직

② 벤처기업 비서

벤처기업의 성공 요인으로 창업자, 산업 환경, 자원, 조직 역량, 자원 등을 꼽을 수 있다. 그러나 벤처기업은 대기업에 비하여 상대적으로 인적 자원이 부족하다. 전통적 기업에서는 창업자가 전적으로 위험을 안고 시작하기 때문에 수익의 회수도 독립적으로 획득하였지만, 벤처기업에서는 일반적으로 위험과 수익을 구성원들과 함께 나눈다.

벤처기업가를 보좌하는 비서는 세분화되지 않은 조직 특성 때문에 기획, 총무, 인사, 회계/재무, 마케팅, 홍보 등 다양하고 핵심적인 업무를 수행하기도 한다. 따라서 벤처기업의 비서는 힘든 만큼 성취감이나 보람을 많이 느낀다고 할 수 있다. 즉, 기존의 비서 업무뿐만 아니라 벤처의 규모나 종류에 따라서 다양한 종류의 일을 하여야 한다. 예를 들어, 설립 초기에는 회사 성격상 기술적으로 회사의 핵심이 되는 인력 외에는 보좌 인력이 거의 없으므로, 회사의 핵심 개발이나 상품에 관한 일을 제외한 중요한 지원 업무를 처리하여야 한다. 창립 초기에는 상사가 투자 유치, 마케팅, 리쿠르팅(recruiting)에 주력하기 때문에 이를 보조하는 업무가 많다.

5.2 행정 조직과 비서

1. 행정 조직 및 행정기관 개요

행정 조직이란 중앙정부나 지방자치단체와 같은 행정 주체가 권한 행사를 통하여 공공의 목적을 달성하려는 조직을 말한다. 따라서 정부 조직은 방대한 인력과 예산을 운영하며 계층적 행정 구조를 가지고 있다.

행정 사무를 담당하는 기관을 행정기관이라고 한다. 행정기관은 국가행정기관 또는 자치행정기관으로 구분되며, 기능이나 권한 및 지위 등에 따라 행정관청, 의결기관, 자문기관, 보조기관, 집행기관, 감사기관과 공기업 및 공공시설기관 등으로 구분된다.

2. 행정 조직 비서

국가의 관공서나 공공기관의 관리자를 보좌하는 비서로서 행정 사무에 대한 업무수행 지식과 국가의 정책결정 기관에서 근무한다는 사명감이 있어야 한다. 무엇보다 국가기관에 대한 중요한 정보를 다루기 때문에 기밀 유지에 각별히 신경을 써야 한다.

행정기관 비서는 연구 과제나 행정적 안건 및 문제에 대한 정보를 찾아서 상사에게 적시에 제공할 수 있어야 하기 때문에 컴퓨터, 특히 인터넷 정보 활용 능력이 필수적이다.

여러 형태의 행정 조직이 있겠으나 여기에서는 행정 조직 중 지방자치단체를 중심으로 비서직의 현황과 역할을 살펴보도록 하겠다. 1995년 처음으로 민선 기초자치단체장이 취임함으로써 지방자치 시대가 열렸다. 지방자치단체는 크게 광역자치단체와 기초자치단체로 구분된다. 광역자치단체는 특별시, 광역시 및 도가 포함되며, 2020년 기준 서울시를 비롯한 광역자치단체 17개가 있다. 기초자치단체에는 시, 군, 구청이 있으며, 총 226개의 기초자치단체가 있다. 자치단체에는 시장, 도지사 등이 행정을 관할하는 집행기관과 시의회, 도의회 등의 의결기관이 포함된다. 각 자치단체에는 단체장의 활동을 보좌하는 비서실이 있으며, 여러 명의 비서가 근무하고 있다.

(1) 지방자치단체

지방자치단체는 주민 스스로가 지역 문제를 해결해 지역 주민의 삶의 질을 향상시키고 균형 있는 지역 발전을 이루는 것을 목표로 한다. 지방자치는 그동안 정치에서 배제되었던 지방 거주자들에게 정치와 지역사회 운영을 되돌려 줌으로써 직접 민주주의의 이념을 실현하는 장이다.

① 지방자치단체장의 역할

주민들의 직접선거로 선출된 지방자치단체장은 지방행정의 책임자로 지역 발전은 물론 주민의 복지 및 삶의 질 향상을 위하여 다양한 노력을 기울인다. 자치단체장은 안으로는 지방의회와 함께 자치단체 내부의 갈등을 조정하고, 밖으로는 중앙과의 갈등은 물론 자치단체 간 이해관계를 조정하는 책임을 진다.

② 지방자치단체장의 일상 업무

㉠ 청 내에서의 집무

내부 회의 주재, 협의, 결재, 예산, 인사, 조달 등과 관련된 의사결정

㉡ 각종 행사 등의 참석과 축사

각종 대회, 회합, 관내 기·준공식, 축제 등의 참석과 축사

㉢ 주민과의 의사소통

민원인 및 집단 민원 건의, 간담회 참석, 주민 경·조사 참석

㉣ 중앙정부 및 광역자치단체 간의 업무 협조

각종 지역 사업 관련 중앙 및 광역자치단체 방문과 협의

㉤ 회의 참석

예·결산, 시·군정 방침, 본회의·위원회 등에 참석 및 협의·조정

㉥ 선거 및 정치 활동

당원 등 공·사 조직의 관리와 선거 정치 활동

ⓢ 국제 협력 업무

외국 소재 도시와 자매결연 및 외국 귀빈 응대, 국제행사 유치

(2) 지방자치단체장 비서

지방자치단체장 비서실에는 남성 비서와 여성 비서 숫자가 엇비슷하게 근무하며 인원은 2~4명이 일반적이다. 비서실장, 남성 수행 비서, 여성 비서로 구성되는 것이 가장 일반적이나 의전 담당, 민원상담 비서, 정당 업무만을 따로 담당하는 비서를 두는 경우도 있다. 비서의 직급은 일반직 혹은 별정직이 있는데, 일반직 공무원 중 발탁되어 비서실에서 근무하는 경우도 있다. 별정직은 민선 기관장이 임명하며 기관장의 임기와 함께 비서의 계약기간도 종료된다.

① 비서실의 역할

㉠ 여론의 수렴

빠르게 변화하는 환경에서 지역 주민들의 여론을 수렴하여 주민 복지를 증진시키고 주민들의 참여를 통하여 능률적으로 행정을 집행해 나갈 수 있다.

㉡ 정책 보좌

정보의 홍수 속에서 정보의 여과를 통하여 단체장에게 조언함으로써 정책 수립의 방향을 제시한다.

㉢ 시책 홍보

단체장의 지역조직화 사업에 주민의 동의와 이해, 합의, 신뢰, 지지를 확보하고 유지시키기 위한 기능으로 주민들과 원만한 업무관계 설정이 필요하다.

㉣ 민원 상담

지역 구민들은 자신이 선출한 단체장에게 직접 민원을 상담하고 싶어한다. 비서실은 민원인과 공무원의 중간 입장에서 충분한 상담과 원활한 문제 해결을 통하여 단체장을 직접 찾고자 하는 주민의 요구에 대응한다.

㉤ 정치 활동 및 조직관리

선출직 단체장의 보좌를 담당하기 때문에 단체장의 정당, 사회단체, 각종 모임과

사조직을 관리함으로써 단체장의 넓은 의미의 정치 활동을 보좌한다.

② 지방자치단체장 비서의 업무

지방자치단체장을 보좌하는 비서는 기업 비서의 업무와 유사한 점도 많지만 또 차이점도 있다. 최근에 와서는 지방자치단체 차원의 외자 유치, 국제 교류, 축제 개최, 수익 사업의 다변화 등의 활동이 증가하면서 능력 있는 비서의 중요성이 높아지고 있다.

㉠ 일정 및 홍보 관련 업무

조직 내 각 부서와 단체장 간의 의사소통, 단체장의 일정관리, 민원 상담 및 원활한 처리, 연설문 및 기고문 작성 보좌 업무, 대민 홍보 및 언론 홍보 업무

㉡ 출장 및 자료 관리 업무

단체장의 국내·외 출장 관리 업무, 정보·자료 수집·관리 업무, 단체장의 회의 수행 업무

㉢ 사무실 관리 및 개인 업무

사무기기, 소모품 관리, 우편물 및 문서 처리 업무, 단체장의 개인 업무 및 신변 잡무 처리

㉣ 일반 사무 영역

번역·통역 업무, 회계 등의 일반 사무 업무

㉤ 행사 기획 및 참여 업무

단체장의 외부 행사 참여, 지방자치단체 행사 기획 및 참여 수행

㉥ 방문객 관리 및 전화 업무

일반 방문객 관리, 일반 전화 관리

③ 업무 수행에 필요한 자질 및 지식

직무 수행 시 요구되는 지식이나 자질로는 돌발 상황 발생 시 대처 능력, 정확하고 순발력 있는 업무 처리 능력, 기밀 사항에 대한 보안 유지 능력, 근면성과 성실성, 서비스 정신, 원활한 커뮤니케이션 능력 등이 매우 중요하며, 그 외 설득력과 교섭력, 정보 처리 및 분석 능력, 인간관계 관리 능력, 컴퓨터 활용 능력 등이 중요하다.

광역시의회 부의장 비서의 업무 사례

광역시의회 부의장 비서로 재직 중인 비서 S씨는 시의회에서 비서로 8년째 재직하고 있다. 광역시의회 의장실에는 비서실장 1명, 여자 비서 1명, 남자 수행 비서 1명이 배치되며, 부의장실은 남자 직원 1명과 여자 비서 1명이 배치된다. 광역시의회 비서는 원내대표실 및 상임위 비서를 포함하여 14명이 재직하고 있으며, 비서들은 2년 단위로 인사 이동이 있다.

시의원실로 오는 전화의 대부분은 누수와 난방 등의 지역 대소사 관련 민원이 많다. 비서는 이러한 민원들을 해당 부서로 연결하여 민원 문의를 응대하고 있다. 그런데 시의원들은 선거를 통해 선출되며, 정당에 소속된 경우가 많아 정치 관련 항의 전화가 많고, 정치 이슈와 관련하여 비서실로 거칠게 항의하기도 한다. 비서 S씨는 처음 시의원 비서로 업무를 수행하며 정치적 문제와 관련한 민원의 응대 방법이 서툴러 힘들었다고 한다. 이제는 비서 경력이 쌓이면서 다양한 민원을 대응하는 능력도 발전해 자연스럽게 응대하고 있다.

5.3 국회 조직과 비서

1. 국회 조직

국회는 국민의 대표기관으로서 입법권뿐 아니라 국가예산 심의확정권 등의 재정에 관한 권한과 정부에 대한 감사 및 조사 등 국정을 통제하는 권한을 보유하고 있다.

국회 조직은 국회의원, 본회의, 위원회, 상임위원회, 특별위원회, 교섭단체 등으로 구성되어 있다.

(1) 국회의원의 역할 및 업무

국회의원의 권한은 크게 입법에 관한 권한, 재정에 관한 권한, 일반 국정에 관한 권한 등으로 구분할 수 있다. 구체적으로 국회의원은 법률을 제정하거나 개정하고, 정부가 제출한 예산안을 심의하고, 행정부를 견제하면서 공청회와 청원 및 언론 매체 등을 통하여 국민의 여론을 수렴하는 역할을 한다. 또한 국민의 대표이자 지역구의 대표이기 때문에 지역구의 민의를 수렴한다.

(2) 국회의원 보좌 조직

① 국회사무처

국회의 입법, 예산·결산 심의 등의 의정 활동을 지원하고 행정 사무를 처리하는 기관, 입법 자료 제공, 제반 행정 업무, 속기(速記) 업무, 경호 업무 등이 있다.

② 의정연수원

의정연수원은 국회의원의 입법 연구 활동을 지원하고 의회 운영·제도에 관한 연구 및 국회 소속 공무원 등에 대한 전문적 교육을 실시할 목적으로 설치되었다.

③ 국회 보좌 직원

의원의 각종 업무를 가장 최측근에서 보좌하는 개인 비서진은 의원의 의정 활동을 실질적으로 지원하는 가장 중요한 보좌 조직이다. 국회의원 개인의 의정 활동과 지역구 활동을 지원하며, 법률이나 정책을 만들고 필요한 자료 등을 정리하거나 의견을 제시하는 역할을 한다.

④ 국회 도서관

국회의 입법 활동과 국정 심의에 필요한 각종 정보를 수집·정리·분석하여 제공한다.

2. 국회의원 비서

국회의 역할이 갈수록 커지고 의원의 의정 활동이 전문화 및 다양화될수록 국회의원의 역할도 중요하지만, 국회의원을 보좌하는 의원 개인 비서진의 역할 또한 매우 중요하다. 국회의원 비서는 그룹 비서로 여러 명의 비서진이 한 의원실에서 의원을 위한 업무를 분담하여 수행하고 있다.

(1) 국회의원 비서진의 구조

의회 중 가장 강력한 권한을 가진 미국 의회의 경우는 의원들의 입법 활동 등을 보좌하기 위하여 막강한 입법 보좌진을 갖추고 있다. 이러한 비서진의 증원은 의회 업무 보좌는 물론이고 행정부를 견제하고 정책 보좌 능력과 정보관리 기능을 강화하기 위해서이다. 미국의 경우에는 비서의 수가 많기 때문에 담당 업무도 전문화되어 있어서 행정 비서(administrative assistant), 입법 비서(legislative assistant), 고충처리 담당관(casework staff), 공보 비서(press secretary), 사무관리자(office manager), 일정담당 비서(appointment secretary), 시스템 컴퓨터 관리자(systems or computer manager) 등의 영역으로 나뉘어 전문적으로 업무를 수행하고 있다.

한편 우리나라의 경우는 전문 영역을 구분하지 않고 의원당 9명의 비서를 두고 있는데, 비서들의 법적 지위는 별정직 국가공무원 신분으로 월급은 국회로부터 받지만 실질적인 임명권은 의원에게 있다. 국회의원 임기 동안만 신분이 보장되며 공채를 통하여 채용하기도 하나, 대부분 선거 캠프에서 활동한 사람을 채용하기도 한다. 국회의원이 선거라는 제도를 통한 선출직이기 때문에 의원의 의정 활동에 필요한 전문적인 지식을 갖추지 못한 경우가 많다. 그러므로 전문성 확보라는 차원에서 자질을 갖춘 비서진을 확보하여야 한다.

국회의원 비서 제도는 의원의 정책 수립과 입법 활동을 전문적으로 보좌하기 위하

표 5-6 국회의원 1인당 보좌진의 구성

보좌진	구성 인원
보좌관(4급 상당)	2명
비서관(5급 상당)	2명
비서(6급 상당)	1명
비서(7급 상당)	1명
비서(8급 상당)	1명
비서(9급 상당)	1명
유급 인턴	1명
합계	9명

여 필요한 정보 및 자료를 수집하고 의안을 조사 및 연구하여 의견을 제공할 뿐 아니라, 의원에 대한 일반 비서 업무, 지역구의 유권자 관리 등 국회의원의 의정 활동을 직접적으로 보좌하는 자로서 보좌관, 비서관, 비서 등의 형태로 운영되고 있다.

(2) 국회의원 비서진의 업무

보좌진의 업무는 입법 활동을 지원하는 정책 분야와 선거 활동 및 유권자와 소통하는 정무 분야로 구성되어 있다.

① 의정 활동 보좌

국회 상정 법률안 발의 및 의안 검토, 내용 정리, 본회의 및 상임위 질의 원고 작성, 의정 활동과 관련된 각종 정보 수집 및 정리, 의정 활동과 관계되는 이익집단, 압력단체와 접촉하고 민원을 처리한다.

② 정당 및 지역구 활동 보좌

소속 정당의 주요 회의 및 행사를 사전 준비하고, 소속 정당 내에서의 제반 역학 관계에 대한 정보 수집, 정리, 지역구 활동 전반에 관한 보좌를 한다.

③ 의원 홍보

의원 홍보 활동(국회 행사 참석, 공식적 의정 활동 홍보)을 하고 언론사의 취재 활동을 지원한다. 예를 들면, 의원의 국회 활동을 보도하고 여론을 수집하고 조사한다. 또한 의원의 인터뷰 및 대담 요청이 있을 경우 사전에 질문 내용을 확보하여 답변 자료를 준비한다. 또한 페이스북, 인스타그램 등 소셜네트워크를 통한 홍보 업무를 담당하기도 한다.

- 보도 자료 작성 및 배포법: 6하 원칙에 의하여 홍보하고자 하는 말을 구체적으로 작성하되 간결한 문장을 사용하여야 한다. 홍보 매체의 마감 시간 또는 마감 기일을 준수하여야 하고, 보도 자료의 성격에 따라 정치부, 경제부, 동정란 등 각 언론사의 배포 대상 부서를 선정한다. 작성된 보도 자료를 팩스나 이메일을 이용하여 배부한다.
- 연설문 및 기고문 작성법: 대화체 문장으로 전문가의 자문을 받아 신년사, 송년사, 취임사, 대회사, 창간사, 주례사 등 많은 연설문 및 기고문을 작성하여야 한다.

④ 선거 활동

선거 운동 과정에서 비서진은 지구당의 운영과 당원 및 선거 구민들의 의원에 대한 선호도나 지지도를 분석하고 경쟁 후보에 대한 정보를 수집하여 보고한다. 또한 선거 구민의 의사당 방문 안내 등 의원을 대신하여 선거 구민에 대한 대리 관리자 역할을 담당한다. 선거에 대비하여 영향력 있는 유권자를 발굴하여 의원에게 연계하기도 한다. 비서는 선거 활동에 유관된 업무, 개인적 자문 조직 결성 및 운영의 역할을 한다.

⑤ 정치 참모 업무

지역구 의원들은 활동 시간 배정 시 원내 활동보다 지역구 활동에 더 많은 시간을 투자하고 있기 때문에, 비서는 지역구의 사정과 지역구 인물 등에 관해서 항상 정보를 수집하여 분석하여야 한다. 또한 비서진은 의원 소속 정당의 입장과 의원의 입장, 정부와의 관계 등을 고려한 신속 정확한 정보를 적시에 전달하고 여론조사를 실시하며 언론의 기사나 칼럼을 분석하고 특정 이슈에 대한 라디오, 텔레비전의 녹음, 인터넷 정보 등을 담당하는 분석가의 역할도 한다. 따라서 비서는 국회 내 정보 출처로 경과 보고서, 입법조사 분석실 발간 자료, 입법조사 월보나 국회도서관 인터넷 사이트 및 각종 자료실을 적절히 활용하여야 한다.

⑥ 일반 사무 업무

- 대인관계 업무: 전화나 내방객의 응대 및 중개를 상황에 맞추어 적절하게 하여야 한다. 특히 의원이 만나고 싶지 않은 보도진, 의원 주위의 환경으로부터 의원에게 가해지는 압력, 접촉 등을 선별하는 업무가 매우 중요하다. 또한 국회 사무처와의 연락 및 각종 업무 처리를 하여야 한다.
- 경조사 업무: 각종 후원회나 지인들의 경조사에 의원 대신 참석하기도 하고 의원을 수행해서 참석하기도 한다. 이때 비서진은 사전에 행사에 대한 정확한 정보를 알고 경조 전보를 보내거나 의원의 참석 여부를 결정하여야 한다.
- 의원의 일정관리 업무를 한다.
- 의원 사무실 환경관리, 인원 및 물자의 조정을 총괄한다.

(3) 국회의원 비서의 자질 및 지식

① 정보 처리 및 분석력

대체로 국회의원직은 선거에 의하여 선출되기 때문에 무엇보다 지역구 주민들의 민심이나 정당에 관한 정확한 정보가 필요하다. 수많은 정보 중에서 필요한 것을 수집하여 분석할 수 있어야 하며, 능숙한 컴퓨터 활용 능력을 바탕으로 효율적인 결과물을 의원에게 제공하여야 한다. 또한 최근에는 의원마다 개인 홈페이지나 블로그, 인스타그램 등과 같은 SNS 계정을 가지고 있는데, 이들을 수시로 관리하는 능력이 필요하다.

② 정치 및 시사 관련 지식

국정감사, 조사 관련 지식, 특정 분야에 관한 지식과 상임위 관련 지식, 법률, 입법에 관한 지식, 예·결산 관련 지식을 갖추고 있어야 한다.

③ 인간관계 능력

국민을 상대로 하는 정치가를 보좌하는 비서인 만큼 대내·외적으로도 다양한 사람들과 좋은 인간관계를 갖는 것이 무엇보다 중요하다. 또한 의원 주위의 환경으로부터 의원에게 가해지는 압력, 접촉 등을 선별하는 능력을 필요로 한다. 특히 의원이 만나고 싶지 않은 보도진이나 지역구 주민들에게 국회의원을 대신하여 친절히 응하여야 한다.

④ 보안 의식

조직의 차원을 넘어서 국가 수준에 이르는 각종 중요 정보를 다루는 위치인 만큼 기밀 유지에 각별히 주의하여야 한다.

⑤ 설득 및 교섭력

국회의원을 대신하여 보좌관들이 상대 정당이나 다른 국회의원 보좌관들과 의견 조율을 하는 경우도 있다. 이때 상대방을 설득하고 좋은 결과를 이끌어내는 교섭력이 필요하다.

⑥ 논술, 문장 기술력

보도 자료를 작성하거나 연설문 등을 작성할 때 문장력이 필요하다.

보좌관의 사전적 의미는 '상관을 돕는 일을 맡은 직책 또는 관리'를 말한다. 국회의원의 입법 활동 등 의정 활동을 지원하는 의원 보좌관은 좁은 의미에서 4급 보좌관(일반행정직 4급 서기관급)을 말하며, 보통 정책 파트를 맡는 보좌관과 지역구 관리 등 정무 파트를 맡는 보좌관 등 2명으로 구성된다. 이들 외에도 넓은 의미의 국회의원 보좌진은 4급 보좌관 2명, 5급 비서관 2명, 6·7·8·9급 비서 각 1명, 유급 인턴 1명까지 국회의원 1명당 총 9명의 보좌진을 구성하고 있다.

이들 모두 별정직 공무원이며, 해당 직급 행정공무원에 준하는 보수를 받는다. 임기는 없지만 주로 상사인 국회의원의 임기 기간과 동일하고, 채용 권한은 의원에게 있다. 바꿔 말하면 언제라도 해고당할 수 있다는 이야기이다. 보좌관을 거쳐 국회의원으로 진출하는 경우도 많다. 유시민, 이화영, 이광재, 서갑원, 백원우, 차명진, 조정식 의원 등이 보좌관 출신으로 국회의원에 당선된 케이스이다.

5.4 법률 조직과 비서

법률 서비스 시장이 글로벌화·대규모화하고 법률에 대한 수요가 높아지고 지속적인 변호사 수의 증가가 예상된다. 이에 따라 그들을 보좌하는 전문 법률 비서의 역할이 중요시되고 있다.

1. 법률 조직의 개요

법률기관은 공적 기관인 법원과 변호사들로 이루어진 법률사무소로 구분할 수 있다. 법원의 경우는 전문 비서를 크게 활용하고 있지 않기 때문에 주로 로펌(law firm)을 중심으로 알아본다.

(1) 법률사무소

① 개인 법률사무소

변호사 1명과 법률 비서 1명으로 운영되는 단독 법률사무소이다.

② 로 펌

변호사 여러 명이 모여 공동으로 운영하는 법률사무소로서 다양한 배경을 가진 변호사와 기타 전문가들을 영입하여 폭넓은 경험과 지식에 기초한 법률 서비스를 제공하는 회사를 로펌(Law Firm)이라고 한다. 업무 분야를 여러 개의 전문 파트(국제 거래 및 기업 법무, 소송 업무, 특허 업무, 공증 업무, 세무 업무 등)로 나누고, 사건별로 전담 팀을 구성함으로써 전문성이 극대화된 조직이다.

(2) 조직 구조

소유주를 의미하는 파트너와 고용된 변호사, 그리고 이들의 중간 지위를 차지하는 주니어 파트너 등의 변호사들이 전문 분야별로 파트너십(partnership) 형태로 조직을 구성한다. 큰 규모의 로펌은 700명 이상의 변호사가 있는 곳도 있으며 이들 변호사를 보좌하는 법률 비서, 공인회계사, 변리사, 세무사 등의 전문 인력으로 구성된다.

규모가 큰 로펌의 비서를 포함한 일반 직원들은 기업과 같이 직급(대리, 과장, 차장, 부장, 이사, 상무 등)이 있는 경우가 많다. 이들 직원들은 크게 일반 부서와 비서, 번역실, 그리고 서비스에 대한 청구서(invoice)를 보내고 변호사비(fee)를 받는 회계부서 등으로 나뉘어져 있다.

2. 변호사의 업무 영역

변호사는 재판 업무뿐 아니라 법률 자문, 계약서 작성, 기업의 고문, 각종 중재 · 조정위원회의 자문 활동, 화해, 공증 업무 등도 한다.

(1) 소송 업무

소송은 크게 민사, 형사, 가사, 행정으로 나눌 수 있는데, 변호사는 의뢰인의 법적 대리인으로서 법정에 나가 변론을 한다.

(2) 법률 자문

법률 문제의 분야에 대한 법률 상담을 하고 자문을 제공한다. 이때 상담료는 변호사에 따라 차이가 있으나 일반인을 대상으로 상담할 때와 기업의 고문 및 자문으로서 상담할 때의 상담료는 매우 차이가 크다. 기업을 위한 자문으로는 인수·합병(M&A), 신규 사업 진출을 위한 법령 검토 등 다양한 자문 활동을 한다.

(3) 공증 업무

당사자 외에 공적 기관이 관여하여 법률적으로 적합한 문서를 작성한 후, 이를 공적으로 증명해 주는 공증 업무를 법무부의 인가를 받은 공증 인가 합동법률사무소에서 한다.

(4) 법률 관계 문서 작성

변호사가 소송은 맡지 않더라도 소송과 관련된 서류(소장, 답변서, 준비서면, 소송비용 확정신청서, 가압류신청서, 가처분신청서 등)를 소정의 수수료만 받고 작성하기도 한다.

(5) 상표, 특허 업무

변호사는 특허청에 특허 출원, 실용신안등록 출원, 의장등록 출원, 상표등록 출원 등의 업무를 한다.

(6) 세무 업무

변호사는 세무사가 하고 있는 세금의 신고 업무, 과세 처분에 대한 이의 신청, 국

세심판소에 심판청구인의 대리인으로서 업무를 할 수 있다.

3. 법률 비서

(1) 법률 비서의 정의

우리나라에서 법률 비서는 "법률사무소 혹은 회사의 법률 파트, 법원 등 법률에 관계된 분야에서 일하는 비서", "변호사나 기업의 법률 담당원의 비서로서 법률문서의 작성, 관리, 기록, 비용 계산 등의 업무를 담당하는 사람"을 의미한다. 특히 법률 비서는 특정 법률 용어, 소송, 변호에 관한 지식, 회사 설립, 부동산 등기 등의 법률 수속에 관한 광범위한 지식을 요구하는 점에서 일반 비서의 자격 요건과 차이가 있다.

미국의 법률비서협회(National Association of Legal Secretaries: NALS)에서는 협회에 가입한 비서 및 사무직원들을 위하여 정기적인 법률 공부 및 다양한 교육 프로그램을 제공하고 있다. 이 협회가 지정한 Certified Professional Legal Secretary 시험을 통하여 합격한 비서들은 PLS라는 공인한 명칭을 받게 된다. 즉, 미국에서 전문 법률 비서란 법률비서협회에서 명시하듯 5년의 경력을 가지고 Professional Legal Secretary Examination을 통과한 사람을 뜻한다.

(2) 법률 비서의 업무

법률 비서는 송무 비서와 자문 비서로 크게 나눌 수 있으며, 송무 비서는 변호사를 보좌하여 소송과 관련된 업무를 주로 수행하고, 자문 비서는 주로 기업 자문을 담당하는 변호사 보좌 업무를 수행한다. 법률 비서들의 업무를 살펴보면 다음과 같다.

① 법률 문서 작성/관리

변호사들이 처리하는 업무로부터 비롯되는 법원 서류 작성, 반대 심문에 대비한 문서 준비 등의 완결이 무엇보다도 우선시된다. 사본의 양도 많으며 경우에 따라서는 회의록을 정리하여 문서를 작성하기도 한다. 또한 법원 서류, 법률 문서, 의뢰인들과의 계약서 등을 사건별로 체계적으로 보관, 유지하고 관계 부처에 배부한다. 주로 송무 비서가 이 업무를 담당한다.

② 대인관계 업무 및 일반 사무 업무

법률 비서는 의뢰인, 법원, 조직원과의 전화, 회의, 구두 발표 등의 의사소통을 예의를 갖추어 능률적으로 하여야 한다.

- 일정관리: 소송사건 일정표, 법원 일정표(재판 일정 기록), 변호사 개인의 일정표를 관리하고 이를 변호사에게 상기시켜야 한다.
- 전화 및 의뢰인 응대: 기업 비서와 달리 법률 비서들은 주로 의뢰인을 대하여야 하기 때문에 그들과의 관계에서 전문적 직업 태도를 가져야 한다.

③ 정보관리 업무

도서관 자료 및 인터넷을 통하여 소송 및 판결에 필요한 여러 자료를 검색하고 상사의 지시에 따른 문헌 정보를 분석하여 보고한다. 즉, 해당 사건(case)에 대한 정보를 분석 및 지원하는 업무를 수행한다.

- 도서의 회람 및 도서관의 이용 기준 정리 유지
- 법률 업무와 관련된 신문, 잡지, 간행물, 서적 등 스크랩
- 데이터베이스 관리 업무 : 변호사의 주소록 분류/정리, 업무에 필요한 데이터베이스 작성, 색인 작성, 기록 정보의 작성/축적/검색
- 변호사의 이메일(e-mail) 관리

④ 회계 및 총무 업무

한 건당 비용이 정해지는 법 소송 업무와는 달리 자문 업무는 소요된 변호사들의 시간 및 실제 비용을 기준으로 비용이 산출된다. 이에 필요한 시간 기록 및 정리, 수임료 청구 및 회수도 비서의 주요 업무가 된다. 구체적인 회계 업무에 대한 법률 비서의 역할은 로펌의 크기에 따라서 많이 좌우된다. 보통 이상의 규모에서는 회계 업

무를 관리하는 회계 부서를 두고 있는 반면, 소규모의 사무소에서는 법률 비서에 의하여 행해진다. 그리고 회계 부서가 따로 있는 사무소에서도 법률 비서는 재정에 관련된 기록들(회계장부, 영수증, 전표 등)을 관리하고 회계사의 업무를 보조하는 등의 재정 업무에 관여한다. 총무 업무로는 사무실 환경 정비, 사무실과 기록의 안전 보관, 문구류 등 사무용품의 보관 및 주문, 직원 급여, 은행 거래 등이 있다.

(3) 법률 비서의 역량

법률 비서가 업무를 효과적으로 수행하기 위해서는 법률 지식, 실무 능력을 갖추고 있어야 한다. 다음은 미국 직업정보 분류 체계(The Occupational Information Network: O * NET)에서 제시한 법률 비서의 직무 역량을 정리한 것이다.

① 법률 지식

업무 수행에 필요한 주제 분야의 지식과 기술을 습득하고 변호사, 고객, 다른 직원과의 관계에서 전문적으로 대처할 수 있도록 법률적 지식을 구비하여야 한다. 구체적으로 사법 제도, 법원 구조, 법률 서류 형식, 관행, 법절차, 계약서, 유가증권, 소송, 법률 용어에 대한 지식을 등을 갖추어야 한다.

② 직무 기술

법률 비서에게 필요한 기술은 문서 이해 능력, 주의깊게 듣기 및 이해 능력, 시간 관리 능력, 문서 커뮤니케이션 능력, 적극적인 학습 능력, 구두 커뮤니케이션 능력, 학습 전략, 판단 및 의사결정 능력, 조정 및 협력, 그리고 비판적 사고 능력이다.

③ 직무 태도

법률 비서에게 필요한 직무 태도는 세심함, 성실성, 신뢰성, 협동심, 독립성, 진취성 및 창의성, 인내심, 자기통제, 성취감과 적응력 등이다.

(4) 법률 비서의 자질

법률 비서는 고객에게 신뢰감과 좋은 인상을 줄 수 있어야 한다. 또한 회사 내 변호사들이나 비서들과 원만한 인간관계 및 업무관계를 유지할 수 있어야 한다.

① 기밀 유지 및 신뢰성

일반 기업체 비서들에게도 기밀 유지 원칙이 중요하지만, 특히 법률 비서에게는 매우 높은 수준의 기밀 유지를 요구한다. 비서들은 모든 의뢰인과의 문제는 기밀을 지켜야 하고 직원, 의뢰인, 법원, 그리고 직무상 접촉하는 모든 사람에게 신뢰를 줄 수 있어야 한다.

② 정확성 및 신속성

법률 문서와 법률 관계 서류를 신속하고 정확하게 기록하고 언제 필요할지 모르는 법정 서류를 체계적으로 관리하여야 한다. 예를 들면, 약관, 규정, 계약서, 법률 의견 등의 서류가 보통 수십 페이지 정도의 분량에 달하기 때문에 정확성이 요구된다. 법률 문서에서는 사소한 실수 하나로도 엄청난 손실을 가져올 수 있기 때문에 주의를 기울여야 한다. 또한 변호사에게 법원 공판 날짜를 환기시키고 모든 마감 기한을 수시로 체크하는 등 세밀한 업무 관리를 요한다.

5.5 국제 기구 비서

1. 국제 기구 비서

각종 국제 기구의 증가로 국제 회의가 빈번히 개최되고 있는 오늘날 유창한 외국어 구사 능력과 외교 분야의 지식을 가진 국제 사무 업무를 할 수 있는 국제 기구 비서의 수요가 늘어나고 있다.

(1) 국제 기구 비서의 역할

국제 기구 비서는 상사의 지시에 따라 영문서를 작성하고, 스케줄 관리 및 회의

UNESCO 사무총장 비서의 업무

국제 기구인 UNESCO 사무총장 비서의 사례를 통하여 국제 기구 비서의 역할과 업무를 알아보자.

- 사무총장 일정관리 및 보좌: 사무총장에게 오는 초청장이나 타 부서의 행사 일정표를 보고 참가하여야 하는 행사와 그렇지 않은 행사를 판단한 뒤 사무총장에게 보고한다. 사무총장이 직접 참가는 못하지만, 대리인이 가야 하는 경우, 관할 부서에 연결하여 축하 난이나 축전을 띄워야 한다.
- 결재나 전화를 원활하게 연결: 전화를 선별하는 스크리닝(screening) 과정은 매우 중요하며 결재가 신속하게 이루어 질 수 있도록 중간 역할을 한다.
- 사무총장의 연설 초안 작성: 연설이나 개회사를 하여야 하는 경우 과거 자료를 참고하여 초안을 작성한다.
- 기사 스크랩: 사무총장 활동과 관련된 기사를 스크랩하거나 사진을 보관한다.
- 연하장/감사카드 발송: 연말연시 때 세계 각국에 있는 주요 인사에게 연하장을 보내고 출장을 다녀온 후 신세진 인사에게 감사카드를 발송한다.
- 외국 손님 응대: 국제 조직이기 때문에 외국 손님들의 방문이 잦은 관계로 영어 회화는 필수이며 불어나 스페인어와 같은 제2외국어도 구사할 수 있어야 한다. 회의 준비, 자료 준비 및 회의 진행을 지원하기도 한다.
- 업무 자료 브리핑: 본부 사업이나, 기타 사무총장이 알고 있어야 하는 사항들을 체크해서 보고하여야 한다.
- 출장 업무: 출장 전 준비(교통편 발권, 숙소 및 차량 예약, 회의 자료 준비 등을 포함)는 물론 출장 후 사무총장이 돌아와서 원활히 업무 수행을 할 수 있도록 자료를 준비한다.

준비도 하고 방문객 응대를 한다. 기본적으로 국제 기구 비서는 2개 국어 이상을 완벽히 구사하여야 하며 타 문화에 대한 이해가 필요하다. 또한 국제 매너, 상대국의 외교 프로토콜(protocol), 국제법 등을 잘 알고 있어야 한다.

(2) 국제 기구 비서의 자질 및 지식

업무의 성격은 일상적인 업무보다는 비정형적인 업무가 많아서 신속한 판단과 민첩성, 융통성 있는 사고가 요구된다. 국제 기구에서 근무하기 때문에 특별히 필요한 자질이라면 의사소통 능력이 필수적이며, 기타 국제 기구에 대한 상식이나 한국의 정치 · 경제 · 문화 전반에 대하여 능숙하게 소개할 수 있는 지식도 갖추어야 한다.

- 외국어 능력
- 타 문화 이해 능력
- 국제법과 국제 의전 지식
- 홍보 능력
- 커뮤니케이션 능력
- 국제 시사 및 국제 경제, 국제 단체에 대한 지식
- 세련된 교양과 매너 등

5.6 의료 비서

1. 의료기관 개요

의료 분야는 최근에 와서 경제 발전과 기반 기술의 발전으로 인하여 중요한 서비스 산업의 하나로 인식되고 있다. 특히 국민의 삶의 질 향상에 따른 질 높은 의료 서비스에 대한 요구 증대와 의료 서비스의 글로벌화 등의 큰 변화를 맞이하면서 병원도 글로벌화 · 대형화되는 추세에 있다.

또한 병원 간의 경쟁이 치열해짐에 따라 병원의 대형화, 의료 기술과 의료 시설의 고급화 · 차별화와 더불어 환자를 고객으로 서비스하고 효율적인 병원 관리를 지원할 수 있는 인력이 요구되고 있다. 즉, 의료 조직 또한 기업체와 같이 경영과 관리적인 측면에서 의사나 병원 경영자를 보좌할 수 있는 전문 의료 비서가 필요하게 되었다.

종래의 한국의 병원은 병원행정 전문가가 없이 병원장이 모든 부문을 통제하는 일원적인 구조 속에서 의사는 진료를 하는 것 이외의 경영이나 행정을 꺼려 하고 경영

지식도 상대적으로 부족한 편이었다. 그러나 최근에 와서는 치과, 성형외과, 피부과, 산부인과 등 많은 개인 병원들도 전문 클리닉 형태로 변화하였다. 종전의 소극적 서비스 제공과 마케팅에서 탈피하여 고객들의 만족을 극대화하기 위한 병원 환경의 고급화, 최신 장비의 도입, 의료 행정의 전산화, SNS를 통한 마케팅/홍보 활동 강화 등 많은 노력을 기울이고 있다.

2. 의료 비서

(1) 의료 비서의 현황

의료 비서(medical assistant)는 의료법에서 규정하는 의원, 병원, 종합병원, 치과병원, 기타 특수병원 등의 의료기관과 보건소, 의학연구소에서부터 정부나 지역 행정단체 등의 의료 관련 부서에 이르기까지 의학과 관련 있는 의료 분야에서 종사한다.

미국에서는 의료 비서가 의료 산업 인력의 중요한 인적 자원으로 자리잡았지만 우리나라에서는 일부 대형 종합병원의 의료 비서를 제외하고는 그 개념이 제대로 정립되어 있지 않다. 의료 비서는 단순히 서비스 교육을 받거나 간호사, 치위생사 등의 본래의 의료 업무가 있는 의료 인력이 접근하는 것보다는 조직 전체와 경영자를 경영관리적인 측면에서 보좌·지원하는 것을 기본으로 서비스와 마케팅 능력을 발휘할 수 있는 비서로서의 역할 수행이 가장 적합하다고 본다.

그러나 최근 고급 서비스를 제공한다는 취지 하에 병원에서 의료 비서, 상담실장, 관리실장 등의 직책을 항공 승무원 서비스 교육이나 병원 코디네이터 교육 과정 등

표 5-7 의료 비서와 의료 코디네이터 비교

	의료 비서	의료 코디네이터
소속	종합병원(3차 의료기관)	개인병원(1차 의료기관)
주업무	• 의사의 비서 • 행정 및 사무	• 고객관리 • 상담
채용 이유	경영층 보좌를 통한 경영효율성 증대	고객 맞춤형 서비스를 통한 수익 증대

출처: 안혜진(2012).

을 이수한 인력들이 차지하는 것은 바람직하지 않다. 의료 비서는 고객으로서 환자에 대한 서비스, 의사에 대한 보좌, 조직의 행정관리 업무 등을 통하여 병원 조직의 효율적인 관리와 경영에 기여할 수 있는 다기능 역할을 수행하여야 할 것이다.

〈표 5-7〉은 종합병원 의료 비서와 의료 코디네이터를 비교한 것이다.

(2) 의료 비서의 역할과 업무

의료 비서는 개인병원에서 근무하는지 혹은 대형 종합병원에서 경영 책임을 지는 경영진을 보좌하는지에 따라 비서의 역할과 업무에서 차이가 있다. 뿐만 아니라 의사 개인의 활동 범위에 따라서 국제 학술대회 참가 및 국내 유치 관련 업무나 다양한 매체를 통한 활발한 대외 활동을 지원하는 업무 등도 수행하고 있어 의료 비서의 업무 범위는 매우 광범위하다.

의료 비서에게 필요한 자질은 다른 분야의 비서들과 마찬가지로 인성적 자질이 중요하며, 그 예로 책임감, 정확성, 신속성, 신중함 등이 있다. 요구되는 능력은 개인병원에서는 환자 관리자의 역할이 중요한 반면, 종합병원에서는 의사의 비서 역할을 더 많이 수행하는 것으로 보인다. 업무 또한 개인 병원에서는 병원의 주업무인 환자의 검사나 진료에 관계되는 진행 사항 설명, 예약 스케쥴 관리, 안내 통보와 확인 등의 업무 중요도가 높게 나타났다. 따라서 해부학, 생리학 등에 기초한 소속된 의료기관 해당과의 전문 지식이 필요하다. 뿐만 아니라 환자 및 보호자들의 불만을 의사를 대신하여 능숙하게 중재하는 능력과 의사와 병원의 인지도 향상을 위한 각종 매체를 통한 홍보관리 능력도 요구된다.

반면 종합병원에서 근무하는 비서는 주로 의사들의 학문 교류, 연구와 학회지 논문 출판의 보조, 교육 및 회의 자료 준비, 행정 업무, 일정관리 및 메모의 접수 관리, 개인 비품이나 사무실 사무용품의 점검 업무를 한다. 업무 중요도는 우리나라 종합병원 조직의 확장 이전과 이후가 다른데, 이전에는 의사의 개인 비서로서 스케줄 관리, 회의 준비, 응대 등의 업무와 편지, 팩스 같은 문서작성-편집-발송, 우편물 관리 등의 문서 관련 업무의 중요도가 높았다.

그러나 종합병원의 대형화가 진행되면서 전공 분야별 조직도 확장되어 내과, 외과, 소아과, 영상의학과 등과 같이 전공과 규모에 따라 2명 이상의 비서팀이 구성되어 개인 비서의 역할보다 전공과 소속 의사들을 팀으로 지원하는 업무가 중요하게 되었다. 주요 업무의 예로 원내·외 문서 수·발신과 같은 행정 업무와 진료나 연구 업적 자료 관리, 국가연구개발사업 등의 연구비 관리와 같은 학문/연구 지원 업무가 있다. 이에 필요한 능력으로는 연구비 관리 프로그램 활용 능력과 행정문서를 이해하고 작성할 수 있는 능력이 있어야 한다. 또한 병원 안과 밖의 다양한 구성원과의 업무 협조를 위한 원만한 대인관계 능력과 다양한 업무에 능동적으로 대처하는 적응력이 필요하다. 의학적 전문 지식이나, 외국어 능력 등은 상대적으로 낮은 중요도를 가지지만 일부 대형 종합병원의 비서에게는 의사의 국제적인 의학 교류를 지원하기 위한 영어 실력, 병원/의사 홍보를 위한 SNS 및 홈페이지 관리 능력 등을 요구하는 경우도 있다.

익힘문제

1. 한국표준산업분류를 검색하고 나의 취업 희망 회사는 어느 업종에 해당되는지 알아보자.

2. 중견기업의 정의와 특성을 서술하라.

3. 법률 회사에서 소송을 담당하는 변호사 비서와 자문을 담당하는 변호사 비서의 업무가 어떻게 차이나는지 설명하라.

사례연구

1. 규모가 큰 대기업에서 일하는 비서와 작은 규모의 벤처에서 일하는 비서의 업무가 어떻게 다른지 알아보자.

2. 대형 법률 회사의 홈페이지에서 법률 회사의 업무 영역을 살펴보자.

3. 정부나 지방자치단체의 장 혹은 고위관리직의 비서의 역할이 일반 기업 비서와 어떻게 다른지 알아보자.

제6장

조직문화

조직은 그 속의 개인들이 공동 목표를 받아들이고, 각자가 분업 관계에 있으면서 상호 협조하는 유기체이다. 뿐만 아니라 단순한 개인들의 집합에서는 볼 수 없는 특유한 감정, 분위기, 구조 등이 생기게 된다. 조직이란 군중처럼 일시 모였다가 헤어지는 집단이거나 지하철 탑승자처럼 단순한 물리적 집단이 아니라 일정 수 이상 개인들의 의미 있는 집합체라고 할 수 있다. 각 개인마다 제각기 특성을 가지고 있으며, 그 같은 특성들은 그들의 태도와 행동을 예측하는 데 도움이 된다. 마찬가지로 조직도 역시 나름대로 특성을 가지고 있으며, 이 같은 조직 특성을 조직문화(organization culture)라고 한다. 그리고 이 같은 조직문화는 조직 내의 구성원들의 태도와 행동을 예측하는 데 사용될 수 있다.

지식기반 글로벌 경제에서는 조직 구성원이 급속히 고학력화되어 가고 기업이 그 지식을 바탕으로 창의성을 발휘하여 혁신하지 않으면 글로벌 경쟁에서 생존할 수 없다. 그렇기 때문에 구성원의 자율적 의사결정에 근본적인 영향을 끼치는 조직문화가 가장 유용한 경영 관리의 도구가 되는 것이다. 즉, 앞으로는 무형의 자산인 조직문화와 지식을 잘 관리하는 기업이 경쟁력을 가지게 될 것이다. 따라서 조직은 구성원의 자발적인 참여와 성장을 이끌어내기 위하여 바람직한 조직문화를 구축해야 한다.

비서는 상사를 1 : 1로 보좌하거나 또는 팀 지원 업무를 수행하면서 조직문화에 대한 이해를 바탕으로 최고경영자의 조직문화 경영전략을 이해할 수 있어야 한다.

6.1 조직문화의 개념

1. 조직문화의 정의

조직문화(organizational culture)는 한 조직의 구성원들이 공유하는 가치관, 신념, 이념, 관습, 규범, 전통, 지식 등을 포함하는 종합적인 개념이다. 이러한 조직문화는 한 조직과 다른 조직의 구별을 가능케 해 주는 공통적이고 안정된 특성을 나타내며, 조직 구성원과 조직 전체의 행동 방향에 영향을 미친다. 조직문화는 조직 구성원들이 공유하는 가치, 의사결정 기준, 행동 원칙 등을 제시해 준다.

이러한 조직문화는 조직 구성원들 사이의 지속적인 상호 작용에 의하여 창조되고 재구성된다. 흔히 조직문화를 조직 풍토, 조직 분위기, 사풍(社風)과 유사한 개념으로 이해하나 조직문화는 이들보다는 더욱 창조적이고 동태적인 의미를 포함하고 있다.

조직문화는 조직원으로 하여금 조직에서의 행동 규범을 제시해 주고 조직 구성원들의 행동에 대하여 정당성을 부여함으로써 조직을 더욱 결속시키고 협동 체제를 강화시켜 준다. 즉, 강한 조직문화를 가진 기업의 경우 조직원의 전념도가 높아져 조직의 결속은 더욱 두터워진다.

2. 조직문화의 원천

조직문화는 하루아침에 갑자기 형성되는 것이 아니라 긴 시간에 걸쳐 형성된다. 조직문화는 창업자와 최고경영자의 경영 이념, 구성원의 선발, 사회화 및 환경 적응 등이 어우러져 나타나는 현상이다.

(1) 창업자와 최고경영자의 경영 이념

조직마다 그 나름의 역사가 있다. 우리들의 행동이 우리의 경험에 의하여 영향을 받게 되는 것과 마찬가지로 조직 내에서도 비슷한 과정이 적용된다. 조직의 창업자들은 초기의 조직문화를 형성하는 데 중요한 영향을 미친다. 창업자들은 연구·개발, 제품 혁신, 종업원들의 행동 지침, 보상 정책 등에 영향을 준다.

최고경영자의 경영 이념도 조직문화에 영향을 미친다. 최고경영자는 조직의 인사권으로 자신의 경영 이념에 맞는 사람들을 선발하고 승진으로 보상하며 조직문화 형성에 영향을 미치게 된다.

(2) 구성원의 선발

조직문화는 조직 구성원의 선발 과정에 의하여 영향을 받는다. 조직은 지원자 모두를 다 채용하지는 않는다. 채용된 사람과 채용되지 않은 사람에 대한 결정은 결코 무작위에 의한 결정은 아니다.

선발 결정에는 그 지원자가 조직에 적합한가의 여부에 관한 판단이 포함된다. 이는 의도적이든 무의식적이든 간에 개인과 조직의 적절한 적합성을 확보하려는 시도이며, 이렇게 함으로써 조직문화 형성에 도움이 된다. 회사들은 동종 산업 내에서 관리직 사원을 모집 선발하는 경향이 있는데 그렇게 하여 공통적인 지각을 증진하려고 한다. 이처럼 조직에 적합하고 조직의 가치, 규범, 관습을 수용하는 사람들을 채용하기 위하여 조직은 선발 과정을 활용한다. 조직 시스템에 도전할 가능성이 있는 사람들을 골라내어 채용하지 않도록 선발 과정을 활용한다.

(3) 사회화

조직의 창업자들과 조직의 환경은 조직문화를 결정짓는 역할을 하고 선발 과정은 그 문화에 적응할 수 있는 사람을 채용하기 위하여 설계된 것이다. 신입 사원들의 적절한 행동과 부적절한 행동을 구분해 주는 기준이 필요하다. 신입자들을 위하여 그 같은 기준들이 기록되어 있는 경우는 거의 없다. 그래서 조직의 신입자들을 위한 사회화 과정은 문화 주입의 주요 메커니즘인 것이다.

신입 사원들은 조직문화에 가장 친숙하지 못한 사람들이기 때문에 조직에 들어와 최초로 근무하게 된 부서의 가치관, 규범 및 관습 등을 어지럽힐 가능성이 가장 높다. 그래서 조직은 신입 사원들이 조직문화에 잘 적응할 수 있도록 교육하는데, 이 같은 적응 과정을 사회화(socialization)라고 부른다. 입사 초기의 사회화에서는 구체적으로 조직이 어떻게 하면 외부인들을 바른 위치에서 일하는 사원들로 만들 수 있는가에 관심을 가지게 된다. 사회화는 두 가지 기능을 수행하고 있기 때문에 매우 중요하다.

첫째, 사회화는 직원들에게 모호성을 감소시켜 준다. 직원들은 자기들에게 기대하고 있는 것이 무엇이라는 것을 알고 있으면 좀 더 안정을 느끼게 된다.

둘째, 사회화는 조직에 유익을 제공해 준다. 사회화는 구성원들의 좀 더 통일된 행동을 낳게 한다. 그렇게 되면 의사소통이 원활해지고 갈등이 감소되며 관리자의 직접 감독이 줄어들게 되고 관리 통제가 더 적어진다.

그렇다면 조직은 신입 구성원들을 어떻게 사회화시키는가? 신입 사원들을 위한 입사 훈련이나 그 밖의 훈련 프로그램을 통하여 사회화한다. 사회화 과정은 3단계로 구분된다.

1단계는 도착 전 단계이다. 신입사원은 각자 다른 생각과 배경을 가지고 조직에 들어온다. 따라서 신입 사원의 조직에 대한 기대와 개인적인 성격이 조직의 필요와 일치되는 정도가 사회화의 성공에 영향을 미친다.

2단계는 만남 단계이다. 신입 사원은 자신의 조직에 대한 기대가 현실과 같을 수도 혹은 다를 수도 있는 상황을 맞이하게 된다. 기대와 현실의 차이가 크지 않으면 이전의 생각들을 다시 확인하게 된다. 그러나 만일 신입 사원의 조직에 대한 환상이 현실과 많이 다를 경우 퇴사로 이어질 수 있다.

3단계는 변화 단계이다. 신입 사원들이 만남 단계에서 발견한 여러 문제점들을 해결하기 위하여 자신을 변화시키는 단계이다. 사회화 과정의 변화 방법은 공식적일 수도 있고 비공식적일 수도 있으며 개인별 내지는 집단별, 고정적 내지는 변동적, 연속적 내지는 단속적일 수 있다.

(4) 환경 적응

모든 조직은 둘러싸고 있는 환경의 영향을 받는다. 물론 조직 활동에 결정적으로 영향을 미치는 주요한 환경 요소들은 조직마다 다르다. 환경은 조직 특유의 전략을 결정하고 성공을 위하여 조직이 무엇을 하여야 할 것인가를 결정한다. 그래서 간접적으로 환경은 조직문화의 형성에 중요한 힘으로 작용한다.

그래서 어떤 조직에서는 판매를 강조하고 또 어떤 조직은 제품 및 서비스 혁신을 강조한다. 그리고 어떤 조직은 비용의 최소화에 중점을 두기도 한다. 조직마다 이 같은 차이가 나타나는 것은 조직이 어떤 기능이나 활동에 강조점을 두고 있느냐의 차이에서 온다.

6.2 조직문화의 구성

1. 조직문화의 구성 요소

조직문화는 조직 구성원의 가치관과 신념, 규범과 관습 등 여러 가지 요소가 전체적으로 연관되어 형성되어 있으며, 조직 구성원의 행동을 지배하는 중요 개념이다.

파스칼(R. Pascale)과 피터스(T. Peters)에 의하면, 기업 문화의 구성 요소로서 공유 가치(Shared Value), 전략(Strategy), 구조(Structure), 제도 및 절차(System), 구성원(Staff), 관리 기술(Skill), 그리고 행동 및 관리의 리더십 스타일(Style) 등 일곱 가지 요소(7S)를 제시하였다.

(1) 공유 가치

조직이 가장 중요시하여 구성원들에게 주지시켜 온 가치관, 이념, 전통적 가치, 경영철학 등을 말한다. 서비스 우선, 품질 우선, 기술 개발, 고객 창조 정신 등의 기본 가치는 조직이 강조하고 구성원이 함께 공유해 온 훌륭한 기본 가치이다. 공유 가치는 조직의 전략 목적 설정과 조직 구성원들의 행동 경향 등 다른 요소에 영향을 줌으로써 조직문화 형성에 가장 주요한 위치를 차지하고 있다.

(2) 전 략

조직의 목적 달성을 위한 조직의 장기 계획과 조직의 자원 배분 패턴을 포함한다. 조직의 장기적인 계획의 방향과 기본 성격을 지배하는 중요 요소로서 조직의 공유 가치를 중심으로 이를 달성하기 위한 조직의 운영에 장기적인 틀을 제공함으로써 다른 요소에 많은 영향을 준다.

(3) 구 조

조직 전략을 수행하는 데 필요한 조직 구조와 직무 설계, 권한 관계와 방침, 규정, 상호 연관 관계 등 구성원 행동에 영향을 주는 공식 요소들을 포함한다.

(4) 제도 및 절차(시스템)

일상적인 조직 운영과 경영 과정에 관련된 모든 제도 절차를 의미한다. 커뮤니케이션 제도, 의사결정 제도, 경영정보 시스템, 보상 제도, 인센티브 목표 설정 제도 등 주어진 조직 구조 아래에서 조직의 목적과 전략을 실제로 달성하는 데 적용되는 모든 제도와 시스템을 포함한다.

(5) 구성원

조직의 인적 자원 요소로서 인력의 구성과 능력, 전문성, 가치관과 신념, 욕구와 동기, 지각과 태도 등을 포함한다.

(6) 리더십 스타일

조직 구성원들의 행동 경향과 행동 패턴, 특히 리더십 행동 스타일을 포함한다. 조직 구성원 간의 상호 관계, 집단 간의 관계, 리더와 부하 간의 상호 관계에서 기본 성격을 지배하는 요소로서 조직문화, 조직 분위기에 직접적인 영향을 주고 있다.

(7) 관리 기술

조직 구성원들이 지니고 있는, 그리고 조직 운영에 실제로 적용하고 있는 경영 관리상의 능력 요소로서 동기 부여, 강화, 통제, 통합 조정, 갈등 관리, 변화 관리, 과업 수행상의 구체적인 기술과 방법을 포함한다.

한국 삼성과 일본 마쓰시타(Matsushita)의 조직문화 사례

한국 삼성은 세계적 기업으로 발돋움하기 위하여 전통적으로 추구해온 제일주의에서 '질경영'이란 기업문화를 개발하였다. 일본 마쓰시타(松下)는 사회봉사와 화친 협력에 입각한 오사카(大阪) 상인 정신을 중심으로 철저한 관리 제도를 통하여 세계 제일의 전자기기 회사를 만들었다. 즉, 마쓰시타는 '마쓰시타 교도'라고까지 불리는 구성원들의 신도적인 태도와 질서정연한 조직 분위기를 형성시켰다. 삼성의 질경영은 상품의 질과 상품을 만드는 사람의 질, 그리고 경영 과정의 질을 경영의 최우선 가치로 강조하며 삼성을 세계적 초일류 기업으로 만드는 원동력이 되었다.

조직문화 7S 모형

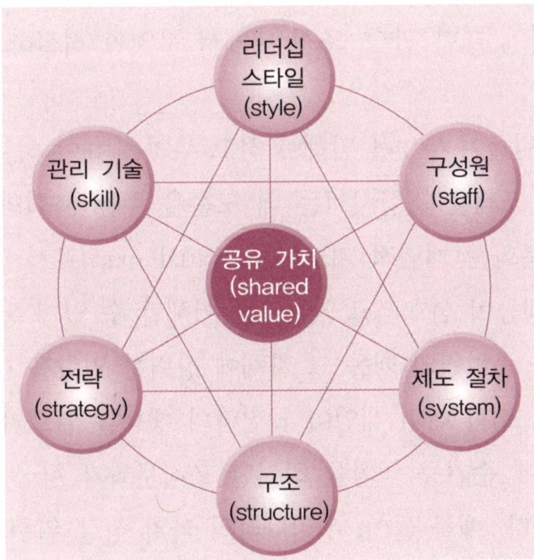

출처: The Mckinsey 7S model, www.mckinsey.com 재정리

이러한 요소들은 서로 밀접한 관계를 맺고 있을 뿐만 아니라 조직은 이들 요소 사이에 서로 일관성 있는 적합 관계를 유지함으로써 조직 목적을 달성하는 데 전체적인 효과를 극대화하도록 노력한다. 그 과정에서 조직문화가 형성되고 조직이 지향하는 공유 가치와 상위 목적에 따라 적합한 전략 목표와 조직 구조, 제도와 기술, 구성원 행동과 리더십 행동을 개발해 나가게 된다.

2. 조직문화의 역할과 기능

조직문화는 뚜렷이 구별되는 별개의 실체이다. 즉, 한 조직과 다른 조직을 문화에 의하여 구분할 수 있다. 개인의 성격이 비교적 안정적이고 영구적인 것과 마찬가지로 조직문화의 경우도 그렇다. 요약컨대, 모든 조직은 그 자체의 독특한 문화를 가지고 있다. 이 같은 조직문화에는 다음과 같은 것들이 포함된다. 즉, 오래 존속되는 규칙이나 규정, 구성원들 간의 의사소통을 추진하는 특별한 언어, 수행하여야 할 작업상의 중요한 측면에 대한 적절한 표준, 구성원들이 부하 상사 및 외부자들과 어떤 관계를 가져야 하는가에 대한 관습, 조직 내에서 무엇이 적절하고 센스있는 행동인가의 여부 등이다.

조직문화는 구성원들이 무엇을 말해야 하고 무엇을 해야 하는가에 대한 적절한 기준을 제공함으로써 조직을 결합시키는 데 도움을 주는 사회의 아교풀 같은 역할을 한다. 그리고 조직문화는 개념적 지도(conceptual map)로서 구성원들을 그것에 의하여 어떤 태도나 행동이 선호되고 있는가를 이해할 수 있게 된다. 그리고 더욱 중요한 것은 조직문화가 종업원의 행동 그 자체에 강력한 영향을 미친다는 것이다. 규범이 형성되어 그것이 조직 내의 개인이나 집단의 행동을 일으키는 역할을 하게 된다.

조직문화는 조직에 순기능 역할을 하지만 조직문화가 항상 조직성과에 긍정적인 영향을 주지는 않는다. 예를 들어, 우리나라의 과거 성장 위주의 조직문화가 변화하는 비즈니스 환경과 구성원들의 사고 방식을 받아들이지 못하면 많은 저항을 받을 수 있다.

6.3 조직문화의 개발과 조직문화 유형

1. 조직문화의 개발

조직문화는 여러 해에 걸쳐 개발, 발전되어 수용되고 있는 신념으로 종업원들에게 깊이 뿌리박혀 있다. 따라서 조직문화는 조직을 제도화하는 데 중요한 힘이 된다. 즉, 조직문화는 조직에 영속성을 부여하여 조직으로 하여금 여러 세대 동안 비교적 불변의 형태로 지속되게 한다. 그래서 조직은 그 자체의 생명력을 가지고 조직의 어떤 구성원들의 수명보다 더 오래 존속해 가는 것이다. 이처럼 조직문화는 조직관리에서 중요한 위치를 차지할 뿐만 아니라 조직의 성과와 매우 밀접한 관계를 가지고 있으므로, 바람직한 조직문화의 개발은 조직의 성과에 직결된다.

조직문화를 계획하고 개발해 나가기 위해서는 현 종업원의 특성과 조직 구조, 현존하는 문화, 외적 환경 요인 등 기업이 현재 처해 있는 상황과 과거에 시행해 왔던 관습 등을 분석하여야 한다. 한편 미래에 요구되는 종업원의 특성과 조직 구조, 장래 바람직한 문화 형태, 미래에 적합한 외적 환경 요인 등 다가올 미래에 관한 기업의 형태도 분석되어야 한다.

기업의 현존 문화를 파악하려면 관리 형태, 조직 내 의사결정 형태, 종업원들의 관심도, 기업의 보상 제도, 종업원들에 대한 기업의 태도, 관리자들의 행동, 관리자들의 가치관 등을 살펴봄으로써 조직이 현재 어떠한 기업 풍토, 조직문화를 추구하여야 할 것인가를 계획한다.

기업의 조직문화에 영향을 미치는 요소들로서는 기업 내적 요인과 외적 요인들을 들 수 있다. 내적 요인들은 대체로 관리층에서 어느 정도 통제가 가능한 것들이며, 외적 요인들은 통제의 가능성이 없거나 매우 약한 것들이다. 내적 환경 요인들로서는 종업원의 특성, 조직 구조, 경영의 전통적 가치관 등이 있다. 또한 외적 환경 요인들로서는 시장 환경, 정부의 규제, 자원의 조달 가능성, 인플레이션, 세제(稅制), 금리, GNP 성장률, 테크놀로지 발전, 국내·외 정치적 변수 등이 있다.

기업은 자체의 조직문화를 개혁하는 시점에서 현존의 환경 요인을 가능한 최대한 분석하여 기업의 위치를 확인함과 동시에 앞으로 원하는 문화 형태를 적절하게 계획해 나가야 한다. 새로운 기업의 조직문화를 수립하기 위한 전략이 일단 세워지면 이 전략을 수행해 나갈 실천 전략이 이루어져야 한다. 주어진 모든 자원을 동원하여 원하는 조직문화를 구축하기 위하여 기업은 적절한 조치를 취하여야 하며, 이러한 조치는 종업원들로 하여금 바람직한 행동을 오랫동안 지속적으로 유지하고 강화시켜 줄 수 있는 것이어야 한다. 조직문화를 더욱 효과적으로 변화시키기 위해서는 최고경영자의 강한 실천 의지와 리더십, 조직 내의 원활한 의사소통, 계획성 있는 변화 유도, 교육 훈련 등이 뒷받침되어야 한다.

2. 조직문화 유형

조직문화를 분류하는 방법은 매우 다양하다. 조직문화를 얼마나 그 조직이 통제적인지, 그리고 얼마나 역동성이 있는지에 따라 다음과 같이 집단문화, 발전문화, 위계문화, 합리문화로 나눌 수 있다.

- 집단문화: 집단문화에서는 사람 사이의 관계를 중시한다. 따라서 조직생활 안에서 조직 구성원 간의 화목함과 서로에 대한 믿음, 단결을 중요시 생각하며 인적 자원의 개발에 초점을 맞춘다.
- 발전문화: 외부로부터의 영향을 받아들임에 거부감이 없고 외부환경에 대한 적응과 그를 통한 조직의 발전을 지향한다. 환경의 변화에도 적응이 쉽다.
- 위계문화: 조직 내의 규율 및 규칙을 중요시하고 조직 구성원 간의 위계질서와 서열을 명확히 하여 그 안에서 조직의 안정을 취한다.
- 합리문화: 조직이 목표로 하는 계획안에서 합리적 문화와 경쟁적 문화가 존재하고 목표를 위한 생산성을 중요시한다. 합리문화 조직은 결과를 지향하는 특징을 가지고 있다.

표 6-1 조직문화 유형의 분류 방법

문화 유형	집단문화	발전문화	위계문화	합리문화
주요 가치	• 단결 • 팀워크 • 믿음 • 가족적 분위기 • 인적자원의 가치개발	• 혁신 • 진취적 • 적응 • 창의성 • 자원취득 • 위험부담	• 절차와 규칙 • 서열 • 내부적 강화 • 안정성 • 보수성	• 목표 달성 • 합리성 • 생산성 • 경쟁력 • 효율성

출처: Quinn & Rohrbaugh(1983).

비서의 조직문화 적응 사례

비서 A씨는 해외공관인 대사관에서 비자와 여권 관련 업무를 담당하였고, 이후 귀국하여 현재 국내 금융기관에서 비서로 재직하고 있다. 비서 A씨에 따르면, 해외공관과 국내 기업은 각 조직의 목표(국익 추구/사익 추구)가 다르기 때문에 경험하는 조직문화도 매우 다르게 느껴졌다고 이야기하고 있다.

"대사관에서는 업무 처리를 할 때 상사로부터 지시받은 업무가 대부분이고 수직적인 조직문화이기 때문에 업무 수행에서 나름 좋은 방법이라고 생각해서 일을 진행했다가 상사에게 혼난 적이 있어요." 반대로 "현재 재직 중인 기업의 경영철학에 '혁신(innovation)'이 포함되어서인지 처음 이직했을 때 첫 직장에서 배운 대로 상사의 지시를 기다리다 일을 적극적으로 하지 않는 것처럼 오해를 받은 적이 있습니다. 현 직장은 금융회사의 특성상 빠르게 사회 변화를 흡수해야 하기 때문에 수평적 조직문화로 신입 사원부터 임원에 이르기까지 트렌디하며 자기개발에 적극적입니다. 상사께서 임원인 상사 방에 있는 테이블이 원형인 이유가 위아래 없이 앉게 함이라고 하신 말씀이 마음속에 깊이 남아 있습니다."

익힘문제

1. 조직문화의 구성 요소는 무엇인가?

2. 조직문화의 원천이 되는 것은 어떠한 것인가?

3. 조직문화를 유지하기 위한 방안을 제시하라.

사례연구

1. 우리나라의 대표적인 기업 두 곳을 선택하여 조직문화를 비교해 보자.

2. 평소 관심을 가지고 있는 기업의 인재상을 검색하여 알아보자.

3. 조직원들의 충성도가 높은 기업은 어떤 기업들이 있는지, 그리고 그 이유가 무엇인지 알아보자.

PART 03

비서와 인간관계

제 7 장

비서의 인간관계

7.1 인간관계의 중요성

인사 담당자들은 신입 사원에게 직무 능력보다 오히려 인성(人性)이 더 중요하다고 말한다. 즉, 조금 부족한 직무 능력은 회사에서 가르치면 되지만 인성은 바꾸기 힘들다는 것이다. 직장에서 성공하기 위해서는 무엇보다 인성을 바탕으로 하는 인간관계 능력이 매우 중요하다고 할 수 있다. 원만한 인간관계를 유지하기 위한 기본 원칙들을 살펴보자.

(1) 다른 사람들에게 진정한 관심을 기울인다

처음 만나는 고객이나 업무 관련자들은 항상 이름과 인상을 기억하고 다음에 만났을 때는 이름을 부르며 반갑게 대한다. 또 상대방의 관심사, 가족, 건강, 취미 등에 대한 주제로 대화를 시작한다면 훨씬 더 원활하게 업무를 풀어 나갈 수 있을 것이다.

(2) 좋은 인상을 줄 수 있도록 노력한다

좋은 인상을 주는 가장 기본적인 방법은 항상 미소를 짓는 것이다. 회사를 방문한 고객에게 환한 미소로 대한다면 회사와 상사에 대한 좋은 인상을 상대방에게 전달하게 된다.

(3) 인간관계의 황금률을 실천한다

"Do unto others as you would have them do unto you", 즉 다른 사람으로부터 대접받고자 하는 대로 다른 사람을 대접하라는 성서에 있는 이 말은 인간관계의 황금률(golden rule)이라고 일컫는다. 즉, 다른 사람이 내게 해 주기 원하는 대로 다른 사람들을 대해 주라는 것이다.

(4) 항상 상대방의 말을 경청하고 상대방이 자신에 대하여 말하도록 하라

전화 통화나 대화 시 대부분의 사람들은 상대방의 이야기를 들어 주기보다는 나에 대한 이야기를 훨씬 더 많이 한다고 한다. 말하기를 멈추고 상대방의 이야기에 귀기울이는 노력을 한다면 훨씬 더 신뢰적인 관계를 구축할 수 있다.

(5) 자신이 VIP, 즉 매우 중요한 사람이라는 느낌을 갖도록 대하라

모든 사람은 타인으로부터 인정받고 존중받고 싶은 기본적 욕구가 있다. 상대방을 대할 때 매우 중요한 사람, 즉 'Very Important Person(VIP)'으로 대접한다면 고객을 감동시킬 수 있다. 고객과 대화하거나 고객의 업무를 처리할 때는 다른 일에 주의를 분산시키거나 동료와의 잡담, 전화 등으로 방해받지 않고 고객에 집중한다.

(6) 칭찬과 감사의 말을 아끼지 않는다

사람의 에너지는 주위 사람에게 전염이 된다. 주위에 비난이나 비평, 불만을 자주 터뜨리는 친구나 동료가 있다면 가까이하지 않는 것이 좋다. 나까지 불만주의자로 분류되기 쉬우며 또 실제로 생각이나 대화 방식에 영향받기도 한다. 상대방에게 칭찬과 감사의 말을 자주 표현함으로써 긍정적인 영향력을 끼치도록 한다.

(7) 평소 상대방의 감정 계좌(goodwill bank)에 호의를 쌓아 둔다

다른 사람이 오리를 함께 가자고 하면 십리를 함께 가 주라는 말이 있다. 상사나 다른 동료가 도움을 요청할 때는 마지못해서가 아니라 기꺼이 도와 주고 초과 근무도 함께하도록 한다. 평소에 쌓아둔 호의는 내가 필요할 때 훨씬 더 많은 이자와 함께 꺼내 쓸 수 있을 것이다.

(8) 네트워크 관리를 꾸준히 한다

인간관계는 식물과 같아서 항상 물을 주고 관심을 기울여 키워야 한다. 생일과 같은 중요한 날짜를 기억해 주고 정기적으로 전화를 걸거나 이메일을 보내어 안부를 물어 준다면 좋은 인간관계가 지속될 수 있으나 서로 교류가 뜸해지면 관계도 금방 시들어 버리고 만다.

(9) 서로 주고받는 관계가 되어야 한다

사람은 살아가면서 주위의 도움을 받기도 하고 때로는 주기도 하므로 필요한 때 도움을 청할 수 있는 지인들이 많은 것은 사회 생활에 크게 도움이 된다. 그러나 인간 관계에서 항상 도움을 받기만 한다면 그 관계는 오래갈 수 없다. 정보, 인적 네트워크 등 자신이 나눌 수 있는 것을 함께 공유하고 경조사도 챙겨 준다면 그 관계는 더욱 돈독해질 것이다.

젊은이들이 가장 가고 싶어하는 은행에 공채로 합격한 제자가 인사를 왔다. 면접 때 어떤 질문을 받았느냐고 물었더니 고객을 응대할 때 어떻게 응대할 것인지 다섯 가지로 답하라고 하였다고 한다. 뭐라고 대답하였는지 궁금해 하는 저자에게 들려 준 답은 다음과 같다.

첫째, 우선 고객이 오면 활짝 미소를 띠고 반갑게 맞이하겠습니다. 고객은 나에게 월급을 주는 소중한 존재이기 때문입니다.
둘째, 고객의 장점을 찾아서 아첨이 아닌 진정한 마음으로 칭찬해 드리겠습니다.
셋째, 고객이 어떤 용무로 오셨는지 알기 위하여 열심히 들어드리겠습니다.
넷째, 평소 전문 지식을 쌓아서 고객이 가진 용건이나 문제점을 해결해 드리겠습니다.
다섯째, 저는 비서학과에서 상사를 잘 보좌하는 법을 배웠습니다. 모든 고객을 상사라고 생각하고 최고로 모시겠습니다.

여러분이라면 어떻게 대답하였을까요?

7.2 직장에서의 인간관계

비서들은 상사, 외부 내방객뿐만 아니라 사내 모든 사람들과 호의적인 업무관계를 맺음으로써 상사의 업무를 원활하게 하고 상사의 대외적 이미지를 더욱 향상시킬 수 있다.

1. 상사와의 관계

상사와 비서의 관계는 존경과 신뢰의 관계라고 말할 수 있다. 신뢰 관계는 하루아침에 형성되는 것이 아니라 평소의 믿음직한 행동이나 정확한 업무 처리 등을 통하여 장기간에 걸쳐 구축된다. 따라서 상사의 신뢰를 얻기 위해서는 상사의 업무나 성격을 잘 이해하고 항상 상사의 입장에서 생각하고 행동하는 것이 필요하다. 상사의 성격, 습관, 업무 처리 방법, 취미 등 여러 정보를 알아둔다. 그리고 조직 내에서 지도적인 위치에 오른 사람들은 뭔가 그 사람만의 특성, 즉 창의성, 지휘력, 탁월한 지식과 같은 장점이 있으므로 배우도록 노력한다.

다음은 상사와의 관계를 효과적으로 유지할 수 있는 방안이다.

(1) 성실한 업무 태도

시간 엄수, 기밀 유지, 공·사(公·私) 구분, 신뢰받는 태도 등을 통하여 신뢰받는 파트너십을 구축한다. 레빈(Michael Levin)은 '깨진 유리창 이론(The Broken Windows Theory)'에서 사소한 것 하나가 깨지면 모든 것이 깨어지기 때문에 성공과 실패를 가르는 '깨진 유리창에 집중하라'고 한다. 이때 깨진 유리창이란 것은 별 생각 없이 하는 작은 거짓말, 어쩌다 한 번 지각하기, 대수롭지 않은 작은 실수가 이에 해당하며 이런 일로 신뢰를 잃고나면 다시 회복하기는 매우 힘들다.

(2) 상사의 목표와 업무 스타일 이해하기

상사의 삶과 커리어에서의 목표가 무엇인지 파악하고 상사가 목표를 달성할 수 있도록 최선을 다해서 돕는다. 즉, 'Your success is my success.'의 태도로 보좌한다. 상사의 상사에 대한 이해, 상사의 사내에서의 위치, 업무 영역, 상사의 중·장기 목표, 상사의 개인적인 목표, 상사가 스트레스를 받는 부분 등을 이해하고 업무를 수행한다면 훨씬 더 신뢰적인 관계를 형성할 수 있을 것이다.

또한 상사와 나에 대한 객관적 평가를 기반으로 자신의 업무 스타일을 상사의 업무 스타일에 맞춘다. 상사의 관리 스타일이 지시형일 수도 있고 부하 직원들의 활발한 참여를 권장하는 참여형일 수도 있다. 불만이 있더라도 일단은 상사의 스타일에 맞추며 개선점이 있다면 조심스럽게 대안을 제안하도록 한다. 예를 들면, 마감일이 임박해서야 일을 서두르는 상사가 있다면 비서가 미리 할 수 있는 일들을 찾아서 준비하고 일정이나 시간도 그에 맞추어서 조정·관리하도록 한다.

(3) 상사의 장점과 단점을 미리 파악하기

모든 사람에게는 장점과 단점이 있으며 높은 지위에 오른 상사들도 예외일 수는 없다. 상사의 성격적인 특성이나 장점과 단점을 미리 파악하고 장점은 대외적으로 드높이고 약점은 비서가 보완할 수 있는 방안을 찾도록 노력한다. 상사의 단점을 사내 동료들이나 다른 사람들에게 공공연히 말하는 것은 절대로 피하여야 하며, 다른 사람이 이야기하더라도 동조하지 않도록 한다.

비서는 흔히 문고리(key) 혹은 문지기(gatekeepter)로 불리우기도 한다. 최고위층의 가장 측근에서 최고위자의 사무실을 드나드는 사람들의 출입을 허락하기도, 통제하기도 하며 막강한 권력을 가지기 때문이다. 트럼프와 트럼프의 아버지는 한 번 비서를 신임하면 오랫동안 가족처럼 지내면서 근무하게 하는 것으로 유명하다. 뉴욕의 트럼프타워에 근무하는 수석부사장(Senior Vice President) 로나 그래프(Rhona Graff)는 1987년부터 30년 이상을 함께 근무해 온 60대의 비서로 트럼프가 워싱턴에서 대통령직을 수행하는 동안 게이트키퍼로 비즈니스와 고객들을 트럼프와 연결하고 있다.

트럼프 대통령의 워싱턴 백악관 '문고리'로 불린 비서 매들린 웨스터하우스(Madeleine

Westerhous)가 기자들과 저녁을 하면서 트럼프 대통령 가족들의 사생활과 개인에 관한 정보들을 이야기한 이유로 권고사직 당하였다. 물론 비공개(off the record)를 전재로 하였지만 기자들이 기사화시킴으로써 민감한 정보들이 알려지게 되었다. 트럼프는 채용 당시 26살의 매들린을 처음에는 신임하지 않았지만 곧 신임하여 직속 비서로 모든 중요한 업무를 맡겼으며 전용비행기 출장에도 자주 수행하게 할 정도로 아꼈다.

비서는 상사의 신뢰를 얻기까지는 시간이 걸리고 힘들지만 신중하지 못한 행동과 말로 신뢰를 잃는 것은 매우 잠깐이다. 위 사례는 비서가 기밀 유지를 하지 못하고 가벼운 행동으로 하루아침에 상사의 신뢰를 잃고 직장을 떠나야하는 것을 잘 보여주는 사례이다.

(4) 상사와의 원활한 커뮤니케이션 유지하기

지시 사항을 수행할 때는 문제가 발생할 때까지 기다리지 말고 적절한 시점에 진행과 수행에 대한 중간 보고를 하고 피드백을 받도록 한다. 상사에게 중요한 정보와 그렇지 않은 정보를 적절히 선별하여 제공하며 회사와 상사에게 중요한 정보를 제공할 수 있도록 항상 다양한 커뮤니케이션 채널을 유지한다.

2. 내방객과의 관계

(1) 비서는 회사의 첫인상

비서는 회사를 방문하는 손님에게 조직과 상사에 대한 첫인상을 주게 된다. 전화를 받거나 손님을 응대할 때 항상 마음에서 우러나오는 친절함과 상대를 위한 배려의 자세를 보인다면 고객들은 조직에 대하여 좋은 인상을 가지게 된다. 또한 그러한 인상은 회사 전체의 신용을 좋게 한다든가, 거래를 성사시키거나 하여 조직의 성과에까지 영향을 미친다. 따라서 자신이 아무리 바쁘고 힘들더라도 내색하지 않고 항상 미소와 예의 바른 태도로 대하도록 한다.

(2) 손님을 차별하지 않는 공평한 대우

손님을 응대하는 입장에서는 손님을 공평하게 대우하는 것이 중요하다. 낯익은 손님은 신경을 써서 먼저 안내하고 처음 온 손님을 뒤로 돌리거나, 외국인 손님은 아주

친절히 대하고 내국인 손님에게는 불친절하게 응대하거나 하는 행동은 삼가야 한다. 또한 옷차림으로 사람을 판단해 상대방을 기분 나쁘게 하는 일이 없도록 하여야 하며, 모든 손님에게 한결같은 친절한 마음으로 성의껏 응대하면 자신에게도 그에 대한 평가와 보상이 돌아오게 된다.

뉴욕의 어느 일류 은행에 근무하는 찰스 월터스는 모 회사에 대한 기밀 문서를 작성하는 임무를 맡게 되었다. 그는 급하게 필요한 이 문서 작성에 꼭 필요한 정보를 가지고 있는 유일한 사람을 알고 있었다. 월터스가 그의 사무실에 들어서자 비서가 문 사이로 고개를 내밀며 그날은 우표가 없다고 사장에게 말하고 있었다.

"열두 살 먹은 아들 녀석을 위하여 우표를 수집하는 중이라오" 하면서 사장이 월터스에게 말하였다. 월터스는 용건을 말하고 질문을 시작하였으나 사장은 관심 없는 태도를 취하였다. 그는 사장이 지금 인터뷰하고 싶지 않은 눈치라 어떻게 해볼 도리가 없었다. 결국 인터뷰는 단시간에 끝났고 얻은 것이라곤 아무것도 없었다. 그러자 갑자기 비서가 그에게 한 말이 생각났다. 우표, 열두 살 난 아들 ……, 그리고 우리 은행의 외환계가 전 세계에서 나오는 편지의 우표를 모으고 있다는 사실이 문득 생각났다.

다음 날 오후 다시 그 사장을 찾아가 아들에게 줄 우표를 가지고 왔다고 말하였다. 물론 열렬한 환영을 받았으며 사장은 활짝 웃으며 호의를 나타내었다. "우리 조지 녀석이 무척 좋아하겠군요"라고 말하면서 우표를 만지며 "이 우표는 정말 훌륭합니다. 보물감이오" 하며 무척 기뻐하였다. 우리는 우표 얘기를 나누고 그의 아들 사진을 보면서 30분을 보낸 후 사장은 무려 1시간 넘게 내가 원하는 정보를 자세히 들려 주기 위하여 굉장히 노력하였다. 그는 자신이 알고 있던 모든 내용을 다 말해 주고 직원을 불러 모르는 것은 더 물어보고 자기 친구에까지 전화를 걸어 내가 필요로 하는 사항, 숫자, 보고서, 그리고 서신을 다 보여 주었다.

출처: 데일 카네기 인간관계론

3. 상사의 부하 및 타 부서와의 관계

비서는 상사와 상사의 부하 간에 연락 책임을 맡는 일이 많은데, 상사의 지위가 높다고 상사의 권위를 내세워서는 안 된다. 비서가 상사의 지시를 전달하는 경우에는 정중함과 예의를 갖추도록 한다.

예를 들어, "총무과장에게 곧 바로 이 서류를 만들도록 하라"고 상사로부터 지시가 있는 경우 "이 서류를 지금 바로 만들어 주세요. 사장님이 급하시답니다"라고 직설적으로 이야기하기보다는 "사장님께서 과장님이 이 서류를 빨리 작성해 주었으면 하시는데 괜찮으시겠습니까?"라고 전하는 것이 좋다.

비서는 경영층과 연결되어 있기 때문에 일반 직원이나 중간관리자들은 거리감을 가지기 쉽다. 상사의 부하 임원 또는 직접 업무 관련이 없는 부서에 소속한 사람들에게도 회사 내에서 마주치면 먼저 인사하는 것이 좋다. 그러나 다른 부서의 사람들과 지나치게 가까워져서 상사에 관한 내용이나 업무에 관한 정보 등을 무심코 털어놓는 행동은 삼가야 한다. 때에 따라서는 비서가 업무적으로 다른 부서에 자료나 도움을 청할 수도 있다. 인간관계는 상호적(give & take)임을 기억하고 도울 시간과 여건이 되는 한 즐거운 마음으로 도우면 필요할 때 나도 도움을 받을 수 있다.

4. 선 · 후배 및 동료와의 관계

(1) 선배와의 관계

비서실에 혼자 근무하는 경우에는 큰 문제가 없지만 자신보다 상위직의 비서가 있거나 비서실에 여러 명의 비서가 있을 때는 선배를 존중하는 태도가 매우 중요하다. 각 조직에는 다양한 업무 처리 방법과 규정이 있는데, 이것을 지키지 않고 학교에서 배운 지식이나 자신의 생각을 내세워 독단적으로 업무를 처리하는 일이 없어야 한다.

기존의 업무 방식이 자신의 생각과 다르다고 해도 처음에는 종래의 방법에 따라서 일을 처리하고 자신이 상당한 책임을 가지고 업무를 수행할 수 있게 되었을 때 개선을 시도하는 것이 좋다. 또한 선배들 중에서 존경하고, 특히 자신이 미래에 되고자 하는 위치에 있는 인생의 선배나 멘토를 직장에서 찾아 도움이나 조언을 구할 수 있다면 더욱 바람직하다.

(2) 동료/팀원과의 관계

동료란 같은 비서들뿐만 아니라 조직 내 비슷한 연령이나 직급의 모든 남녀 사원을 포함한다. 비서의 직무 성격상 조직 내의 고위 직급자와 주로 근무를 하다 보면 일반 직원에 대해서는 자신도 모르는 사이에 불친절하게 대하거나 혹은 거만하다는 오해를 받을 수 있다. 또한 팀 비서의 경우에는 팀장뿐 아니라 팀원들을 지원함에 있어서 편파적이지 않고 팀의 전체 성과를 위해여 노력하여야 한다.

따라서 일반 부서의 남녀 사원들과도 직장 내 모임이나 취미 활동 등을 통해서 폭넓은 인간관계를 형성한다. 뿐만 아니라 경비원, 운전 기사, 미화원 등 사무 직원이 아닌 사람들에게도 친절하게 대하고, 동료들의 요구 사항이나 고충을 필요에 따라서는 상부에 조언함으로써 중재자 역할을 할 수도 있다. 누구에게서나 함께 일하고 싶은 동료로 인정받을 수 있도록 노력한다.

또한 동료 비서의 업무가 바쁘거나 본인과 직접 관련이 있는 부서의 업무가 바쁠 때는 자신의 업무와 상사에게 지장이 없는 범위 내에서 자발적으로 협력함으로써 자신이 바쁠 때 마찬가지의 협조를 기대할 수 있다.

그 밖에 직장에서 동료와 바람직한 인간관계 유지를 위하여 다음과 같은 사항에 유의하여야 한다.

- 화제를 선택해서 말하는 습관을 가진다.
- 금전 거래를 하지 않는다.
- 회사 내에서의 이성 교제는 특히 조심한다.
- 자신의 가정사나 개인 문제에 대해서 동료에게 동정을 구하지 않는다.

비서의 노동조합 가입은 반드시 상사와 상의하여 결정한다. 대부분의 회사에서는 비서는 경영진과 업무상 매우 가까운 특수성으로 인하여 노동조합에 가입하는 것을 권장하지 않는다. 평소 동료들과 우호적인 관계를 유지한다면 노조원이 아니라고 하여 어떤 불이익을 당하는 경우는 없을 것이다. 만일 노조에 참여하더라도 무의식 중에 자신의 상사를 비난하거나 회사 업무에 관한 기밀이나 정보를 이야기하지 않도록 조심하여야 한다.

(3) 후배와의 관계

조직의 규모가 크고 여러 해 경력이 쌓이면 비서는 자신의 지시와 감독을 받는 후배 비서나 직원을 두게 된다. 후배로부터 신뢰받을 수 있는 선배, 이해심 많은 선배로 존경을 받으려면 자신의 경험을 기초로 하여 친절하게 지도하여야 한다. 신입 비서를 조직에 적응시키고 유능한 비서로 키우기 위해서는 사려 깊은 배려와 체계적인 지도로 사무 처리 절차를 가르치며 지속적으로 임무를 부과해서 실무를 익히도록 지도하여야 한다.

잘한 일에 대해서는 공개적인 칭찬과 격려를 아끼지 않으며 실수에 대해서는 여러 사람의 면전이 아닌 곳에서 주의를 주며, 실수 자체를 일깨워 주되 인격에 손상이 가는 질책은 하지 않도록 한다. 선배의 입장에서 여러 가지 도움을 제공하여 신뢰받는 선배, 고충을 잘 들어 주는 선배로서의 자세를 확립하도록 하여야 한다.

7.3 스트레스 관리

사람들은 흔히 직장에서의 압박감, 상사의 명령, 아픈 자녀, 교통 지옥 등을 스트레스라고 생각하기 쉽다. 그러나 이들은 단지 스트레스를 일으킬 수 있는 원인이라고 할 수 있으며, 스트레스란 이 같은 요인에 의한 실제적인 신체의 반응을 말한다.

셀리(Hans Selye) 박사의 정의에 의하면, 스트레스(stress)란 생성된 어떤 요구에 따른 신체의 비특이성 반응을 말한다. 여기서 요구란 신체의 적응이 필요로 하는 위험, 도전이나 어떤 종류의 변화를 뜻한다. 이러한 반응은 자동적이고 즉각적이다.

스트레스가 우리에게 모두 나쁜 것은 아니며, 적절한 스트레스는 건강을 위협하지 않고 긍정적인 효과를 극대화시키고 이는 생활에 활력을 불어넣고 자신감과 일의 창의력을 높일 수도 있다. 이와 같이 우리 몸에 도움을 주어 더 나은 상태를 유지할 수 있는 좋은 스트레스(eustress)가 있는가 하면, 반대로 우리 몸에 혼란을 야기하고 병들게 하는 나쁜 스트레스(distress)가 있다.

1. 스트레스의 원인

스트레스의 원인을 스트레서(stressor) 또는 유발 인자(trigger)라고 하며, 외적 원인(external stressor)과 내적 원인(internal stressor)이 있는데, 대부분 자기 자신의 내적 원인에 기인한다.

(1) 외적 원인

- 물리적 환경: 소음, 강력한 빛, 열, 한정된 공간
- 사회적 관계: 무례함, 명령, 다른 사람과의 마찰
- 조직 사회: 규칙, 규정, 형식 절차, 마감 시간
- 생활의 큰 사건: 가족의 죽음, 직업 상실, 결혼, 출산
- 일상적으로 복잡한 일: 막히는 출·퇴근길, 열쇠 잃어버림, 기계적 고장 등

(2) 내적 원인

- 생활 양식의 선택: 카페인, 부족한 잠, 바쁜 스케줄
- 부정적 태도: 비관적인 생각, 자신에 대한 혹평, 자신감 결여
- 마음의 굴레(mind traps): 비현실적인 기대, 독선적인 생각, 전부 아니면 아무것도 아니라는 생각, 과장되고 경직된 사고
- 스트레스가 잘 생길 수 있는 개인 특성: 완벽주의자, 일벌레 혹은 반대로 만성적 미루기와 결정장애 등

이와 같이 우리가 갖는 스트레스의 대부분은 실제로 자기 스스로 만든다. 그러나

많은 사람들이 그들이 혼란스러울 때 외적 원인(기후, 상사, 배우자, 주식 시장 등)이라고 생각하는 모순이 있다. 이러한 사실을 이해하는 것이 스트레스를 해소하는 데 매우 중요한 첫걸음이다.

2. 스트레스의 증상

스트레스로 인하여 나타나는 증상은 매우 다양하지만 크게 다음 네 가지 범주로 나누어 볼 수 있다.

(1) 신체적

피로, 두통, 불면증, 근육통/경직(특히 목, 어깨, 허리), 빠른 맥박, 흉부 통증, 복부 통증, 구역질, 전율, 차가운 손발, 얼굴이 붉어짐, 식은 땀, 잦은 감기 등

(2) 정신적

집중력이나 기억력 감소, 우유부단, 공허한 마음, 혼란스러움, 유머 감각 상실 등

(3) 감정적

불안, 신경과민, 우울증, 분노, 좌절감, 근심, 걱정, 불안, 성급함, 인내 부족 등

(4) 행동적

폭식(暴食)이나 거식(拒食), 불면증, 음주와 흡연, 안절부절, 신경질적인 습관(손톱 깨물기, 다리 떨기), 울거나 욕설, 비난, 물건을 던지거나 때리는 행동의 증가 등

3. 스트레스 관리 전략

(1) 개인적 관리 전략

운동, 긴장 이완 훈련, 행태적 자기 조절, 사회적 지지의 구축 등

(2) 조직의 관리 전략

지원적 조직 풍토 창출, 직무 설계 확대, 조직 역할 명확화, 카운슬링 활용 등

표 7-1 스트레스 해소에 도움이 되는 방법

생활 습관의 변화	생각의 변화
카페인 줄이기	현실적 기대
규칙적인 운동	일에 대한 긍정적 사고
이완/명상(relaxation/meditation)	마음 열기
숙면	감정 표출하기
휴식 및 여가	유머 즐기기

4. 스트레스의 종류와 관리

(1) 업무 스트레스

① 일에 대한 평가 수용하기

사람들은 일반적으로 자신의 직업과 하는 일에 의하여 자신에게 가치를 부여하는 경우가 많다. 즉, 자신이 하는 일이 중요하고 다른 사람들이 인정해 주며 스스로가 쓸모 있다고 생각하면 업무에 의한 스트레스는 비교적 쉽게 극복할 수 있다. 그러나 반대로 자신의 일이 인정받지 못한다거나 자기가 한 일이 별 가치가 없는 일이라는 생각을 가지게 되면 그때부터 스트레스는 계속 쌓이게 된다.

일을 하며 스트레스를 느끼는 경우는 일이 지나치게 많거나 적을 때, 주어진 직무를 수행함에 있어 자신의 역량이 부족할 때, 타인으로부터 일과 관련된 비난을 들을 때 등이 있다. 먼저 업무량이 지나치게 많을 때는 초과 근무나 야근 시간이 많아지고

일과 생활의 균형이 깨지며 건강을 해칠 수도 있다. 일이 지나치게 많을 때는 업무를 위임하거나 효과적으로 처리할 수 있는 아이디어를 상사에게 제안하여 적절한 업무량을 유지할 수 있도록 한다. 반대로 업무량이 지나치게 적은 것도 스트레스 요인이 될 수 있으므로 자신의 업무 영역을 확장하며 조직 내에서 자신의 능력을 개발할 수 있는 일을 찾아서 할 수 있도록 상사에게 건의한다.

때로는 자신의 능력이나 역량에 비하여 높은 수준의 직위나 업무가 주어졌을 때도 스트레스를 경험하게 된다. 주어진 일을 두려워하지 않고 도전적인 태도로 임하되, 추가적인 교육이나 훈련이 필요하면 회사의 지원을 요청하거나 때로는 회사의 지원이 없더라도 스스로의 역량 개발을 위하여 시간, 노력, 그리고 비용을 투자하도록 한다.

일을 하면서 가장 스트레스를 느낄 때는 일과 관련하여 타인으로부터 수용할 수 없는 비난을 들을 때이다. 스스로에 대한 자긍심이 낮은 사람일수록 비난이나 비평을 지나치게 심각하게 받아들이는 경향이 있다. 만약 그 비난이 타당한 것이라면 자신을 발전시키기 위하여 긍정적으로 받아들이고 개선하도록 노력하는 것이 필요하다. 그러나 타당하지 못한 비난일 경우에는 지나치게 신경쓰지 않는 것이 좋다.

일상적인 업무 활동에서 스트레스를 최소화하려는 노력은 건강뿐만 아니라 생산성 향상에 긍정적인 효과를 가져다 준다. 일과 여가를 분리하고 규칙적인 운동을 하며 긍정적인 마음을 갖는 등 스트레스를 조절하면 자신에 대한 자신감을 가질 수 있다. 모든 일이 기업이나 본인에게 다 중요한 것은 아니므로 잘 판단하여 중요한 일을 먼저 처리하는 등 시간과 노력을 배분한다.

그 밖에 스트레스를 완화하는 데 도움이 되는 것은 개인적·직업적으로 성공적으로 수행하였던 경험에 대한 목록을 작성해 보면 성공을 기억나게 해 주어 자신감을 증가시킴으로써 심리적 압박 상태에서 벗어날 수 있다. 가벼운 스트레칭, 짧은 휴식, 주변 정리 등을 통하여 바쁜 일과 중에서도 휴식을 취하도록 한다. 그리고 일에서 완전히 벗어날 수 있게 도와주는 활동적인 스포츠나 취미를 개발하고 자신의 심리적 압박 상태와 활력의 정도를 주기적으로 확인하여 상태를 완화시키도록 노력한다.

② 시간관리를 통한 스트레스 관리

사람들은 일을 하면서 그들의 활력을 약화시키고 효율성을 감소시키는 여러 심리적 · 신체적 압박을 받는다. 일은 마감일의 압박에서 최상으로 성과를 낼 수 있다고 믿고 마지막 순간까지 미루기도 한다. 그러나 그런 압박들에 효과적으로 대처하지 못하는 사람들은 스트레스를 받고, 때로는 스트레스성 질병에 걸리기도 한다. 또한 자신의 문제들을 스스로 조정할 수 있다고 확신하는 사람들이 일반적으로 더 긍정적인 것처럼 시간과 스트레스에 관한 관리는 일상 생활에서 매우 중요하다. 스트레스에서 생기는 여러 가지 문제들을 해결하기 위하여 시간과 스트레스를 잘 관리하면서 업무를 수행하여야 한다.

효율적인 시간관리를 통하여 스트레스를 관리하기 위해서는 먼저 일의 우선순위를 확인하고 업무를 수행하기 위한 계획을 세운다. 항상 상사와 의논하여 우선순위를 세우도록 노력하고 가능하면 한 번에 한 가지 일에 집중할 수 있도록 시간 계획을 세운다. 일을 하고 있는 도중에 끊임없이 다른 업무들이 발생하면 한 가지 업무에 집중하기가 어렵다. 또한 모든 업무를 스스로 해야만 최선이라고 생각하거나, 마감일이 가까워지면 업무를 더욱 효율적으로 할 수 있다고 미루어 둠으로써 스트레스가 가중된다. 일이 지나치게 많으면 상사와 의논하여 일을 누군가와 분담하거나 외부 서비스를 이용할 수도 있을 것이다.

③ 자신감 함양을 위한 훈련이나 전문가의 조언 받기

업무 환경의 끊임없는 변화는 조직원들에게 지속적인 기술 개발 훈련을 요구한다. 고도화된 기술 발전에 따라 변화된 업무 환경에 대처할 수 있어야 스트레스를 줄일 수 있다. 새로운 기술을 배우기 위하여 대학이나 평생교육기관의 교육 프로그램에 참석하거나 문제 해결을 위한 전문직 세미나 참석과 필요시에는 전문가의 조언을 받는다.

(2) 직장 상사 및 동료 스트레스

직장 내에서는 다양한 유형의 사람들이 함께 일하면서 그 관계 속에서 많은 스트레스를 경험하게 된다. 그 중에서도 상사로부터 받는 스트레스를 호소하는 사람이 많다. 일관성 없는 지시를 내리거나 변덕스러운 상사, 불같이 화를 내는 감정적인 상사, 칭찬에는 인색하고 여러 사람 앞에서 핀잔을 주는 상사, 작은 일도 꼬투리를 잡는 까다로운 상사 등 상사의 스트레스를 견뎌내지 못하고 직장을 그만두는 경우도 있다. 이럴 때는 예민하게 반응하기보다는 스스로 상처받지 않도록 노력하며 때에 따라서는 상사의 입장에서 상황을 해석해 보는 것이 도움이 된다.

직장인들은 상사로부터 스트레스를 받기도 하지만 의외로 많은 사람들이 동료로부터도 스트레스를 받는다고 한다. 팀 업무에서 자신은 열심히 하지 않고 다른 팀원들에게 무임승차를 하거나, 자신이 생색나는 일은 열심히 하고 그렇지 않은 일은 다른 사람에게 미루는 동료도 있다. 그런 동료는 단기적으로는 성과를 내는 것처럼 보일 수 있으니 시간이 지나면 저절로 드러나기 때문에 스트레스 받기보다는 자신의 일을 성실하게 함으로써 실력을 쌓아나가는 것이 바람직하다. 또한 끊임없이 불평하거나 다른 사람들에 관한 험담을 늘어놓는 동료도 있는데, 같이 동조하기보다는 업무 관계만 유지하고 사적인 대화는 피하는 것이 좋다.

비서의 경우에는 여러 명의 비서가 근무하는 비서실 내에서 다른 동료 비서들과 갈등을 겪을 수도 있다. 성격이나 업무 스타일이 달라서 서로 힘들어 할 수도 있고, 자신의 일을 이런 저런 핑계로 다른 비서에게 떠넘기는 동료도 있을 수 있다. 경력이 높은 비서의 경우에는 비서실에 새로 입사한 비서가 업무적으로 혹은 감정적으로 미숙한 데서 오는 스트레스를 경험할 수도 있다. 상급 비서는 새로운 구성원이 환경에 잘 적응할 수 있도록 도움을 줄 수 있어야 하며, 기존 일의 재분배도 원활하게 이루어지도록 리더십을 발휘하여야 한다.

익힘문제

1. 원만한 인간관계를 유지하기 위한 기본 원칙들을 나열하라.

2. 직장 내 인간관계에서 오는 스트레스의 종류를 살펴보고, 이에 대한 대응 방안을 서술하라.

3. 스트레스의 종류와 관리 방안에 대하여 서술하라.

사례연구

1. 친구들은 어떠한 종류의 스트레스를 가장 많이 받는지 대화해 보자.

2. 직장인들이 어떤 경우에 스트레스를 받는지 인터넷에서 검색해 보자.

3. 효과적인 스트레스 해소 및 관리 방안을 인터넷에서 검색해 보고, 나에게 가장 적합한 방식을 선택하여 실천 방안을 구체적으로 적어 보자.

| 제 8 장 |

커뮤니케이션

사람들 사이에서 서로의 생각이나 느낌과 같은 정보를 말이나 글, 표정, 몸짓을 이용하여 주고받는 일을 커뮤니케이션(communication)이라고 한다. 한국어로는 의사소통이라고 번역하기도 하나 그 뜻을 정확하게 다 표현하는 데에는 한계가 있어 커뮤니케이션이란 영어 단어를 그대로 사용한다. 이 장에서는 커뮤니케이션 중에서도 조직에서 일어나는 조직 커뮤니케이션을 중심으로 살펴보고자 한다. 조직의 활동이나 성장을 위해서 조직 구성원들 사이의 원활한 커뮤니케이션이 중요하다. 비서는 조직에서 이루어지는 커뮤니케이션의 종류와 중요성에 대하여 인식할 뿐만 아니라 원만한 인간관계를 위한 커뮤니케이션 방안에 대해서도 잘 알아야 한다.

8.1 커뮤니케이션의 의의와 목적

1. 커뮤니케이션의 의의

조직에 있어서 커뮤니케이션이란 정보와 구성원들의 태도가 서로 교환되는 과정이며, 조직 내에서 커뮤니케이션은 관리자가 조직 구성원 및 대중과의 일반적인 이해를 만들어 가는 과정이라고 표현될 수 있다. 이때 정보는 전달만 되어서는 안 되며 상대방에 의하여 완전히 이해되는 것을 말한다. 커뮤니케이션은 송신자가 전달 매체를 통하여 전달하고자 하는 메시지를 보내고 수신자가 이를 자신의 의미로 받아들인 후 메시지 이해 여부를 다시 송신자에게 피드백하는 형식으로 이루어진다.

조직에서의 커뮤니케이션은 여러 관리 기능의 핵심이 되고 기본이 된다. 즉, 계획, 조직, 지휘, 조정, 통제와 같은 관리자의 주요 기능은 원활한 커뮤니케이션을 통해서 실현된다. 관리자들은 조직의 성격, 지위에 따라 차이가 있으나 75퍼센트 이상의 시간을 회의, 대면, 이메일, 전화상의 대화 및 서류를 읽고 쓰는 커뮤니케이션에 할애한다는 연구 결과도 있다. 따라서 커뮤니케이션은 집단 내 모든 구성원들, 특히 관리자와 부하의 상하 관계를 연결시켜 주는 신경 조직과 같다고 할 수 있다. 그러므로 조직 내 커뮤니케이션 과정이 무너지면 조직의 모든 관리적 기능이 작동될 수 없으므로 어떤 회사라도 유지될 수 없고 조직의 목표를 달성할 수 없다.

조직에서 발생하는 많은 문제들은 불충분한 커뮤니케이션에 의하여 일어나고 있다. 따라서 비서는 항상 커뮤니케이션을 정확히 하는 습관을 키우고 조직 내에서 문제가 발생할 때는 커뮤니케이션상의 문제점을 파악할 수 있어야 한다.

2. 커뮤니케이션의 목적과 기능

효과적인 커뮤니케이션은 비서와 상사와의 원만한 인간관계 및 업무관계 형성에 지대한 영향을 미친다. 상사가 어떤 생각을 하고 있으며, 상사가 하고자 하는 일의 방향, 결과가 어떤 것인가에 대하여 올바른 이해를 함으로써 비서는 좀 더 효율적으로 상사를 보좌할 수 있다.

조직에서의 커뮤니케이션은 의미 전달 이상의 목적을 가진다. 조직에서 이루어지는 커뮤니케이션의 목적을 살펴보자.

(1) 통 제

커뮤니케이션은 집단 내 구성원들의 활동을 통합하고 조정하도록 설계된다. 이 같은 목적은 여러 개의 조직 목적과 과업이 달성되도록 집단 내의 질서를 확립하는 데 공헌한다.

(2) 지 침

커뮤니케이션은 구성원들로 하여금 직무상 무엇을 하여야 하는지를 알게 한다. 특히 새로운 과업이 요구되거나 과업 수행상의 새로운 방법이 요구될 때 그러하다.

(3) 동기 부여

커뮤니케이션은 조직 내 구성원들의 행동에 영향을 미치는 기능을 한다. 조직 목적 달성을 위하여 구성원에게 용기를 북돋워 주고 자극을 주기 위하여 사용된다.

(4) 문제 해결

커뮤니케이션은 쉽사리 해결할 수 없는 개인 간 혹은 조직 내·외의 문제가 발생할 때, 그리고 충분한 설명이 필요한 문제가 있을 때 일어난다.

(5) 피드백과 평가

조직 구성원들이 무엇을, 그리고 어떻게 하였는가를 평가를 통하여 피드백해 주는 형식으로 커뮤니케이션이 이루어진다.

(6) 정보 전달

정보 전달은 커뮤니케이션의 여러 목적 중에서 가장 기본적인 것이다. 정보를 많이 소유할수록 커뮤니케이션 당사자는 좀 더 유리한 위치를 차지하게 된다.

(7) 사회적 욕구

조직원들은 공식적인 커뮤니케이션을 통하여 직무 수행에 필요한 정보를 주고받지만 사적인 커뮤니케이션을 통하여 조직 내에서 소속감과 친근감 등을 경험하게 된다.

8.2 커뮤니케이션 과정 및 유형

커뮤니케이션 과정은 한 사람에게서 다른 사람에게로의 메시지 전달 과정이므로 메시지를 보내는 사람의 감각, 경험, 기술, 태도, 감정적 요구들이 정보와 결합하여 형성된다. 수신자는 생성된 메시지를 해석해서 피드백의 형태로 그에 따르는 여러 행동을 한다. 이 피드백 과정에서 수신인은 송신인에게 메시지가 받아들여지고 이해되었다는 것을 확신시킨다.

커뮤니케이션 과정을 살펴보면 [그림 8-1]과 같다.

그림 8-1 커뮤니케이션 과정

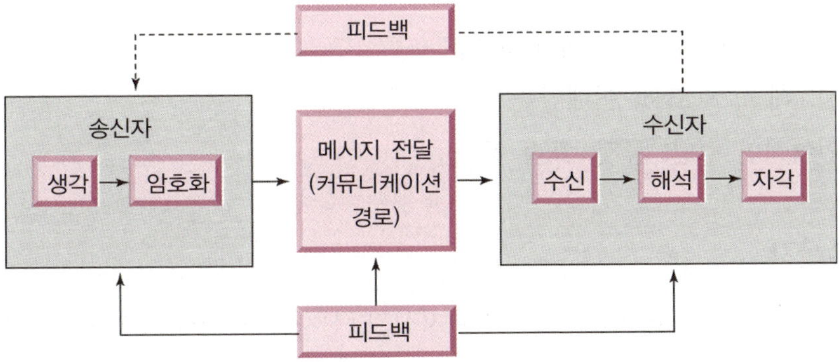

1. 커뮤니케이션 과정

(1) 송신자

송신자는 자신이 전달하고자 하는 의미를 말이나 글 혹은 몸짓과 같은 형태로 전달하게 된다. 이때 메시지를 보내는 사람은 상대방의 수준이 어느 정도인지, 그리고 서로의 이해를 가장 높이기 위해서 어떤 형태로 전달할 것인가를 생각하여야 한다.

예를 들면, 어떤 분야의 전문가가 초보자나 문외한에게 한 가지 사실을 설명할 때 상대방이 잘 이해할 수 있는 형태와 쉬운 용어로 설명하여야 한다.

(2) 전달 매체

커뮤니케이션은 정보를 전달하는 수단인 매체를 통하여 이루어진다. 메시지를 보내는 사람은 어떠한 형태로 메시지를 전달할 것인가에 대하여 세심한 주의를 기울여야 한다. 말, 글, 그리고 비언어적 방법 등 여러 형태가 있으므로 상대방의 상황에 맞는 가장 적절한 방법을 선택하여야 한다. 또한 어떤 경로를 통하여 수신자에게 보낼 것인가도 결정하여야 한다.

경로는 다음과 같이 여러 수단이 있으므로 가장 적절한 방법을 선택하여야 커뮤니케이션 효과를 높일 수 있다.

- 언어: 대면 대화, 전화 대화, 회의
- 문서: 메모, 보고서, 이메일
- 비언어적인 수단: 몸짓, 표정 등

(3) 수신자

수신자는 정보에 대하여 가지고 있는 지식, 발신자와의 관계, 성격 등 수신자 자신의 여러 가지 특성에 따라 정보를 받아들이고 해석하는 방향이 달라진다. 메시지를 받는 사람은 보내는 사람의 의사를 파악하려 하는데, 이때 수신자는 전달받는 메시지의 의미를 나름대로 해독한다. 송신자와 수신자 간에 공통적인 경험이 많으면 많을수록 그 의미가 더욱 잘 전달된다.

수신인의 감정 상태 또한 중요한데, 메시지를 받아들이고 이해하는 정도는 이미 수신인이 가지고 있는 선입견, 송신자와의 개인적인 친분, 상대 조직에 대한 일반적인 평가에 의하여 크게 영향을 받는다.

(4) 피드백

커뮤니케이션이 일방적으로 끝나는 것이 아니라 수신자가 정보를 정확히 전달받아 정확하게 이해하였는지를 발신자가 알도록 하는 것이 중요하다. 피드백이란 수신자에게는 송신자의 메시지에 대한 반응이며, 송신자에게는 자신이 보낸 메시지가 잘 전달되었는지를 확인하는 과정이다.

송신자가 수신자의 피드백을 유도하는 방법으로는 자신의 의사를 전달한 다음 질문이 있는지 물어 보거나 상대방이 이해한 바를 자신의 말로 다시 이야기하거나 설명할 것을 요구한다. 활발한 피드백이 있을 때 양쪽의 커뮤니케이션이 명확해진다.

예를 들면, 비서가 상사로부터 지시를 받을 때 비서는 자신이 전달받은 사항을 확인하기 위하여 상사에게 자신의 말로 지시 사항을 다시 한 번 반복한다. 혹은 상사의 입장에서는 비서가 지시를 잘 이해하였는지를 확인하기 위하여 "내가 언제까지 처리하라고 했죠?"와 같은 질문을 던져 본다.

2. 커뮤니케이션 방법

(1) 구두 커뮤니케이션

구두 커뮤니케이션(verbal communication)은 대면, 전화, 회의, 구두 발표(presentation) 등이 있다. 구두 커뮤니케이션은 말로써 이루어지는 만큼 말하는 사람의 목소리의 높낮이나 감정의 상태도 사용되는 단어만큼이나 커뮤니케이션에 중요한 영향을 미친다. 관리자들은 임무를 부과하고 정보를 나누며 목표에 대한 진행 확인 등을 위하여 많은 대화를 하게 된다.

전화는 정보의 빠른 교환, 확인 등에 유용하며 이동 시간을 절약해 준다. 개개인이 전화에 할애하는 시간은 직위와 업무에 따라 다르다. 특히 비서는 업무상 많은 전화 응대를 하여야 하므로 친절하고도 효과적인 전화 커뮤니케이션을 할 수 있어야 한다. 회의나 프레젠테이션(presentation)은 사전 준비를 철저하게 함으로써 커뮤니케이션의 효과를 높이도록 한다.

(2) 글에 의한 커뮤니케이션

커뮤니케이션을 할 때 업무에 관련된 내용을 문서로 기록을 남기며 처리해야 할 경우나 시각적인 효과가 필요할 때는 글로써 전달 내용을 표현할 수 있다.

글에 의한 커뮤니케이션(written communication)에는 메모, 편지, 시행문, 기안문, 보고서, 게시판, 포스터, 이메일 등 다양한 형태가 있다.

(3) 비언어적 커뮤니케이션

비언어적 커뮤니케이션(non verbal communication)이란 몸짓, 얼굴 표정, 사무실 크기 및 사람 간의 거리와 같은 공간적 요소, 접촉 등 언어를 사용하지 않는 커뮤니케이션을 말한다.

① 몸 짓

대부분의 사람들은 이야기를 하면서 말 이외에 손짓이나 몸짓을 사용하여 의사를 전달하게 된다. 때로는 몸짓(gesture)이 말보다 더 강력한 의사를 전달하기도 한다. 예를 들면, 손님과 이야기하는 도중에 자주 시계를 보면 '지금 바쁘니 빨리 이 면담을 끝냈으면' 하는 메시지를 자기도 모르는 사이에 상대방에게 보내게 된다.

② 얼굴 표정

얼굴 표정은 때에 따라서 말보다 훨씬 정확하게 자신의 감정을 전달한다. 특히 눈 표정이 중요한데 예전에는 우리나라에서 상대방, 특히 윗사람의 눈을 마주 보는 것은 공손하지 못한 것으로 여겨지기도 하였으나 요즘에는 오히려 자연스럽게 눈을 마주보는 것(eye contact)이 더 일반적이다. 처음 만난 사람 앞에서 시선을 여기저기로 옮긴다든가 뚫어지게 쳐다보는 것은 상대방을 불안하게 하고 자신의 신뢰를 떨어뜨리게 된다. 따라서 관심 어린 표정이나 미소와 함께 몸을 앞으로 기울여 상대방의 말을 경청하는 태도가 중요하다.

③ 공간 및 거리

사무실에 들어섰을 때 출입구 쪽에서 가장 멀면서 가장 넓은 공간을 차지하는 사람이 그 사무실의 책임자라는 것을 쉽게 알아차릴 수 있다.

- 공적이며 토론하는 자리: 마주 앉은 형태
- 친밀감 있고 사적인 자리: 옆으로 앉는 형태

또한 우리는 타인들과는 일정한 거리를 유지하기 원하며 물리적인 거리가 지나치게 가까워지면 자신의 공간이 침해당한 데 대한 불쾌감을 느끼게 된다. 이와 같이 공간의 크기나 거리에 의해서도 무언(non verbal)의 메시지가 전달된다.

④ 접 촉

접촉은 가장 강력한 형태의 비언어적 커뮤니케이션 중의 하나로 대표적인 예로서는 악수나 포옹 등을 들 수 있다. 악수를 할 때의 손의 느낌, 흔드는 정도 등에 따라 상대방에게 무언의 메시지를 전달하게 된다. 서양에서는 접촉을 통한 커뮤니케이션이 다양하게 발달되어 있는 반면, 동양에서는 접촉을 통한 커뮤니케이션에는 비교적 소극적이다. 특히 이성 간에는 접촉을 금기시하던 때도 있었으나 현대에 와서는 서양의 영향을 받아 악수는 보편화되어 있다. 악수를 할 때는 손을 너무 꽉 쥐거나 마지못해 하는 듯 움츠리지 말고 상대방의 손을 잡고 두어 번 가볍게 흔들며 눈을 쳐다보고 인사말을 건넨다.

8.3 커뮤니케이션 시스템

커뮤니케이션 시스템이란 사람들 사이에서 의사 전달이 이루어질 때 사용되는 경로의 형태를 의미한다. 직무와 관련된 정보가 조직 내에서 자유롭게, 그리고 효과적으로 소통될 때 조직의 성과가 높아진다. 커뮤니케이션 시스템은 공식적 커뮤니케이션과 비공식적 커뮤니케이션으로 나눌 수 있다. 다시 공식적 커뮤니케이션은 조직 내 커뮤니케이션 흐름에 따라 상향식 커뮤니케이션, 수평식 커뮤니케이션, 하향식 커뮤니케이션으로 나뉜다. 커뮤니케이션은 일방적이어서는 안 되고 상호간의 교환 작용이 필요하다.

커뮤니케이션 시스템에서 비서는 관리자와 직원 사이의 연결고리 역할을 하는 경우가 많다. 메시지의 바른 전달을 위하여 해당 메시지에 대한 정확한 이해를 바탕으로 확실한 피드백을 제공하고 전달하여야 한다.

1. 공식적 커뮤니케이션

공식적 커뮤니케이션(formal communication)은 조직에서 권한의 체계와 업무 처리의 절차를 명확히 하기 위한 것이다. 관리자는 지휘 계통 및 명령 권한, 즉 권한 체계에 기초를 두고 부하 직원에게 지시하고, 부하 직원은 공식적 의사 전달 범위 내에서 업무를 수행한다. 전달 방법을 선택할 때는 정보의 전달 속도, 정보를 제공받아

그림 8-2 조직의 커뮤니케이션 방향

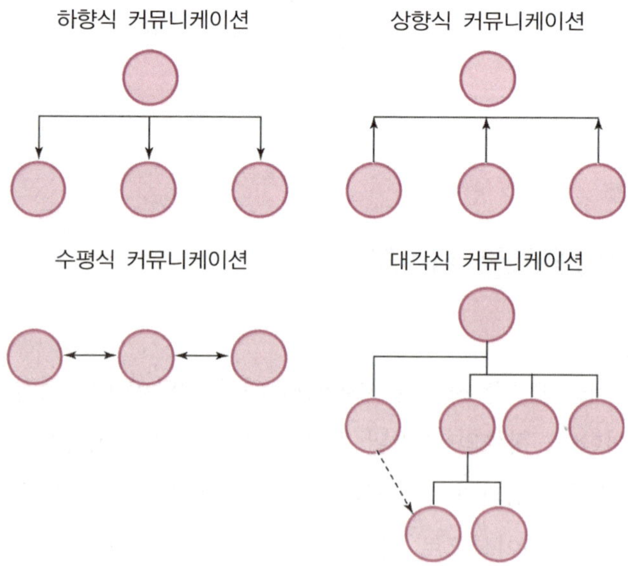

야 할 직원들의 상황, 제공되는 정보의 신빙성에 대한 인식, 전달되는 정보의 성격, 피드백의 필요성 여부를 고려한다.

조직 내에서 이루어지는 공식적 커뮤니케이션에는 상향식과 하향식, 그리고 수평식 커뮤니케이션이 있는데, 이를 자세히 살펴보면 [그림 8-2]와 같다.

(1) 하향식 커뮤니케이션

하향식 커뮤니케이션은 관리 계층별로 부하 직원에게 하달되는 의사 전달을 의미한다. 대규모 회의, 관리자 회의, 소규모 팀회의, 회사의 간행물, 게시판, 부하 직원 가정에의 서신 발송 등 여러 형태를 띠게 된다.

표 8-1 하향식 커뮤니케이션의 장점

하향식 커뮤니케이션을 활성화시켰을 때의 장점
• 직무 지시로 과업에 대한 구체적인 지도를 한다. • 작업 절차와 실무에 대한 정보를 제공한다. • 작업의 내용을 이해시키고 다른 조직과 과업과의 관계를 이해시킨다. • 부하 직원의 업적에 관하여 피드백함으로써 직무에 대한 동기를 부여한다. • 집단의 목적에 관하여 이해시킴으로써 부하 직원에게 사명감을 고취한다.

(2) 상향식 커뮤니케이션

상향식 커뮤니케이션은 상사로부터 지시받은 사항에 대하여 보고하는 형식으로부터 하부로부터의 아이디어 표현에 이르기까지 다양한 형태를 취한다. 건전한 조직일수록 하의 상달의 커뮤니케이션 경로가 자유롭게 열려 있어야 하며, 조직원 개개인의 건설적인 의사 표현이 장려되어야 한다. 보고서, 비공식적 토의, 감독자와의 면담, 태도 조사, 불만 처리 절차, 카운슬링, 제안 제도 등의 형태가 있다. 효율적인 상향식 커뮤니케이션은 직원들에게 그들의 일에 대하여 정확하게 이해하고 가장 효과적인 방법으로 일을 수행할 수 있도록 동기 부여하는 것을 돕는다.

상향식 커뮤니케이션은 하부로부터 관리자들에게 이전에 전달된 메시지가 제대로 받아들여지고 이해되었는지의 여부에 대한 피드백, 상위 수준의 의사결정에 필요한 정보 제공, 회사 발전이나 정책 개정에 대한 의견 제시, 사무 진행에 따른 직원들의 의견을 표현하고 질문할 수 있는 기회 제공 등으로 사용된다.

그러나 상향식 커뮤니케이션은 직위 체계에 연관이 있어, 많은 경우 중간관리자는 직원들의 불만 사항이 최고관리자에게 전달되는 것을 원치 않으며, 직원들 간에도 그들의 관리자들이 들어서 좋은 사항만 전달하고 나쁜 소식은 기피하는 경향이 있다.

표 8-2 상향식 커뮤니케이션의 장점

상향식 커뮤니케이션을 활성화시켰을 때의 장점
• 부하 직원들의 태도와 느낌이 상부로 피드백된다. • 업무 절차의 개선과 새로운 아이디어에 관한 하급자의 제안을 받을 수 있다. • 명령과 지시 등의 하향식 커뮤니케이션에 대한 결과를 피드백받을 수 있다. • 생산 보고서, 추진 상황 보고서와 같이 생산성과 목표 달성에 관한 정보를 얻을 수 있다. • 하부 조직원들의 불만이 무엇이고 그들이 원하는 바가 무엇인지를 알고, 이에 효과적으로 대처할 수 있다.

(3) 수평식 커뮤니케이션

동일 계층 조직원들 사이에서 이루어지는 커뮤니케이션의 형태로 이의 전형적인 유형은 부서 간의 협조라고 할 수 있다. 예를 들면, 서로 다른 부서 간의 감독자들이나 직원들 사이에서도 공동의 관심사나 서로 연관된 업무에 관하여 자유롭게 의사 전달이 이루어져야 한다.

표 8-3 수평식 커뮤니케이션의 장점

수평식 커뮤니케이션을 활성화시켰을 때의 장점
• 상호 의존 관계에 있는 여러 부서 간의 노력을 증진시킨다. • 정보를 공유하게 함으로써 정보가 편중되는 것을 막아 준다. • 서로 고무하고 격려함으로써 사회적인 공동체 의식을 느끼게끔 한다. • 이해의 부족에서 생기는 여러 갈등을 예방하고 협동 정신을 증진시킨다.

(4) 대각식 커뮤니케이션

대표적인 대각식 커뮤니케이션에는 경영 활동을 직접 집행하는 라인(line)과 경영 활동을 지원하거나 조언하는 스태프(staff) 간에 발생하는 커뮤니케이션을 들 수 있다. 예로서 스태프 조직인 본부 기획실과 라인 조직인 마케팅부서와의 커뮤니케이션을 들 수 있다.

2. 비공식적 커뮤니케이션

비공식적 커뮤니케이션(informal communication)은 직무 기능이나 권한과는 관련 없이 알게 된 조직 구성원 간이나 또는 동료 사이에서 발생하는 형태로 예전에는 주로 구두에 의한 커뮤니케이션 형태였다. 그러나 최근에 와서는 소셜네트워크 서비스, 메신저, 블로그 등의 모바일기기를 통한 비공식적 커뮤니케이션이 더 활성화되었다. 이는 상급자에 의하여 계획된 것도 아니고 공식적으로 승인된 것도 아니다. 그러나 비공식적 커뮤니케이션 경로는 여러 형태로 존재하며, 공식 시스템과 함께 중요한 커뮤니케이션 기능을 한다.

조직 내에서의 비공식적 커뮤니케이션을 일명 포도넝쿨(grapevine)이라고 한다. 이는 비공식 조직에서 커뮤니케이션의 흐름이 일정한 형태 없이 여러 곳으로 뻗어 나가는 포도넝쿨의 모양과 비슷하다고 해서 붙여진 이름이다.

포도넝쿨의 특성

- 많은 조직원들은 포도넝쿨이야말로 조직 내에서 일어나는 일들에 관한 소식이나 정보의 주된 근원이라고 생각하여 공식 경로를 통하여 전해진 정보보다 더 크게 영향을 받게 되는 경우가 있다.
- 정보, 소문, 소식은 포도넝쿨을 통하여 놀라울 정도로 빨리 전파되며, 정보가 중요할수록 그 속도가 빨라진다.
- 공식 경로보다 더 융통성이 있으며 매우 광범위하게 퍼진다.
- 정보의 수신자는 대부분의 경우 여러 사람에게 다시 전파한다.

그림 8-3 비공식적 커뮤니케이션 형태

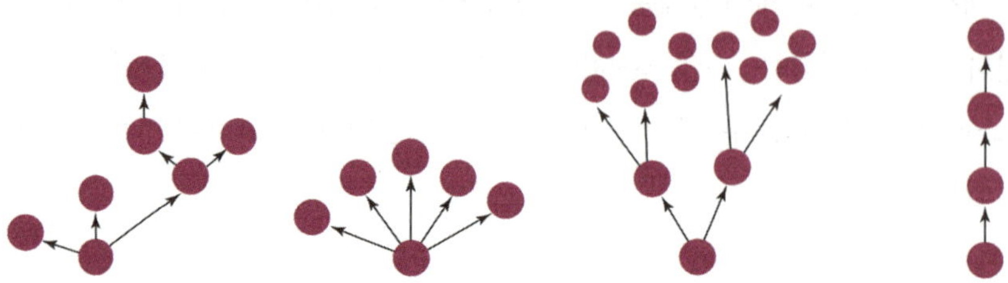

① 정보가 선택적으로 전파됨 ② 한 사람이 모든 사람에게 전파함 ③ 정보가 되는대로 전파됨 ④ 한 사람이 한 사람에게 전파함

진실에서 출발한 사실도 포도넝쿨을 따라 흐르면서 왜곡되어 전달될 수도 있다. 경우에 따라서는 경영진들이 조직원들의 반응을 살펴보기 위하여 고의로 정보를 흘려보기도 한다. 포도넝쿨은 인위적인 노력으로 없어지지는 않으므로 관리자들은 어떤 소문들이 직원들 사이에서 돌고 있는지를 조사하고 이해한 다음 부정확한 소문의 확산을 막기 위하여 노력하는 것이 필요하다. 노사 관계가 원만하고 잘 경영되고 있는 기업들은 활발하고 건전한 비공식적 커뮤니케이션 경로를 가지고 있다. 최근에는 기업들이 트위터, 페이스북과 같은 SNS 매체를 통한 비공식 커뮤니케이션을 활성화하고 있다.

8.4 커뮤니케이션 과정의 관리

비서는 회사의 업무 처리와 상사의 작업 수행이 능률적이 되도록 상사, 동료, 고객, 거래처와의 관계를 원만하게 유지하여야 하므로 대화와 설득의 전문가여야 한다. 자기의 의견을 상대방에게 올바르게 전달하며, 상대방이 말하고자 하는 바를 정확히 이해하는 것은 직장 내의 인간관계를 원활하게 유지하는 데 매우 중요하다.

먼저, 커뮤니케이션의 장애를 일으키는 원인들을 알아보고, 커뮤니케이션의 효과를 높일 수 있는 방안들을 살펴보자.

1. 장애 요소

직장 생활이나 사회 생활에서 매일 일어나는 커뮤니케이션이지만 자신의 의사가 제대로 전달되지 않는 경우가 많이 있다. 같은 말이라도 제각기 사용하는 '말'에는 그것을 사용하는 사람의 개성이 묻어나기 때문이다.

비서는 조직 내에서 메시지를 전달하여야 하는 역할을 수행하는 경우가 많으므로, 메시지가 왜곡되지 않고 정확하게 전달될 수 있는 통로의 역할을 하여야 한다.

송신자가 전하고자 하는 본래 의미와 수신자가 이해하는 의미가 반드시 일치하지 않을 수도 있다. 이러한 불일치를 커뮤니케이션 장애라고 할 수 있다.

커뮤니케이션 장애가 발생하는 이유들을 살펴보면 다음과 같다.

장애 발생의 이유

- 수신자의 자아 개념
- 선입견
- 잠재적 의도
- 송신자의 전달 방법
- 메시지 전달 과정
- 과거 경험
- 고정 관념
- 물리적인 환경
- 메시지 자체의 불명확성

이를 다시 자세히 서술하면 다음과 같다.

(1) 송 · 수신자의 지각의 차이

동일한 현상에 대하여 송 · 수신자 상호간의 인식 차이가 있을 수 있다. 부정적인 자아 개념을 가진 사람은 똑같은 메시지라도 긍정적인 자아 개념을 가진 사람과 다르게 받아들일 수 있다. 예를 들어, 부정적인 자아 개념을 가진 사람은 사소한 농담에 대해서도 예기치 않게 예민한 반응을 보이는 경우가 있다.

사람들은 상대방이나 어떤 사물에 대하여 선입견이나 고정 관념이 있을 때 이를 객관적으로 해석하지 않고 자기 나름대로 추측해서 판단하는 경향이 있다. 고정 관념과 선입견은 가치, 편견, 과거 경험, 불완전한 정보, 기타 많은 다른 요인들을 기초로 형성된다. 예를 들면, 새로 부임하는 관리자에 대한 부정적인 소문이 조직 내에서 돌았을 때 사람들은 자기도 인식하지 못하는 사이에 그 소문에 기초해서 새로운 관리자의 메시지를 선입견을 가지고 나름대로 왜곡해서 해석한다.

(2) 전달 매체의 불완전성

단어(words)는 사람에 따라 다른 내용을 의미하는 경우가 많고, 특정 단어의 사용은 개인의 성격을 나타낼 뿐만 아니라 문화에 따라 다른 의미를 지니게 된다. 나이, 교육, 문화적 배경 등은 사용하는 언어와 말에 부여하는 의미에 영향을 미친다. 예를 들면, '임금'이라는 단어는 경영자에게는 인상을 억제하고 통제하여야 하는 비용이라고 생각하는 반면, 근로자들에게 '임금'은 끊임없이 인상을 요구하여 더 많이 얻어내야 하는 자신의 수입이라는 정반대의 의미를 지니고 있다. 따라서 유사한 단어라도 올바르게 선택해서 정확하게 사용할 수 있어야 하며, 일관성 있고 명료한 단어 선택 능력이 비서에게 요구된다.

(3) 구두 전달에 의한 메시지의 왜곡

메시지를 받은 쪽이 내용을 타인에게 다시 전달하는 과정에서 사실을 확대·과장하기도 하고 축소하기도 한다. 이 경우 인위적일 때도 있지만 자신의 흥미나 관심이 강한 것을 강조해서 설명하다 보면 처음 의도한 내용과 달라지기도 한다.

(4) 조직 내 지위

조직 내에서 부하들은 좋은 소식은 상사에게 빨리 전하더라도 좋지 않은 소식이나

조직 침묵

조직 구성원들은 조직에 대한 혹은 조직이 가진 문제에 대한 의견을 사실대로 이야기하지 않고 넘어가거나 특정 정보를 의도적으로 누락시킬 때가 있는데, 이를 조직 침묵(organizational silence)이라고 한다. 조직원들의 침묵 행동은 크게 방어적 침묵과 체념적 침묵으로 나눌 수 있다. 방어적 침묵이란 외부의 불이익, 피해 등으로부터 자신을 보호하기 위한 의도적 침묵이라 볼 수 있으며, 두려움과 불안과 같은 정서적 상태와 감정적인 경험에 의해서 발생하는 것이라 볼 수 있다. 예를 들면, '이 이야기를 하면 다음 인사 때 불이익을 받는 거 아냐?'와 같은 피해의식 때문에 말하지 않는 행동이다.

체념적 침묵은 조직 내 특정 상황에 대하여 완전히 단념하여, 그 상황을 개선시키고자 하는 노력과 의지가 없기 때문에 발생하는 수동적인 태도의 침묵 행위이다. 즉, '이야기 해 봤댔자 뭐가 달라지겠어?'라는 체념에서 나오는 침묵이다. 따라서 조직에서는 구성원들 사이에서 이러한 침묵 행동이 나오지 않도록 언로를 열어두며 반대 의견이라도 기꺼이 수용할 수 있는 조직 분위기 형성이 중요하다.

정보는 신속히 사실대로 전달하기를 주저하는 경향이 있다. 문제가 확대되고 나서야 비로소 상사가 알게 되는 경우가 생기는 것도 이러한 이유 때문이다. 따라서 비서는 정보를 숨기거나 정보 전달을 고의로 늦추기보다는 신속하게 사실 그대로 상사에게 보고하여야 한다.

(5) 여과 작용

사람들은 일반적으로 메시지를 전해 받을 때 자기가 알고 있는 지식과 경험의 범위 내에서 나름대로 중요하다고 생각되고 신빙성 있다고 판단되는 내용에 더 흥미를 가지게 된다. 때로는 자신에게 유리한 내용만 전달하거나 전달받게 되는데 이를 여과 작용(filtering)이라 한다. 따라서 전달자나 피전달자가 자신에게 유리한 정보만을 고의로 선정함으로써 생기는 문제를 방지하기 위해서 비서는 항상 메시지 전달에 정확성을 기하여야 하며, 여과되지 않은 객관적인 정보를 관리·분석함으로써 상사를 효과적으로 보좌하여야 한다.

그 외 원활한 커뮤니케이션을 방해하는 원인으로는 조직 내의 불신풍조와 불안 및 위협 등이 있다. 불신은 전달자의 일관성 없는 행태에서 비롯되며, 불안과 위협은 위로부터의 일방적 전달이나 강압적인 지시 방법에 의하여 조장된다. 따라서 비서는 이러한 방법을 의식적으로 지양하고 상사가 건전한 리더십을 발휘하도록 적절히 보좌하여야 한다.

2. 커뮤니케이션의 관리

(1) 효과적인 말하기

상대방에게 자신의 의사를 효과적으로 전달하기 위해서는 〈표 8-4〉와 같이 평소 말하는 요령을 익혀 두는 것이 필요하다.

표 8-4 말하는 요령

① 말하기 전 내용 정리	이야기를 하기 전에 충분히 자기의 머리 속에서 정리를 하고 필요에 따라 메모를 하면서 생각을 요약한다.
② 명료하고 순서 있게 전달	육하원칙(누가, 언제, 어디서, 무엇을, 왜, 어떻게)에 입각하여 전달한다.
③ 상대방의 입장에게 이해하기 쉽게 전달	상대방의 수준을 고려하여 어려운 용어는 피하고 일상어로 천천히 이야기한다. 또한 모호한 말은 피하고 명확하게 이야기한다.
④ 반응을 확인하면서 이야기	자신의 메시지를 상대방이 정확하게 받아들이고 있는지 중간중간 확인한다.
⑤ 상대를 잘 보면서 이야기	친근감을 가지고 마음으로부터 관심을 표현하는 태도가 필요하다. 상대방의 눈에 시선을 맞춰라.
⑥ 표정, 몸짓 등 다른 수단도 함께 사용	말 이외에도 몸짓, 도표, 그림, 기호, 신호 등의 시청각적인 수단을 동시에 사용하면 효과가 높다.

(2) 효과적인 듣기

비서는 상사, 고객을 비롯한 여러 사람들과 상담 혹은 문제 해결을 위하여 대화하는 경우가 많다. 대부분의 사람들은 다른 사람의 이야기를 있는 그대로 받아들이기보다는 이야기를 들으면서 나름대로 평가하거나 판단하게 된다. 상대방의 메시지를

표 8-5	경청의 장점
1	상대방도 나의 말을 경청하게 된다. 커뮤니케이션은 쌍방적이다.
2	자유롭게 말할 수 있는 우호적인 분위기가 조성된다.
3	상호 이해가 깊어지고 인간관계가 증진된다.
4	내면의 변화가 생긴다. 수용적인 분위기가 만들어지면 서로 솔직하고 자유롭게 토론하게 된다. 자신과 다른 관점을 이해할 수 있게 되어 새로운 관점을 수용할 수 있게 된다.
5	새로운 지식이나 변화를 수용할 수 있는 능력이 생긴다.

바르게 이해하기 위해서는 주의를 기울여 적극적으로 경청하는 것이 꼭 필요하다.

① 경청 방안

㉠ 메모를 하면서 듣는다

기억에는 항상 오류가 생길 수 있으므로 메모를 하면서 들으면 추후 더 정확한 정보를 기억해 낼 수 있다.

㉡ 감정 이입을 하며 듣는다

상대방의 입장에서, 상대방의 감정 상태를 가지고 이야기를 들어 줌으로써 상대방을 더 잘 이해할 수 있게 된다.

㉢ 말의 의미 전체를 이해하려고 노력한다

그 사람이 어떠한 의도로 어떤 메시지를 전달하려고 하였는가를 전체적인 맥락에서 파악하도록 노력한다.

㉣ 편견이나 선입견을 배제하고 듣는다

상대방의 말을 되도록 객관적으로 들으려고 노력한다. 끝까지 열린 마음으로 경청한다.

㉤ 상대가 말한 것을 확인한다

말하는 사람이 무엇을 전달하고자 하는가를 이해한 뒤 이를 다시 자신의 말로 바꾸어 다시 상대방에게 이야기함으로써 나의 이해도를 알릴 수 있다. 업무상 이루어지는 모든 커뮤니케이션에는 확인하는 절차가 필수이다.

3. 효과적인 대화

(1) 대화 시의 태도

행동과 말은 항상 일치하여야 하며 입으로는 아무리 공손히 이야기하더라도 태도가 따라 주지 않을 때는 비난을 받게 된다. 대화할 때 특히 유의하여야 할 태도를 살펴보면 다음과 같다.

- 책상 위에 팔꿈치를 올려 놓은 채 말하지 않는다.
- 상사나 선배 또는 고객이 내 책상 앞에서 말을 건네는 경우에는 아무리 바빠도 일어서서 눈높이를 맞추고 대화에 응한다.
- 시선은 상대방의 눈에 두되 뚫어지게 보거나 위협적으로 보지 않는다.
- 타인의 말을 들으면서 손으로 종이나 물건을 만지작거리거나 낙서를 하지 않는다.
- 호주머니에 손을 넣거나 팔장을 낀 채로 말하지 않는다.
- 전화 통화중인 사람 옆에서 큰소리로 말하지 않는다.
- 개인적인 잡담은 될 수 있는 대로 삼가며, 특히 손님이 있을 때는 다른 동료와 해당 업무 이외의 이야기는 하지 않는다.

(2) 호의적인 대화

"말 한 마디로 천 냥 빚을 갚는다"라는 속담과 같이 사회 생활에서는 비용이 전혀 들지 않는 친절한 말 한 마디로 많은 것을 얻을 수 있다. 특히 비서는 원만한 대인관계 및 업무관계를 유지하기 위하여 항상 친절한 태도와 상대방을 배려하는 마음으로 대화하는 것이 바람직하다. 대인관계를 증진시킬 수 있는 대화의 요령은 다음과 같다.

① 타인을 칭찬한다

구미권 사람들은 일반적으로 타인에 대한 칭찬을 잘하는 반면, 우리나라 사람들은 칭찬에 인색한 편이다. 겉치레의 칭찬은 곤란하지만 타인의 장점, 좋은 점을 찾아 칭찬해 주면 자신도 칭찬을 받게 마련이다. 동료에게 혹은 상사에게 사소한 것일지라도 마음에서 우러나오는 칭찬 한 마디는 인간관계를 원활히 하는 윤활유 역할을 한다.

② 인사의 말과 감사의 말, 그리고 사과의 말을 습관화한다

인사란 평범하고 대단히 쉬운 것이지만 습관화되지 않으면 실천에 옮기기 어렵다. 톨스토이는 "인사는 부족하기보다는 지나칠 정도로 하는 편이 낫다"고 하였다. 일반적으로 인사는 아랫사람이 먼저 하는 것이 원칙이나 누구에게나 먼저 인사하는 습관은 나중에 상급자의 위치에 오른 후에도 하급자들에게 모범을 보여 주게 된다.

칭찬과 아첨의 차이는 무엇일까? 그것은 간단하다. 한쪽은 진지하고, 다른 한쪽은 무성의한 것이다. 한쪽은 마음속으로부터 나오는 것이고, 다른 한쪽은 이 사이에서 새어 나오는 것이다. 한쪽은 이기적이지 않고 다른 한쪽은 이기적이며, 한쪽은 환영받고 다른 한쪽은 누구에게나 비난을 받게 된다.

출처: 데일 카네기 인간관계론

4. 사이버 커뮤니케이션

(1) 소셜미디어 커뮤니케이션

소셜미디어 커뮤니케이션은 트위터(Twitter), 페이스북(Facebook)과 같은 SNS, 즉 소셜네트워크(Social Network Service)를 기반으로 가입자들이 서로 정보와 의견을 공유하고 소통하는 커뮤니케이션 방식이다. 소셜미디어에서 회사나 상사에 대한 불평이나 욕설을 하는 것은 매우 바람직하지 않을 뿐만 아니라 때로는 파면의 사유가 될 수도 있다.

(2) 이메일(e-mail)

예전에는 주로 우편이나 팩스를 통하여 업무가 이루어졌으나, 요즘은 이메일로 업무 커뮤니케이션을 하는 것이 일반적이다.

이메일을 보내기 전에 내용과 형식의 정확성을 다시 확인하고 받는 사람, 참조, 숨은 참조 등을 잘 판단하여 보내도록 한다. 개인에게만 답신을 할 것인지 수신인과 참조인 전체에게 답신을 할 것인지도 상황에 따라 판단하도록 한다. 수신자가 많을 때는 '개인별로 보내기'를 해서 많은 수신자들의 이름과 이메일 주소 등이 노출되지 않도록 유의한다.

본문의 내용이 길 때는 단락과 단락 사이에 여백을 두어서 읽기 쉽도록 한다. 색채와 대문자는 될 수 있는 대로 사용하지 않도록 한다. 빨간 글자나 전체가 영문 대문자일 경우 상대방에게 위협감을 줄 수 있다.

보내기 전에 반드시 오·탈자가 없는지 확인하며, 특히 회사이름과 사람이름과 같은 고유명사는 틀리지 않도록 유의한다.

첨부파일이 있을 때는 빠트리지 않도록 하며 대용량 파일은 꼭 필요할 경우에만 보낸다.

익힘문제

1. 커뮤니케이션의 중요성과 목적을 서술하라.

2. 비언어적인 커뮤니케이션의 종류를 열거하라.

3. 효과적인 커뮤니케이션에 있어 장애 요인을 서술하라.

사례연구

1. 상품이나 서비스를 구매하는 과정에서 경험한 효과적이지 못한 커뮤니케이션의 사례들을 수집하여 토론하자.

2. 자신의 대화 습관 중 바람직하지 못한 점을 친구들로부터 피드백을 받아 보자.

3. 매일 가족이나 친구의 장점(외모, 옷차림, 성격 등)을 찾아 칭찬해 보자.

4. 소셜미디어상에서 이루어지는 바람직하지 못한 커뮤니케이션 사례를 찾아보자.

| 제 9 장 |

리더십과 동기 부여

비서의 보좌를 받는 대부분의 상사는 조직의 목표 달성에 대한 책임을 가진다. 따라서 상사는 목표 달성을 위하여 조직원을 지휘하고 통솔하게 되는데, 이것은 지위나 권한만으로 되는 일이 아니다. 왜냐하면 리더십은 여러 가지 요인들의 상호 작용으로 결정되기 때문이다. 그러나 리더와 조직원 간에 긍정적인 관계가 이루어진다면 목표 달성은 훨씬 수월해질 것이다.

상사가 부하들의 자발적인 협조를 유도하여 업무 실적을 올리고, 부하들로부터 존경을 받게 되었을 때 비서도 자신의 일에 보람을 느끼게 된다. 또한 상사가 어떤 리더십을 가지고 있느냐에 따라서 비서의 업무도 달라지게 되므로, 비서는 리더십에 대하여 잘 이해하고 있어야 한다.

9.1 리더십의 의의

1. 리더십의 정의

리더십(leadership)이란 경영자가 주어진 상황에서 조직의 목적을 달성하기 위하여 조직원들이 자발적으로 협력하도록 영향력을 행사하는 것을 말한다. 리더십의 핵심은 사람을 지도함으로써 어떤 목표를 성취한다는 점이며, 조직원의 활동 능력을 개발하는 일이다. 따라서 리더십은 집단 목표를 위하여 집단 구성원인 부하들이 자발적으로 노력하도록 영향력을 주는 기술 또는 과정이다.

리더가 없는 기업은 주장이 없는 운동 팀과 다를 바 없다. 리더가 없으면 나아가야 할 방향을 잃게 되므로 리더십은 경영 성과에 중요한 영향을 미친다. 경영자가 리더십을 발휘하려면, 즉 부하들을 자발적으로 협력하고 열성을 다하도록 유도하려면, 부하들의 심리 상태와 직무 수행상의 어려움, 그리고 문제점 등에 대하여 항상 관심을 가지고 파악하고 해결하여야 한다.

경영자가 직위나 권한, 권력을 이용한다면 조직 구성원들은 표면적으로는 순종하는 것같이 행동하지만 내면적으로는 반발하고 게으름을 피우기도 하며, 창의성을 발휘하지 않고 상사와의 의사소통을 회피하게 된다. 단기적으로는 눈에 띄는 현상이 나타나지 않을지 모르지만 장기적으로는 조직원들의 생산성과 업무의 질도 떨어지게 되며 무단 결근이나 직장을 떠나는 등의 현상도 나타난다.

그렇다면 리더로서의 경영자는 어떻게 행동하여야 할까? 경영자는 일차적으로 리더십을 발휘하고 꼭 필요할 때 이차적으로 권한을 행사하는 것이 좋다. 자신의 상사가 훌륭한 리더가 되는 데 도움을 주는 비서가 되려면, 업무에 대한 전반적인 파악은 물론 업무 이외에 상사 신변에 대한 평판에도 귀를 기울여 상사가 존경받는 경영자가 되도록 도와야 한다.

2. 리더십 이론

리더십은 20세기 초반부터 과학적으로 연구되기 시작하였고, 리더십에 대한 정의와 다양한 이론이 등장하면서 발전하여 왔다.

리더십 이론은 리더와 리더가 아닌 사람을 구분시켜 주는 개인적 특성이나 자질을 연구하던 특성이론에서 출발하였다. 나아가 효과적인 리더와 비효과적인 리더의 행동을 파악하고자 했던 행동이론, 그리고 상황에 따라 리더십 유효성이 달라진다는 상황이론 등으로 발전하였으며, 이를 전통적 리더십 이론이라고 부른다.

상황이론 이외에도 새로운 리더십 이론으로 변혁적 리더십 이론, 서번트 리더십

(servant leadership), 셀프리더십(self leadership) 등이 있다. 리더십 이론 중에서 가장 중심이 되는 이론들을 살펴보면 다음과 같다.

(1) 특성이론

리더십 연구에서 가장 오랜 역사를 지니고 있는 이론이다. 사회나 조직에서 인정받고 있는 성공적인 리더들은 타인과 다른 개인적인 특성을 가지고 있다고 생각하고, 그 공통된 특성을 추출하려는 연구에서 시작되었다. 이 이론은 지도자의 개인적인 특성이 리더십 성공을 결정한다는 가정 하에 리더십을 설명한다. 고대 그리스와 로마 시대까지 거슬러 올라가면서 연구한 결과 지도자란 선천적으로 태어나는 것이지 결코 후천적으로 만들어지는 것이 아니라는 주장이다.

바나드(D. Barnard)는 리더의 특성을 두 가지로 나누고 있는데, 첫째로 기술적인 면으로 체력, 기술, 지식, 기억력, 상상력 측면에서 개인적 우월성을 가져야 하고, 둘째로 정신적인 면으로는 결단력, 지구력, 인내력, 용기와 같은 측면에서 탁월성을 가져야 한다고 주장하였다.

그러나 이러한 특성이론에 따라 어떤 상황에서나 일관성 있게 리더십의 효과를 설명해 줄 수 있는 특성을 발견하는 것이 불가능해지자 리더십 행동에 관심을 둔 새로운 연구가 시작되었다.

(2) 행동이론

성공적인 리더의 행동 양식에 초점을 맞춘 것으로 리더의 행동이 구성원에게 만족도와 생산성에 영향을 준다는 것이다. 리더십의 효과는 리더가 부하들에게 보여 주는 행동에 따라 결정된다고 생각하였다. 유능한 리더의 행동을 관찰하여 그 리더의 어떠한 행동들이 조직의 성공에 영향을 미치는지를 연구하였다.

(3) 상황이론

현대 사회에 와서 조직의 규모가 커지고 조직환경이 복잡하게 됨에 따라 상황에 따라 바람직한 리더의 유형이 달라진다는 이론이다. 따라서 모든 상황에 적합한 유일한 유형의 리더가 존재하는 것이 아니라 리더의 행위가 구체적인 상황에 가장 적합할 때 리더십이 효과적이라는 것이다. 즉, 특정 상황의 요구에 가장 잘 부합하는 리더가 유능한 리더이다. 또한 어떤 상황에서 적합한 리더가 반드시 다른 상황에서도 적합한 것은 아니다. 상황이 변할 때에는 당연히 리더의 유형이나 리더십의 내용도 달라지게 마련이다.

예를 들면, 훈련 기간 중의 군인을 대상으로 상관에 관한 반응을 조사하였을 때에는 그의 인간적인 행동을 더 좋아하는 것으로 나타났으나, 전투 시의 군인들은 오히려 리더의 전투 수행 능력과 과업 중심적 행동을 더 좋아하고 인간적인 행동에는 부정적인 반응을 보이는 것으로 나타났다. 따라서 상황이나 직무 성격에 따라 리더를 적절히 선정하는 것이 필요하다.

(4) 현대적 리더십 이론

1980년대부터 기업환경은 격변을 거듭하였고 그로 인하여 안정적 환경을 전제로 정립되었던 리더십은 그 타당성을 잃기 시작하였다. 이에 따라 현상 유지에 적합한 리더십보다는 변화를 주도하고 이끌어 가는 리더십 이론이 필요하게 되었다. 자본, 규모의 경제로부터 인간의 상상력이나 창의성이 중요시됨에 따라 조직 구성원을 통제하기보다는 조직에 전념, 몰입시킬 수 있는 리더십에 대한 관심이 고조되었다.

① 변혁적 리더십 이론(transformational leadership)

위와 같은 배경 속에 등장한 현대적 리더십 이론 중 가장 큰 관심을 받고 있는 것이 변혁적 리더십 이론(transformational leadership)이다. 전통적 리더십 이론은 리더와 부하 간의 교환 관계에 관련되어 있다. 즉, 리더가 지시하거나 기대하는 바에 부하가 순종하는 대가로 임금 인상이나 특권을 부여받는 식의 과정을 의미한다. 반면 변혁적 리더는 리더와 부하가 서로의 동기 유발 수준을 높여 주며 좀 더 원대한 목표를 달성하여야 한다는 의식을 높여 준다. 변혁적 리더십에서는 부하를 완전한 인격체로 대함으로써 부하의 상위 욕구를 자극한다. 그러한 과정을 통하여 부하는 더 나은 모습으로 '변혁'되고, 이런 과정 속에서 리더도 변혁되는 증폭 효과를 가져온다.

② 봉사적 리더십(servant leadership)

봉사적 리더십은 서번트 리더십이라고 불리우는데, 이는 리더가 부하를 섬기는 자세로 그들의 성장과 발전을 돕고 조직 목표 달성에 부하 스스로 기여하게 만드는 리더십이다. 그린리프(Robert K. Greenleaf)는 리더를 다른 사람에게 봉사하는 하인(servant)으로 생각하고, 구성원을 섬김의 대상으로 보고, 명령과 통제로 일관하는 자기 중심적 리더가 아닌 신뢰와 믿음을 바탕으로 개방적인 가치관을 지닌 리더로 보았다. 따라서 그는 서번트 리더십을 '타인을 위한 봉사에 초점을 두며, 임직원, 고객 및 공동체를 우선으로 여기고 그들의 욕구를 만족시키기 위해 헌신하는 리더십'이라고 정의하였다.

스피어스(L. Spears)는 서번트 리더십을 모든 사람의 존엄성과 가치에 대한 믿음, 리더의 권력은 부하로부터 기인한다는 민주적인 원칙에 입각한 리더십이라고 하면서 다음과 같이 서번트 리더십의 열 가지 행동 특성을 제시하였다.

- 경청(listening)
- 공감(empathy)
- 치유(healing)
- 설득(persuasion)
- 인지(awareness)
- 통찰(foresight)
- 비전의 제시(conceptualization)
- 청지기의식(stewardship)
- 구성원의 성장(commitment to growth)
- 공동체 형성(community building)

③ 셀프리더십(self leadership)

리더십은 조직의 최고층 경영자뿐 아니라, 모든 조직의 모든 계층에서 필요하다. 셀프리더십은 자신에 대한 리더십을 의미하며, 모든 종류의 일을 수행함에 있어서 자신이 주도적으로 수행하며 결과에 책임을 지는 태도를 의미한다. 즉, 셀프리더십은 스스로에게 영향력을 행사하여 목표를 달성할 수 있도록 하는 자기 주도적인 주관적 사고와 행동을 일컫는다. 셀프리더십은 주어진 과업이 어떻게 완료되어야 하는가 외에 무엇을 해야만 하고, 또 왜 해야 하는지를 스스로 생각하며 목표를 달성한다. 종래의 리더십 이론의 반성에서 나온 셀프리더십은 지시, 명령, 통제, 보상, 처벌 등에 의해 발휘되는 전통적 리더십보다는 자기 스스로 목표 설정을 하고, 자기통제 등과 같은 자율성을 강조하는 내적 리더십이 구성원들의 일의 성과를 증대하는 데 효과적이라는 점을 강조하고 있다.

셀프리더십에서 주로 사용되는 동기 부여적 핵심 단어들은 비전, 통합, 열정, 용기, 낙천성, 자신감, 집중력, 원칙, 융통성, 끈기, 지혜, 인간성, 자기개발, 균형과 같은 단어들이며 과업이나 직무를 수행하기 위해 필요한 자기 주도와 동기 부여를 이루기 위해 개인이 스스로 영향력을 행사한다. 셀프리더십은 스스로 자신의 목표를 세우며 자신의 행동을 관찰하고 중요한 일을 할 때는 잘하는 자신의 모습을 상상하기도 한다. 어려운 상황에 직면하더라도 스스로에게 용기를 주고자 '넌 잘할 수 있어'와 같이 자신과 대화한다.

표 9-1 리더십 이론의 발전 과정

기 간	접근 방법	주 제
1930년대~1950년대	특성이론	리더십 능력은 타고난다.
1950년대~1960년대 후반	행동이론	리더십 유효성은 리더의 행동에 따라 달라진다. 즉, 리더십은 개발될 수 있다.
1970년대 후반~현재	상황이론	리더십 유효성은 상황에 따라 달라진다.
1980년대~현재	현대적 리더십 이론	리더는 비전을 지녀야 하며, 부하에게 강한 정서적 반응을 이끌어내야 한다.

3. 리더십의 유형

리더십은 부하 통솔법, 지시 방법, 문제 해결 방법, 의사결정 방법 등에 따라 여러 유형으로 분류될 수 있다. 특정 상황에서 리더는 자신의 리더십 스타일에 근거하여 일관된 행동을 보인다. 리더의 유형은 크게 권위형(autocratic style), 민주형(democratic style), 자유방임형(laissez-faire style)의 세 유형으로 나눌 수 있다.

(1) 권위형

권위형에 속하는 리더는 자신의 판단이 최상이라고 생각하기 때문에 부하의 요구는 무시하고 거의 모든 의사결정을 혼자 하고 복종을 강요하는 유형이다. 따라서 자신의 결정에 부하가 복종하기를 기대하며, 부하들은 무능력하거나 또는 마지못해 일을 한다고 생각한다. 그는 직원을 면밀하게 감독하고 통제하여야 한다고 생각한다.

또한 일방적이고 하향적 의사소통을 강조하며, 작업 집단을 고유한 부분으로 생각하기보다는 마치 큰 기계를 구성하는 하나의 부품처럼 여긴다. 조직원들은 리더의 직접적이고 명확한 지시에 따라 작업을 수행하면 되기 때문에, 혼돈이 없고 단순하고 반복적인 업무에서는 능률이 높다.

그러나 이러한 권위형 리더는 리더 중심의 조직 운영을 하므로 조직 목표와 운영 방침을 리더가 독단적으로 결정하고, 부하들의 적극적인 참여와 협동의 길이 막히게 된다. 따라서 조직원이 창의력을 발휘하거나 의사결정에 참여할 기회가 없기 때문에 장기적으로는 업무에서 무기력, 생산성의 저하를 가져오며 조직의 능률이 떨어지게 된다. 특히 현대와 같이 근로의 질이 강조되는 시점에서는 권위형의 리더는 부하 직원들에게 불만을 가지게 하는 원인이 되기도 한다.

권위형 리더에 적합한 일은 돌발적으로 발생하여 긴급을 요하는 일, 단시간 내에 높은 능률을 올려야 하는 일, 다수의 사람을 군대식으로 통제하여야 할 필요가 있는 일, 의견이 대립되는 일 등이다. 또한 조직이 위기에 처해 있을 때 권위형 리더의 성과가 높게 나타나며, 이러한 리더의 부재 시 구성원들에게 좌절감과 혼란을 가져올 수 있다.

(2) 민주형

민주형 리더는 의사결정 내지 업무 활동에서 집단 참여 및 집단 중심적이다. 의사결정의 권한을 집단 구성원에게 이양하고 인간관계 지향적이고 참여와 자율성을 중시한다. 집단에서의 리더의 역할은 적극적인 토의와 조직원의 참여를 유도하며 자신은 직접적인 지시를 하기보다는 적절한 조언을 하는 유형이다. 리더는 부하 직원의 설명, 의견, 제안, 그리고 아이디어를 들으면서 상담을 한다. 상사와 부하 간에 자유롭게 커뮤니케이션하며 일방적이기보다는 부하 직원의 의사를 존중해 준다. 그러나 중요한 일에 대한 최종적 권한은 여전히 리더에게 주어져 있다.

조직 구성원들이 경험이 풍부하고 자신의 일을 통하여 발전하고자 하는 욕구가 강할 때는 이러한 유형의 리더가 효과적이나, 의사결정에 장시간이 소모되며 조직원이 의사결정에 참여할 만큼 성장되어 있지 못한 조직에서는 비능률적이다.

민주형 리더에 적합한 일로는 부하의 협력을 특히 필요로 하는 일, 집단적인 해결을 요하는 일, 정형적인 일, 언제나 일정 능률의 유지를 요하는 일 등이다.

(3) 자유방임형

리더로서 조직의 계획이나 운영 방침의 결정에 관여하지 않고, 수동적 입장에서 행동하며, 부하들에게 자유 행동을 방임해 버리는 리더십 유형을 말한다.

자기 역할을 완전히 포기한 채 부하들에게 자유 행동을 허용하여 일명 개방형이라고도 한다. 이 유형의 리더는 자신은 직접적인 의사결정이나 지시에 관여하지 않고 모든 사항에 대하여 부하에게 일임함으로써 부하들이 스스로 활동할 수 있게끔 한다. 따라서 직원 스스로가 지도, 동기 부여 및 통제의 책임까지 수행하기를 기대한다. 각 부문이 고도로 전문화되어 있는 조직이거나 조직 구성원이 전문가일 경우 이러한 유형의 리더는 매우 효과적이다.

자유방임형 리더에 적합한 일은 연구 · 개발에 관련된 일, 독창성을 요하는 일, 높은 기획성을 요하는 일, 달성 목표가 명확한 일 등이다. 리더의 부재 시에도 구성원의 태도는 변하지 않는다.

이상에서 세 가지 리더십의 유형과 특징을 살펴보았지만 모든 상황에 가장 적합한 리더십의 유형이란 없다. 리더십의 유형은 상황에 따라, 즉 감독하여야 할 부하 직원의 유형과 업무의 종류에 따라 달라질 것이다. 따라서 경영자의 리더십은 모든 상황에 적응 가능하도록 유연성이 있어야 한다. 일반적으로 리더십의 효과 측면에서 볼 때, 창업기에는 권위형이, 안정기에는 민주형이 적합하며, 교육 수준이 낮은 부하에게는 권위형이, 교육 수준이 높은 부하에게는 민주형이 적합하다고 한다.

상사의 리더십이 어느 유형인가에 따라 비서의 업무 내용이나 성격도 달라지게 된다. 권위형의 상사는 비서의 업무에 자율성과 융통성을 부여하지 않고 일상적인 업무만을 수행하기를 바라며 자신의 지시에 의해서만 움직이도록 통제한다. 반면에 민주형의 상사는 비서의 능력에 따라 비서가 수행할 수 있다고 생각되는 적합한 업무를 위임하고, 그 업무에 대하여 자율성과 권한을 부여함으로써 비서가 자신감을 가지고 능동적으로 업무를 수행함과 동시에 자기 발전을 할 수 있도록 배려한다.

우리 사회는 모든 분야에 걸친 국민의 참여가 늘어났고 조직원의 일반적인 수준이 높아졌다. 따라서 기업에서도 경영자가 의사결정권을 부하에게 가능한 범위 내에서 많이 위임하는 것이 좋다. 또한 중요한 의사결정에 조직원의 참여를 유도함으로써 적극적인 협조를 구하는 것이 바람직하다.

일반적으로 중소기업은 기업 자원이 부족하여 조직원에 대한 대우 및 근로 조건이 대기업에 비하여 뒤떨어진다. 그래서 조직원의 사기와 근무 의욕이 떨어지기 쉽다. 게다가 직원의 숙련도 역시 낮은 것이 보통이다.

이러한 제약 조건 하에서 직원들에게 사기, 의지력, 작업 의욕을 북돋워 어려운 기업환경에 대처하며 기업을 유지 · 발전시키려면, 경영자는 조직원에게 업무상 재량권을 많이 부여하고 인간적이며 다양한 동기 부여를 통하여 심리적 만족감과 성취감을 줄 수 있어야 한다.

4. 리더의 바람직한 특성

리더는 조직원들을 정신적으로 지원해 주어야 하고, 그들이 업무 수행에 최선을 다할 수 있도록 도와 준다. 다음은 리더로서 갖추어야 할 바람직한 특성이다.

첫째, 리더는 조직에 대한 뚜렷한 비전과 철학이 있어야 한다. 리더는 조직원들에게 조직이 나아가야 할 방향을 제시하고, 윤리적 경영 철학을 가지고 조직원들을 리드해 나갈 수 있어야 한다.

둘째, 리더는 자신감과 도전정신이 있어야 한다. 항상 새롭고 어려운 일을 시도하고 조직원의 본보기가 되어야 하므로, 자신감을 가지고 어려운 상황에 대처할 수 있는 자질을 갖추어야 한다. 모험이 없는 발전은 있을 수 없다.

셋째, 리더는 조직원들을 격려하고 동기 부여시킬 수 있는 능력을 갖추어야 한다. 리더는 조직원들이 주어진 업무를 즐겁게 받아들이고 노력한 만큼 인정받을 수 있다고 느끼도록 할 수 있어야 한다.

넷째, 리더는 윤리적이어야 한다. 자신이 한 약속을 지키며 스스로의 실수는 인정할 줄 알고 인간관계에서 도덕적이어야 한다. 지도자의 윤리적인 태도는 조직원의 신뢰를 얻을 수 있다.

다섯째, 리더는 인내심이 있어야 한다. 직원들은 리더처럼 주위의 변화에 신속하게 적응하려고 하지 않는다. 그러므로 리더는 조직원 각자의 개성을 인정하고 지난 상황에 집착하려고 하는 사람들을 끈기 있게 설득하고 변화되기를 기다릴 수 있는 인내심이 필요하다.

9.2 동기 부여

동기 부여, 조직원의 행동 및 성과를 이해하기 위해서는 개인과 직무, 그리고 작업 환경을 복합적으로 고려하여야 한다.

동기 부여란 목표를 향한 인간의 행위에 힘과 변화를 부여하며 행동을 유인하는 것이다. Motivation이란 단어는 라틴어 movere에서 어원을 찾을 수 있는데 움직이게 하는 것(to move)이란 뜻이다.

동기부여 이론은 광범위하고 매우 다양한데 대표적인 이론을 살펴보면 다음과 같다.

1. 동기부여 이론

(1) 욕구단계 이론(hierarchy of needs theory)

매슬로(Abraham H. Maslow)는 욕구단계 이론을 통하여 인간의 욕구는 다섯 계층을 형성하고 고차원 욕구는 저차원 욕구가 단계적으로 충족될 때 동기 부여 요인으로 작용한다고 가정하고 있다. 다섯 가지의 욕구 계층은 다음과 같다.

- 생리적 욕구(physiological needs): 인간의 생명을 유지하기 위한 가장 기본적인 욕구, 즉 본능적 욕구로서 음식, 의복, 주거 등에 대한 생리적 욕구들이다. 이런 욕구들이 만족되지 않으면 다른 욕구들에 거의 자극을 주지 못한다.
- 안전 욕구(safety and security needs): 위험이나 위협에 대하여 보호받고자 하는 욕구로서 작업환경, 후생복지, 안정된 직장, 노조 가입 등을 추구하는 행위이다.
- 사회적 욕구(social needs): 애정 또는 친화의 욕구로서 여러 사회집단이나 또는 동료들과 어울려 우정관계를 유지하고자 하는 것이다. 이 같은 욕구를 충족하기 위하여 각종 형태의 모임이나 동아리를 조직화하거나 가입한다.
- 존경의 욕구(esteem needs): 단순한 구성원이 아니라 지위를 얻고 남으로부터 인정받고자 하는 욕구로서 성취욕, 권력욕, 존경심이 포함된다.
- 자아 실현의 욕구(self-actualization needs): 자신의 잠재 능력을 최대한 발휘함으로써, 원하는 것을 성취하고 달성하려는 욕구를 말한다.

인간의 욕구는 낮은 차원에서부터 높은 차원에 이르기까지 매우 다양하다. 저차원적 욕구는 동기 유발이 쉬우나 고차원적인 것일수록 개별적이고 특수성이 강해 동기 유발이 어렵다. 높은 차원에서 동기 유발이 되도록 하는 것도 좋겠지만, 좀 더 효과적인 방법은 개개인의 현재 가장 원하는 것이 무엇인가를 알아서 그에 따른 유인을 제공하는 것이다.

(2) X이론과 Y이론

맥그리거(Douglas McGregor)는 매슬로의 욕구이론을 이용하여 인간의 동기 부여를 이해하고자 하였다. 그는 생리적 욕구, 안전 욕구를 '낮은 수준'의 욕구로, 사회적 욕구, 존경의 욕구, 자아 실현의 욕구를 '높은 수준'의 욕구로 분류하였다. 그리하여 각각을 X이론과 Y이론이라고 명명하였다. X이론은 작업자들에 대한 전통적인 접근법으로 사람들은 게으르고 일을 싫어하며, 변화를 싫어한다고 가정한다. 이에 반하여 Y이론은 사람들은 본래 성취감과 책임감을 가지고 있으며 자기 규제가 가능하다고 본다. 맥그리거는 근로자들이 낮은 수준의 욕구에 의하여 동기 부여되는지, 높은 수준의 욕구에 의하여 동기 부여되는지에 따라 다르게 다루어야 한다고 보았다.

포드 자동차회사는 Y이론을 적용하여 직원 참여 프로그램(employee involvement program)을 개발해 직원들을 동기 부여시키는 데 성공하였다. 그러나 다른 회사들은 직원을 동기 부여시키기 위한 주요한 수단으로 금전적 보상을 사용하기도 한다. 특히 젊은 세대들은 금전적 보상에 매우 민감하게 반응한다.

결국 관리자는 직원들을 동기 부여시키기 위하여 쉽사리 둘 중 어느 이론이 우월하다고 결론지을 수 없게 되었다.

(3) 성취동기 이론

성취동기 이론(achievement motivation theory)은 인간의 기본적 욕구, 즉 생리적 욕구나 안정의 욕구가 충족된 현대 조직에서 사람들은 주로 세 가지의 욕구, 즉 권력 · 친교 · 성취 욕구에 관심이 있다고 보는 것이다. 맥클랜드(D. C. McClelland)가 제시한 것으로, 그 중에서도 개인과 조직의 발전을 위해서는 성취 욕구가 가장 중요하다고 한다.

- 친교 욕구(needs for affiliation): 다른 사람들과 우호적이며 따뜻한 친분 관계를 유지하고자 하는 욕구이다.
- 권력 욕구(needs for power): 다른 구성원에게 통제력을 행사하거나 행동에 영향력을 행사하려는 욕구로서, 높은 권력 욕구를 지닌 사람들은 일반적으로 리더로서의 일을 찾으며, 강압적이고 거리낌없이 말하며, 자기 중심적이며 또한 대중 앞에 서서 가르치고 연설하는 것을 좋아한다.
- 성취 욕구(needs for achievement): 자아 실현과 자신의 분야에서 성공하고자 하는 욕구이다. 기업 조직은 목표를 성취하기 위하여 함께 일하는 개인들의 집단이므로 성취 욕구가 매우 중요하다.

2. 현대 조직원의 동기 부여

(1) 일반적인 동기 부여

일반적으로 기업에 종사하는 사람들을 동기 유발시키는 동기는 크게 다음의 세 가지로 나눌 수 있다.

- 경제적 동기: 임금, 월급, 보너스 등 재정적 보상과 승진이 포함된다. 보상 수준이 낮은 기업일수록 부하들의 경제적 동기를 만족시켜 주는 것이 가장 효과적인 동기 부여 방법일 수도 있다.
- 사회적 동기: 직무와 관련된 성취감을 가지게 하고, 성취한 목표나 성과에 대하여 상사나 동료가 인정해 주고, 담당하는 직무 책임을 확대해 주고, 경험과 훈련을 통하여 직무 수행 능력을 향상시켜 주는 것 등이 이에 속한다.
- 심리적 동기: 부하들에게 불만의 요인이 되는 바람직하지 않은 경영 정책, 관리 방법, 감독자의 행동, 열악한 작업 조건 등을 제거해 준다. 또한 조직원에게 인간적인 대우를 해 주고 칭찬과 인정을 해 준다.

그렇다면 이러한 일반적인 요인들만 충족되면 사람들은 만족을 느껴 신바람이 나서 자발적으로 일하며, 창의적인 노력을 기울이게 될 것인가? 이와 관련된 연구에 따르면, 이러한 요인들은 작업환경을 유지시켜 주는 정도에 지나지 않아서 이것의 개선만으로는 사람들이 자발적으로 창의적인 노력을 하지는 않는다는 것이다.

(2) 적극적인 동기 부여

좀 더 적극적인 동기 부여 요인으로는 성취감, 인정감, 작업 자체의 성격, 직무 능력이나 지식을 증대할 수 있는 기회, 성과에 따른 책임의 증대 등과 같은 작업 내용과 관련되는 여러 요인을 들 수 있다. 따라서 관리자가 제공할 수 있는 동기 부여 방안은 다음과 같다.

- 흥미나 관심 있는 작업: 일 자체가 보람있고, 적성에 맞으며, 자기 실현을 할 수 있는 직무가 되도록 한다.
- 업무 수행을 위한 충분한 조력과 설비의 제공: 작업환경의 개선을 통하여 근무 여건을 최적의 상태로 만든다.
- 업무 수행을 위한 충분한 정보의 제공: 업무 수행 방법, 필요 자료, 마감일 등 업무에 관한 명확한 지시와 정보를 제공함으로써 스스로 업무를 통제할 수 있도록 유도한다.
- 명예, 인정감, 개인적인 권한을 행사할 기회: 승진과 개인적 발전을 추구할 수 있는 기회를 준다.
- 성과에 따른 더 많은 보수: 일괄적으로 인상하는 급여가 아니라 성과에 따라 지급되는 임금, 상여금 같은 금전적 소득의 증가는 동기 유발의 유인으로서 중요한 항목이다. 반대로 임금, 상여금 등의 금전적 삭감 조치가 때로는 태만하고 무책임한 조직원에게 벌칙이 될 수 있다. 그러나 이런 처리가 적극적 협동 의욕을 유발시키는지는 미지수이다.
- 인정감: 잘한 일에 대해서는 인정과 칭찬을 아끼지 않으며, 이를 통하여 창의성과 도전성을 키워 나갈 수 있도록 지원한다.

- 자주적인 근로 분위기 조성: 충분한 권한 위임과 참가적 경영을 통하여 조직원의 근로 의욕을 높인다.
- 관계를 통한 인간적 요인: 훌륭한 동료 관계와 상하 관계를 중심으로 작업 분위기를 조성한다.

동기 부여 요인은 기업의 종류, 조직원의 수준, 환경 등에 따라 다르기 때문에, 경영자는 조직원이 처한 상황을 잘 파악해서 동기 유발시킬 수 있는 요인을 알아낸 후 적절한 방법을 선택하여야 할 것이다. 특히 직무 자체에서 조직원들이 보람과 만족 및 성취감을 느낄 수 있도록 동기 부여시켜야 한다.

(3) 동기 유발의 문화적 차이

오늘날 적용되는 동기부여 이론은 미국의 학자들에 의하여 개발되었고, 또 그 중 많은 이론들은 남자들을 대상으로 한 연구의 결과였다. 그러나 이 이론이 다른 문화권이나 여성들에게 적용하였을 때는 그 결과가 다르게 나타나기도 하였다. 예를 들면, 매슬로의 욕구단계 이론에서 자아 실현 욕구가 가장 높은 차원의 욕구로 나타났다. 그러나 그리스나 일본과 같이 불안정성을 회피하고자 하는 문화에서는 조직원에게는 안전 욕구가 가장 중요한 욕구가 될 수 있다. 우리나라도 공무원이나 교사가 인기있는 직종으로 꼽히는 것도 직업의 안정성 때문일 것이다. 또한 국민 대부분이 빈곤층에 속하는 제3세계에서는 생리적 욕구나 안전 욕구가 가장 중요한 욕구이며 높은 단계의 욕구들은 부차적일 수도 있다. 미국인에게 성취감은 중요한 욕구이지만 다른 문화권에서는 미국인만큼 성취감에 가치를 두지 않는다는 지적도 있다.

같은 문화권에 속한다고 하더라도 조직 내의 개인에 따라 동기가 유발되는 욕구가 다를 수 있다. 조직이 학습을 장려하고 전문가들로 구성되어 있을 때는 다른 요인보다 전문가로 인정해 줄 때 더 높은 수준의 만족을 느낄 수 있을 것이다. 가정을 가진 여성 근로자 중에는 금전적인 보상이나 다른 요인보다 자유로운 근무 시간이나 휴가를 더 선호할 수 있다.

그러므로 경영자는 조직원을 동기 부여시키는 다양한 욕구를 인식하고 인종, 국적, 성(gender), 연령별로 구분하여 동기 부여시켜야 한다.

3. 비서의 동기 부여

비서는 상사나 조직 내 위치에 따라 업무의 성격과 업무량이 매우 다양하다. 어떤 비서는 비교적 단순한 일만 수행하고 업무 시간 중 시간 여유가 많은 경우도 있다. 그러나 단순한 일과 한가로운 시간을 즐길 것이 아니라 깊이 있고 다양한 일을 통하여 경험과 능력을 쌓아 스스로 발전하고 더 높은 수준의 욕구를 가짐으로써 직무 만족을 얻도록 하여야 한다.

비서는 업무의 특수성, 즉 타인을 보좌하는 직무의 성격상 자칫 직무를 통하여 고차원의 욕구를 충족하기가 어려울 수도 있다. 상사가 지시한 업무만을 수행하게 한다든지 융통성이나 창의성을 발휘할 수 있는 업무가 제한적이라면 아무리 보수가 많더라고 만족할 수 없다.

일을 부여할 때는 일을 단편적으로 줄 것이 아니라 전체를 할당함으로써 일을 통한 성취감을 경험할 수 있도록 하는 것이 중요하다. 예를 들면, 출장 준비에 관한 일을 수행할 때 대부분의 일은 총무과에서 처리하고 비서는 항공편 티켓 출력본만 상사에게 전달한다면 보람을 느끼기 어려울 것이다. 출장 계획을 세우는 것부터, 항공편·호텔 예약, 방문 회사와 방문 인사 일정 조율, 출장지 및 방문 회사 정보 수집 및 보고서 작성, 일정표 작성, 돌아온 후의 사후 정산, 감사장 발송 등 업무 전체를 일괄적으로 수행하게 되면 업무를 통하여 얻는 만족은 훨씬 커지며, 더욱 비중 있는 일을 하고 싶은 동기가 부여될 것이다.

따라서 상사는 비서가 좀 더 창의적이고 도전적인 직무를 수행할 수 있도록 일을 위임하며, 일을 수행하는 데 필요한 지식과 기술을 습득할 수 있도록 배려하여야 한다. 또한 잘 수행한 업무에 대해서는 인정해 주고 칭찬해 주는 격려가 필요하다. 비서 자신도 좀 더 고차원적인 욕구를 지향하고 성취하도록 노력하여야 한다.

익힘문제

1. 바람직한 리더의 특성을 서술하라.

2. 가장 최근에 개발된 리더십 이론들은 어떠한 것들이 있는지 알아보라.

3. 조직원들을 동기 부여시키기 위해서 어떤 보상이 필요한지 서술하라.

사례연구

1. 내가 리더라면 어떠한 리더십을 발휘할 것인지 생각하고 적어 보자.

2. 존경하는 리더 한 명을 정하고, 그 리더의 특성, 장점, 배울 점 등을 적어 보자.

3. 맥클랜드(D. C. McCelland)의 권력, 친교, 성취 욕구 중 자신은 어느 욕구가 가장 높은지 생각해 보자.

PART 04

정보사회와 비서

제10장

비서와 정보관리

10.1 정보사회와 제4차 산업혁명

1. 정보사회 개념 및 패러다임의 변화

인류사회는 초기 농경사회를 지나 영국의 산업혁명을 계기로 산업사회로 발전하였으며, 이후 컴퓨터의 개발과 함께 정보사회로 진입하였다. 정보사회는 정보통신기술(Information Communication Technology: ICT)의 발달로 인해 사용 가능한 정보의 양이 많아지고 정보 활용이 모든 업무의 핵심이 되면서 정보를 통해 부(富)를 창출하는 사회를 의미한다.

20세기 말 인터넷의 기하급수적인 보급으로 정보사회가 고도화되었으며, 최근에는 스마트폰의 대중화와 사물인터넷(Internet of Things: IoT) 등 새로운 IT 관련

표 10-1 인류사회의 변화 과정

구 분	농경사회	산업사회	정보사회
시기	~1800	1800~1957	1957~
주도 인력	농부	공장 노동자	지식 근로자
경제 기반	토지, 노동	노동, 자본, 에너지	정보, 지식
활용 도구	농경기구	기계	정보 기술

출처: 이동훈(2019: 33).

신기술이 출현하면서 정보사회를 넘어 그 이후 사회에 대한 논의들이 진행되었다.

정보사회의 패러다임은 1인 1PC 시대에서 인터넷 시대와 모바일 시대를 거쳐 스마트 시대를 통해 더욱 개인화되고 모든 사물이 지능화되는 제4차 산업혁명 시대를 맞이하였다. 이에 빅데이터 활용과 관련 데이터 확보는 경제적 자산 및 경쟁력의 핵심 원천으로 인식되게 되었다. 이제 빅데이터 활용은 선택이 아니라 기업의 생존과 직결되어 미래 지향적 산업으로 변화하는 과정에서 반드시 필요한 원동력이 되었다.

표 10-2 정보사회의 변화 과정

구 분	PC 시대	인터넷 시대	모바일 시대	스마트 시대
패러다임 변화	디지털화	온라인화	소셜화, 모바일화	지능화, 사물 정보화
IT 기술	PC, 통신	초고속인터넷, 웹(Web)	모바일 인터넷, 스마트기기	빅데이터, 사물인터넷
핵심 분야	PC, OS	포털, 검색엔진	앱(App), SNS	인공지능(AI)

2. 정보사회의 특징

(1) 글로벌화에 따른 개방화

정치·경제·사회·문화 등 거의 모든 영역에서 국가 간의 교류가 증대되고, 기업의 해외 진출 확대와 서비스 시장의 글로벌화 및 네트워크 강화 등에 의하여 국제적인 상호 의존 관계가 더욱 심화되고 있다.

(2) 제품 생산의 다양화

산업사회에서의 규격화된 모습이 정보사회에서는 다양화된 모습으로 바뀌었다. 즉, 소품종을 대량 생산하던 시기에서 소비자의 기호에 맞도록 다품종을 소량 생산하는 체계로 바뀌었으며 창의력과 개성을 중시하고 있다.

(3) 첨단 통신 기술이 주도하는 사회

첨단 기술의 발달은 컴퓨터와 통신 기술에서 놀라운 변화를 가져와 사무실뿐만 아니라 가정에서도 정보통신 기술의 고도화 및 네트워크화에 의한 종합 지능 통신망을 기반으로 업무가 처리된다.

(4) 고령화 및 고학력화

의학의 고도화 및 생활 수준의 향상 등으로 인간의 평균 기대 수명이 늘어나면서 고령화가 촉진되어 100세 시대를 맞이하였고, 우리나라는 2026년 초고령사회로의 진입이 예측되고 있다. 저출산으로 인한 세대당 자녀 수의 감소로 인해 고등 교육에 대한 욕구가 더욱 증대되어 고학력화가 촉진되었다.

(5) 교환 수단이 된 전자 화폐 출현

금속 화폐나 지폐와 같은 전통 화폐가 최근 전자 화폐로 대체되면서 '핀테크(FinTech)'라는 용어가 사용되고 있다. 핀테크(FinTech)는 'Fiance(금융)'와 'Technology(기술)'의 합성어로, 금융과 IT의 융합을 통한 금융 서비스 및 산업의 변화를 통칭한다. 금융 서비스 변화의 대표적인 예로는 모바일, SNS, 빅데이터 등 새로운 IT 기술 등을 활용하여 기존 금융 기법과 차별화된 금융 서비스를 제공하는 기술 기반 금융 서비스 혁신이 있으며, 그 예로 모바일 뱅킹과 앱카드 등이 있다. 더 나아가 블록체인과 암호 화폐의 사용이 급속도로 확산되고 있다.

(6) 프로슈머의 등장

프로슈머(prosumer)는 '생산소비자'라고 하며, 소비자가 생산을 하게 함으로써 기업이 생산성을 높이는 개념이다. 그 예로, 유튜브에 직접 제작한 동영상을 올리면 업로더는 만족감을 얻는 동시에 광고 수입도 유튜브 회사로부터 받을 수 있다. 그러나 유튜브 사용자가 생산한 영상으로 유튜브 회사가 훨씬 많은 수익을 가져가게 된다.

3. 제4차 산업혁명의 개념

제4차 산업혁명(The Fourth Industrial Revolution)은 2016년 다보스포럼에서 클라우스 슈밥(Klaus Schwab)이 처음 제시한 개념으로, 아직까지 충분한 논의가 이루어지지 않아 그 정의가 명확하게 정립되지는 않았다. 이에 지금까지 논의된 학자들 사이의 의견을 종합하면 '제3차 산업혁명을 기반으로 디지털, 생물학, 물리학 등의 경계가 없어지고 인공지능(Artificial Intelligence: AI). 로봇기술, 생명과학이 주도하는 차세대 산업혁명'으로 정의할 수 있다.

블록체인과 암호 화폐

제4차 산업혁명의 기반으로서 블록체인(Block Chain)이 다양한 산업에서 신성장 동력을 만들어내는 중요한 핵심 인프라이면서 기술로 자리잡아 가고 있다. 블록체인은 블록에 데이터를 담아 체인 형태로 연결, 수많은 컴퓨터를 통해 동시에 이를 복제하여 저장하는 분산형 데이터 저장기술로 가상 화폐로 거래할 때 해킹을 방지하기 위한 기술이다.

2007년 글로벌 금융위기 사태 이후 중앙집권화된 금융 시스템의 위험성을 인지하고 개인 간 거래가 가능한 블록체인 기술을 고안해냈으며, 이후 2009년 블록체인 기술을 적용해 암호 화폐인 '비트코인'을 개발했다. 우리나라에서는 금융기관, 공공기관, 유통, 물류까지 다양한 산업 군에서 블록체인을 활용해 비즈니스의 효율성을 제공하며, 데이터 및 기업의 자산 거래의 신뢰성을 제공해 거래의 투명성과 거래 비용의 효율성을 제고하기 위한 다양한 시도가 이뤄지고 있다.

제4차 산업혁명의 핵심 기술 중 하나인 블록체인과 블록체인을 기반으로 만들어진 암호 화폐인 비트코인과 이더리움 등 많은 코인들이 앞으로 화폐의 기능을 하고 기축통화로 자리잡기까지는 일정한 시간이 요구된다.

4. 제4차 산업혁명의 특징과 비서직의 업무 변화

제4차 산업혁명의 가장 대표적인 단어들은 인공지능, 사물인터넷, 클라우드, 빅데이터 등이다. 특히 제4차 산업혁명은 속도, 범위, 영향력 등의 관점에서 제3차 산업혁명과 차별화되며, 인류가 한 번도 경험하지 못한 새로운 시대를 경험하게 될 것이라고 예측되고 있다. 즉, 획기적 기술 진보, 전반적 시스템의 변화, 파괴적 기술 등이 제4차 산업혁명의 주요 특징이다.

제3차 산업혁명에서 인간의 중요한 역할이 자동화를 위한 프로그래밍과 컴퓨터 및 기계를 밀접하게 연결하여 생산의 자동화를 이루어냈다면, 제4차 산업혁명에서는 기계 및 컴퓨터가 소통하는 생태계를 어떻게 활용하여 의미있는 가치를 도출해낼지에 대해 인간의 주요 역할이 집중되어 있다.

인공지능에 의해 컴퓨터와 기계가 독자적으로 상호 소통하는 스마트화도 가능해질 것이다. 제4차 산업혁명은 기술 융합을 통해 생산성을 증대시키고 생산 및 유통비용을 절감하여 개인의 소득 증가와 삶의 질 향상이라는 긍정적 효과를 기대할 수 있다. 하지만 빈부 격차, 사회적 불평등, 인공지능에 의한 기계가 인간을 대체함에 따라 노동시장에 부정적인 영향도 간과할 수 없는 부분이다. 따라서 향후 노동시장은 고기술에 따른 높은 임금 및 저기술로 인한 낮은 임금으로 인해 일자리 양극화로 중산층의 감소가 우려된다.

이러한 노동시장에서의 상이한 전망에 따라 전통적으로 인식되어온 단순 보조 개념의 비서 업무는 감소하고, 인공지능 비서로 대체할 수 없는 인간 고유의 역량이 요구되는 비서 업무는 유지 및 강화되며, 조직 내에서 능력을 인정받아 고유의 비서 업무 외에 인사, 총무, 회계 등 업무 확대를 통한 역량 발휘 기회가 확대될 것으로 전망된다. 이에 평생학습 시대를 맞이하여 비서직 또한 창의적 융복합 인재로서 자리매김할 수 있도록 지속적인 자기개발이 요구된다.

다음은 인간의 삶을 편리하게 하기 위해 만들어진 인공지능 비서의 출현에도 불구하고 인간 비서가 왜 중요한지를 잘 보여주는 사례이다.

사람 감정을 분석하여 대응하거나 복잡한 응답 업무 수행을 해내기엔 인공지능 비서의 역량이 부족한 것 같다. 인공지능 비서 외에 '진짜 사람 비서'가 필요한 이유가 바로 여기에 있다. 우리나라에 비서행정 및 관련 학과를 개설한 대학이 여러 곳 있고, 이들이 비서 인력이 필요한 기관에 우수 인력을 공급하고 있는 것은 주지의 사실이다. 실제로 기업의 임원들을 보좌하는 비서의 역할은 매우 막중하다. 이는 민간 기업뿐만 아니라 정부나 공공기관도 마찬가지인데, 이들의 역량 개발에 대해서는 그간 관심이 다소 적었던 것 같다.

정부나 공공기관에서는 비서 직무를 수행하는 직원이 기관 내 기존 일반 인력 풀에서 선발되는 사례가 많다. 사정이 이렇다 보니 민간 부문의 전문 비서보다는 비서 업무에 대한 경험과 이해가 부족할 수 있다. 비서는 상사가 처하는 각종 상황에 함께 대처하는 가장 밀접한 파트너다. 특히 정부와 공공기관의 비서는 기관장의 최일선 참모로서 정무적 판단과 팀 정신을 갖추어야 한다. 그리고 전략적 마인드와 고도의 정책적 감각을 발휘하여 기관장을 보좌해야 한다.

그런 맥락에서 인사혁신처는 최근 공직 내 비서 교육을 처음으로 시행하였다. 공직 최초로 개설된 비서 전문 과정은 부처 기관장 비서진이 직무 수행에 필요한 교육 과정을 이수하여 비서로서 전문성을 갖추고 보다 충실히 직무를 수행하도록 하기 위해 개설되었다. 정책적 조언, 정무적 감각 발휘를 통한 기관장 보좌는 인공지능 '알렉사'나 로봇이 할 수 없는 영역이다. 비서 전문 과정에 많은 수요가 있던 것도 그 때문일 것이다.

출처: 매일경제(2018.8.5)

표 10-3 제1차~제4차 산업혁명 주기별 분류

구 분	주기별 내용
제1차 산업혁명	• 18세기 후반 • 증기 기관 및 철도 발명 및 건설 • 물과 증기의 힘을 활용한 기계화
제2차 산업혁명	• 19세기 후반 • 전기 및 생산 조립 라인 출현 • 전기의 힘을 이용한 대량 생산
제3차 산업혁명	• 1960~1990년대 • 컴퓨터 출현 • 정보 기술 활용 자동화
제4차 산업혁명	• 2000년대 중반~현재 • 사물인터넷, 빅데이터, 3D 프린터 • 디지털 기술 융합 • 인공지능(AI)

출처: 이동훈(2019: 40). 수정 보완.

10.2 빅데이터와 데이터마이닝

1. 빅데이터의 등장 배경 및 개념

오늘날 정보통신 분야에서의 키워드는 단연 빅데이터이다. 데이터의 양이 폭증하면서 기존의 데이터를 저장하고 관리하며 분석하는 기법으로는 데이터 처리가 한계에 도달하였다. 그에 따라 정보 기술 패러다임이 바뀌면서 데이터의 처리 용량이 폭발적으로 증가하였다. 빅테이터(Big Data)란 디지털 환경에서 기존의 아날로그 환경에서 생성되던 데이터보다 양이 방대하고, 생성 주기도 짧으며, 수치 데이터뿐 아니라 문자와 영상 데이터를 포함하는 대규모 데이터를 의미한다. 빅테이터 환경은 과거 대비 데이터의 양의 폭증과 데이터의 종류가 다양해져 인간들의 행동은 물론 위치 정보와 SNS를 통한 생각과 의견까지 분석하고 예측할 수 있게 되었다.

2. 빅데이터의 활용

빅데이터는 빠르게 생성되고 전파되기 때문에 유용한 정보의 증가만큼 불필요한 정보도 급증하고 있다. 이러한 대규모 데이터 중에서 의미있는 정보를 선별하여 결과를 분석하는 빅데이터 기술을 통해 미래 예측이나 예산 절감이 가능해진다. 처음 빅데이터 처리 기술이 공개되면서 비용이 감소하며, 새로운 일자리 창출 및 경제 발전의 동력으로 기대를 모았다. 맥킨지 컨설팅 회사는 비즈니스 분야의 지형을 변화시킬 10대 기술 중 하나로 빅데이터를 지목하였으며, 향후 빅데이터 기술의 활용이 중요한 가치 창출 효과를 가져올 것으로 예측하였다.

빅데이터 활용의 선두 주자는 단연 기업이다. 특히 플랫폼과 전자상거래 기업은 방대한 고객 데이터를 분석해 다양한 마케팅 활동을 한다. 이제 기업들은 빅데이터를 활용함으로써 고객의 행동을 미리 예측하고 대처 방안을 모색하여 기업경쟁력을 강화하며, 비즈니스의 혁신과 생산성 향상을 가능하게 한다. 공공기관도 시민의 요구 사항과 필요 서비스를 제공하기 위한 기회로 활용할 수 있으며, 이를 통해 사회적 비용 감소 및 공공 서비스의 품질 향상을 기대할 수 있다.

빅데이터 활용 해외기업의 적용 사례를 살펴보면, 구글이나 페이스북과 같은 인터넷, SNS 기업들은 빅데이터를 활용하여 효과적인 비즈니스 모델 창출을 통해 이윤을 극대화하고 있다. 구글은 '구글 번역 서비스'를 통해 전문가가 번역한 문서에서 의미가 비슷한 문장과 어구를 대응하는 방식을 통해 대량의 데이터를 활용하여 번역의 정확성을 강화하고 있다. 구글의 번역 시스템은 지속적인 전문 번역 레퍼런스가 더해지면서 번역의 정확도가 증가하고 있다. 페이스북은 20억 명의 회원과 1,000억 건의 친구 관계를 기반으로 소셜데이터인 회원의 관심 사항, 소속기관, 결혼 여부, 심리 상태, 위치 정보 등 빅데이터를 활용하여 기업의 이윤을 극대화하고 있다.

국내에서도 금융 분야의 경우 다양한 경로를 통해 수집한 데이터로부터 소비자들의 행동 유형을 분석하고 고객 이탈을 미리 감지하여 타 금융기관으로 이동하는 것을 사전에 차단하는 데 빅데이터를 활용하고 있다. 또한 잠재 고객의 행동을 분석하여 홍보 강화를 통한 새로운 고객층 확보에도 활용이 가능하다. 은행권의 경우 대출자의 개인 신용도, 재정 상태, 고객 행동 데이터 등을 분석하여 채무 불이행 가능성을 판단하는 데도 활용되고 있다.

3. 데이터마이닝의 개념

데이터마이닝(Data Mining)은 대용량 데이터 내에 존재하는 관계, 패턴, 규칙 등을 탐색하고 모형화하여 유용한 정보를 추출하는 일련의 과정을 의미한다. 즉, 표면적으로는 아무런 연관이 없어 보이는 데이터 간에 숨어 있는 상관관계를 찾아내어 기업의 의사결정에 활용하는 새로운 데이터 활용 기술이다. 데이터 분석을 지하에 묻힌 광물을 찾아낸다는 뜻을 가진 마이닝(mining)이란 용어로 사용하게 된 것은 데이터에서 정보를 추출하는 과정이 탄광에서 석탄을 캐거나 대륙붕에서 원유를 채굴하는 작업처럼 숨겨진 가치를 찾아낸다는 특징을 가졌기 때문이다.

데이터마이닝은 기업 활동 과정에서 축적된 대량의 데이터를 분석하여 경영 활동에서 필요로 하는 다양한 의사결정에 활용하며, 통계학적 분석 방법 외에도 기계학습, 인공지능, 컴퓨터과학 등을 결합하여 사용한다. 통계학과 데이터마이닝의 차이점은 통계학은 비교적 크지 않은 실험 데이터를 대상으로 분석하는 반면, 데이터마이닝은 비계획적으로 축적된 대용량의 데이터를 심층적이고도 다양하게 분석하는 데 있다.

4. 데이터마이닝 활용 분야

데이터마이닝은 우리 주변의 다양한 분야에서 주목을 받고 있으며, 데이터마이닝 활용에 가장 적극적인 곳은 기업이다. 기업이 활용한 대표적 사례로는 장바구니 분석(market basket analysis)이 있다. 할인점의 구매 데이터 분석 결과 아기용 기저귀와 맥주가 함께 팔리고 있다는 사실을 발견하여 매장의 상품 진열 또는 할인행사에 활용한 사례이다. 맥주와 기저귀처럼 서로 관계가 없어 보이는 자료 간의 상관관계를 찾아내기 위해 데이터마이닝을 구축하는 것이다.

이외에도 천체 관측 사진에서 행성과 성운을 식별하는 패턴인식(pattern recognition) 기법은 방위산업과 의료 진단 분야에서 널리 활용되고 있다. 자동차, 반도체, 소비재 등 제조업에서는 생산 공정 단계에서 발생하는 데이터를 분석해 불량품이 발생하는 원인을 규명하고 예방하는 품질관리(quality control)에 활용한다. 금융 분야에서는 고객의 신용 등급에 따라 대출규모 및 이자 등을 결정하는 신용 점수(credit score) 산정에도 활용하고 있다. 분실된 신용카드의 부정 사용, 보험회사의 허위·과다 청구를 방지하기 위해 사용됨은 물론 국민연금이나 의료보험의 부당 청구와 같은 사항에서도 활용되고 있다.

기업의 최고 의사결정을 담당하는 경영층의 최측근에서 상사의 마음을 읽고 상황에 따라 전략적으로 업무를 보좌하는 것이 비서 직무의 특성이다. 상사를 효과적으로 보좌할 수 있을 뿐 아니라, 기업의 이윤 창출에도 활용되는 새로운 정보 기술의 신속한 습득을 위해 비서들은 지속적인 온·오프라인 교육에 참여하여야 한다.

표 10-4 데이터마이닝 활용 분야

활용 분야	활용 업무
생산 및 제조	생산 능력을 제어하는 주요 요소 파악
유통	판매 예측, 정확한 재고와 물류 일정 파악
의료	환자의 증세, 원인, 처방 실시
방송	주요 시간대 방송 주제 및 광고수익 최대화 방안 모색
마케팅	고객 프로파일링, 세분 시장 도출
은행업무	대출, 신용카드 사용 불량 수준 예측
보험	의료 보상 범위 예측 및 요소 구분
증권 거래	전체 시장 변화 예측을 통해 거래 시기 예측
경찰업무	범죄 패턴, 지리 정보 파악
방위산업	군사 장비 이동 비용 예측 및 군사 행동에 대한 전략 시험
항공	고객의 목적지 수집, 분석 및 고객의 성향 파악

출처: 이동훈(2019: 164).

10.3 정보관리

1. 정보관리의 개념

정보관리는 다양한 종류의 정보를 수집・분류・선택・가공・축적・이용・보관하는 과정으로 이루어진다. 즉, 필요한 정보를 여러 원천으로부터 수집하고 그 정보를 조직화(분류 및 정리)하여 이용하기 쉽게 가공하고, 또한 적절한 방법으로 축적하여 필요한 때 사용하거나 혹은 정보를 필요로 하는 사람에게 정확하고 신속하게 제공해 주는 모든 과정을 정보관리라고 한다.

어떠한 의사결정에 필요한 정보를 신속하게 얻기 위해서 평소 정보관리 체계를 세워 두는 것과 정보를 상호 교환하고 공유할 수 있는 네트워크를 구축하고 조직적으로 관리하는 것이 바람직하다.

2. 정보관리의 필요성

정보의 양은 매년 대량으로 증가하고 있으며, 새로운 정보들은 고도로 발전된 컴퓨터 및 통신 테크놀로지에 의하여 국경을 초월하여 유통되고 있다. 기업의 글로벌화, 급속한 기술 혁신, 기업 간의 경쟁 심화, 절대적인 정보량의 증가, 소비자 욕구의 다양화 등 다양한 기업환경 요소들은 효과적인 정보관리의 필요성을 더욱 증대시키고 있다.

그러므로 기업의 관리자에서 일반 직원에 이르기까지 정보의 홍수 속에서 정보를 선별하여 적절하게 활용할 수 있는 정보 기술과 필요한 정보를 검색하여 가공할 수 있는 능력이 필요하다. 최고관리자들은 더 많은 시간을 의사결정에 보내야 하므로 직접 정보를 찾기보다는 정보를 가공한 요약 보고서를 요구한다. 그러므로 언제나 관리자의 정보 요구를 도와 줄 수 있도록 IT 활용 능력과 정보 능력을 갖춘 정보 비서에 대한 수요가 증가한다.

3. 비서의 정보관리 업무

기업은 경쟁이 심화되고 있는 현실에서 생존과 발전을 위해 매우 다양한 정보를 필요로 한다. 기업의 최고경영층과 함께 일하는 비서는 상사를 전략적으로 보좌하기 위해서 상사와 관련된 정보뿐만 아니라 기업이 필요로 하는 정보에 대한 정확한 이해를 가지고 시기적절하게 정보를 수집하여 가공할 수 있어야 한다.

비서에게 필요한 정보 관련 지식과 기술은 다음과 같다.

- 상사가 필요로 하는 정보를 미리 파악한다.
- 필요한 정보를 어디에서 얻을 수 있는지 판단한다.
- 필요한 정보와 불필요한 정보를 선별한다.
- 사내의 정보 흐름을 파악한다.
- 컴퓨터, 통신기기 등 정보 관련 기기를 능숙하게 사용한다.

- 능률적인 정보관리 시스템(파일링)을 유지한다.
- 조직 내 주요 정보를 외부에 누설하지 않는다.

(1) 기업에서 필요로 하는 정보

빠르게 변화하는 글로벌 환경에서 기업은 효과적인 의사결정과 기업 운영을 위하여 신속하고도 정확한 정보를 필요로 한다.

기업 경영에 필요한 정보는 다음과 같다.

- 회사 자금 운영 관련 정보
- 조직원들의 구성 및 동향 관련 정보
- 정치 · 경제 동향
- 사회환경 관련 정보
- 신제품, 경쟁사, 소비자의 동향 등 시장 정보
- 자원 · 환경 등 글로벌 환경에 관한 정보
- 신기술에 관한 정보 등

표 10-5 정보의 원천에 따른 분류

외부 정보의 원천		내부 정보의 원천	
공 개	비공개	공 개	비공개
• 인터넷 • 신문 기사 • 정기 간행물 • 비정기 간행물 • 전문 서적 • 의사록 • 각종 안내장 및 보고서 • 조사기관에서 발행한 각종 자료	• 해외 주재원 및 현지 법인을 통해 수집한 정보 • 사내 각 부서에서 수집한 국내 정보	• 사보, 영업보고서, 회사 개요, 공장 안내서 • 팸플릿, 제품 카탈로그 • 홈페이지	• 내부 보고 자료 • 기획회의 • 자문회사에 의뢰한 정보

정보는 조직 외부에 관한 것과 조직 내부에 관한 것으로 크게 나뉘며, 이러한 정보는 구할 수 있는 원천에 따라 공개 정보와 비공개 정보로 나뉜다.

(2) 상사 관련 정보

비서는 보좌하는 상사에 관련한 다음과 같은 제반 정보를 파악하고 있어야 하며, 수시로 정보를 수집하고 변경 사항을 제때에 갱신하여야 한다. 액세스(Access)나 엑셀(Excel) 같은 소프트웨어를 활용하여 상사 관련 정보를 데이터베이스화하여 관련 정보를 관리하는 것이 효과적이다.

- 거래 관계에 있는 고객이나 거래처, 관련 단체 및 협회 인사 정보
- 경쟁사의 주요 임직원 정보
- 상사가 속한 공식 · 비공식 모임에 관한 정보
- 상사의 관심 분야, 취미에 관한 정보
- 상사의 인적 네트워크 정보 등

10.4 비서의 정보 윤리

비서직은 전문화된 지식과 기술을 업무에 적용하여야 할 뿐만 아니라, 고위 경영관리자를 보좌하고 조직 내에서 많은 기밀 사항을 다루는 업무의 특수성으로 인하여 일반 사무직보다 더욱 철저한 정보 보안 의식과 기밀 유지 의식을 가지고 있어야 한다.

1. 정보 보안 행동 규범

비서는 중요한 내용의 기밀 정보를 어떻게 관리할 것인지에 대하여 상사와 미리

상의하여야 하며, 이에 기초하여 지속적으로 보안을 유지하려는 노력을 기울여야 한다.

예를 들면, 다음과 같이 정보의 권한에 대하여 명확한 범위를 정하는 것이 필요하다.

- 비서는 '사문서', '기밀', '친전(親展)'이라고 표시된 물건이나 서류, 우편물을 개봉할 권한을 가지고 있는가?
- 비서는 상사의 이메일을 읽을 권한이 있는가?
- 상사와 비서 외에 특정 정보에 접근이 가능한 자는 누구이며, 어떤 경우에 가능한가?

또한 타인이나 외부로부터의 정보 요구 사항에 대하여 상사에게 수시로 확인함으로써 비서가 정보 보안에 민감하며 기밀을 지키고 있다는 신뢰감을 줄 수 있다.

예를 들면, 다음과 같이 구체적인 질문에 대한 답을 구한다. 기본적으로 글이든 말이든 상사에게서 지시받은 모든 정보는 기밀이라는 원칙 아래 업무를 수행하도록 한다.

- "신문사에서 전무님의 이력서를 보내달라고 하는데 보내도 괜찮습니까?"
- "마케팅 부사장님이 부서의 예산 파일을 보여 달라고 요청하셨는데 보여 드릴까요?"
- "사장님이 안 계실 때 정보, 서류, 컴퓨터 파일 등의 요청이 있을 때 어떻게 처리할까요?"

2. 정보 보안 실천

비서는 다음과 같은 다양한 정보원에서 발생하는 사무실의 정보를 안전하게 보호하여야 할 권한과 책임이 있다.

(1) 문서 정보

우편물, 결재 서류 등은 문서로 된 정보원이다. 문서 정보를 보호하는 최선의 방법은 "다른 사람을 유혹에 빠지지 않게 하는 것"이다. 눈에 띄는 장소에 서류를 놓는 것은 다른 사람들로 하여금 무심코 보게 만들기 때문에 특히 주의하여야 한다.

구체적인 실천 사항은 다음과 같다.

- 잠시 자리를 비울 경우에도 중요 문서나 기밀 문서들은 책상 안에 보관하거나 파일 캐비닛에 넣고 잠근다.
- 일반 문서라 하더라도 잠시 자리를 비울 경우에는 서류를 엎어 놓는다.
- 몇 시간 동안 민감한 사안이 포함된 기밀 문서를 다루는 일을 하는 경우, 사람들의 왕래가 많은 바쁜 시간은 피하고 자료가 노출되지 않도록 유의한다.
- 하루의 업무를 끝내기 전 책상 정리를 깨끗이 하고 다른 사람이 보면 안 되는 서류는 서랍에 넣고 반드시 잠그도록 한다. 회계 장부, 기획서, 스케줄, 관련 문서, 메모장 등을 포함하는 모든 문서에 대한 보안은 아무리 조심하여도 지나치지 않다.
- 다른 층에 서류를 전하러 가는 중일지라도 봉투에 넣어 봉해서 이동하여야 한다.
- 업무나 출장 중에 기밀 서류를 옮길 경우, 서류 가방에 넣고 잠그며 공공 장소에 서류 가방을 방치하지 않도록 한다.
- 회의에 참석할 때에는 다른 사람들이 볼 수 있는 곳에 서류를 노출시키지 않는다. 서류를 엎어 놓거나 폴더에 넣어서 내용이 보이지 않도록 유의한다.
- 기밀 서류를 우편으로 보낼 때, '기밀'이라고 찍힌 봉투에 봉하여 넣은 후, '기밀'이라고 표시한 또 다른 봉투에 봉하여 넣음으로써 이중 보호를 한다.
- 기밀 서류, 중요한 서류, 초안, 복사본, 메모의 원본 및 사본을 버릴 때에는 반드시 문서세단기를 이용하여 파기한다. 휴지통이나 재활용통에 이러한 기밀 서류를 그대로 버리지 않도록 유의한다.

(2) 일정 관련 정보

상사의 일정도 때에 따라 극비 정보가 될 수 있다. 상사에게 "사장님의 출장 일정에 관하여 질문하는 임원이 있으면 일정을 말씀드려도 될까요?"와 같이 구체적인 질문을 하여 일정 정보의 공개 가능 여부를 파악해 두어야 한다. 상사의 출장 일정을 공유할 필요가 없는 사람이 상사의 일정에 대하여 물어볼 때에는 밝힐 수 없다는 점을 공손하게 인지시킨다.

(3) 팩스 및 음성 정보

기밀 정보는 팩스보다 등기 우편이나 인편으로 보내는 것이 안전하다. 만일 어쩔 수 없이 팩스로 보내야 할 경우에는 먼저 전화를 걸어 정확히 몇 분 후에 팩스가 갈 것이라고 알려 주고 보낸 후에는 본인이 직접 받았는지 전화로 확인하여 다른 사람에게 정보가 누출되지 않도록 하여야 한다. 다른 사람의 팩스를 읽는 것은 다른 사람의 우편물을 개봉해서 읽는 것과 같은데도 다른 사람에게 온 팩스를 아무렇지 않게 읽는 경우가 있으므로 특히 주의하여야 한다. 또한 팩스를 보내거나 복사를 한 후 원본을 사무기기 위에 그대로 두고 자리로 돌아오는 일이 없도록 유의한다.

또 음성 메시지로 기밀이나 개인적 내용을 남기지 않도록 한다. 쉽게 음성 메시지에 접근할 수 있는 반면에, 이로 인하여 잘못되었을 경우 결과는 매우 치명적이다.

(4) 컴퓨터 정보

① 이메일(e-mail) 관리

- 이메일은 규칙적으로 확인한다.
- 필요없는 이메일은 서버의 공간을 낭비하므로 삭제한다.
- 필요한 이메일은 컴퓨터에 디렉토리를 만들어 저장한다.
- 이메일을 이용하여 중요한 정보를 전송하는 것은 위험하다.
- 네트워크를 통하여 다른 사람이 자신의 이메일을 읽을 가능성에 유의한다.
- 개인 이메일은 회사의 메일 서버를 사용하지 않도록 유의한다.

② 컴퓨터 파일 정보

컴퓨터에 저장된 정보는 많은 위험에 노출되어 있는데, 예를 들면 삭제한 파일이 복구되어 유통될 수 있으며, 네트워크의 개방성과 불완전성으로 인하여 정보가 노출될 수도 있다. 따라서 컴퓨터 시스템의 보안에는 한계가 있다는 것을 명확히 인식하고 있어야 한다.

이에 대처하기 위한 주의 사항은 다음과 같다.

- 모니터 스크린 위치를 다른 사람이 볼 수 없는 위치에 놓는다. 몰래 읽어 보려는 사람이 있으면 빨리 화면을 끌 수 있는 방법을 준비해 두거나 화면 보호기(screen saver)를 작동시킬 수 있는 단축 키(hot key)를 설정해 둔다.
- 기밀 정보를 다루는 일을 하는 중이었다면 잠시 자리를 뜰 때도 화면을 꺼두도록 한다.
- 회사 내에서 컴퓨터 하드웨어와 소프트웨어를 잘 다루는 사람이 누구인지 평소에 알아 두고 필요시 도움을 받는다.
- 중요한 파일들을 정기적으로 백업하고 저장하는 시스템을 개발하여 활용한다. 더 이상 사용할 필요가 없는 파일은 복구가 불가능한 방법으로 영구 삭제하여 정보가 새어 나가는 일이 없도록 한다.
- USB와 같은 저장 도구는 간편하게 가지고 다닐 수 있는 이점이 큰 만큼 분실할 수 있는 가능성도 크므로 분실하지 않도록 유의하고 정기적으로 백업을 받아서 만약의 사태에 대비한다. 필요시 회사의 클라우드 서비스에 올려두고 공유하도록 한다.

(5) 정보 윤리 실천

회사 기밀이나 개인의 사생활, 지적 재산권은 보호하되, 유용한 정보는 함께 나누는 새로운 가치관이 정보 윤리의 또 다른 측면으로서 요구된다.

비윤리적 행동인 해킹을 방지하고 인터넷상에서 지켜야 할 예절을 지킴으로써 비서 업무를 원활히 수행할 수 있을 것이다. 특히 업무와 상관 없는 개인 메일이나 스팸 메일로 인하여 업무 수행에 지장이 생기지 않도록 유의하여야 한다. 광고 메일, 설문조사 메일, 폭탄 메일 등 각종 형태의 스팸 메일에 유의하도록 한다. 원하지 않는 메일을 계속 받을 때는 특정 사이트나 특정 단어가 들어 있는 메일 수신을 거부하도록 등록해 둔다. 또한 회사 이메일을 사적인 용도로 쓰지 않고 근무 시간 중에는 사적인 이메일을 열지 않는다.

근무 시간 중에 업무와 무관한 웹 사이트를 방문하여 정보 검색을 하거나 인터넷 쇼핑, 주식 거래 등을 하지 않도록 유의한다. 컴퓨터 사용 기록은 중앙 컴퓨터 시스템에서 항상 모니터링할 수 있으므로 업무와 무관한 컴퓨터 사용은 자제하도록 한다.

다음은 정보 보안에 대한 직원의 소홀한 태도가 사회적으로 얼마나 큰 문제를 야기 시키는지를 잘 보여 주는 사례이다.

휴대전화 가입자들의 개인 신상 정보가 고스란히 담긴 서류뭉치 수백만 장이 부산의 한 고물상에 폐지로 팔려 나갔다. 지난 7일 오후 부산 연제구 연산5동의 한 골목길 고물상에 신원을 알 수 없는 남자 서너 명이 트럭에 약 2t 가량의 서류뭉치를 싣고 와 내려놓고는 14만 원을 받아갔다. 이 서류뭉치들은 겉표지에 'S텔레콤'이라고 적힌 휴대전화 가입(변경) 신청서와 함께 주민등록증 사본 등 가입자 개인 신상 정보가 담긴 서류가 대부분이었다. … 중략 … S텔레컴 측은 모 대리점이 매장 확장 공사를 하는 과정에서 최근 3~4년 가량의 가입자 관련 서류 등을 파쇄하지 않고 폐지업자에게 처분을 의뢰한 것으로 확인되었다며, 확인 즉시 해당 서류뭉치를 전량 수거했으며 모두 소각 처리할 예정이라고 밝혔다. 규정에는 가입자 신상 관련 원본 서류는 본사로 모아 전량 폐기하고 사본은 본사 관리 하에 대리점에서 소각 또는 파쇄하도록 되어 있다.

출처: 조선일보

익힘문제

1. 정보화가 비서의 업무와 역할에 어떠한 영향을 미쳤는지 서술하라.

2. 제4차 산업혁명 시대 비서의 업무 변화에 관하여 기술하라.

3. 각종 정보의 원천을 살펴보고, 특히 기업 경영과 관련된 정보들의 주요 원천은 무엇인지 서술하라.

사례연구

1. 오늘 경제 신문들을 살펴보고 어떠한 정보들이 담겨 있는지 알아보자.
   (예: 오늘의 환율, 오늘의 주가, 경제계 인물 동정, 부고, 광고 등)

2. 국내·외 빅데이터 및 데이터마이닝 활용 사례에 대해 조사하여 이야기해 보자.

3. 기업 정보를 많이 얻을 수 있는 사이트 5개를 조사하여 내용을 살펴보자.

제 11 장

사무 정보

11.1 사무 정보의 의의

사무는 경영 활동에서 발생하는 각종 정보를 처리하는 일이라고 할 수 있다. 이러한 사무 활동은 컴퓨터와 인터넷, 네트워크, 인공지능의 눈부신 발전으로 인하여 하루가 다르게 급속도로 변화하여 자동화되고 통합되는 양상을 보인다.

1. 사무 정보화의 필요성

정보가 중요한 자원으로 인식되면서 정보의 효과적 관리와 활용의 중요성이 더욱 커지고 있다. 뿐만 아니라 사무직 · 전문직에 종사하는 근로자 수의 증가와 함께 급여, 사무 공간, 사무 용품, 그 밖의 복지후생 등의 비용 증가를 가져왔다. 이에 기업들은 최소의 직원으로 업무를 효율적으로 처리하기 위하여 정보 기술을 최대한 활용하고 있다.

2. 사무 정보화의 효과

조직 내에서 사무 정보화의 효과적 적용 및 활용 여부는 사무 처리의 생산성에 영향을 미칠 뿐만 아니라, 조직의 선진화 정도를 측정할 수 있는 척도로 인식되고 있다. 사무 정보화는 유·무형적 효과를 가져다 준다.

(1) 유형적 효과

유형적 효과는 눈으로 관찰하거나 계산할 수 있는 효과로서 다음과 같이 작업 시간과 노동이나 비용의 절약 형태로 나타난다.

- 업무를 위한 사내·외 이동의 필요성 감소
- 공식적·비공식적 회의의 필요성 감소
- 전화의 필요성 감소
- 자동화에 의한 노동의 감소 또는 과정의 축소 등

(2) 무형적 효과

무형적 효과는 시간과 노동을 절약하지만 그 효과가 즉각적으로 나타나지 않으며, 수치로 환산하기 어렵다.

- 신속하고도 질적으로 나은 의사결정
- 효율적이고 적시(timing)의 의사소통
- 고객에 대한 서비스의 질 향상
- 조직원의 태도나 사기의 증대로 인한 직무 만족의 증대 등

11.2 사무기기 및 매체

사무기기는 사무실 내에서 업무를 효율적으로 처리하도록 활용되는 모든 기기를 의미한다. 사무의 개념 정의가 시작될 무렵인 20세기 초에 사무기기는 타자기와 전화기 정도였으나 정보통신 기술의 급격한 발달과 더불어 고성능의 다양한 사무기기

가 출시되고 활용 범위도 점차 확대되었다.

1990년대까지는 단순한 기능을 가진 사무기기들이 주로 활용된 반면, 2000년대 들어서면서 복합기와 같이 여러 기능을 통합하여 편의성을 높인 다기능 사무기기들이 등장하기 시작했다. 2010년 이후에는 인터넷과 무선 네트워크 기술을 통해 사무기기와 소프트웨어를 연동하여 그 활용성을 극대화한 사무기기와 매체의 비중이 높아졌다.

오늘날 정보를 처리, 전달, 저장하는 과정에서 주로 사용되는 사무기기와 매체는 다음과 같이 분류할 수 있다.

표 11-1 사무기기 및 매체

구분	내용
사무기기	• 개인용 컴퓨터(데스크톱/노트북/태블릿) • 스마트폰 • 복합기(스캐너/복사기/프린터/팩스) • 전화기 • 전자칠판 • 프로젝터 • 디지털 카메라/캠코더 • 문서 세단기 • 제본기
정보전달 매체	• 이메일(e-mail) • 메신저 • 화상회의 시스템
정보저장 매체	• 하드디스크(HDD) • CD/DVD • 플래시 메모리(SD Card/USB) • SSD • 클라우드 스토리지 서비스

1. 사무기기

사무기기는 용도와 목적에 맞게 잘 활용하면 업무의 효율성을 크게 높일 수 있다. 따라서 비서는 조직 내에서 빈번하게 사용되는 사무기기의 사용법을 숙지하고 이를 체계적으로 관리할 필요가 있다.

(1) 컴퓨터

컴퓨터는 가장 대표적인 사무기기로 전자회로를 이용하여 정해진 과정에 따라 정보를 처리하는 기기이다. 사무환경에서 최종 사용자가 주로 사용하는 개인용 컴퓨터(Personal Computer: 이하 PC)는 크기와 사용 용도에 따라 탁상용인 데스크톱(Desktop)과 휴대용인 노트북(Laptop), 태블릿(Tablet)으로 분류된다.

정보통신 기술의 지속적 발달과 함께 컴퓨터 성능은 갈수록 고도화되고 저장 용량도 빠른 속도로 확장되면서도 기기 본체는 슬림화·경량화되는 추세에 있다. 특히 휴대가 가능한 노트북 PC와 태블릿 PC의 사용으로 시간과 공간의 제약 없이 업무를 수행하는 유비쿼터스(Ubiquitous) 사무실 구현이 가능해졌다. 인공지능, 빅데이터, 사물 인터넷 등으로 대표되는 제4차 산업혁명 시대에도 컴퓨터 관련 기술이 다양한 첨단 기술들과 결합하여 고성능 컴퓨터의 활용은 더욱 확대될 것으로 전망된다.

데스크톱 PC

노트북 PC

태블릿 PC

(2) 스마트폰

스마트폰은 휴대전화에 컴퓨터, 디지털 카메라 등 다양한 기능을 통합한 지능형 단말기이다. 기본적인 전화 기능 외에도 데이터 통신 기능을 갖추고 있어 인터넷 정보검색, 이메일, 팩스 전송 등이 가능하고 디지털 카메라, 음원 저장 및 재생 등 다양한 기능으로 활용이 가능하다. 특히 응용 프로그램(이하 애플리케이션)을 사용자 편의에 맞게 추가 또는 삭제할 수 있어 맞춤형 인터페이스를 구현할 수 있는 점이 스마트폰의 큰 특징이다. 예약이나 일정, 명함관리 애플리케이션과 같이 비서 업무 효율성을 높이는 데 도움이 되는 애플리케이션이 다수 존재하므로 이를 업무 시 잘 활용할 필요가 있다.

(3) 복합기

복합기는 복사기, 프린터, 스캐너, 팩스의 기능을 하나로 통합한 기기로 공용 대형 복합기와 개인용 소형 복합기로 나뉜다. 다양한 기능을 하나의 기기로 통합하여 비용 절감 효과가 크고, 공간 활용도 및 업무 효율성이 우수하므로 오늘날 사무용 복합기 사용은 보편화되어 있다. 사무실에서는 다수의 사용자가 복합기를 공유하는 경우가 많으므로 효율적인 활용을 위해 자동 급지 기능(Automatic Document Feeder: ADF), 사용자 인식 시스템, 사용자별 파일 관리 및 전송 시스템 등 다양한 기능이 있다.

다만 비서는 기밀 정보를 자주 다루게 되는 직무 특성상 공용 복합기의 사용으로 중요 정보가 노출되는 위험을 최소화하기 위해서 개인용 복합기를 별도로 사용하거나 복사기, 프린터, 스캐너, 팩스 기기를 개별적으로 두고 사용하기도 한다. 이에 각 기기별 기능과 특징도 알아둘 필요가 있다.

공용 복합기

개인용 복합기

① 복사기

복사기는 문서와 사진 등 각종 자료를 신속하게 복제할 수 있는 기기이다. 이는 기능에 따라 기본적인 복사 기능만 갖춘 일반 복사기, 자동 분류나 제본 기능이 추가된 다기능 복사기, 더 나아가 자료 저장과 전송과 같은 컴퓨터 처리 기능까지 추가된 지능 복사기로 분류할 수 있다.

복사 업무는 단순하고 사소한 업무처럼 보일지 모르지만 최적의 상태로 복사가 이루어지기 위해서는 좌우대칭, 배율, 해상도 조절 등의 기능을 잘 숙지하여야 가능하다. 그러므로 비서는 상사에게 양질의 복사 자료를 제공할 수 있도록 이러한 다양한 기능을 잘 숙지하고 적용할 수 있어야 한다.

② 프린터

프린터는 컴퓨터에서 처리된 정보를 출력하는 기기이다. 프린터는 일반적으로 출력 방식에 따라 레이저 프린터와 잉크젯 프린터로 분류된다. 레이저 프린터는 구입비용이 상대적으로 높지만 인쇄 속도가 빠르고 품질이 선명하여 많은 양을 인쇄하는 경우 적합하다. 잉크젯 프린터는 가격이 상대적으로 저렴하지만 속도가 느리고 품질이 다소 떨어지는 편이다. 이러한 이유로 일반적으로 사무실에서는 레이저 프린터가 주로 사용되지만 용도와 예산을 충분히 고려하여 자신에게 적합한 모델을 선정할 필요가 있다.

한편 입력한 도면을 바탕으로 3차원의 입체 물품을 만들어내는 3D 프린트의 사용이 증가하고 있다. 과거에는 제조, 의료 등의 특수 분야에서만 활용되었으나 제4차 산업혁명의 도래로 3D 프린터 활용 분야는 산업 전반으로 확대될 것으로 전망된다.

일반(2D) 프린터

3D 프린터

③ 스캐너

스캐너는 그림이나 사진, 문자 등을 컴퓨터에서 사용되는 디지털 파일 형태로 변환하여 컴퓨터에 전달하는 입력 장치이다. 주로 사진이나 영수증, 직인 등이 찍힌 주요 문서를 디지털 형식으로 저장할 때 활용된다. 비서는 문서관리와 비용정산 등의 업무를 위해 상사가 전달하는 사진이나 영수증, 주요 문서 등의 자료를 pdf 등의 디지털 형식으로 저장해 두어야 하는 경우가 자주 발생하므로 스캐너의 업무 활용도는 높은 편이다.

스캐너

④ 팩시밀리

팩시밀리(facsimile)는 일반적으로 팩스(fax)라고 불리며 전화망을 이용하여 문서나 도면을 송·수신하는 기기이다. 팩스는 비용이 저렴하면서도 신속·정확하게 문서 전달이 가능하고 수신자가 다수이거나 부재중인 상황에서도 송신이 가능하다. 이메일 사용이 보편화되면서 서면 커뮤니케이션의 일인자 자리를 내놓기는 했지만 팩스는 여전히 활용도가 높다.

더욱이 최근에는 전화망 대신 인터넷 기반의 웹 환경을 활용하는 인터넷 팩스와 스마트폰 애플리케이션을 활용한 모바일 팩스도 업무 시 자주 활용되고 있다. 인터넷 팩스의 사용으로 컴퓨터를 통해 팩스를 송·수신할 수 있어 종이나 토너 등의 유지관리 비용이 절감되고, 팩스 분실 위험 요인도 현저히 감소되었다. 또한 모바일 팩스의 사용으로 시간과 장소의 제약 없이 문자 메시지처럼 쉽게 팩스를 송·수신할 수 있게 되었다.

팩시밀리

(4) 전화기

전화기는 가장 보편적인 통신 수단으로 전자 기술의 발전과 더불어 다양한 부가 기능이 추가되고 무선 전화기, 인터넷 전화 등 다양한 전화 통신 방법이 소개됨에 따라 전화의 편의성과 효용성은 더욱 높아졌다.

비서는 직무 특성상 전화 응대 빈도가 높아 업무 편의성을 높이기 위해 다기능 전화기를 사용하는 경우가 많다. 다기능 전화기는 내부에 마이크포 프로세서나 메모리 등을 내장하여 다양한 기능이 간단한 키 조작으로 가능케 한 전화기를 말한다. 구체적으로 자동발신, 재발신, 번호 메모, 수·발신 내역 기록, 스피커폰, 착신전환, 보류, 자동호출, 발신자 표시 등과 같은 다양한 기능을 수행할 수 있다. 그 외에 전화 회의를 위해 특화된 회의용 전화기를 사용하는 경우도 있어 비서는 원활한 회의 진행이 가능하도록 사용법을 숙지해 둘 필요가 있다.

회의용 전화기

다기능 전화기

(5) 프로젝터(projector)

프로젝터는 컴퓨터, VTR, 캠코더 등의 외부 기기를 연결하여 원하는 화면이나 동영상 등을 초대형 화면으로 스크린에 투사하여 사용하는 기기이다. 프로젝터의 종류는 CRT, LCD, DLP 세 가지 방식이 있다. CRT 프로젝터는 고해상도 고명암비 구현이 가능하나 무게가 무겁고 조정이 어려워 대강당의 천장이나 후면투사형 붙박이 시스템에 주로 사용된다. LCD, DLP 프로젝터는 일반적인 밝기 및 해상도 지원이 가능하고 PC 호환성이 우수해 사무실에서 주로 사용된다.

프로젝터는 회의 시 빈번하게 사용되므로 비서는 회의 전 프로젝터가 잘 작동하는지 점검하고 주기적으로 클리닝과 램프 교체를 함으로써 최적의 상태를 유지하도록 잘 관리해야 한다.

CRT 프로젝터

LCD/DLP 프로젝터

(6) 전자 칠판

전자 칠판은 보드(board)상에 기록한 문자 및 도형이나 보드상에 첨부한 자료를 센서로 읽어 들여, 이를 A4판 정도의 종이에 자동적으로 축소·복사·전송하는 장치이다. 기존에는 회의 내용들을 칠판에 기록한 후에 이를 모두 다시 써서 회의록을 작성하고 필요한 만큼 복사를 해서 배포하여야 하는 번거로움이 있었으나, 전자 칠판을 이용하면 이를 자동적으로 축소·복사하고 파일 형식으로 메일 전송까지 할 수 있어 매우 편리하다. 이처럼 회의의 진행과 정리·회의록 작성 등의 번거로운 작업이 전자 칠판에 의하여 크게 개선될 수 있어 활용 가치가 높다.

전자 칠판

(7) 문서 세단기

문서 세단기는 정보 보안이 필요한 문서를 폐기 시 내용을 확인할 수 없도록 파쇄하는 기기이다. 기업의 주요 정보가 휴지통을 통하여 누출되는 경우가 많아 정보 보호 및 정보 유출의 방지를 위해 문서 세단기가 사용된다. 그러므로 보안이 필요한 부서나 비서실에서는 기안지, 여분의 복사물을 그냥 버리거나 구겨서 버리지 않고 문서 세단기를 사용하여 원형을 알아볼 수 없도록 파쇄하여 버리는 것이 안전하다.

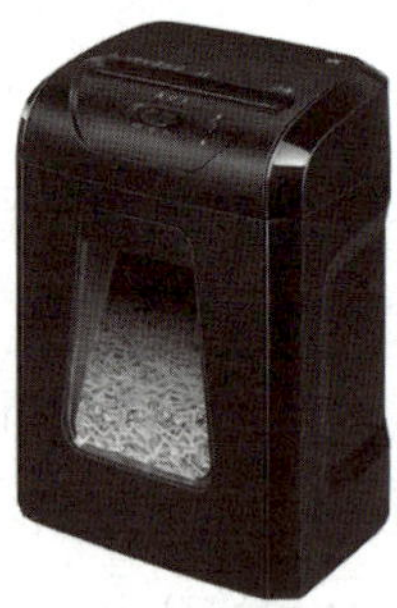

문서 세단기

(8) 제본기

제본기는 사무실 내에서 제본하여야 할 서류가 있을 때, 전문 인쇄소에 맡기지 않더라도 사내에서 간이 제본기를 이용하여 큰 비용을 들이지 않고 간단히 제본할 수 있도록 하는 기기이다. 종류로는 열을 이용해서 본드로 제본하는 열 제본기와 구멍을 뚫은 후 링 처리하는 링 제본기가 있다. 사무실에서는 보통 사용이 용이하고 비용도 저렴한 링 제본기가 많이 사용된다. 제본기 가격과 유지비는 비교적 저렴하므로 비서실에 비치하여 두면, 세미나 자료나 보고서를 보기 좋게 제작하고 보관할 수 있으므로 편리하다. 특히 기밀 자료의 제본에 유용하다.

열 제본기

링 제본기

(9) 디지털 카메라, 캠코더

디지털 카메라와 캠코더는 필름 대신 전자적 센서를 이용하여 사진과 동영상을 디지털 정보로 저장하는 기기를 말한다. 오늘날 유튜브와 같은 UCC(User Created Contents)가 빠른 속도로 확산되고 있고 중요한 정보의 한 형태로 자리 매김하고 있는데, 이는 디지털 카메라와 캠코더의 보급으로 인해 가능하게 된 것으로 볼 수 있다.

다만 디지털 카메라와 캠코더 기능이 스마트폰에 내장되어 있어 과거에 비해 독자적으로 활용되는 경우는 현저히 줄어들었으나, 보다 정밀한 작업을 위한 고성능 제품은 여전히 다방면에서 활용되고 있다.

2. 정보전달 매체

비서에게 정보전달은 상사의 메시지를 조직 내·외로 발송하는 일 외에 외부 및 부하 직원들의 정보를 상사에게 전달하는 일이다. 과거에는 전화기나 팩스와 같은 사무기기를 활용하여 주로 정보 전달이 이루어졌으나 최근에는 사무기기에 인터넷 기반의 소프트웨어를 연동한 이메일과 메신저, 화상회의 시스템 등을 정보전달 매체로 활용하는 비중이 늘고 있다.

정보전달 시에는 신속성, 정확성, 기밀유지성, 경제성 등을 고려할 필요가 있는데 매체의 종류에 따라 이러한 특성이 상이하므로 효과적인 정보전달이 이루어지기 위해서는 각 매체별 특성을 잘 파악하고 전달 목적에 맞는 매체를 선택하는 것이 중요하다.

(1) 전자우편

전자우편(e-mail)은 인터넷 또는 기타 컴퓨터 통신망을 통해 편지나 문서, 그 밖의 다른 정보들을 주고받는 우편방식을 말하며 흔히 이메일(e-mail)로 불린다. 이메일은 별도의 비용 없이 즉시 정보를 전송하거나 확인할 수 있고 여러 명에게 한꺼번에 정보를 발송할 수 있으며, 상대방의 접속 유무와 관계없이 정보를 송·수신할 수 있다. 더욱이 수신자가 원할 때 수시로 검색·출력하여 볼 수 있다는 점은 이메일의 가장 큰 장점으로 볼 수 있다. 이러한 장점으로 인해 이메일은 인터넷의 발달과 함께 가장 일반적인 통신 매체로 자리매김하였다.

(2) 메신저

메신저는 인터넷을 통해 실시간으로 메시지와 정보를 주고받을 수 있는 통신 매체로 즉시 송·수신 가능하다는 의미로 인스턴트 메신저라도 한다. 이메일은 메시지를 전송하고 상대방이 확인할 때까지 대기해야 하지만, 메신저는 상대방의 접속 유무를 실시간으로 확인 가능하고 메시지를 전송함으로써 즉각적인 응답을 기대할 수 있다. 게다가 대부분의 메신저가 다자 간 채팅과 음성 채팅을 지원하고 파일 교환 서비스도 지원한다. 이러한 메신저의 편리한 기능 덕분에 단순히 메시지를 주고받는 수단을 넘어서 그룹 회의나 온라인 공동 작업이 메신저를 통해 이루어지기도 하며, 이메일 못지않게 강력한 커뮤니케이션 수단으로 활용되고 있다.

반면에 메신저를 통해 회사의 기밀이 유출되거나 바이러스 감염에 쉽게 노출되는 등 보안상의 문제점도 드러나고 있다. 이러한 점을 보완하기 위해 사내에서는 대중에게 상용화된 일반 메신저 사용을 금지하고, 직원들만 이용이 가능한 사내 메신저를 자체 개발하여 사용하는 경우도 많이 있다. 일반적 업무 커뮤니케이션에는 카카오톡(KakaoTalk)이 널리 쓰이는 편이다.

(3) 화상회의 시스템

화상회의 시스템(Video Conference System)은 지역적으로 떨어진 장소에 있는 사람들이 컴퓨터와 통신 수단을 이용하여 한 자리에 모이지 않고도 의사소통을 하는 것을 의미한다. 전 세계에 흩어진 지사 간 혹은 공장과 본사 간 등 지역적으로 떨어져 있는 관계자끼리 서로의 모습을 보면서 컴퓨터에 연결된 대형 스크린이나 전자칠판, 실물 투사기 등을 이용하여 업무 브리핑 및 상호 의견을 교환하면서 회의를 진행할 수 있다. 최근에는 대규모의 화상회의실을 대신하여 근무하는 자리에서 데스크톱이나 노트북을 활용해 회의를 가능하게 하는 시스템이 보급되었다. 그 외에 인터넷 상에서 고가의 장비를 필요로 하지 않는 웹 기반 화상회의 시스템도 널리 이용되고 있다. COVID-19 이후 비대면 화상회의가 더욱 확산되었으며, Zoom, Google Meet 등 다양한 프로그램이 있다.

3. 정보저장 매체

정보는 종이 문서, 전자 매체, 음성이나 화상 등 여러 형태를 가진다. 정보사회로 진입한 이후 정보는 기하급수적으로 증가하고 있으나 이를 보관할 물리적인 공간은 한정되어 있으므로 효과적인 관리 방안이 필요하다.

저장 매체는 일반적으로 매체의 주성분에 따라 자기 저장장치, 광학 저장장치, 반도체 저장장치 분류할 수 있다. 대표적인 자기 저장장치로는 하드디스크(HDD)가 있고, 광학 저장장치로는 CD, DVD가 있으며, 반도체 저장 장치는 플레시 메모리 카드와 SDD 등이 있다. 그 외에 인터넷을 통해 외부의 대용량 서버장치를 이용하는 클라우드 스토리지가 있다.

(1) 하드디스크(HDD)

하드디스크는 하드디스크드라이브(Hard Disk Drive: HDD)의 약자로 자성체를 입힌 원형 기판을 회전시키면서 자료를 저장하고 읽어 내도록 한 저장 매체이다. 하드 디스크는 연결 위치에 따라 컴퓨터 내부 본체에 고정되어 부착된 내장 HDD와 휴대가 가능하면서 컴퓨터 본체에 외부에서 연결할 수 있는 외장 HDD로 나뉜다. HDD는 가격이 상대적으로 저렴하면서 기억용량이 크기 때문에 컴퓨터의 주요 저장장치로 사용되어 왔으나, 반도체를 이용하여 처리 속도를 월등히 높인 SSD(Solid State Drive)가 하드 디스크를 대체하고 있다.

(2) CD/DVD

CD(Compact Disc)와 DVD(Digital Versatile Disc)는 음성, 영상, 문자 데이터를 디지털 형식으로 저장한 광 디스크 기반의 저장 매체를 말한다. CD는 원래 오디오 신호를 저장하기 위해 개발되었고, DVD는 CD보다 저장 용량을 월등히 높여 영상을 저장하는 데 적합하도록 개발되었다. 추후 컴퓨터용으로 데이터 검색만 가능한 CD-ROM, DVD-ROM, 데이터 추가도 가능한 CD-R, DVD-R, 데이터 추가, 수정, 삭제까지 가능한 CD-RW, DVD-RW 등 다양한 형식으로 진화해왔다.

CD와 DVD는 한동안 플로피 디스크를 대체하는 대표적 저장 매체로 사용되었으나, USB 메모리나 메모리 카드와 같이 속도와 저장 성능이 월등히 우수한 반도체 기반 저장 매체가 등장하면서 저장 매체로서의 활용도가 현저히 낮아지고, 현재는 음성용 CD와 영상용 DVD 정도만 사용되고 있다.

(3) 플래시 메모리(flash memory)

전원이 끊기더라도 저장된 정보가 사라지지 않는 비휘발성 저장 매체를 말한다. USB 메모리나 SD 카드류(표준, 미니, 마이크로 SD 카드) 등이 이에 해당한다. 소비전력이 적고 정보의 입·출력도 자유로워 스마트폰, 디지털 카메라, 디지털 캠코더, 디지털 텔레비전, 게임기 등에 널리 이용된다. 종류는 크게 저장 용량이 큰 데이터 저장형(NAND)과 처리 속도가 빠른 코드 저장형(NOR) 두 가지로 분류된다. 전자는 고집적이 가능하고 핸드 디스크를 대체할 수 있어 고집적 음성이나 영상 등의 저장용으로 많이 쓰인다.

(4) SSD(Solid State Drive)

반도체를 이용하여 정보를 저장하는 매체이다. HDD에 비하여 속도와 충격 내구성이 우수하면서도 소음이나 전력소모는 적으며 소형화·경량화할 수 있는 장점이 있다. 개인용 컴퓨터에 사용되는 하드디스크(HDD)를 SSD로 대체한 제품이 증가하였다.

(5) 클라우드 스토리지 서비스

클라우드 스토리지 서비스(cloud storage service)는 네트워크 기반에서 데이터를 저장할 수 있게 해 주는 서비스로 인터넷으로 연결된 초대형 고성능 컴퓨터(데이터 센터)에 데이터를 저장해 두고 필요시 사용할 수 있는 저장 시스템을 말한다.

클라우드 스토리지 서비스는 웹에 정보를 보관하는 방식이기 때문에 네트워크만 연결되어 있으면 PC나 스마트폰의 경계를 넘나들며 언제 어디서나 저장 정보를 확인할 수 있다. 또한 파일 공유 및 이메일에 자동 첨부 기능 등을 제공하고 있어서 대용량의 정보를 다른 사람과 교환할 때도 유용하게 사용된다. 데이터를 기반으로 부가가치를 창출해내는 제4차 산업혁명이 도래하면서 빅데이터와 인공지능(AI) 기술을 뒷받침하기 위해 클라우드 스토리지 서비스를 사용하는 사례가 늘어났다.

대표적인 클라우드 스토리지 서비스로는 'N드라이브', '유클라우드', 'T클라우드',

그림 11-1 저장 매체의 종류

HDD

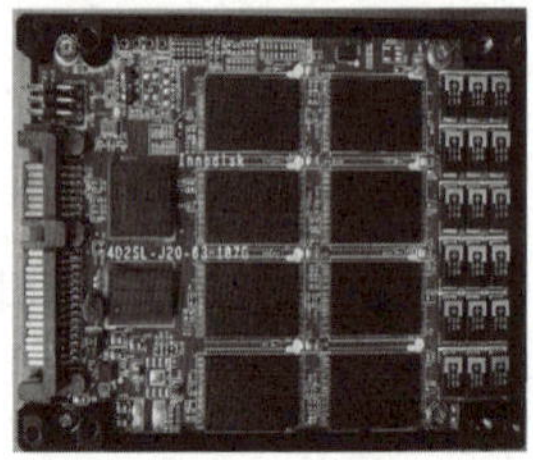

SSD

CD/DVD

USB

SD Card

'드롭박스', '구글드라이브', '다음클라우드' 등이 있다.

11.3 사무 업무의 정보화

1. 일반 업무

사무 정보화의 적극적인 도입은 영업, 인사, 총무 등 각 부문의 사무 형태와 업무 시간에 많은 변화를 가져왔다. 사무직원들은 반복적이고 일상적인 잡무 혹은 시간을 많이 투입하여야 하는 정보관리 등의 분야는 정보기기를 이용하여 처리하고, 좀 더 창의적이고 생산적인 활동에 많은 시간과 노력을 기울일 수 있게 되었으며, 고객에 대한 서비스나 지원의 질 또한 향상되고 있다.

통신망, 특히 무선 통신망의 획기적인 발전 덕분에 사무실 외에서도 사무 업무 처리가 가능하게 되어 모바일 오피스와 재택 근무 등으로 업무의 내용뿐만 아니라 근무 형태에서도 변화를 불러일으키고 있다. 어느 곳에서나 어느 시간대에나 업무 처리가 가능하기 때문에 장소와 시간을 뛰어넘는 스마트한 사무환경이 일반화되었다.

2. 비서 업무

비서의 업무 내용을 살펴보면 전화 송·수신, 각종 연락, 회의 일정 조정 등 의사소통과 일정 조정 작업에 많은 시간을 할애하고 있다. 예를 들면, 상사가 전화 통화를 원하는 상대방이 없으면 메모를 남기고, 상대편에서 전화가 왔을 때는 상사가 없는 등 전화로 인한 업무 지연이 빈번히 발생한다.

비서 업무는 사무기기를 효율적으로 활용함으로써 생산성을 높일 수 있다. 〈표 11-2〉는 비서 업무 중 일부를 정보화한 예를 제시하고 있다.

〈표 11-2〉에서 볼 수 있는 바와 같이 컴퓨터를 활용하여 메시지의 송·수신, 일정 조정 등을 하게 되면 훨씬 효율적으로 업무를 할 수 있다. 근래에는 정보관리·일정관리 등 비서 업무를 효율적으로 처리할 수 있도록 도와 주는 각종 소프트웨어와 애플리케이션들이 개발되어 있다.

이러한 프로그램들은 주요 간부의 일정관리, 보고 및 결재 사항에 대한 현황 관리, 관련 인사의 명함 관리, 전화 통화, 접견 및 방문 사항 관리, 선물·증정품 및 생일 축하 대상자 등의 자료 관리, 그리고 전화 자동 다이얼 기능도 포함되어 있다. 또한 일정표와 각종 대장 인쇄 등도 할 수 있어 비서 업무의 많은 부분을 자동화시켜 주고 있다.

표 11-2 비서 업무의 변화

주요 작업		과거의 작업 내용	현재의 작업 내용
커뮤니케이션	고객 서비스	• 전화 송·수신의 폭주 • 면회 신청 및 접수 • 회의 일정 예비 조정 • 방문객 응접	• 다기능 전화 • 송·수신 및 상대와의 순간 연결 등 서비스 향상 • 스케줄 동시 조회 처리
	사내 각 부문과의 연락	• 전화 송·수신의 폭주 • 사내 회의 연락 • 면회 신청 접수 • 전언 및 전달	• 다기능 전화의 자동 호출 • 전화·화상 회의로 업무 조정 • 이메일, 메신저로 사내 문서의 송·수신
스케줄 관리	중역실 스케줄 처리	• 스케줄 조정 • 일정표의 수기 작성	• 일정표의 자동 작성 • 일정 상황을 중역에게 자동 통지 및 공유 • 원격지로부터의 중역 스케줄 조회
문서	서류 작성	• 타자 • 펜	• 컴퓨터 • 소프트웨어
파일링	서류 정리 및 관리	• 수신·발신 서면문서 파일링 • 경영 자료 정리 및 보관	• 제반 서류의 전자 문서화 • 전자문서 폴더관리 및 보관
정보 검색	사무 정보 검색	• 정보 조사 의뢰 • 관련 기관 문의	• 문서 정보의 검색 • 인터넷/모바일 검색

3. 컴퓨터의 활용

컴퓨터의 각종 소프트웨어를 사용하여 다양한 사무 업무를 효과적으로 처리할 수 있다. 최종 사용자들은 많은 양의 사무나 정보 처리 업무에 마이크로 컴퓨터, 즉 개인용 컴퓨터를 사용한다. 개인용 컴퓨터에서 이용 가능한 소프트웨어 패키지 중 가장 많이 쓰이는 응용 소프트웨어는 다음과 같다.

(1) 워드 프로세싱(Word Processing: WP)

문서를 작성할 때 종래의 타자기 대신에 컴퓨터를 사용하면 훨씬 더 효과적으로 문서를 작성할 수 있다. 오자(誤字)를 고치거나 문서의 형식을 조정할 때 문장을 다시 치지 않아도 명령어를 입력함으로써 간단히 수정할 수 있다. 문서의 보관은 USB

나 하드 디스크에 보관함으로써 필요할 때 다시 불러내어 수정할 수 있다.

자주 사용하는 양식이나 편지 내용은 기본 서식으로 저장해 두면 필요할 때마다 약간의 수정을 거쳐 신속하게 새로운 문서를 작성할 수 있다. 특히 메일 머지(mail merge) 기능을 이용하면 이름, 주소, 금액 등과 같은 내용만 약간 다를 뿐 같은 내용의 편지를 다수의 사람에게 보낼 때 매우 편리하다. 일반적으로 널리 쓰이는 프로그램으로는 MS-Word, HWP 등이 있다.

(2) 전자 스프레드시트

전자 스프레드시트는 수치 데이터를 입력하고 통계적 분석, 처리, 출력 등을 할 수 있고, 자료를 정렬하고 검색하고 추출할 수 있는 작업도 할 수 있는 프로그램이다. 많은 양의 자료를 가지고 회계 계산, 원가 계산 등을 할 때 주로 사용한다. 특히 수치 정보를 각종 그래프로 표현해 주는 기능도 있어서 정보의 가공에 매우 편리하게 사용된다. 가장 대표적인 프로그램으로는 엑셀(Excel)이 널리 사용되고 있다.

(3) 데이터베이스

데이터 관리 프로그램은 많은 양의 데이터를 일괄적으로 관리 · 분석하고, 사용자가 원하는 자료를 검색 · 추출하는 프로그램으로, 고객관리, 도서관리, 판매관리, 재고관리 등의 각종 자료 업무에 사용된다. 개인용 컴퓨터에는 액세스(MS Access)가 주로 사용되며, 기업의 대규모 데이터 처리를 위해서는 SAP(System Analysis and Program Development)과 같은 전문 비즈니스 솔루션 프로그램이 사용된다.

(4) 그래픽 프로그램

프레젠테이션 프로그램으로 가장 널리 쓰이는 파워 포인트(Power Point)는 그림이나 도표 등 각종 그래픽 이미지를 표현하기 매우 용이하다. 복잡하고 전문적인 그래픽을 그리기 위한 프로그램으로는 일러스트레이터(Illustrator)가 있으며, 2차원 이미지를 편집하거나 합성, 보정할 때 쓰이는 대표적 프로그램으로 포토숍(Photoshop)

이 있다.

(5) 웹 저작 도구

인터넷에서 홈페이지를 만들 수 있는 소프트웨어는 드림위버(Dreamweaver)와 나모 크로스에디터, 프론트페이지(Frontpage) 등이 있다. 애니메이션과 사운드를 포함시킬 수 있는 플래시(Flash)와 웹 애니메이션으로 각광받고 있는 GIF 애니메이션 파일을 제작할 수 있는 GIF Construction도 많이 활용된다.

(6) 유틸리티

유틸리티(Utility)는 자신의 업무와 직접적인 관련이 없어도 컴퓨터를 사용하는 데 도움을 주거나 시스템 관리를 효율적으로 할 수 있도록 도와 주는 프로그램을 말한다.

유틸리티 프로그램의 기능과 종류는 무척 다양한데, 메일 프로그램, 메신저 프로그램, 압축, 백신, 화면 캡처, 이미지 뷰어, 멀티미디어용 프로그램 등이 있다.

4. 사무 정보화의 한계와 비서

사무 테크놀로지의 발달로 인해 사무 업무 자동화가 급속히 진전됨에 따라 모든 비서 업무가 자동화되는 것이 아닐까 하는 의문을 가지게 된다. 그러나 자동화가 되는 대상 업무가 정형적인 업무 및 반복적인 업무인 것을 감안하면 비서의 업무가 모두 자동화될 수는 없다.

또한 업무를 자동화하고 정보 관리만 잘한다고 해서 반드시 조직의 성공을 이룩할 수 있는 것은 아니다. 효과적인 정보관리는 의사결정 및 고객 지원을 위한 수단이라는 사실을 인식하여야 한다. 따라서 비서는 사무 테크놀로지를 목적에 맞게 적절히 사용할 수 있어야 한다.

사안에 따라서는 사람과 사람이 직접 대화하는 면 대 면 커뮤니케이션이 더욱 효과적일 수 있다. 이메일, 자동응답 시스템, 화상회의 등 새로운 사무 정보 기술은 대면 접촉을 최소화하면서 인간의 직접적 의사소통의 기회를 감소시켰다. 휴먼 터치가 결여된 테크놀로지 자체는 사람들에게 거부감과 거리감을 초래할 수 있으며, 절차나 업무가 기계화되면서 오히려 인간관계가 더욱 중요하게 인식되고 있다.

과거의 비서에 비하여 컴퓨터나 스마트폰과 같은 하이테크기기를 능숙하게 다루는 전문 비서는 자신의 정보 시스템 기능의 효율성과 효과성을 훨씬 향상시킬 수 있다. 그러나 비서 기능이 완전히 기계로 대체될 수 있는 것은 아니며 인공지능 시대에서 인간적 역할이 더욱 강조되고 있다.

11.4 경영 · 사무 정보 시스템

1. 계층별 주요 정보 시스템

의사결정에 필요한 경영 사무 정보를 생성하고 효과적으로 처리하여 이를 적시에 최고경영자를 비롯한 다양한 계층의 정보 사용자에게 제공함으로써 기업의 경쟁력을 강화시킬 수 있다. 기업 내에서 사용하는 정보 시스템은 계층에 따라 다양한 시스템을 사용하는데, 하위경영층에서는 거래처리 시스템을, 중간경영층에서는 정보보고 시스템, 그리고 최고경영층에서는 의사결정 지원 시스템과 중역정보 시스템을 주로 사용한다. 또한 정보 기술(Information Technology)의 발달에 따라 칼스(CALS), 전사적 자원 관리, 그리고 전략정보 시스템 등 새로운 개념의 시스템이 계속 등장하고 있다. 또한 인공지능과 인터넷, 그리고 인트라넷이 활성화되면서 새로운 유형의 정보 시스템이 계속 개발되고 있다.

(1) 거래처리 시스템(Transaction Processing System: TPS)

거래처리 시스템은 거래 처리로부터 발생하는 데이터를 저장·관리하는 가장 기본적인 정보 시스템이다. 거래처리 시스템의 목적은 경영 계층의 하위 단계에서 발생하는 많은 양의 데이터를 신속·정확하게 처리하는 데에 있다. 즉, 예전에는 주로 수작업으로 처리하던 사무 업무를 시스템에 의하여 효율적으로 처리하는 데 중점을 둔다.

(2) 정보보고 시스템(Information Reporting System: IRS)

거래처리 시스템은 거래 처리의 자동화를 통한 업무 개선에는 많은 도움을 주었으나 정보를 종합하고 요약하여 중간관리자의 의사결정에 도움이 되는 정보를 제공하지는 못하였다. 이를 개선하기 위하여 정보보고 시스템은 하위관리자의 업무를 통제하고 최고경영자의 의사결정에 도움을 줄 수 있는 다양한 정보보고서를 자동으로 생산함으로써 중간관리층의 경영관리 업무를 지원하는 시스템이다.

(3) 의사결정 지원 시스템(Decision Support System: DSS)

기업의 다양한 계층의 의사결정자들이 필요한 다양한 정보를 적시에 제공받으려면 정보보고 시스템보다는 다양한 분석 기능이 있는 시스템이 필요하다. 의사결정 지원 시스템이 제공하는 분석 기능에는 "What-If" 분석과 "Goal-Seeking" 분석이 있다. 이러한 분석 기능을 통하여 의사결정자는 다양한 대안 검토 및 조건 검색을 할 수 있다.

(4) 중역정보 시스템(Executive Information System: EIS)

기업의 가장 상위경영층에서 사용하는 시스템으로서 중역이 경영 목적을 달성하는 데 필요한 주요 정보를 정확하고 신속하게 조회하고, 이를 기초로 다양한 분석 기능을 지원하는 정보 시스템이다. 중역들은 조직 내부 정보뿐만 아니라 산업환경, 국내외 경영환경과 관련된 정보를 수시로 확인하여야 하기 때문에 기업 내부의 데이터베이스뿐만 아니라 기업 외부의 데이터베이스와도 원활하게 연결되어 있어야 한다. 컴퓨터 사용이 원활하지 못한 중역들을 위하여 사용자 편의 위주로 설계되어 있으며 다양한 모형분석 기능도 있다.

그림 11-2 경영 · 사무 정보 시스템의 주요 형태

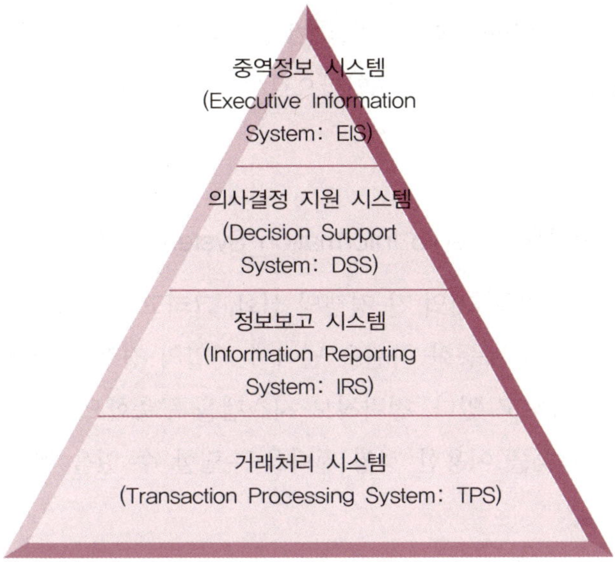

2. 정보 기술을 전략적으로 이용한 시스템

(1) 광속상거래(Commerce At Light Speed: CALS)

칼스는 제품 설계부터 생산, 판매, 관리에 이르기까지 제품 라이프 사이클상의 모든 과정을 하나로 통합시키는 시스템으로 산업계의 인터넷으로 불린다. 생산 과정을 강조함으로써 품질 관리와 제품 제작 및 운송 기간의 단축을 가져와 '광속(光速) 상거래', 즉 빛의 속도로 상거래하는 개념으로 정착되었다. 칼스를 도입함으로써 기업은 외부 시장 환경 변화에 민첩하게 대응할 수 있으며, 생산 및 유통 비용을 절감할 수 있다.

(2) 전사적 자원관리(Enterprise Resource Planning: ERP)

각 기업의 경쟁력 강화를 위하여 부서별로 분산되어 있고, 유기적으로 연결되어 있지 못한 각종 자원을 전사적 자원관리 시스템으로 서로 연결하여 공유함으로써 자원의 효율화를 꾀하고 있다. 현재 하고 있는 업무 방식이 잘못된 것이라면 이러한 과정에 대하여 근본적인 변혁이 필요하다는 기업 프로세스 리엔지니어링(Business Process Reengineering: BPR)과 함께 도입함으로써 기업 입장에서는 혁신적으로 경쟁력이 강화되었다.

(3) 전략정보 시스템(Strategic Information System: SIS)

기업은 시장환경의 변화, 기업 간 경쟁의 심화, 그리고 정보통신 기술의 발달로 정보 시스템을 단순한 사무자동화 차원을 넘어서 기업의 경쟁 우위를 가져다 주는 전략적 시스템으로 활용하고 있다. 전략정보 시스템을 구축함으로써 업무 효율의 향상을 가져오며 정보 기술을 이용한 경영 전략을 수립할 수 있을 뿐 아니라 기업 혁신을 촉진할 수 있다.

(4) 전문가 시스템(Expert System: ES)

전문가 시스템은 특정 문제 영역에 관한 전문 지식을 지식 데이터베이스에 저장하고, 이를 기초로 해당 문제 영역에 관한 다양한 문제를 해결하고자 하는 시스템이다. 기존의 시스템과는 달리 계량적인 방법으로 쉽게 해결할 수 있는 문제가 아니라 전문가가 가지고 있는 전문 지식에 기초한 정성적인 판단을 요구하는 문제의 유형에 적합한 정보 시스템으로 의료・광물 탐사에서 시작하여 기업 경영 전반에 걸쳐 응용되고 있다.

(5) 인공신경망 시스템(Neural Network System: NNS)

인공신경망 시스템은 기존의 인공지능에 비하여 문제 해결을 위한 접근 방식에서 차이점을 가지고 있다. 이 시스템은 인간의 두뇌신경 조직을 디지털화한 것으로 외부의 환경 변화를 효과적으로 학습할 수 있으며, 자료에 정확하지 못한 부분이 있더라도 일반화시킬 수 있는 능력을 발휘하여 문제를 해결한다. 경영학 분야에서 인공신경망 시스템이 적용되는 분야는 기업의 신용 평가, 주가 예측, 수요 예측 등이다.

(6) 고객관계 관리 시스템 (Customer Relationship Management System: CRM System)

고객관계 관리 시스템(이하 CRM)은 고객과 관련된 기업의 자료를 분석하고 통합하여 고객 특성에 기초한 마케팅 활동을 계획하고 지원하며 평가하는 과정이다. CRM은 인터넷상에서 발생하는 모든 데이터와 오프라인 데이터를 이용하여 고객 정보를 구축하여 데이터베이스하고, 이를 바탕으로 고객 데이터의 세분화를 실시하여 신규 고객 획득, 우수 고객 유지, 고객 가치 증진, 잠재 고객 활성화, 평생 고객화와 같은 사이클을 통하여 고객을 적극적으로 관리하고 유도하며 고객의 가치를 극대화시킬 수 있는 전략을 통하여 마케팅을 실시한다.

기업의 입장에서 새 고객을 유치하는 것은 기존 고객을 보유하는 것보다 훨씬 더 많은 비용을 초래하기 때문에, 항상 더 높은 고객 만족도 및 더 좋은 서비스를 제공하여 기존 고객을 붙잡아 두는 것이 기업 입장에서는 이익이다. 그렇게 함으로써 고객들은 더욱 저렴한 비용으로 기업의 서비스를 이용할 수 있는 것이다.

비서 업무에서도 CRM 개념을 적용하면 고객이나 상사 관련 인사에 대한 많은 정보를 얻어 분석하고, 분석한 자료를 바탕으로 목표와 전략을 세운다면 훨씬 효과적인 네트워크 관리를 할 수 있을 것이다.

(7) 인사정보 시스템(Human Resources Information System: HRIS)

인사정보 시스템은 HR 관련 기능들을 자동화시켜 적시에 필요한 데이터를 제공하기 위하여 개인, 직무, 보상, 고용 등에 관한 각종 인사 정보를 수집, 저장, 분석하는 시스템이다. 인사정보 시스템의 구축으로 온라인 채용 공고나 채용 프로세스 진행이 가능해졌고 교육 및 훈련 프로그램에 대한 정보도 쉽게 공유가 가능해졌다. 무엇보다 직무 성과나 보상에 관한 개인별 정보도 직접 확인 및 체계적인 관리가 가능해졌다.

이처럼 인사정보 시스템은 개인 차원에서는 교육, 성과, 보상 등에 관한 정보를 직원들이 직접 확인 가능하게 함으로써, 체계적인 경력관리 수단으로 활용될 수 있다는 점에서 의미가 있다. 조직 차원에서도 체계적인 인사정보 관리를 통해 HR 부서가 단순한 행정 업무에서 벗어나 조직의 부가가치 창출에 기여하는 전략적인 업무에 집중할 수 있도록 한다는 점에서 의미가 있다. 더욱이 조직의 주요 정책이나 프로그램들을 설계 및 평가 시 근거를 제공한다는 점에서도 그 활용 가치가 높다.

3. 기타 시스템

위의 시스템 외에도 상거래에 주로 쓰이는 전자상거래 시스템과 조직 내부의 업무를 자동화하는 인트라넷 시스템, 그리고 방대한 양의 데이터를 분석하는 빅데이터 시스템이 있다.

(1) 전자상거래 시스템(Electronic Commerce System)

인터넷 비즈니스 시스템 또는 인터넷 마케팅 시스템으로 초고속 정보통신망을 기반으로 사이버 공간에서 쇼핑을 하고 결제까지 마칠 수 있다. 최근에 와서는 인터넷 상거래의 비중이 급속하게 늘어감에 따라 인터넷상에서 비즈니스를 개설하는 자영업자들도 해마다 늘고 있다.

(2) 인트라넷 시스템(Intranet System)

조직 내부의 모든 업무를 인터넷으로 연결하여 언제 어느 곳에서나 업무를 처리할 수 있도록 지원하는 정보 시스템이다. 인터넷의 TCP/IP 프로토콜을 지원하는 모든 근거리 통신망(Local Area Network: LAN)에서 가동되는 정보 시스템이다. 이 시스템을 이용하여 전자 결재, 문서 보관 등을 통하여 기존의 모든 자료를 송·수신할 수 있으며, 모든 업무를 인터넷상에서 처리하는 장점을 가진다. 운영 유지비가 저렴하고 각 부서별로 각종 보고서, 인쇄물, 품질 정보, 인사관리 정보 등을 올리면 전체 시스템에 축적되고 검색됨으로써 지식 경영에도 매우 효과가 높다.

(3) 빅데이터 시스템(Big Data System)

빅데이터란 디지털 경제의 급속한 확산으로 수없이 많은 정보와 데이터가 빠른 속도로 생성되며, 데이터의 종류도 수치, 동영상, 위치 정보, 그리고 SNS상에서 주고받는 수많은 내용까지 포함하는 방대한 데이터를 의미한다. 기업들은 빅데이터 시스템을 구축하고 이러한 빅데이터를 다양한 의사결정과 마케팅에 효과적으로 활용할 수 있는 방안을 극대화하고 있다. 예를 들면, 각종 SNS와 인터넷에 생성되는 기업 관련 키워드들과 댓글들을 분석하여 회사의 제품과 서비스에 대한 고객의 반응을 거의 실시간으로 파악하고 이에 대한 방안을 즉각적으로 세울 수 있다.

11.5 비서 업무와 인터넷

21세기는 정보 혁명의 시대라고 해도 과언이 아닐 정도로 정보가 모든 조직에서 가장 중요한 자원이 되었다. 과거에는 정보를 찾을 때 서류나 책을 이용하였으며, 어떠한 정보를 습득하기 위하여 직접 방문이나 우편으로 원하는 정보를 찾아야 하였다. 그러나 지금은 인터넷을 이용하면 효율적으로 정보를 찾을 수 있게 되었다. 즉, 지구 최대의 가상 공동체인 인터넷이 21세기를 이끌어 나갈 새로운 주역으로 자리매김하고 있으며, 인터넷을 적용할 수 있는 분야도 이루 헤아릴 수 없을 정도로 많다. 더구나 스마트폰과 같은 모마일 스마트기기의 기능 발달로 어느 곳에서나 실시간으로 상사에게 필요 정보를 제공할 수 있게 되었다. 비서의 중요한 역할의 하나인 정보관리자로서의 역할을 효과적으로 담당하기 위해서는 인터넷을 잘 활용하는 것은 필수적인 사항이 되었다.

비서가 인터넷을 이용할 때 정보를 어떻게 수집하고 활용하느냐에 따라 가치가 달라지므로 업무 처리에 적절한 노하우(know-how)와 정보의 소재를 신속하게 찾아낼 수 있는 노웨어(know-where)를 가지는 것이 바람직하다.

익힘문제

1. 컴퓨터와 통신 테크놀로지의 발전이 가져다 준 비서 업무의 변화를 설명하라.

2. 비서들이 자주 쓰는 응용 소프트웨어의 종류를 열거하라.

3. 기업에서 많이 쓰이는 경영·사무 정보 시스템의 종류를 열거하고 설명하라.

사례연구

1. 실무에서 자주 쓰이는 양식(form)을 제공하는 웹사이트를 검색해 보고, 어떤 양식이 있는지 알아보자.

2. 정보·사무기기 전시회에 참관하여 팸플릿을 수집하고 기능을 살펴보자.

3. 비서 업무를 수행하는 데 있어서 유용한 어플리케이션을 알아보자.

4. 현재 상용화된 인공지능 비서 서비스 종류와 주요 기능을 알아보자.

| 제 12장 |

사무관리

12.1 사무관리 개요

과거에는 생산의 중심은 공장이었고 사무실은 단순히 공장에서 필요로 하는 사무를 처리하는 부속기관이었다. 그러나 현대 기업에서는 정보 기능이 강조되면서 사무실은 경영관리에 기여하는 정보의 생성 및 관리의 중심으로 인식되고 있다. 특히 정보 시대의 도래로 사무실은 조직의 의사결정을 위한 정보를 처리하는 제반 활동의 중심이다. 비서는 사무관리에 관련된 개념을 인식하고 비서가 수행하여야 할 사무관리 관련 업무를 신속히, 그리고 효과적으로 처리할 수 있도록 유의하여야 한다.

1. 사무의 목표 및 중요성

(1) 사무의 의의 및 중요성

사무란 조직의 목적을 달성하기 위하여 사무 직원이 컴퓨터, 스마트기기 등의 정보기기와 사무용품을 사용하여 행하는 제반 업무를 말한다. 사무는 단순한 읽기, 쓰기, 계산이라는 작업적인 측면뿐만 아니라 조직의 중요한 의사결정에 도움이 되는 정보를 취급하고 처리한다.

특히 정보의 효과적인 처리를 통하여 조직의 본래적 목적을 달성할 수 있도록 한다. 그러므로 사무의 흐름이 원활하고 신속 정확하게 이루어질 때 조직의 목표가 달성될 수 있다.

(2) 사무관리의 목표

조직에서 사무는 주로 사람(직원), 물건(비품, 문서 등), 장소(사무환경), 그리고 일(사무 작업의 진행 및 작업관리)을 대상으로 이루어진다.

그러므로 사람, 물건, 장소, 일 등의 4요소를 대상으로 관리 활동을 추구하는 것을 사무관리라고 하며, 다음과 같은 목표를 가진다.

- 사무 목적에서 벗어나지 않도록 조정 · 통제한다.
- 사무 처리를 신속하게 한다.
- 사무 처리를 정확하게 한다.
- 사무 처리를 경제적으로 한다.

2. 사무관리의 요소

(1) 인적 자원 관리

사무를 수행하는 주체인 직원의 배치나 담당 업무를 관리한다. 사무 조직의 편성은 전체 조직 편성 시 종합적으로 균형 있게 이루어져야 한다. 그러나 필요에 따라서 부분적으로 조정하는 것도 가능하다. 직원들의 적성, 경험, 능력 등을 고려하여 적재적소에 배치하여 적정량의 사무를 분배하는 것이 중요하다.

(2) 문서 · 서식 관리

문서와 서식은 정보를 교환하는 매체 역할을 한다. 문서와 서식은 작성과 작성 후 처리 및 보관을 규정화한 문서관리 체계가 있어야 한다. 형식, 용어, 문체 등을 표준화하여 표준 문안을 만든다.

(3) 사무실 관리

사무환경이 정비되어 있으면 일의 능률이 높아진다. 사무실 넓이, 책상 배치, 사무용 가구, 조명, 온·습도 등 일하는 장소를 쾌적하게 유지하여야 한다. 최근에는 인간의 신체 구조와 감정 상태를 고려한 사무환경 조성을 위하여 인체공학적 사무 가구 및 환경에 대한 관심이 높아졌다.

(4) 사무 업무의 관리

사무를 처리하는 데 좀 더 신속·정확하게 처리할 수 있는 방안을 찾고 업무를 간소화할 수 있는 대책을 마련하기 위하여 사무 업무의 관리가 이루어진다.

3. 사무관리 조직

사무관리 조직으로는 처리 방식에 따라 부문별 조직과 집중식 조직이 있다.

(1) 부문별 조직

부문별 조직은 각 부서별로 편성되어 사무의 계획, 집행, 통제 활동을 전개한다. 부문별 사무관리 조직은 일반적으로 사무량이나 사무 직원의 수가 적을 때, 또는 조직의 규모가 작아 집중관리 조직을 필요로 하지 않을 때 운영되는 조직 형태이다.

이 조직은 사무 계획 및 통제를 사무 처리 현장에서 하게 되므로 사무의 신속성을 높일 수 있으며, 사무 처리 담당자가 직접 계획하고 통제하므로 좀 더 현실적인 사무관리가 가능하게 되는 장점을 가진다.

그러나 사무 처리와 사무관리가 동시에 이루어지므로 사무의 전문화를 기하기 어렵고, 사무 처리 담당자가 자신의 처리 방식을 고집하는 경향이 있어 기존의 사무 처리 방식을 바꾸기가 쉽지 않은 단점이 있다.

(2) 집중식 조직

집중식 사무관리 조직은 부문별 사무관리 조직과는 달리 사무관리를 전담하는 사무관리부나 사무관리과 등을 별도로 설치하여 운영하는 조직 형태이다. 조직의 규모가 크다 보면 사무량이 많아지고 사무 비용이 높아지므로 중복되는 업무는 중앙에서 집중 처리하는 것이 좋다. 최신 사무 정보기기를 활용하여 사무를 정보 시스템화하고 인력을 전문화시킴으로써 관리 효과를 높일 수 있다.

12.2 사무 시스템 개선

1. 사무 개선의 목적

현대 기업환경은 날로 경쟁이 치열해지고 있다. 기업의 경쟁력을 향상시키기 위해서 사무 분야에서도 능률을 극대화하고 사무 비용을 절감함으로써 사무생산성 향상을 도모하여야 한다. 그러므로 비효율적인 사항을 적시(適時)에 개선하는 사무 개선의 목적은 사무 작업의 흐름이 용이하게 이루어질 수 있도록 합리적이고 효율적인 절차를 마련하는 데에 있다.

2. 사무 개선의 절차

(1) 목표의 설정

목표의 설정은 개선의 대상을 명확히 하는 데에서 시작한다. 항상 문제의식을 가지고 자신이 현재 하고 있는 사무 처리 방식보다 더 빠른 혹은 더 효율적인 방법은 없는가를 점검한다.

(2) 현황 조사

개선 대상이 되는 사무에 관하여 가능한 다양하고도 자세한 자료를 수집한다. 현황 조사는 사실을 객관적으로 파악하도록 유의한다. 그러나 조사의 대상에 대하여 어느 정도로 상세하게 조사할 것인가는 문제의 복잡성, 해결의 곤란성 및 조사에 할당된 시간이나 자원에 따라 다르다.

(3) 문제점 파악

현황의 분석을 통하여 현재 나타나고 있는 문제점이 무엇인가를 먼저 정확하게 파악한다. 사무 작업, 사무 분담, 사무 처리 과정, 사무환경 등을 분석하여 문제점을 파악한다.

(4) 개선안 작성

나타난 문제점을 해결하기 위한 개선 방안을 우선 가능한 한 많이 수집하여 나열해 본다. 될 수 있으면 간소화하거나 업무 자체를 없앨 수 있는 방안을 연구하되, 꼭 필요한 사무라면 간소화 · 자동화 · 전문화시킬 수 있는 방안도 아울러 열거한다. 실천 가능성이나 비용 여부를 따지기 이전에 가능한 모든 방안을 열거하는 브레인스토밍(brainstorming) 방법을 사용하는 것도 좋다.

(5) 개선안 평가

여러 개선안을 평가한 후 그 중에서 가장 적절한 것을 선택한다. 이때 조직의 특수성 및 경제성을 함께 고려하여 실현 가능성이나 비용면에서 분석해 본다. 예를 들면, 시간의 절약, 사무량의 삭감 정도 등을 고려하되 사무의 질도 함께 고려한다.

(6) 개선안 실시

개선안이 결정되면 전체 조직에 적용하기에 앞서 시험적으로 일부 조직에 단기간 적용하면서 예상하지 못한 문제점이 나타나지는 않는지 시험 실시를 한다. 시험 기간을 통하여 해당 직원들에 대한 훈련과 조직 내 홍보도 함께 이루어져야 한다. 일정 기간 동안의 시험 기간이 경과하면 조직 전체로 확대하여 실시한다.

(7) 평 가

개선안을 실시한 이후에도 정기적으로 반드시 분석을 하여 개선 목표가 달성되었는가에 대한 평가가 이루어져야 한다. 만약 미비한 점이 있다면 그 원인을 파악한 후 필요하면 수정안을 마련하여 다시 실시한다. 평가는 개선안이 완전히 정착될 때까지 반복한다.

3. 사무 개선의 실제

(1) 문서관리 방식의 개선

사무량이 늘어나고 정보가 폭증함에 따라 파일함이 사무실에서 차지하는 공간이 점점 넓어지고 사무 공간은 오히려 좁아졌다. 사무실 임대료가 해마다 올라가고 업무가 늘어남에 따라 더 이상 종전의 문서관리 시스템으로는 사무실 공간 비용과 사무량을 감당할 수 없게 되었다. 따라서 컴퓨터, 스캐너, 출력기 등으로 구성된 전자파일 시스템을 도입함에 따라 초기 비용은 들지만 장기적으로는 훨씬 비용을 절감할 수 있게 되었다.

회사들은 조직 전체 차원에서 전사적 자원관리 시스템(ERP)을 도입하여 모든 사무 처리 과정 및 전자 결재 시스템을 통합하여 운영한다.

(2) 회의실 전원 소등 타이머 부착

불필요하게 길어지는 회의 시간을 단축하기 위하여 회의실에 타임 스위치를 설치하는 경우도 있다. 회의를 하다 보면 시간을 넘기는 경우가 많아 각 회의실마다 형광등에 타임 스위치를 설치하여 계획했던 시간이 경과하면 회의실 전원이 자동으로 꺼지도록 하여 회의가 시간 내에 종료되도록 하는 아이디어를 내는 회사도 있다.

12.3 사무환경 관리

1. 근무환경의 변화

(1) 현대적 근무환경

① 종이 없는 사무실(Paperless Office)

대부분의 사무실에서 종이를 없앤다는 것이 불가능하겠지만 될 수 있는 대로 종이 서류를 만들지 않는다는 원칙을 세워 업무 처리를 하면 서류의 양을 훨씬 줄일 수 있다. 예를 들면, 컴퓨터로 문서 작성을 한 후 프린터를 사용하여 종이에 출력한 후 다시 이 종이 서류를 들고 팩시밀리로 가서 다른 곳에 전송을 하고 그 종이 서류를 보관하는 것이 과거의 업무 처리 방식이다. 그러나 컴퓨터의 팩스 보내기 기능을 이용하거나 이메일을 이용하여 컴퓨터에서 작업한 것을 바로 상대방에게 전달한 후 내용은 하드드라이브나 저장 매체에 저장해 둔다면 작업이 훨씬 빨라질 뿐만 아니라 종이 서류의 발생을 막을 수 있다.

② 스마트 오피스(Smart Office)

컴퓨터와 통신의 발달은 사무 처리 방법을 혁신적으로 변화시켰을 뿐만 아니라 사무실이 위치하는 빌딩의 구조에도 영향을 미치고 있다. 초기의 빌딩 자동화는 빌딩 관리의 자동화, 즉 온·습도 조절, 전력 조절, 각종 보안 장치 등 건물관리에 중점을 두었으나 컴퓨터와 통신이 급속히 발전함에 따라 빌딩 관리 기능 외에 사무 자동화 기능과 정보통신 기능 등을 추가시킨 인텔리전트 빌딩(Intelligent Building)으로 바뀌고 있다.

사무 자동화 기능은 각종 사무 자동화기기가 근거리 통신망에 의하여 서로 연결됨으로써 사무의 생산성을 높여 주는 것을 의미한다. 정보통신 기능은 각종 형태의 데이터, 즉 음성·영상·문자 등의 데이터를 빌딩 내·외에 통신 시스템으로 전달해 줌으로써 빌딩 자체가 하나의 정보기지 역할을 한다.

이처럼 스마트한 사무환경은 제4차 산업혁명 시대의 도래로 사물과 사물이 인터넷으로 연결되어 서로 정보를 주고받는 환경인 사물인터넷(IoT)의 발달과 더불어 극대화될 것으로 전망된다.

리서치 전문기업인 프로스트 앤 설리번은 서울 코엑스에서 최근 IT 분야의 대세라고 할 수 있는 사물인터넷(IoT) 분야의 전세계적인 흐름과 투자 현황을 짚어보는 자리를 마련했다.

프로스트 앤 설리번은 최근 300개 기업을 대상으로 IoT 도입에 대한 설문을 진행한 결과 "설문에 응한 기업들은 IoT를 적용한 후 업무 효율이나 이익, 매출 향상, 근무환경 개선 등 모든 부분에 효과가 있었으며 고객 만족도도 높았다고 말했다"며, "특히 인공지능을 도입해서 활용하는 기업에서 더 높은 효율이 나타났으며, 고객 경험도도 상승한 것으로 확인되었다"고 밝혔다.

덧붙여 "IoT를 비즈니스에 이용하는 것은 특정 부서에 국한되는 것이 아니다"라고 강조하면서 "각 부서 간의 협업이나 성공 사례 공유를 통해 이러한 분위기를 조성해야 한다"라고 조언했다.

출처: 산업일보(2019.4.4)

(2) 근무 형태의 변화

① 탄력 근무제(Flexible Work Schedule)

근무일이 두 가지 형태의 시간, 즉 core time(필수 근무 시간)과 flexible time(유동 근무 시간)으로 나뉜다. 예를 들면, 오전 9~12시, 오후 1~3시까지의 필수 근무 시간대인 core time에는 모든 직원들이 사무실에 근무하여야 하고, 그 외 시간에는 직원들의 의사에 따라 출·퇴근 시간과 근무 시간을 자유롭게 선택할 수 있다. 즉, 기존의 획일적인 근무 제도를 탈피하여 근무 시간, 근무 방식 등을 탄력적으로 운용함으로써 일에 대한 만족도와 업무의 능률을 높이며 이직과 무단 결근을 줄일 수 있다.

② 직무 공유제(Job Sharing)

정규 파트타임 근무의 한 형태로서, 하나의 정규직을 두 사람이 공유하여 일반적으로 일에 대한 책임감과 급여 및 혜택을 나눈다.

③ 자발적 근무 시간 축소(Voluntary Reduced Work Time)

직원들이 자기의 일의 일정량을 줄일 수 있도록 하며, 줄어든 일의 양에 비례하여 급여도 삭감된다. 자녀 양육을 병행하여야 하는 여성 근로자에게 편리한 제도이다.

④ 파트타임(Part Time)

근무 시간의 일부만 근무하는 파트타임 근무는 여성과 노년층 또는 젊은층에서 보편적으로 나타난다. 이러한 근무 제도는 학교에 다니거나, 가족을 돌보거나, 육체적인 장애를 가지고 있거나, 더 많은 여가 생활을 즐기기를 원하는 사람들이 선호한다. 회사 입장에서는 인건비의 절감, 직무 수행의 향상, 생산성의 증가, 피로와 결근의 감소 등의 이점이 있는 반면, 교육 훈련비가 많이 들고 애사심을 고취하기가 힘들다.

⑤ 재택 근무

컴퓨터와 통신 시스템을 사용함으로써 근로자가 사무실에 출근하지 않고 일하는 근무 형태이다. 공익 측면에서는 교통 체증의 완화, 공간적인 집중에 대한 분산, 대기 오염 감소 등의 장점이 있고, 기업에서는 비용 절감 및 생산성 향상, 인력 확보, 경영 합리화의 장점을 가진다. 개인에게도 노동과 삶의 질을 향상시키고 자율성을 증대한다는 장점을 가진다. 그러나 소속감 결여, 동료 사원과의 기술 정보 교류 부족, 프로그램의 질 저하, 자료 및 프로그램의 유출 우려 등의 문제점을 보이기도 한다. 재택 근무의 형태는 다음과 같이 단계별로 발전해 왔다.

㉠ 초기 단계

컴퓨터 프로그래밍, 데이터 입력, 번역과 같은 정형적인 정보 처리 업무가 여성 인력을 중심으로 가정에서 시작되었으며, 근무 형태는 시간제와 성과급이 보편적이다. 업무용 사무기기는 워드 프로세서와 개인용 컴퓨터이고, 일의 결과는 디스켓으로 직접 전달되며, 전화로 서로 연락한다.

㉡ 발전 단계

전문직, 관리직, 사무직 등 컴퓨터의 지원을 받는 업무로 확대된다. 일하는 장소로 텔레커뮤팅센터(tele-commuting center)가 출현하였고, 전문 인력과 정규 근무자가 참여한다. 전용 통신망이 등장한 후 주로 사용된다. 작업 결과는 직접 전달이 아닌 이메일을 통하여 전송된다.

㉢ 숙성 단계

정보 관련 전 업종에서 재택 근무를 실시한다. 근무 형태가 발전하여 근무 조건의 결정권을 갖는 프리랜서가 등장하게 되며, 정규 종일제의 경우도 재택 근무 일수에 다양성을 가지게 된다. 텔레커뮤팅센터가 보편화되어 가정 사무실과 조화를 이루게 된다. 특히 COVID-19 이후 재택 근무가 매우 일반화되었다.

롯데 GRS는 일과 가정의 조화를 통해 임직원의 회사와 업무에 대한 만족도를 높이는 동시에 일하는 자세를 혁신하고 경직된 문화를 개선해 나가기 위해 노력해왔다. '워크 다이어트 대회'라는 프로젝트를 통해 800여 건의 아이디어를 모아 500건 이상 실행했다. 구체적으로 3년 간 전 계열사 유연근무제 시행, 사내벤처 프로젝트 시행, 남성의무육아 휴직 활성화, PC 오프제 전사 도입 등 다양한 정책을 입안해 시행함으로써, 롯데 기업문화에 새 바람을 불러 일으켰다. 또 계열사별로 자율출퇴근제, 단일호칭제, 리조이스 캠페인 등 46개 계열사에서 700여 개의 크고 작은 성과를 냈다.

그 결과 올해 1~5월 직원들의 근무 시간은 월평균 3만 시간(8% 이상) 단축했을 뿐 아니라 근무환경이나 근무 방식을 개선해 올해만 약 40억 원 비용 절감, 점포 운영 자동화와 효율화를 통해 점포당 1년 인건비만 약 1억 원 절감할 것으로 기대된다. 이와 같은 금전적인 이익 외에 기업문화에 대한 임직원 만족도도 높아진 것으로 나타났다. 임직원 4,000명을 대상으로 설문 조사한 결과, PC 오프제는 응답자의 90%가 제도 도입에 만족했다. 일평균 연장 근로 시간도 도입 전 평균 2시간에서 도입 후 30분으로 줄었다. 업무 시간 외 모바일을 이용한 업무 지시 금지를 골자로 하는 '모바일 오프 캠페인'도 응답자의 76%가 캠페인 이후 퇴근 후 상사의 연락이 줄었다고 답해 실효성을 입증했다. 회사별로 업무 집중력이 높은 시간대를 선정해 근무에 매진토록 하는 '집중근무제'를 도입하니 응답자의 73%가 업무 효율성 향상에 도움이 되었다고 답했다.

출처: 매일경제(2018.9.5)

2. 사무환경 개선

사무 작업은 사무실의 작업환경에 의하여 능률이 크게 좌우될 수 있다. 사무실 환경은 직원의 사기와 업무에 직접적인 영향을 미친다. 불편한 의자에 앉아서 장시간 작업을 한다거나, 냉방 시설이 안 된 곳에서 일을 하는 것, 시끄러운 곳에서 집중력을 요하는 작업을 하는 것은 생산성을 저하시키고 사무 비용을 증대시키는 것으로 효율성에 지장을 준다.

(1) 표면적 요소

① 색 채

색채는 인간에게 심리적 · 생리적인 영향을 미친다고 한다. 예를 들면, 푸른색은 차가움을 느끼게 하며, 우리나라의 병원에서 많이 사용하는 흰색은 청결한 느낌을 주는 반면, 환자가 느끼는 공포감은 따뜻한 색에 비하여 훨씬 커진다고 한다.

사무실은 사무 직원이 하루 종일 시간을 보내는 장소이므로 밝고 안정된 감을 주는 색채가 좋으며, 외부 손님들에게도 밝은 인상을 주는 색채가 좋다. 색채를 정할 때 다음과 같은 점을 고려한다.

- 바닥은 어둡게, 천정은 밝게 칠하면 안정된 느낌을 준다.
- 좁은 사무실은 밝게 칠하는 것이 넓은 느낌을 준다.
- 채도가 높은 원색은 사무실에 적합하지 않다.
- 벽면과 바닥은 같은 계열의 밝은색과 짙은색을 사용하는 것이 무난하다.
- 햇빛이 잘 드는 사무실은 차가운 색을, 북쪽 사무실은 따뜻한 색을 사용하는 것이 좋다.
- 사무 가구 및 비품의 색채 및 색조를 통일시키는 것도 차분한 느낌을 준다. 외국 기업이나 대기업의 경우 회사의 고유 색상을 지정하고, 사무실 내부, 사무 비품, 홍보물, 유니폼 등에 활용하는 경우가 늘고 있다.

② 사무실 장식물

사무실은 사무 작업을 수행하기 위한 공간이면서 조직의 이미지를 외부인에게 전달하는 장소이기도 하다. 특히 상사를 찾아오는 손님들을 맞이하는 접견실이나 상사의 개인 사무실은 깨끗하면서도 적절한 장식이 필요하다. 화분, 꽃꽂이 등으로 무미건조한 사무실에 초록의 생기를 주거나 현대적 감각의 그림이나 판화는 사무실의 분위기를 돋보이게 한다.

화분이나 꽃꽂이는 가까운 화원과 계약을 하여 일정한 주기로 바꾸어 주도록 하며 그림을 구입할 경우 판화가 무난하다. 고가의 그림을 구입하기보다 최근에는 사무실을 대상으로 그림을 대여해 주거나 정기적으로 교환해 주는 전문 업체도 있으므로, 이러한 서비스를 이용하여 사무실 분위기에 맞는 그림을 고르는 안목을 키운다.

(2) 시각적 요소

① 조 명

사무는 문자나 서류 양식을 하루종일 읽고, 검사하고, 대조하고, 확인하는 작업이 많으므로 적절한 조명을 유지하는 것이 중요하다. 너무 어둡거나 밝은 조명 상태에서 오래 일을 하다 보면 업무 능률이 저하될 뿐만 아니라 사무 직원에게 피로감을 가져다 주고 심한 경우에는 시력 장애와 같은 직업병을 유발하게 한다.

특히 요즘과 같이 컴퓨터를 많이 사용하는 경우 적절한 밝기의 조명을 유지하고 화면의 불안정으로 인한 떨림이 없는 모니터를 구입하며 보안용 스크린을 부착시킴으로써 사용자의 시력 보호에 유의하여야 한다. 조명 조절에 필요한 일반적인 유의사항은 다음과 같다.

- 될 수 있는 대로 채광량을 많게 하여 자연 광선을 사용하도록 하며 블라인드나 커튼으로 채광량을 조절한다.
- 인공 조명을 사용할 때는 직접 조명과 간접 조명을 적절히 사용한다. 즉, 직접 조명이란 광선이 천정으로부터 목적물에 직접 비치게 하는 방법이며, 간접 조명은 광선이 천정이나 벽에 일단 반사되었다가 다시 아래를 조명하도록 하는 방법이다.
- 특히 높은 조도(照度)를 필요로 하는 작업장에는 스탠드를 병행하여 사용하는 것이 좋다.
- 조명도를 지속적으로 유지하기 위하여 전구 상태를 자주 점검한다.

(3) 청각적 요소

현대의 사무실 구조가 개방화되고 각종 사무 가구 및 칸막이로 업무 영역을 구분하다 보면 개인의 프라이버시가 침해되기 쉽다. 말소리, 각종 사무 자동화기기, 전화에서 발생하는 소음 등으로 업무의 방해를 받게 되기 쉬우며, 따라서 업무 능률도 저하되기 쉽다. 뿐만 아니라 지나친 소음은 청각 장애와 같은 직업병을 유발할 수도 있다.

소음의 방지를 위해서는 소음을 내는 원천에 대한 관리와 사무실 내의 방음 설비 설치라는 두 가지 측면에서 생각할 수 있다. 방음 대책으로는 소음이 발생하는 기기나 작업은 한 곳에 집중시켜 유리 칸막이 등을 설치하여 소음을 차단함으로써 일반 사무와 격리시키는 것이 좋으며, 전화기의 벨소리도 알맞게 조절한다.

소음을 줄일 수 있는 방안들을 구체적으로 살펴보면 다음과 같다.

- 대화나 전화 통화 시 될 수 있는대로 목소리를 낮춘다.
- 소음이 발생하는 기기 아래에는 고무판을 깔아서 소리를 흡수하도록 한다.
- 사무기기 구입 시 될 수 있으면 소음이 나지 않는 제품을 선택한다.
- 기계를 놓는 책상 바로 밑에는 음의 공명을 막기 위하여 서랍을 설치하지 않는다.
- 사무실 바닥에는 탄력성이 있는 소재를 택하여 바닥에서 발생하는 소음을 막을 뿐만 아니라 일반 소음도 흡수할 수 있도록 한다.
- 외부 소음이 심한 곳(예: 버스 정류소 옆, 시장 주변)에 위치한 사무실일 경우에는 창문을 이중으로 하고 두터운 커튼 등을 사용하여 소음을 줄인다.
- 외래 방문객의 출입이 잦은 부서는 입구 쪽으로 집중 배치한다.
- 사무실 배치를 합리적으로 하여 불필요한 보행을 줄인다.
- 개방식 사무실일지라도 소음을 차단할 필요가 있는 경우 유리문, 유리벽과 같이 시야를 가리지 않는 벽을 설치한다.

(4) 공 기

최근에 신축되는 현대식 빌딩들은 대부분 컴퓨터 자동 공기 조절 기능을 갖추고 있어 온도, 습도, 환기 등을 자동 제어하고 있다.

그러나 오래된 빌딩들은 밀폐된 공간 안에서 많은 사무원들이 작업을 하기 때문에 높은 작업 능률을 유지하기 위해서는 적절한 공기 관리가 필요하다. 이를 위해 실내에 온·습도계를 비치하고 냉·난방기, 그리고 가·제습기를 적절히 사용함으로써 작업하기 쾌적한 온도와 습도를 유지하여야 한다.

뿐만 아니라 사무실 내부 폐쇄된 공간에서 사람들이 배출하는 탄산가스, 건물 자체에서 방출되는 라돈, 외부에서 유입되는 매연과 미세먼지 등으로 인한 공기 오염도 심각한 문제이다. 특히 최근에는 일기예보 대신 미세먼지 농도를 확인하는 것이 일상이 될 만큼 미세먼지가 사회적으로 큰 문제가 되고 있다. 이러한 상황 가운데 사무실의 공기의 질 개선을 위한 구체적인 방안들을 살펴보면 다음과 같다.

- 사무실 면적과 인원을 고려하여 적합한 용량의 공기 청정기를 설치하고 필터와 전원 등을 정기적으로 관리한다.
- 실내 공기의 질은 공기 청정기만 사용한다고 되는 것이 아니라 공기의 순환을 통해 사무실 내부의 탄산가스나 라돈 등은 외부로 배출해야 하고, 신선한 공기의 유입도 필요하므로 주기적으로 환기를 실시한다.
- 사물인터넷(IoT) 실내 공기질 측정기를 이용하여 상황별 공기 상태를 실시간으로 알려주고, 스스로 공기의 질을 관리하는 스마트한 제품도 출시되어 있으므로 예산이 허용하는 한에서 이러한 제품을 활용하는 것도 좋은 방법이다.
- 온도와 습도를 적절하게 유지한다(습도는 계절에 따라 50~70% 내외, 온도는 섭씨 18~23도 내외 권장). 온도와 습도는 밀접한 상관관계가 있어 습도가 높으면 같은 온도라고 할지라도 더욱 높게 느끼게 되므로, 저온일 때는 습도를 높이고 고온일 때는 습도를 낮추는 것이 좋다.
- 책상 위나 용품 표면을 물걸레로 닦는다. 이것은 먼지를 제거하는 한편 먼지가 공기 중에 섞이는 것을 막아 준다.

(5) 안전 및 보안

① 안전 사고

안전 사고는 공장에서나 공사 현장에서만 발생하는 것이라고 생각하는 것이 일반적이다. 그러나 사무실에서도 때때로 부주의로 인한 안전 사고가 발생한다. 바닥이 젖어 있거나 대리석 바닥에서 미끄러진다거나, 카펫의 가장자리가 들려져 있는 경우, 파일 박스가 열려져 있는 상태에서 부딪치는 경우, 전화 코드나 전기 코드 등에 걸려서 다치는 경우도 종종 있으므로 항상 차분한 태도로 업무를 수행하며, 수리가 필요한 부분은 즉각 해당 부서에 알려 수리하도록 한다.

또 화재 발생에 대해서도 항상 주의하여야 한다. 현대식 사무실에는 대체로 화재 시 자동으로 물이 뿜어져 나오는 스프링쿨러가 설치되어 있으나 간단한 화재는 초기에 진화할 수 있는 소화기를 사무실의 일정한 장소에 비치해 두고 사용법을 익혀 둔다.

② 보 안

현대 사회에 와서 범죄가 증가하고 있으며 사무실이나 그곳에서 일하는 사무원들도 항상 범죄의 대상이 될 수 있다. 근무 시간 중 잠시 자리를 비울 때도 귀중품이 들어 있거나 중요한 서류가 들어 있는 서류함은 잠그도록 한다. 오늘날은 중요 문서를 전자 문서의 형태로 컴퓨터에 저장한 경우도 많으므로 문서 자체에 비밀번호를 설정해 두거나 컴퓨터에 잠금 설정을 하는 등의 방법을 통해 전자문서 보안에도 신경을 써야 한다.

사무실 안에서 배회하는 낯선 사람이 있으면 “실례지만 어느 분을 만나러 오셨나요?” 혹은 “어떤 용무로 방문하셨는지 여쭈어도 될까요?”라고 물어보고 내방객일 경우는 친절하게 안내하고, 그렇지 않은 경우라 하더라도 사무실 밖으로 조용히 나갈 수 있도록 적절하게 안내한다. 다만 이러한 조치에 응하지 않고 거부하는 경우에는 자체 경비나 건물 경비실에 연락한다.

회사 내에 비상 벨이나 무인 경비 시스템 등이 설치되어 있는 경우는 평소 그 위치와 사용법 등을 알아두고, 정기적으로 해당 기관과 협의하여 작동 여부와 성능 확인을 하도록 한다. 특히 금융기관에는 강도 침입과 같은 사태에 대비한 행동 지침이 따로 정해져 있으므로 이를 평소에 잘 알아둔다. 은행에 입·출금 업무를 하러 갈 때에도 될 수 있으면 대중교통 수단보다는 회사 차를 이용하고 소매치기에 특히 유의하여야 한다.

직무상 다른 직원들이 퇴근한 후 늦게까지 남아 야근을 하여야 하는 경우나 급한 업무를 방해 없이 집중해서 처리할 수 있는 밤시간에 사무실에 남아 있게 되는 경우가 있는데, 이때 특히 범죄에 대한 경계심을 가져야 한다.

범죄를 예방할 수 있는 요령은 다음과 같다.

- 될 수 있으면 혼자 야근하지 않는다.
- 혼자 야근하는 상황을 가족, 동료 등에게 미리 알려 두어 필요한 경우 도움을 요청할 수 있도록 조치해 둔다.
- 갑자기 도움을 요청해야 하는 경우에도 신속하게 연락할 수 있도록 건물 관리인이나 가까운 경찰서 번호 등을 파악해 둔다.
- 문을 잠그고 전화나 비상벨 옆에서 작업한다.
- 모르는 사람이 엘리베이터에 있을 때 함께 타지 않는다.
- 엘리베이터에 탈 때에는 승강기 조작기 옆에 선다.
- 늦은 시간 주차장에 가야 할 경우 관리인의 도움을 청한다.

비서는 조직 내 기밀에 비교적 접할 기회가 많기 때문에 산업 기밀을 얻고자 하는 경쟁사 스파이의 목적 대상이 될 수도 있다. 회사 근처의 음식점이나 찻집에서 큰소리로 회사나 업무 이야기를 하지 않으며, 서류를 외부에 전달할 때도 회사의 이름이 적힌 봉투가 바깥으로 드러나지 않도록 유의한다.

(6) 인체공학

① 컴퓨터 관련 직업병

비서나 사무원과 같이 직무상 컴퓨터 화면을 많이 대하는 직장인은 이로 인하여 눈의 피로 현상, 시력 저하, 근시화, 눈의 충혈 등의 증세가 나타나는데 이러한 증상들은 대개 초기 증상이다. 전자파와 고정 자세로 오랫동안 작업을 하는 데 따른 피해도 큰데, 증세에 따라서는 만성 피로감, 독감 증상, 또는 여성들에게서는 조산, 유산 또는 생리 불순까지도 온다. 발표된 보고에 따르면, 어깨나 팔의 통증, 두통, 식욕 감퇴 등이 있으며, 더욱 심해지면 무관심, 고립감, 망각증 및 무력감까지도 동반된다고 하는 여러 의학적인 보고서들이 있다. 이러한 직업병을 VDT(Visual Display Terminal) 증후군 또는 OA(Office Automation) 증후군이라고 부른다.

이렇듯 컴퓨터의 장시간 사용으로 인하여 생기는 컴퓨터 직업병은 해마다 증가하고 있다. 미국과 일본 등지에서는 이에 대한 대책과 연구가 활발히 진행되고 있는 현실이다. 우리나라도 근로자의 컴퓨터 사용 시간이 늘어남에 따라 컴퓨터 관련 직업병 예방에 대한 배려는 회사 차원에서, 그리고 예방에 대한 관심은 각자가 가져야 한다.

가장 일반적이면서도 많이 발생하는 증세는 근시(近視)나 눈의 피로감이다. 본인의 감수성, 근무 환경 및 조명도 등이 영향을 미치는데, 지나치게 밝은 조명은 화면에서의 반사량을 증가시키는 경향이 있다. 컴퓨터나 전자기기에서 발생되는 전자파는 컴퓨터의 측면이나 후면에서 더욱 많은 양의 전자파가 발생한다.

또한 컴퓨터와 스마트폰을 장시간 사용하는 사용자들은 손목터널 증후군에 걸리기 쉽다. 손목터널 증후군이란 컴퓨터 자판을 오래 두드리거나 스마트폰을 연속적으로 사용할 때 일어나는 것으로, 증세는 손가락이 저리고 통증이 있어 손가락으로 정교한 작업을 하기가 힘들어진다.

위와 같은 여러 가지 증상에 대한 예방으로서는 컴퓨터를 마주 대하는 시간을 단축하고, 매 30~40분 간격으로 사용을 중단하고 잠시 먼 곳을 응시하거나 눈과 팔 운동을 해 주며 자리에서 일어나 몸을 움직여 주는 것이 좋다. 또한 증세가 생기면 초기에 병원을 방문하여 필요한 치료를 받도록 한다.

② 밀폐 건물 증후군

고층 건물의 사무실이 늘어나면서 밀폐 건물 증후군이 우리나라에서도 확산되고 있다. 밀폐 건물 증후군이란 환기가 불충분한 실내, 즉 창문이 거의 닫혀 있고 중앙 집중식 냉난방을 하는 건물이나 아파트에 장시간 있을 때 나타나는 증세로서, 그 원인은 주로 가스성 화학 물질이나 담배 연기, 알데히드, 유기용제, 박테리아, 곰팡이 등이다.

증세로는 어지러움, 두통, 눈충혈, 눈이나 목의 따가움, 매스꺼움, 쉽게 피로해지는 것 등이고, 일단 건물 밖으로 나오면 이런 증세가 사라진다. 밀폐 건물 증후군에 대한 대책은 잦은 환기, 고성능 공기청정기 설치, 청결함과 환경 개선을 통한 미생물성 물질의 생성 억제 등이 있다.

3. 사무실 배치

전통적인 사무실 구조에서 비서의 책상(workstation) 위치는 상사의 집무실 내의 입구 쪽이나 집무실 바로 바깥 입구 곁 또는 별개의 비서실 내에 배치되었다. 그리고 조직 내의 각 부서들은 각각 별개의 사무실로 분산되어 다른 부서와는 업무상의 작업 흐름(work flow)이 용이하지 못하였다. 뿐만 아니라 냉 · 난방비, 전력 소모 등 유지 관리비 측면에서도 비경제적이었다. 이러한 여러 단점들을 개선하기 위한 노력으로 사무실의 구조가 개방식 구조(landscape office design)로 전환되어 가고 있는 추세이다.

개방식 구조의 특징은 업무를 효율적으로 할 수 있도록 작업환경을 색깔이 있는 사무용 가구, 이동 가능한 칸막이, 두꺼운 카펫 등을 이용한 점이다. 개방식 구조로 된 사무실에서는 업무의 흐름에 따라 큰 공간에 각 부서를 배치하였으므로, 의사소통이 용이해서 업무 처리가 빠를 뿐만 아니라 사무실의 구조를 필요에 따라 적합한 상태로 쉽게 변경, 배치할 수 있어 관리 비용도 적게 든다.

최근에 와서는 조직원들에게 창의적이고도 협업적인 업무환경을 제공하기 위하여 고정책상을 없애고, 원하는 곳에서 자유롭게 일할 수 있는 공간으로 재구성하였다.

(1) 능률적인 사무 공간

① 상사의 집무실

상사의 집무실이나 접견실은 언제나 정리·정돈되어 있어서 상사가 자신의 역량을 최대한 발휘해서 업무를 수행해 나갈 수 있도록 전체적인 분위기를 유지하여야 한다.

집무실의 환경이 좋고 나쁜 것은 사무 능률에 대단한 영향을 주게 되고 상사의 집무실이나 접견실의 정리 상태는 내방객들의 방문 기업에 대한 이미지에 영향을 미친다는 점을 고려하여 비서는 환경 정리나 미화에도 세심한 신경을 써야 한다.

사무실 집기의 선정은 상사의 기호, 격조, 품위, 실내와의 조화 등을 감안하여 몇 가지를 선정해서 상사가 결정하도록 하는 것이 좋으며, 결코 사치스럽거나 호화스럽게 느껴지지 않도록 주의하여야 한다. 단순하면서도 실내의 품격을 높이고 상사의 개성을 나타내도록 하는 것이 바람직하다.

또한 항상 도난 및 화재에 충분한 주의를 기울여야 한다. 특히 중요한 서류는 접근이 불가하도록 열쇠 혹은 번호키로 완전히 잠글 수 있는 서류함과 캐비닛에 보관하고 가능하면 방을 비우지 않도록 하며, 방을 비울 때에는 믿을 수 있는 사람에게 부탁을 하여야 한다. 퇴근 시에는 화재 예방에 신경을 쓰고 전기 코드 및 스위치를 끄고 책상 주위를 깨끗이 정리한 후 퇴근한다.

상사가 쾌적한 환경에서 업무를 수행할 수 있고 내방객을 유쾌하게 맞이할 수 있으려면 다음과 같은 점에 신경을 써야 한다.

- 책상 위는 항상 가지런히 정돈하고 책상의 중앙을 넓게 비워 둔다.
- 책상과 의자를 바르게 놓으며 의자의 팔걸이나 등받이 커버가 깨끗한가 살핀다.
- 커튼의 청결 상태와 레일에서 빠져나온 것이 있는지 혹은 블라인드의 경우 적당한 간격인가를 확인한다.
- 휴지통의 청결 상태를 확인한다.
- 달력이나 일력이 바른 날짜에 펼쳐져 있는가를 확인한다.

- 시계는 정확한가를 확인한다.
- 사무실 집기나 전화기의 청결 상태를 확인한다.
- 액자가 비뚤어지거나 꽃이나 화분은 시들지 않았는가를 확인한다.
- 즐겨 찾는 기호식품이나 물과 음료수가 준비되어 있는가를 확인한다.
- 신문과 잡지는 최근의 것으로 잘 정돈되어 있는가를 확인한다.

특히 접견실은 언제든지 손님을 접대할 수 있도록 잘 정돈해 두어야 한다. 손님이 마시던 찻잔이나 휴지통 등의 청결 상태에도 세심한 주의를 기울인다.

상사의 집무실과 비서실의 배치 시 기본적으로 유의하여야 할 사항은 다음과 같다.

- 상사와 비서는 서로 얼굴을 대면하지 않도록 책상을 배치한다.
- 비서의 책상은 입구 가까이에 두고 입실자의 점검을 쉽게 할 수 있게 한다.
- 입구 측에서 직접 상사가 보이지 않게 한다.

② 사무 집기의 관리

상사의 책상 위에는 전화기, 일정표, 문구류, 메모지, 명함철, 결재함 등의 비품을 놓아 두게 되는데, 이러한 것들은 미리 위치를 정해 놓고 언제든지 제자리에 정리 · 정돈해 둔다. 또한 볼펜, 연필과 같은 소모품을 넉넉히 준비하여 모자라는 일이 없도록 하며 언제나 쓰기 쉽게 제자리에 둔다.

- 매일 사용하는 용지와 기타 사무용품을 충분히 준비한다.
- 볼펜은 잘 써지는지 수시로 점검하고 만년필에 잉크를 채워 둔다.
- 클립, 스테이플러 등을 쓰기 쉽게 용기에 잘 정돈해 둔다.

비서는 상사의 사무실이나 접견실의 비품을 관리하기 위해서 평소 다음과 같은 점에 유의하여야 한다.

- 기구나 비품들은 대장을 작성하여 빠짐없이 구입한 날짜와 고장 발생 시 수리한 경과 내용과 비용 내역을 잘 알 수 있도록 기록해 둔다.
- 기구나 부품이 더러워지거나 고장이 나면 즉시 관계 부서 혹은 해당 업체에 연락해 수리 또는 교환한다.
- 캐비닛이나 사무실 내·외의 번호키를 철저하게 관리하고 도난 방지나 보안 점검에 유의하여야 한다. 번호키는 비밀번호가 노출되지 않도록 주의한다.
- 실내 청소와 비품의 손질을 철저히 하고, 특히 찻잔이나 컵 등의 접대용품은 항상 청결하게 보관해 둔다.
- 화재 예방에 유의하고 소화기나 비상 전화 취급 방법, 대피 통로 등을 표시해 두고, 비상시에 대피시켜야 할 서류를 평소 조직의 위기 관리 절차(emergency procedures)에 따라 지정해 두어야 한다.

최근 직원들의 업무 습관을 고쳐 밖으로 새는 비용을 줄이는 기업들이 늘어났다. 불필요한 습관을 바로잡아 비용을 줄이고 업무 효율을 높이는 작업이다. SK텔레콤은 지난해 초 건물 각층에 필기구와 복사용지 등 사무용품을 보관하는 수납장을 만들었다. 한 달에 한 번 필요한 양의 물품을 채워 넣은 후, 다 떨어져도 보충하지 않는다. 꼭 필요하면 개인이 직접 사야 한다. SK텔레콤 관계자는 "처음엔 직원들이 불편해했지만 이젠 스스로 물건을 아껴 쓴다"며 소모품 구매 비용이 이전보다 20% 정도 줄었다"고 말했다. 풀무원은 3,000여 명 직원들에게 회사 로고와 사번, 이름이 새겨진 머그컵을 나눠줬다. 이후 1인당 하루 평균 3개씩 사용하던 종이컵이 사라졌고, 회사를 찾는 고객들에게 친환경 기업이라는 이미지도 심어 줄 수 있었다.

사무용품 통합 구매 회사인 오피스플러스가 최근 1만여 개 품목의 사무용품 사용 실태를 조사한 결과, 복사용지(18%)와 토너·잉크(17%), 커피(8%) 순으로 사용량이 많았다. 오피스플러스 이순례 부사장은 "이메일을 무조건 프린트해서 읽거나 내용에 상관없이 컬러로 프린트하는 경우, 반쯤 먹다 커피를 버린 후 다시 커피를 타는 경우가 많았다"고 말했다.

금강제화는 소모품 관리에 대하여 외부 컨설팅을 받았다. 그동안 각 매장별로 구입하다 보니, 용품 단가가 모두 달라 본사에서 회계 처리하는 데 시간이 많이 걸렸다. 지난해부터 외부 대행 업체를 통하여 물건을 통합 구입하게 된 후, 관리 시간은 80%, 비용은 20% 정도 절약하는 효과를 거뒀다.

KT파워텔은 최근 직원들로부터 업무 개선에 대한 제안을 받고, 연간 1,000만 원 이상의 비용 절감 효과를 가져온 아이디어에는 인센티브를 주는 제도를 도입했다. 회사측은 비용 절감뿐 아니라 직원들의 업무에 대한 관심도 높아질 것으로 기대하고 있다.

출처: 조선일보

③ 비서의 작업 공간

비서의 작업 공간은 업무의 효율적 진행이 가능하도록 공간을 배치하고 정리하여야 한다. 책상 위에 놓이는 각 비품들은 미리 위치를 정해 놓고, 언제든지 제자리에 정리·정돈해 두는 것이 업무의 능률을 향상시킬 수 있다.

- 자주 이용하는 서류나 자료는 가까운 곳에 비치한다.
- 전화는 3번 이상 울리기 전에 받을 수 있도록 가까운 위치에 두고 통화 중에 메모가 용의하도록 메모지와 펜도 근처에 준비해 둔다.
- 중요한 일정은 잘 보이는 메모판에 부착하여 쉽게 볼 수 있게 한다. 그러나 기밀 유지가 필요한 일정은 노출하지 않도록 한다.
- 사무용품은 재고 상황을 주기적으로 확인하여 업무 도중에 떨어지는 일이 없도록 관리한다.
- 비품 보관용 상자, 서랍, 서류철, 서류 양식 보관함 등은 이름표를 붙여두어 비서가 휴가중이거나 자리에 없더라도 누구라도 손쉽게 찾을 수 있도록 한다.
- 귀가 시 책상 위에는 아무것도 남겨 두지 않는다. 특히 서류 등은 꼭 책상 서랍이나 파일함에 넣도록 한다.

익힘문제

1. 사무관리 시스템을 개선하기 위한 방안을 설명하시오.

2. 사무관리의 요소를 기술하시오.

3. 사무 개선 절차를 서술하시오.

4. 근무 형태의 다양화가 가지고 오는 이점을 설명하시오.

사례연구

1. 사무관리의 요소별로 성공적인 사무 개선 사례를 찾아보자.

2. 사무 시스템 가구를 판매하는 곳을 방문하여 사무 가구의 종류를 살펴보자.

3. 가까운 공공기관이나 은행과 같은 사무실을 방문하여 사무 가구 배치를 살펴보고 개선할 점을 찾아보자.

4. 회사, 병원, 공공기관 등 여러 형태의 사무실에서 자주 사용되는 색채와 조명을 살펴보고 개선 방향을 생각해 보자.

PART 05

직업과 자기계발

| 제 13 장 |

직업과 직업윤리

13.1 일과 직업

1. 일과 직업의 의의

(1) 일의 의미

'인간은 왜 일을 하는가?'는 매우 중요한 질문이다. 일은 오직 물질적 충족을 위한 수단이 되어서도 안 되고 또한 아무런 생각 없이 시간을 메우는 수단이어서도 안 된다. 어떤 일을 하는가는 생(生)의 결정 요소가 되기도 한다.

근래에 와서는 일에 대한 견해도 많이 달라지고 있다. 특히 젊은 세대에서는 일 그 자체에 의미를 두기보다는 일을 통해서 얻어지는 경제적 보상에 더 의미를 두기도 한다. 일의 전통적 의미와 현대적 의미를 살펴보면 〈표 13-1〉과 같다.

표 13-1 일의 전통적 의미와 현대적 의미

전통적 의미	현대적 의미
• 신으로부터의 소명(서양 사회) • 자신의 가치관을 실현하는 장 • 일을 통한 사회에의 헌신	• 일 자체의 의미보다는 단지 직업으로서의 의미가 있음 • 생활을 위한 급여를 얻는 곳 • 목적 달성을 위한 수단 • 소유와 보상에 의미를 둠(승진, 휴가 등)

전통적으로 한국사회는 사·농·공·상(士·農·工·商)의 유교적 관습이 뿌리 깊게 내려오면서 일에 대하여 부정적인 견해를 가지고 있었다. 몸과 손을 움직여 일을 하는 것보다 글을 읽고 선비가 되는 것에 더 가치를 부여하였다. 반면에 기독교적 가치관이 뿌리 깊은 서구 사회에서는 일은 하나님으로부터 부여받은 소명(calling)이며, 일을 게을리하는 것은 죄악이라고까지 생각함으로써 일을 중시하였다.

일반적으로 일은 개인에게 자신의 정체감을 심어 준다. 조기 퇴직이나 실직으로 직장을 잃어버린 사람들이 경제적인 곤란도 받지만 더 심각한 것은 직업이 없어지므로 인한 자아 정체감의 상실로 고통받는 것이라 한다.

어떤 일을 하든지 일에 가치와 의미를 부여하며 열심히 노력할 때 자신에게 돌아오는 보상과 기쁨은 더욱 크다.

중세 프랑스의 어느 건축 현장에서 왕이 노동자들이 어떤 생각으로 일을 하고 있는가를 알아보기 위하여 변장을 하고 몇 사람에게 다가가 질문을 하였다. 첫 번째 사람에게 다가가서 "당신은 지금 무엇을 하고 있소?"라고 질문을 하였다. 그 노동자는 질문하는 사람을 돌아보며, "아니 당신은 눈이 멀었소? 보면 몰라서 묻소? 이 바위를 잘라서 내 상관이 시키는 대로 가지런히 만들고 있어요. 햇빛은 뜨겁고 땀이 비오듯 하는데 정말 힘들고 지겨워서 죽겠소"라고 대답하였다.

다시 두 번째 사람에게 다가가서 똑같은 질문을 하였다. 그 노동자는 대답하기를 "나는 이 바위를 다듬어서 건축가가 설계한 대로 조립할 수 있도록 만들고 있소. 힘들기도 하고, 때로는 반복적이기도 하지만 나는 돈을 벌어 나의 아내와 자녀들을 먹여 살릴 수 있소. 이것보다 못한 일도 있는데 이만하면 괜찮지 않소?"라고 대답하였다. 그 대답에 좀 힘이 난 왕은 다시 세 번째 사람에게 다가가 똑같은 질문을 하였다. 그 세 번째 사람은 팔을 하늘로 향하면서 대답하기를 "무얼 하느냐구요? 보면 모르시오? 나는 대성당을 짓고 있소"라고 즐겁게 대답하였다.

위의 예화에서 볼 수 있듯이 똑같은 일을 하더라도 어떻게 받아들이느냐에 따라 결과는 매우 차이가 난다. 자신에게 주어진 일에 의미를 부여하면서 즐겁게 열심히 일하는 세 번째 노동자의 자세는 모든 직업인에게 중요한 의미를 부여해 준다.

(2) 직업의 의의와 목적

① 직업의 의의

직업이란 단순히 생활비를 버는 것보다 훨씬 더 중요한 역할을 한다. 직업은 사람들로 하여금 광범위한 세계를 여러 면에서 경험할 수 있도록 해 준다. 우리의 삶에 대한 태도, 가치관, 일반적인 인격 형성이 많은 부분 가정에서 이루어진다. 그러나 실제적으로 우리가 어떤 종류의 사람인가 하는 것은 날마다 직장에서 수행하는 일과 역할에 따라 크게 영향을 받는다.

특히 우리나라 사람들은 자신을 소개할 때 자신의 특성이나 자신이 좋아하는 바를 이야기하기보다는 어느 회사에 다니는 누구라고 소개함으로써 자신과 회사를 동일시하는 경향이 있는 것을 보더라도 직업이 개인에게 미치는 영향은 크다.

② 직업의 목적

현대인의 사회 활동 중 가장 중요한 것의 하나가 직업이다. 근대적 의미의 직업이란 생계를 유지하기 위하여 일정한 기간 계속해서 종사하는 일을 말한다. 그러나 현대적 의미의 직업은 단순한 생계유지를 넘어서서 훨씬 다양한 의미를 내포하고 있다. 우리는 직업을 통하여 생활에 필요한 소득을 얻으며, 이웃과 사회에 봉사한다. 또한 각자의 자질과 능력을 발휘하여 참다운 개성을 실현하는 것도 직업을 통해서 가능하다.

㉠ 경제적 목적

직업은 생계유지의 기본 수단이라고 볼 수 있다. 직업을 통하여 사람들은 일에 대한 대가로서 보수를 받게 되고, 이 보수를 가지고 자신이나 가족의 생계를 유지하기 위한 경제 활동을 하게 된다.

㉡ 사회적 목적

사회가 존립하고 발전하려면 사회에서 필요로 하는 여러 기능들을 서로 분담해서 수행하여야 한다. 개인은 직업을 통하여 사회적 역할을 분담하며 사회의 일원으로 소속감을 가지게 된다.

㉢ 심리적 목적

인간은 직업을 통하여 자신의 능력을 발휘하며 자아를 성취하고자 하는 심리적인 욕구를 지니고 있다. 더 높은 차원의 욕구를 가진 사람일수록 경제적인 보상이나 지위보다는 직업을 통하여 기쁨을 얻고 자아를 실현하려고 노력한다. 따라서 사람들은 직업을 선택할 때 자신이 보람을 느낄 수 있고 최대한 자신의 능력을 발휘할 수 있는 직업을 택하는 것이 중요하다.

2. 진로 결정과 직업 선택

(1) 진로 결정

직업을 통하여 자아를 실현하고 사회에 봉사하는 만큼 자신에게 적합한 직업을 선택하는 것은 매우 중요하다. 자신에게 적합한 직업이 무엇인가를 알아보기 위해서 제일 먼저 하여야 할 일은 자신의 소질을 파악하는 것이다.

① 나는 어떤 일을 할 준비가 되어 있는가?

② 나는 어떤 일을 잘할 수 있는가?

③ 나는 어떤 일을 정말 즐겁게 할 수 있는가?

이 질문들에 대한 답을 구하기 위하여 나의 삶을 통해서 내가 어떤 일을 하여야 할지를 깊이 생각해 보아야 할 것이다.

자신이 가진 재능과 능력을 발휘할 수 있는 직업이라면 그것은 좋은 직업이라고 할 수 있다. 만약 자신이 잘할 수 없는 일과 즐겁게 할 수 없는 일을 하도록 요구하는 직업을 선택한다면 자신은 불행하게 될 것이고 다른 사람에게도 피해를 주게 될 것이다.

(2) 진로 탐색

합리적인 진로 결정을 하기 위해서는 자신을 객관적으로 탐색하고 평가하는 과정이 필요하다. 학교에서 행해지는 적성 검사, 성격 검사 등을 통하여 자신의 진로를 탐색하는 것이 바람직하다. 나는 진로를 생각할 때 다음 중 어떤 유형인지 생각해 보자.

① 지체형: 사고와 행동을 연기하고 미루는 형
"졸업 때 생각하지 지금부터 고민할 필요가 있어?"

② 운명형: 운명이나 주변 여건에 따라 결정하는 형
"그것도 내 팔자고 운명인데 어떻게 되겠지."

③ 응낙형: 타인의 결정을 따르는 형
"무조건 부모님이 시키는 대로 할 거야."

④ 충동형: 별다른 생각이나 대안 없이 결정을 내리고 번복하지 않는 형
"일단 부딪쳐 보는 거야."

⑤ 직관형: 즉흥적인 느낌을 중시하고 감정이나 환상을 가지고 결정하는 형
"난 외교관이란 직업이 화려해 보이고 좋아."

⑥ 계획형: 결과를 예측하면서 감정과 이성 사이의 균형을 가진 합리적인 형
"이 일을 하고 싶지만 아직 준비가 부족해. 어떤 것을 보완해야 하지?"

⑦ 고민형: 지나치게 많은 대안으로 선택을 못하는 형
"이것도 재미있고 저 일도 하고 싶은데, 어떻게 하지?"

⑧ 마비형: 결정내리는 것 자체에 압도되어 아무런 결정을 내리지 못하는 형
"난 어떻게 해야 할지도 모르겠고 아무것도 하고 싶은 일이 없어."

합리적인 진로 결정을 하기 위해서는 직업의 세계에 대한 자세한 정보를 확보함과 아울러 자신을 객관적으로 탐색하고 평가하는 작업이 반드시 필요하다.

(3) 직업 선택

① 직업 선택에 영향을 주는 요인

직장에서 일하기 위해서는 지식의 습득이 요구되므로 어떤 종류의 교육과 훈련 과정을 이수하였느냐가 중요하다. 따라서 어떤 학교에서 어떤 교육을 받았는지 어떤 종류의 기술 훈련과 자격증을 소지하였느냐 하는 것은 직업을 선택하는 데 매우 큰 영향을 주게 된다.

가정환경 및 성장환경도 직업 선택에 많은 영향을 미친다. 부모의 직업과 부모의 자녀에 대한 기대 정도, 또래 친구나 선배들의 선호 및 진출 분야, 성장 도시의 산업적 특징과 주위 환경, 취업 기회와 취업 전망 등 다양한 요인들이 직업 선택에 영향을 준다.

② 직업 선택 시 고려 사항

직업을 선택한다는 것은 자신의 삶에 중대한 영향을 미치기 때문에 그저 막연한 생각으로 결정할 수는 없다. 직업을 생각하고 직종을 선택한다는 것은 자신의 인생에 대하여 한 번은 진지하게 생각하게 하는 좋은 기회가 된다.

우선, 자신이 하고 싶은 것을 분명히 한다. 구체적으로 '하고 싶은 일'이 무엇이며 '할 수 있는 일'이 무엇인가를 자신에게 물어보는 것이 필요하다. 목적의식을 가짐으로써 하고 싶은 일에 대한 방향 설정을 확실하게 할 수 있기 때문이다.

다음은 희망 직종과 업종을 선택한다. 선택할 때는 혼자만 생각하지 말고 적극적으로 상담하고 다양한 정보를 수집한다. 희망 분야의 근무 조건과 일의 내용, 전망까지 파악하여 구체적인 미래 계획을 수립한다.

13.2 직업윤리

오늘날 국가경쟁력의 핵심가치로 인정되는 주요한 요소 중 하나는 반부패·청렴 등과 같은 윤리이다. 한국사회는 경제적으로 단기간 내 급성장을 이루었고, 사회문화적으로 어느 정도 성숙 단계에 이르렀지만 아직도 외국의 신용조사에 의하면 한국의 부패지수는 OECD 국가 중 하위권에 머물러 '불신국가'라는 오명에서 벗어나지 못하고 있다.

이에 한국사회에서 기업이나 개인에게 기업윤리나 직업윤리는 매우 중요한 주제로 거론되고 있으며, 국제 사회로부터 투명한 경영을 요구받고 있는 만큼 개인과 사회의 신뢰도를 높여 나가야 한다. 그러기 위해서는 기업의 최고경영자에서부터 일반 근로자에 이르기까지 투철한 직업윤리 의식을 가지고 정도(正道)를 실천하려는 의지가 매우 중요하다. 기업은 기업윤리를 준수하고 기업의 구성원인 근로자는 직업윤리를 지킴으로써 우리 사회의 신뢰도는 높아질 수 있다.

1. 직업 의식

일반적으로 직업 의식이란 자신의 직업이 천직이라는 생각과 전문가의 태도로 자신의 직업에 임하며 자신이 속한 조직에 대하여도 충성심을 가지고 일하는 것을 뜻한다. 같은 일을 하더라도 철저한 직업 의식을 가지고 열심히 노력하는 사람과 그렇지 않은 사람 간에는 결과에서 큰 차이가 날 뿐만 아니라 그 사람에 대한 다른 사람들의 평가도 달라질 수밖에 없다.

(1) 직업에 임하는 자세

한 개인이 직장 생활을 해 나갈 때 책임감과 의무감을 가지고 좀 더 적극적으로 업무를 처리해 나간다면 개인에게는 물론 개인이 속한 기업의 성과에도 긍정적인 결과를 가져오게 될 것이다.

우리는 가끔 식당에서 불친절한 종업원을 대할 때 불쾌감을 느끼게 된다. 손님에게 서빙하는 작은 일이라도 최선을 다해서 기쁜 마음으로 행할 때 자신에게 더 큰 일과 책임이 주어질 것이다. 투철한 직업 의식을 가진 사람들이 나타내는 행동 특성은 다음과 같다.

① 주인 의식을 가지고 일한다

윗사람의 지시에 따라 마지못해 일하는 것이 아니라, 자신의 일과 직장에 대한 주인 의식을 가지고 자발적으로 일을 찾아서 한다. 따라서 일을 처리하는 자세에서도 적극적이며 주도적이다.

② 전문가 의식을 가지고 일한다

직업인은 그 직업에 대한 사회적 역할과 직무를 충실히 수행하고 책임을 다하여야 한다. 책임을 효과적으로 완수하기 위해서는 그 직업의 중요성을 인식하고, 일을 완벽하게 수행할 수 있는 전문적 지식을 가지고 있어야 한다. 흔히 변호사나 의사와 같이 일반적으로 전문직이라고 생각하는 직종에서만 전문적 지식을 필요로 한다고 생각하기 쉬우나 모든 직종에서 전문적 지식을 필요로 한다.

③ 문제 의식을 가지고 일한다

주어진 일을 타성적으로 처리하는 것이 아니라, 자신이 수행하는 업무를 좀 더 능률적으로 개선할 수 있는 방안을 꾸준히 연구하고 찾는다. 호텔 청소원이 청소를 효과적으로 잘할 수 있는 방법을 연구하고 실천하였을 뿐만 아니라 그 방법을 동료들에게 잘 전수하였다고 하여 지식 경영의 사례로 꼽힌 경우도 있다.

④ 개인 생활과 직업인으로서의 역할을 구분한다

개인으로서의 역할과 직업인으로서의 역할을 구분하며, 두 역할 사이에서 조화를 이루도록 노력한다. 어떤 경우에도 개인적인 사정이 직업인으로서의 업무 수행에 차질을 가져오지 않도록 노력한다.

⑤ 자기계발에 힘쓴다

미래 지향적인 사고를 가지고 자신의 직업 분야에서 앞서 나가기 위하여 자기계발을 게을리하지 않고 항상 노력한다.

다음의 이야기에서 알 수 있듯이 웨이터직에서도 전문가적인 태도와 지식을 갖추고 일을 할 때, 그 직업에서 보람을 느낄 뿐 아니라 주위 사람들에게도 기쁨을 줄

저자가 노스 캐롤라이나 샬롯트에 있는 O호텔 레스토랑을 방문하였을 때의 일이다. 학회에 참석하였던 미국 학자들을 비롯하여 15명이 넘는 그룹이 미리 예약해 둔 좌석에 가서 앉았다. 얼굴에 미소를 가득 담은 웨이터가 자신의 이름은 데이비드이며 오늘 여러분들의 서비스를 담당하게 되어 무척 영광이라고 인사를 하였다. 그런 다음 그 식당에서 잘하는 요리, 그리고 그날 주방장이 특별히 준비한 요리 등을 재료와 맛까지 친절하게 설명하였다. 와인에 대한 설명까지 곁들이면서 어떤 와인을 원하는지를 주문을 받았다. 차례대로 음식 주문을 받으면서 자세히 듣고 메모를 한 뒤, 한 사람 주문이 끝나면 수프, 샐러드, 샐러드 드레싱, 주요리, 음료를 차례로 복창하여 주문자에게 확인하였다.

많은 사람의 주문을 한꺼번에 받으면서도 누가 어떠한 음식을 주문하였는지를 정확히 메모하고 순서도 틀리지 않게 음식을 내왔다. 음식을 갖다 주면서도 샐러드는 괜찮았는지, 샬롯트 방문이 처음인지 등의 질문을 손님들에게 던지면서 관심을 기울였다.

이 웨이터는 단순히 음식 시중을 드는 것이 아니라 레스토랑을 찾아 준 고객들에게 전문가로서 고객들에게 메뉴와 음식 정보를 제공하고 고객들이 즐거운 기분을 가질 수 있도록 분위기를 살려 주는 서비스 정신을 가지고 있었다. 자신이 어떠한 일을 하든 열심히 그리고 전문가적인 태도로 수행하면 그것을 보는 사람에게도 즐거움을 준다는 사실을 다시 한 번 깨닫게 해 주었다.

수 있다.

(2) 비서의 직업 의식

비서는 조직원으로서 갖추어야 하는 일반 직업 의식뿐만 아니라 비서직 특성상 요구되는 직업 의식도 갖추어야 한다. 확고한 직업 의식을 가지고 여러 문제나 장애를 스스로 극복하여 비서 직무를 개선해 나감과 동시에 전문 직업인으로서 활동할 수 있어야 한다. 그러면 비서직에 종사하는 사람에게는 어떤 직업 의식이 필요한가를 살펴보자.

- 비서는 상사를 보좌한다는 의식을 가져야 한다. 단순한 보조자의 역할에 머물기보다는 보좌하는 상사의 직책 및 직무와 관련되는 모든 업무를 연구, 개발하려는 적극적인 사고가 필요하다. 조직과 상사의 발전을 위하여 최선을 다할 때 직

무를 통한 만족을 얻을 수 있다.

- 비서는 조직 속의 일원임을 깨달아 다른 사람들과 협조하는 태도를 가져야 하며 원만한 팀워크를 이루도록 한다. 조금이라도 상사의 지위를 이용하여 영향력을 행사하거나 특권 의식을 가져서는 안 된다.
- 비서는 자신에게 주어진 일을 긍정적인 자세로 받아들여야 한다. 직업에 대하여 만족감을 느끼고 성실히 직무를 수행하려는 투철한 직업 의식이 필요하다. 이러한 태도를 가짐으로써 더 나은 직장 생활은 물론, 장기적인 측면에서 자신의 경력 발전을 도모할 수 있다.

2. 직업인의 윤리

(1) 직업윤리의 중요성

윤리란 "옳은 행동과 잘못된 행동에 대한 도덕적인 기준"을 의미한다. 옳은 행동은 윤리적인 행동으로 여겨지며 그릇된 행동은 비윤리적인 행동으로 여겨진다. 비윤리적 행동이라고 해서 모두 다 법에 위반되는 것은 아니지만 일부는 법에 어긋나기도 한다. 그러나 직장에서의 옳고 그른 행동의 차이는 항상 명백하지만은 않다.

올바른 직업 의식을 가지고 윤리 기준에 따라 행동한다는 것은 개인 차원에서뿐만 아니라 사회적 차원에서도 매우 중요하다. 최근에 기업의 사회적 책임과 윤리경영에 대한 중요성이 강조되고 있는 것도 이와 일맥상통한다. 즉, 유해 물질이나 폐수를 방출하는 기업체나 세금을 포탈하는 기업주는 사회적으로 지탄받고 법적인 처벌을 받기까지 한다.

사람들의 가치관은 각자 달라서 어떤 사람은 윤리적인 행동이라고 생각하는 한편, 어떤 사람들은 그렇지 않다고 생각하기도 한다. 또 같은 행동이라도 특정 상황에서는 윤리적이지만 다른 상황에서는 비윤리적일 수 있다. 예를 들면, 선물을 주는 것은 잘못된 행동이 아니지만 사업상의 목적을 위해서 값비싼 선물을 주는 것은 뇌물이다. 선물과 뇌물의 차이가 항상 명백한 것은 아니다. 따라서 윤리는 대상과 상황에 따라 상대적인 것으로 여겨질 수도 있다.

비윤리적인 행동을 하는 사람들을 크게 두 유형으로 나눌 수 있다. 하나는 본인이 하는 행동이 비윤리적 행동이라는 것을 인정하면서도 비윤리적인 행동을 계속하는 것이다. 또 다른 하나는 자신이 하는 행동에 대하여 "다른 사람들도 다 그렇게 하고 있어. 이렇게 행동하는 것은 괜찮아"라고 말하면서 자신의 행동을 정당화하는 경우이다.

3. 직업윤리의 실천

모든 직업인은 자신이 속한 직종에서 지켜야 할 윤리가 있다. 법률가, 의사 등과 같이 전통적으로 매우 전문직으로 인정되는 직업뿐 아니라, 비교적 현대에 와서 생겨난 프로그래머, 펀드 매니저에 이르기까지 대부분의 직종에서는 윤리적인 행동과 자율을 요구한다.

(1) 현대적 의미의 직업윤리

산업 사회에서는 근면하고 성실하게 열심히 일하며 조직에 충성하는 것이 직장인 최고의 미덕이었다. 그에 대한 보상으로 기업은 평생고용을 보장하였으며, 기업주는 사용주인 동시에 집안의 가장과 같은 존재였다. 또한 대부분의 직장인들은 직업의 안정성과 승진과 높은 지위를 자신의 직업 생활의 목표로 삼았다.

그러나 우리 사회는 1997년 IMF와 2000년대 말 세계 금융위기의 여파로 인한 지속적인 경제의 저성장 기조 아래 대량 실업이 발생하였다. 이로 인해 평생고용이 사

표 13-1 직장에 대한 전통적 가치관과 현대적 가치관

전통적 가치관	현대적 가치관
• 회사에 대한 충성 • 돈과 지위에 대한 욕구 • 관리 계층으로의 승진 욕구 • 직무의 안정성에 대한 높은 관심 • 개인적 역할보다 직업적 역할에 비중을 둠	• 조직에 대한 낮은 충성심 • 업적에 대한 공정한 보상과 평가 • 도전적이고 보람 있는 업무의 수행 • 직무 안정성보다 개인적 성장 기회의 중시 • 의사결정 참여 기회의 확대

라졌고, 이는 자연스럽게 평생직장의 개념 소멸로 이어지면서 더 이상 평생직장을 보장받을 수 없게 되었다. 이에 조직원들은 무조건 회사에 충성하는 것보다 자신의 이익과 성장성을 더 중시하며, 자신의 경쟁력을 키워 평생직업을 찾아 언제든지 다른 직장으로 옮길 수 있다는 생각까지 하게 되었다.

이러한 현상이 심화되면서 그에 따른 역작용도 생겨나고 있다. 많은 직장에서 도덕적 해이(moral hazard) 현상이 생겨나 비윤리적인 행동은 물론 법을 위반하는 사례까지 빈번하게 발생하고 있다. 예를 들면, 증권 회사에서 고객 예탁금을 빼돌려 주식 거래를 해서 차익을 남긴다든지 하는 공금 횡령이나 배임은 흔히 보는 뉴스가 되어 버렸다.

이에 따라 무조건적 복종과 근무 시간 연장 등으로 상사의 눈치를 살피는 것보다 업무를 자율적이고도 창의적으로 처리하면서 자신의 경력 계발을 위하여 노력할 수 있는 새로운 직업윤리관 정립이 필요하다.

(2) 직업인의 일반적 윤리

근래에 와서 직업환경이 많이 변화되고 조직원에게 요구하는 직업윤리관이 바뀌었다고 해도 직업인으로서 지켜야 할 기본적인 윤리와 근무 태도가 있다.

조직원으로서 직장 생활을 하면서 직업윤리를 준수하는 데 바람직한 행동은 다음과 같다.

① 시간을 남용하거나 낭비하지 않는다

기업에서 직원을 채용할 때는 근무 시간 동안 그 사람의 시간과 능력을 급여라는 대가를 치르고 산 것이다. 자주 결근과 지각을 하거나 직장에 나와서도 일에 몰두하지 않고 사이버 주식 거래를 한다거나 불필요한 웹서핑으로 시간을 보낸다면 자신의 의무를 충실히 이행하지 않는 결과를 낳게 된다. 또 외부 근무나 출장을 핑계로 개인적인 업무를 보는 것도 비윤리적인 행동이다.

② 회사 비품이나 금전을 개인적인 용도로 쓰지 않는다

많은 사람들은 회사의 전화를 개인적인 일로 쓰면서도 죄책감을 느끼지 않는다.

그러나 이러한 행동은 회사의 비용을 증가시킬 뿐만 아니라 자신의 근무 시간을 사적인 전화 통화로 낭비함에 따라 회사에 이중으로 피해를 주게 된다.

따라서 개인적 용무로 통화를 하여야 할 때는 점심 시간이나 휴식 시간에 개인 휴대폰을 사용하는 등 철저한 윤리 의식이 필요하다. 회사의 봉투나 편지지, 필기 도구와 같은 비품을 사적인 용도로 쓰거나 집으로 가지고 가는 것도 옳지 않은 행동이다.

③ 회사나 사업에 관련된 기밀이나 정보를 외부에 누출하지 않는다

금전적인 보상을 전제로 직무에 관련된 기밀이나 정보를 외부 또는 경쟁 회사에 고의로 누출하는 것은 법에서도 규제하는 비윤리적인 행동이다. 그러나 때로는 자신이 인식하지 못하는 사이에 내부 정보를 누출할 가능성이 항상 있으므로 유의한다.

예를 들면, 공공 장소에서 회사와 관련된 내용을 큰 소리로 이야기하거나 거래처 목록과 같은 중요한 명단을 아무 곳에나 버리는 행위 등이다. 회사 주요 고객의 명단을 별다른 생각 없이 외부 지인에게 건네 준 것이 범죄에 악용됨으로써 중요한 사회적인 문제를 일으키는 경우도 있다.

④ 회사나 자신의 지위를 이용하여 개인적인 이득을 얻고자 하지 않는다

거래처나 관련 회사로부터 자신의 직무나 지위와 관련되어 대접을 받거나 금전적인 혜택을 받는 것은 직업윤리에 어긋나는 행동이다.

4. 윤리적 의사결정과 실천

(1) 윤리적 의사결정

직장 생활을 하다 보면 윤리적인 선택과 비윤리적인 선택 중 하나를 결정하여야 하는 상황에 직면하게 된다. 이 경우, 사람들은 부모님, 선생님, 친구, 동료들로부터 과거에 배워 온 것을 기초로 해서 결정을 내리게 된다. 주위 사람들을 통하여 배우고 쌓아 온 양심에 따라 사람들은 잘못된 행동을 하지 않고 옳은 행동을 할 수 있는 것이다. 따라서 판단이 흐려지지 않도록 항상 엄격한 직업윤리 적용 기준을 세워 실천하여야 한다.

같은 법 조항에서도 법의 해석에 따라 여러 의사결정이 나올 수 있다. 법의 형평성을 이야기하면서 "귀에 걸면 귀걸이 코에 걸면 코걸이"라는 비판을 받는 것도 개인에 따라 어떻게 해석하고 어떻게 적용하는가가 달라지기 때문이다. 윤리적인 의사결정은 상황적인 요소나 상대적인 요소들이 많기 때문에 어떤 일에 대하여 행동이나 의사결정을 하여야 할 때 다음과 같은 질문을 스스로에게 던져볼 필요가 있다.

- 나의 주위에 있는 대부분의 사람들이 올바른 행동이라고 생각하는가?
- 다수의 사람들에게 최대의 이익을 가져다 주는가?
- 다른 사람이 나에게 하기를 원하는 것처럼 나도 다른 사람에게 행하고 있는가?
- 선과 진리를 반영하는가?
- 나의 양심에 거리끼지는 않는가?
- 법에 저촉되지는 않는가?
- 나의 종교적인 신념과 일치하는가?
- 내가 속한 사회에서 널리 행해지고 있는가?
- 내가 속한 직업이나 업종의 사람들은 이에 대하여 어떻게 판단할까?

또한 옳고 그른지 명백하지 않을 때는 다음과 같은 질문을 해 볼 수 있다.

- 이것은 올바른 일인가?
- 이것은 공평한 일인가?
- 이 일로 인하여 피해를 당하는 사람은 없는가?
- 이 일이 신문의 일면 기사로 나더라도 괜찮은가?
- 나의 가족에게 떳떳한가?
- 정확히 표현할 수는 없지만 어딘가 꺼림칙한 부분은 없는가?

(2) 직업윤리의 실천

① 직업윤리의 정립

본인은 원하지 않지만 상사로부터 기업이나 상사의 이익을 위하여 비윤리적이고 불법적인 명령을 수행하도록 요구받기도 한다. 이럴 때는 그 명령을 따르지 않으려면 회사를 떠나는 방법밖에 없다고 생각할 수도 있다. 그러나 회사를 떠나는 것은 근원적인 해결 방법이 되지 않으며, 다른 회사에 가면 또 그와 유사한 문제가 있음을 발견하게 된다.

따라서 비윤리적인 조직문화와 환경에 굴하지 않고 나부터 바른 윤리관을 가지고 실천해 나가야 한다는 굳은 의지와 함께 정직성을 회복하여 비슷한 생각을 가진 사람들이 함께 노력하여 윤리적인 조직문화가 확산될 수 있도록 힘써야 한다. 뿐만 아니라 조직이나 회사 차원에서도 부정을 고발하는 사람에게 불이익이 돌아가지 않는 분위기와 제도를 정착시켜야 한다.

성서에 "타인의 눈에 있는 티는 보면서 자신의 눈에 있는 대들보는 보지 못한다"는 비유가 있다. 보통 사람들은 타인에게는 엄격한 윤리 기준을 적용하면서 자신의 그보다 더한 행동에 대하여는 나름대로의 이유를 내세워 합리화시키는 어리석음을 자주 범한다. 따라서 자신의 가치관과 윤리 기준을 정립하여 스스로 실천하며 사회에서 구조적으로 행해지는 부정에 대해서도 문제 의식을 가지고 개선해 나가는 노력이 필요하다.

최근에 와서 공직 사회나 회사 혹은 전문직 단체에서 윤리위원회를 설치하고 윤리헌장을 제정하는 현상이 늘어가는 것은 바람직하다고 할 수 있다. 헌장 제정이 단지 구호에만 그칠 게 아니라 실질적으로 사회를 정화해 나갈 수 있는 역할을 할 수 있어야 한다. 그러나 자칫 잘못하면 조직원들 사이에 불신을 조장하거나 다른 사람을 모함하는 투서와 같은 역기능이 생길 수도 있으므로 운영에 유의하여야 한다.

직장 동료가 사내에서 부정 행위를 저질렀을 때 당신이 그 사실을 알게 되었다면 어떻게 하겠는가? 규정에 따라 용감하게 회사에 고발하였다간 자칫 그런 사실이 알려져 동료들 사이에 '왕따'를 당하기 십상이다. 그렇다고 가만 있자니 양심에 걸린다.

대한상공회의소가 최근 우리나라 직장인을 대상으로 조사해 보니, 한국 직장인은 미국 직장인보다 동료의 사내 부정 행위에 대하여 훨씬 관대한 것으로 나타났다. 동료가 부정 행위를 저지르면 '신고하겠다'는 응답은 21%에 불과하였다. 그냥 '개인적으로 주의만 주겠다'(70.7%)는 응답이 대다수였고, '모르는 척하겠다'(8.3%)는 응답도 나왔다.

하지만 미국은 어떨까? 미국 윤리센터(Ethics Resource Center)가 지난해 실시한 '직장 윤리 조사(National Business Ethics Survey)'에 따르면, 미국 직장인은 절반이 넘는 55%가 동료의 사내 부정 행위를 신고하겠다고 응답하였다. 특히 GE나 GM을 비롯한 상당수 미국 기업들은 만일 동료의 부정을 보고도 이를 신고하지 않으면 불고지죄로 간주, 오히려 입을 다문 직원에게 불이익을 준다. 반대로 내부 고발자에게는 포상을 하기도 한다.

한국과 미국 기업의 차이점에 대하여 전문가들은 '한국인의 온정적 집단주의'가 원인이라고 지적한다. 최근 국내 기업들마다 윤리 경영을 도입한다고 하지만, 온정적이고 인간적인 유대를 중시하는 조직 풍토로 인하여 미국 기업과 같은 내부 고발은 활성화되지 못하고 있다는 것이다.

하지만 막상 부정이 외부로 공개되었을 때 우리나라 직장인은 다소 이중적인 태도를 보인다. 일단 윤리를 위반하였다는 점이 밝혀졌을 때는 '감봉 등의 불이익을 받아야 한다'는 응답이 60.7%에 달하였다.

출처: 조선일보

② 경고와 고발

"만약 회사 내에서 누군가가 비윤리적인 행동을 하는 것을 알았을 때는 어떻게 하여야 하는가?"라는 질문은 직장 생활을 하는 사람이면 한 번쯤은 부딪히게 되는 질문이다. 그 질문에 대한 해답으로는 비윤리적인 행동을 하는 사람으로 하여금 누군가가 그 잘못이나 비리를 알고 있다는 것을 간접적 혹은 직접적으로 알게 하는 방법과 그 사람을 상급 부서에 고발하여 진실이 드러나게 하는 방법 등이 있을 수 있다.

상사로서 부하 직원이 비윤리적이거나 정직하지 못한 행동을 하는 것을 발견하였을 때는 일차적으로 비공개적인 자리에서 잘못을 지적하고 시정할 것을 요구한다. 그래도 시정되지 않을 때는 회사의 법규나 관례에 따른 징계를 내릴 수 있다.

그러나 개인이 회사 내 상사나 혹은 다른 동료들이 비윤리적이고 정직하지 못한 일을 행하는 것을 알았을 때는 문제 해결이 간단하지 않다. 이를 어떻게 막아야 할지 혹은 누구에게 알려야 할지를 망설이게 된다. 평소 직장에 믿을 만한 선배나 상사가 있으면 함께 의논하여 신중을 기함으로써 개인의 성급한 판단에 따라 행동하지 않도록 유의한다.

현실적으로는 잘못을 고발하는 사람이 오히려 '고자질쟁이'나 '문제 사원'으로 따돌리는 경우가 많다. 특히 우리나라와 같이 구조적으로 또는 조직적으로 부정이 확산되어 있으며, 많은 사람들이 '관행(慣行)'이나 '관례(慣例)'라는 이름으로 어떤 대가를 받고 각종 특혜나 이권에 개입하는 것이 일반화된 사회에서는 문제를 제기하는 사람이 불이익을 당하는 경우도 적지 않다.

미국에서는 직장 동료의 비행(非行), 비리에 대한 신고를 받아 처리해 주는 내부 고발 대행 전문회사가 짭짤한 재미를 보고 있다. 직장 동료의 횡령, 뇌물 상납, 성폭력 등의 사실을 알게 되었을 때 회사에 직접 알리기 꺼려 하는 사원들에게 제3자격인 이 대행 회사에 신고하도록 하는 것이다.

사원 신분증이나 출입 카드에 대행 회사의 24시간 접수 전화번호를 인쇄하여 쉽게 전화 수화기를 들도록 하고 있다. 익명 신고도 가능하다. 신고를 받은 대행 회사에서는 사안에 따라 사실 확인 절차를 거쳐 형사적 성격이 있을 때는 수사기관에 알려 주고 단순한 직무상의 불만에 관련된 내용은 인사담당 부서에 통보하여 준다.

이 분야 전문 업체 P사는 현재 모두 800여 개 회사가 계약중이다. 『포춘』지 선정 5백대 기업의 상당수가 고객 리스트에 들어 있다. "회사 내 고충처리 창구보다 심리적으로 부담이 없다"는 것이 이용자들의 반응이다. 이용 회사들 사이에서는 "비리 예방 효과가 더 큰 것 같다"는 평가도 나오고 있다.

출처: 조선일보

(3) 윤리 헌장

직업인들은 "윤리적인 판단이 쉽지 않은 경우에는 어떻게 판단하여야 할 것인가?"라는 질문에 부딪히게 된다. 좀 더 구체적인 지침을 마련하기 위하여 미국 유수의 기업들과 전문직 협회들은 윤리 헌장을 제정하여 실천하고 있다.

물론 우리나라 기업이나 조직에서도 최근에 와서는 윤리위원회 설치나 윤리 헌장 제정과 같은 제도를 도입하고 있으나 구체적인 실천 지침을 제공하기보다는 형식에 그치는 경우가 대부분이다. 윤리 헌장에 어긋난 행동을 하였을 때는 윤리위원회의 공정한 심사를 거쳐 징계나 불이익을 받는 제도가 정착되어야 사회 전반적으로 실천하고자 하는 분위기가 확산될 수 있을 것이다.

① 전문직 윤리 헌장

대부분의 전문직은 그 전문직에 종사하는 사람들이 지켜야 할 원칙이나 행동 규범을 정하여 윤리 헌장으로 제정한다. 각종 전문직 단체에서는 윤리 헌장을 제정하여 회원들로 하여금 구체적인 행동의 지침으로 삼도록 권장하고 있다. 의사, 변호사, 간호사, 사회복지사 등 대부분의 전문 직종에서는 윤리 헌장을 제정하고 실천하기 위하여 노력하고 있다.

② 기업윤리 헌장

경제협력개발기구(OECD)의 기업윤리 라운드 출범 이후 우리나라에서도 기업들마다 윤리 강령을 제정하면서 국내 외국 기업들의 강도 높은 윤리 강령들이 주목을 받고 있다. 다음의 몇 외국 기업들의 사례를 살펴보면 얼마나 철저하게 실천하는지를 알 수 있다.

S사 한국 지사는 임직원들이 10만 원 이상의 선물을 받았을 경우 선물을 받은 상세한 이유를 회사에 서면 보고하고 그 선물은 회사로 귀속된다. 사업 준칙 중에는 사업상의 인간관계를 위하여 불가피하게 물건이나 현금이 오가는 경조사비 지출이나 선물 증여도 매월 회사에 보고하도록 한 조항도 있다. 특히 10만 원 이상의 선물을 사기 위해서는 지사장의 직접 결재를 받아야 한다.

B사는 접대비 지출이 까다롭기로 유명하다. 우선, 직원들의 접대비 지출은 각 팀장(부장)들이, 각 팀장이 쓰는 것은 대표이사가, 지방의 영업 간부들의 경우는 영업총괄 전무가 각각 결재해 상호 견제하는 역할을 한다. 대표이사까지도 재무 담당 부사장에게 비용 지출을 일일이 결재받아야 한다. 이 회사 홍보과장은 사내 회계 전산시스템을 통하여 개개인이 쓴 비용 지출 내역, 접대 상대에 대한 모든 정보가 한눈에 드러난다며 단 한푼도 지출 내역 없이 마구 쓰는 일이란 불가능하다고 말하였다. H사 한국 법인도 사업과 관련 없는 사람에 대한 접대를 원칙적으로 금지하고 있다. 목적이 불분명한 기부 행위나 필요 이상의 부당한 접대가 발각되면 해고 사유가 될 수

도 있다.

온라인 마케팅 회사인 H사는 1인당 3만 원 이상의 접대비는 각 해당 국가 지사의 자금 담당자, 재무 담당이사, 사장 등 무려 3개 라인에서 일주일 전에 사전 승인을 받아야 한다. 실리콘 밸리에 있는 본사는 접대비의 상한선을 아예 1인당 50달러로 묶어 놓았다.

I사는 "특정 공급자에게 특별한 대우를 해서는 안 된다"는 규정과 함께 판촉용 물품이 아닌 기타 선물을 공급자나 고객에게 주는 것을 엄격히 금지하고 있다.

우리나라도 김영란법 시행 이후 선물이나 접대 등에 관한 규정이 엄격해졌고 이를 위반하면 법적으로 처벌될 수 있다.

13. 3 비서의 직업윤리

우리나라에서 비서직은 그동안 명확한 위치가 확립되어 있지 않았으나, 오늘날 기업 조직이 확대되고 세분화됨에 따라서 비서직 기능도 더욱 전문화되었다.

최근에는 전문 지식과 기능이 뛰어나고 풍부한 교양과 원만한 성격을 지닌 유능한 비서에 대한 사회적 수요가 늘어났다. 유능한 비서는 비서로서 필요한 지식과 기능을 갖추어야 함은 물론 비서로서 올바른 직업관을 가져야 한다.

1. 비서 직무와 직업윤리

(1) 비서직 직무 특성과 윤리

비서(secretary)의 어원이 기밀(secret)에서 나온 만큼 비서에게 여러 직업윤리 중 기밀 유지의 문제는 매우 중요하다. 특히 비서직은 상급 경영자 및 관리자를 가까이에서 보좌하고 조직 내에서 많은 기밀 사항을 다루기 때문에, 일반 사무직보다 더욱 철저한 직업윤리 의식을 필요로 한다. 평소 전문 비서가 되고자 하는 분명한 목표 의식으로 자신의 능력을 개발할 뿐만 아니라 투철한 직업관과 윤리 의식을 갖추고 자신을 혁신시키려는 노력이 필요하다.

비서직 윤리란 비서가 상사나 조직과의 업무관계에서 비서로서 마땅히 지켜야 할 직업적 가치, 즉 비서 업무 수행 시 실제로 필요한 도덕 규범이라고 할 수 있다. 비서는 회사를 위하여 일하기도 하지만 상사와 함께 일하는 직무상의 특수성 때문에 일반 사무직보다 더욱 엄격한 직업윤리를 지켜야 한다. 따라서 위에서 열거한 일반적 직업윤리 사항을 철저히 준수할 뿐만 아니라 비서 직무에서 요구하는 윤리 기준도 아울러 실천해야 한다.

비서와 관련된 직업윤리의 중요도를 고려한 구성 요소들을 살펴보면, 신뢰성, 기밀보장, 충성심, 성실성, 책임감, 전문성, 근면성, 정직, 사려깊음, 일중심성, 도덕성, 소명의식, 시간절약, 청렴성, 진취성 등이다.

비서의 직무 특성상 대부분의 구성 요소들이 비서의 직무와 직·간접적으로 영향을 미치고 있으나, 특별히 NCS 비서 직무 능력 단위별 필요한 직업윤리의 구성 요소에 대해 살펴보면 다음과 같다.

① 경영진 지원 업무(성실성, 근면성)

비서는 경영진이 본연의 업무에 최대한 전념할 수 있도록 사무환경을 정비하고 경영진의 출·퇴근 등을 포함하여 일상적인 업무를 효율적으로 지원해야 한다. 상사보다 먼저 출근하여 상사가 원활하게 업무를 시작할 수 있도록 사무환경 등을 지원하기 위해서는 비서의 성실성과 근면성이 중요하다.

② 경영환경 동향분석(전문성, 사려 깊음, 충성심)

비서는 뛰어난 업무성과 창출을 위해 직무에 필요한 핵심 역량인 전문성을 보유하기 위해 업무 경험을 토대로 지속적 자기계발을 하려는 태도를 가져야 한다. 전문성을 갖추고 조직의 내·외부 경영환경 및 경영진의 동향을 분석하여 상사에게 제공함으로써 상사의 업무 효율성을 높일 수 있다. 또한 상사가 지시를 하지 않아도 대내·외적으로 어떤 내용들이 필요한지에 대한 지속적인 관심과 상사 및 조직의 상황을 잘 인지하여 업무를 수행하려는 사려 깊은 태도와 충성심도 요구된다.

③ 경영진 일정관리(전문성, 기밀 보장, 충성심)

급변하는 경영환경 속에 상사는 조직의 성장을 위해 다양한 사람들과 교류하게 된다. 이를 위해 비서는 상사의 일정을 효율적으로 관리하는 것이 매우 중요함을 인식하고 나아가 상사의 일정관리를 효율적으로 수행할 수 있도록 전문성을 함양해야 한다. 상사의 일정을 항상 확인하고 다음 일정을 상사에게 상기시킬 뿐 아니라 일정이 변경되었을 때 변경 업무를 신속하게 처리할 수 있어야 한다. 비서는 상사의 일정관리를 하면서 취득한 정보에 대해 기밀을 누설하지 않도록 해야 하며, 자발적으로 직무에 최선을 다하려는 충성심이 필요하다.

④ 출장관리(책임감)

책임감은 직장 내 조직원으로서 업무 달성을 위해 반드시 요구되는 요소이다. 비서는 경영진의 출장 계획과 그에 따른 준비를 하고 상사의 출장 중에도 강한 책임감을 토대로 업무에 소홀함이 없도록 하며, 상사의 출장 업무가 성공적으로 이루어질 수 있도록 지원할 수 있어야 한다. 상사가 출장에서 업무 복귀 시에도 업무에 차질이 생기지 않도록 상사 부재 시 수행했던 업무에 대한 보고 및 감사장을 작성하고 출장 결과보고와 출장경비 정산을 할 수 있어야 한다.

⑤ 응대 업무(사려 깊음)

비서는 상사 및 조직을 위해 대인관계 업무인 전화 응대 및 내방객 응대 업무를 담당한다. 비서의 예의바른 전화 응대가 상사와 기업의 이미지 제고에 중요함을 인식하고 올바른 전화 응대를 할 수 있도록 한다. 또한 비서의 바른 내방객 응대가 상사와 기업의 이미지 제고에 매우 중요함을 인식하고 면담 준비를 철저히 함으로써 상사의 비즈니스에 도움이 되도록 업무를 보좌해야 한다. 비서 업무 수행 시 상대방에 대한 예의바르고 사려 깊은 태도는 상사 및 기업의 이미지 제고에 기여함은 물론 조직 내에서 우수한 인재로 평가받을 수 있다.

⑥ 보고 업무(신뢰성, 책임감)

비서는 경영진의 지시 사항과 필요 사항을 정확하게 파악하여 보고하는 업무를 담당한다. 이때 신뢰와 책임감을 바탕으로 상사의 업무 지시를 올바르고 정확하게 완수하여 상사의 믿음과 인정을 얻을 수 있도록 노력하는 태도가 필요하다.

무엇보다도 상사로부터의 지시 및 명령을 충실히 이행해야 하며, 이를 위해서는 지시 내용을 바르게 이해하여 그대로 실천에 옮겨야 한다. 따라서 업무 목적, 내용, 방법, 순서, 기한 등을 정확히 파악하고 있어야 한다.

⑦ 경영진 문서작성관리(전문성)

비서는 경영진과 관련된 문서의 사용 목적에 따라 필요한 자료를 수집하고, 적절한 형식과 내용을 갖추어 문서를 작성한 후 관리할 수 있도록 해당 업무에 대한 전문성이 요구된다. 작성할 문서의 특성을 확인하여 종류별로 문서작성에 필요한 구성요소를 파악하고, 필요한 자료를 수집한 다음 문서의 내용에 따라 초안을 구상할 수 있다. 이외에도 수집된 자료를 활용하여 문서의 특성에 맞게 문서의 초안 작성 및 수정, 완성된 문서를 상사에게 보고하고 결재를 받은 후 내·외부 기관에 전달할 수 있어야 한다.

⑧ 회의의전관리(성실성, 책임감)

비서는 경영진과 관련된 각종 회의 개최와 참석을 지원하고, 올바른 의전을 할 수 있도록 항상 최선을 다하는 성실함과 책임감이 요구된다. 상사가 회의를 주최하는 경우 회의 목적 및 형태에 따른 회의 준비 절차를 확인하고 준비한다. 참석자에게 회의 개최를 통지하고, 참석 여부를 확인할 수 있으며, 상사의 지시에 따라 목적에 적합한 장소를 선정하여 예약하고 준비한다.

상사가 회의에 참석하는 경우에는 참석 여부를 주최 측에 알리고 회의 자료를 준비한다. 성실하고 책임감 있는 업무 수행을 바탕으로 비서는 상사로부터 신뢰를 얻을 수 있다.

⑨ 비서 사무 정보관리(기밀 보장)

비서는 회사 내에서 경영진 보좌에 필요한 각종 사무 정보들을 검색하고 수집하며 활용하고, 각종 정보기기를 관리 및 보안 유지하는 업무를 담당한다. 직무 수행 시

취득한 정보의 기밀을 유지하고, 의도적 또는 비의도적으로 누설하거나 이용하지 않는 태도가 중요하다.

상사나 조직에 대한 기밀 보장 위반 사항은 다음과 같다.

- 우연히 비밀 이야기를 듣는다.
- 업무 외 시간에 동료나 다른 직원과 함께 상사나 조직에 관하여 이야기한다.
- 가족, 친구에게 상사나 조직에 대한 이야기를 한다.
- 자료를 주고받는 과정에서 혹은 업무 중 부주의로 자료를 노출함으로써 기밀을 유출한다.

기밀을 요구하는 자료는 다음과 같다.

- 상사나 상사의 부하 직원에 대한 개인 인사 자료
- 공식적 서류
- 비공식적 서류
- 상사 개인의 신상 자료 등

⑩ 경영진 예 · 결산관리(정직)

비서는 조직의 구성원으로서 정직함을 가지고 회사의 규칙과 정책을 준수하며 선한 의도나 무의식적 행동으로도 불의한 행동(뇌물수수 및 제공, 거짓진술, 회사공금 및 비품의 개인적 사용 등)을 하지 않는다. 정당하게 일하고 그에 따른 보상을 받는 태도를 유지하고, 경영진과 비서실 내에서 필요한 경비를 계획하고 운영관리를 할 수 있도록 해야 한다.

가짜 영수증을 사용하여 비용을 허위로 청구하거나 소액이라도 개인적인 용도로 회사의 공금을 유용하는 것, 뇌물을 받는 행위 등도 매우 심각한 범법 행위이나 많은 직장인들은 죄의식을 느끼지 않고 관행으로 업무를 처리하고 있어 이러한 행동들에 대해 주의가 요구된다.

2. 비서직 윤리 실천

(1) 윤리 실천

윤리적인 근무 환경을 만들어 나가기 위해서 비서는 다음과 같은 사항들을 실천하도록 노력하는 것이 바람직하다.

① 다른 사람이 비윤리적으로 행동하는 것을 직접 제지할 수 없다면 적어도 다른 사람이 하는 행동에 대하여 내가 그러한 행동을 예의 주시하고 있다는 경고를 줄 수 있다. 누군가가 자신의 비윤리적인 행동을 주시하고 있다고 생각하면 아무래도 비도덕적인 행동을 하는 빈도 수가 줄어들 것이다.

② 스스로 모범이 되도록 노력한다.

한 사람의 모범적인 행동은 전체 사무실의 윤리적인 분위기를 유지하는 데 매우 큰 영향력을 끼친다. 주위의 관행을 따를 것이 아니라 높은 직업윤리 의식을 가지고 진정한 가치를 지켜 나간다면 스스로도 유혹에 빠지는 것을 막을 수 있을 뿐 아니라 다른 사람에게도 모범이 될 수 있다.

어느 지방 관공서에서 한 사무실의 여러 공무원들이 고액의 세금을 횡령한 죄로 구속되는 사례가 있었다. 만약 그 중 한 사람이라도 굳건한 윤리 의식이 있었더라면 거의 모든 직원이 구속되는 사태는 막을 수 있었을 것이다.

③ 다른 사람을 나의 기준으로 판단하거나 비난하지 말고 나 자신도 때에 따라서는 비윤리적인 행동을 하고 있지 않는지 살핀다.

④ 사내에서 공공연하게 행해지는 비윤리적인 사건에 대하여 상사가 모를 때는 자신의 의견을 더하지 않고 사실을 있는 그대로 보고하는 것이 좋다. 일이 확대되면 상사나 회사에게 더 큰 악영향을 끼칠 수 있기 때문이다.

(2) 비서직 윤리 헌장

대부분의 전문직 협회들은 윤리 강령을 제정하여 협회 회원들이 지켜야 할 규범을 정하고 있다. 사단법인 한국비서협회는 전문 비서 윤리 강령을 제정하였다. 전문 비서 윤리 강령 전문은 서문과 직무에 관한 윤리, 그리고 전문성에 관한 윤리로 구성되어 있다.

전문 비서 윤리 강령

서 문

전문 비서 윤리 강령은 비서가 전문 직업인으로서 신뢰와 책임감을 갖추고 성실히 업무를 수행하며, 나아가 사회에 공헌하도록 함을 목적으로 제정되었다.
비서는 윤리 강령을 준수할 의무를 지니며 직무를 수행함에 있어 본 강령을 행동 준칙으로 채택한다.

Ⅰ. 직무에 관한 윤리

1. [상사 및 조직과 고객의 기밀 유지] 비서는 업무와 관련하여 얻게 되는 상사나 조직, 또는 고객에 대한 정보의 기밀을 보장하고 업무 외의 목적으로 기밀 정보를 사용하지 않는다.
2. [조직과 상사와의 관계] 비서는 전문적인 지식과 사무 능력을 보유하고 업무를 효율적으로 수행함으로써 상사와 조직의 이익을 증진시킨다.
3. [예의와 정직] 비서는 항상 상사와 고객에게 예의를 갖추어 친절하게 대하며 직무 수행에 있어 직위의 범위를 벗어나는 언행을 삼가고 정직하게 임하여 신뢰를 받도록 노력한다.
4. [동료와의 관계 및 팀워크] 비서는 존중과 신뢰를 바탕으로 동료들과의 관계를 협조적, 우호적으로 유지하여 효과적인 팀워크를 이루어 나갈 수 있도록 노력한다.
5. [보 상] 비서는 최선의 업무 결과에 대한 정당한 대우를 받을 권리가 있으나 부당한 목적을 위해 제공되는 보상에 대해서는 응하지 않는다.
6. [자원 및 환경 보존] 비서는 업무 수행 시 경비 절감과 자원 절약, 환경 보존을 위해 노력한다.
7. [직무 수행] 비서는 자신의 직무와 관련된 사항에 대하여 직무 수행 효과를 제고한다.

Ⅱ. 전문성에 관한 윤리

8. [전문성 유지 및 향상] 비서는 지속적인 자기계발을 위해 교육훈련 프로그램에 적극적으로 참여함으로써 비서로서의 전문성을 유지 및 향상시킨다.
9. [전문직 단체 참여] 비서는 자신의 전문성을 향상시킬 수 있는 전문직 단체에 참여하여 정보 교환과 상호 교류를 통해 비서직 성장 발전과 권익 옹호를 도모한다.
10. [품위 유지] 비서는 직업의 명예와 품위 향상을 위해 노력한다.
11. [사회봉사] 비서는 지역사회의 발전 및 공공의 이익을 도모할 수 있는 각종 봉사 활동에 적극적으로 참여한다.

3. 직장 내 성희롱

직장에서는 여러 유형의 사람들이 함께 근무를 하며 다양한 인간관계를 맺는다. 특히 남녀가 함께 일을 하는 가운데 정상적인 업무관계가 아니라 직위나 권력을 이용하여 상대방에게 성적인 희롱을 하거나 요구를 할 때 부하 직원의 입장에서는 이를 거절하거나 피하기가 쉽지 않다.

성희롱은 여성들만 피해자가 되는 것이 아니라 때에 따라서는 남성들도 피해자가 될 수 있다. 『뉴욕타임스』지의 보도에 의하면, 미국 직장 내 성희롱 관련 제소 가운데 남성이 피해자인 경우가 전체의 13.5%인 것으로 집계되었다. 그러나 우리나라의 경우 그 피해자는 대부분 여성들이다.

비서직도 성희롱의 대상에서 제외되지 않을뿐더러 때로는 상사로부터의 성희롱 가능성에 가장 노출되어 있기도 하다. 특히 사회 경험이 많지 않은 신입 비서의 경우 성희롱에 대한 지식과 대응 방안을 잘 알아 자신을 보호할 수 있어야 한다.

미국과 같은 선진국에서는 성희롱(sexual harassment)에 대한 문제점을 일찍부터 인식하여 법적·제도적 장치를 정비하였으며, 우리나라에서도 남녀고용평등법 내에 성희롱에 관한 조항을 구체화하였다. 그리고 기업들은 주기적으로 조직원들을 대상으로 성희롱 교육을 실시하도록 의무화하고 있다.

(1) 성희롱의 정의와 유형

① 성희롱의 정의와 대상

남녀고용평등법은 "직장 내 성희롱이란 사업주, 상급자 또는 근로자가 직장 내의 지위를 이용하거나 업무와 관련하여 다른 근로자에게 성적인 언어나 행동 등으로 또는 이를 조건으로 고용상의 불이익을 주거나 또는 성적 굴욕감을 유발하게 하는 것을 말한다"고 정의하고 있다.

직장 내 성희롱은 사업장 밖에서도 상급자가 그 지위를 이용하거나 업무와 관련이 있다면 성립된다. 예를 들면, 출장 중의 차 안, 출장 중의 숙소, 회식 장소 등에서 이루어진 성희롱도 직장 내 성희롱의 범주에 속한다. 이때 자신의 의지와는 반대로 상대방이 강압적 혹은 일방적으로 성희롱 행위를 한다는 데 문제가 있다.

성희롱의 가해자는 사업주나 직장 내의 상급자, 동료 근로자, 하급자가 해당되며 거래처 관계자나 고객 등 제3자는 제외된다. 피해자는 여성 근로자가 주로 대상이지만 남녀 근로자(협력 업체 및 파견 근로자 포함) 모두 해당되며 모집 채용 과정 중인 구직자도 포함된다.

② 성희롱의 유형

윗사람의 요구에 응하지 않았을 때 해고 또는 부서 변경 등 고용상의 불이익을 주는 성희롱의 유형으로는 다음과 같은 예를 들 수 있다.

- 직장 내에서 사업주가 근로자에게 성적인 관계를 요구하였는데 이를 거부하였다는 이유로 해고하는 것
- 상급자가 차 안이나 회식 자리에서 근로자의 몸을 만져 이에 저항하자 현재보다 불리한 부서로 배치하거나 승진에서 탈락시키는 것 등

직접적으로 접촉을 하거나 성적인 요구를 하지는 않으나 언어적 혹은 시각적 행위로 굴욕감을 유발하는 유형으로 다음과 같은 예를 들 수 있다.

- 직장 내에서 음담패설, 외모에 대한 성적인 평가 등의 발언을 하여 근로자가 굴욕감을 느끼고 근로 의욕이 저하되도록 하는 것
- 여성 근로자와 관계되는 성적 소문을 의도적으로 퍼뜨려 심적 고통을 느껴 제대로 일을 할 수 없게 하는 것
- 직장 상사가 음란 사진, 그림 등을 게시하여 여성 근로자가 굴욕감을 느끼고 업무에 집중할 수 없게 하는 것
- 채용 면접 시험 자리에서 성적인 질문이나 농담을 하는 것 등

그러나 특정인에게 커피 심부름을 시키거나 반말을 하는 것은 성적인 언동이 아니기 때문에 성희롱에 해당되는 것은 아니다.

(2) 성희롱 대처 방안

성희롱 판정의 중요한 요건은 얼마나 나의 의사는 무시된 채 일방적으로, 그리고 강압적으로 문제의 행동이 이루어졌는가의 여부이다. 성희롱으로 고발된 많은 남성들은 자신은 성희롱을 한 적이 없을 뿐 아니라 상대방도 싫어하지 않았고 오히려 동조하였는데 이제 와서 무슨 소리냐고 강하게 반발하는 경우가 많다고 한다. 본인도 같이 동조를 하거나 자발적으로 협조하였다면 성희롱이 성립될 수가 없다.

따라서 근로자는 성희롱을 당하면 그 행위자에게 명확한 거부 의사를 표시하여야 한다. 명확하게 표현하지 않으면 허용하는 것으로 오해할 수도 있기 때문이다. 처음에는 행위의 시점에 정중하게 중단할 것을 요청하고 그래도 지속적으로 또 여러 차례에 걸쳐 성희롱이 이루어지면 행위자에게 중단을 요청하는 이메일이나 편지를 쓴다. 성희롱 행위가 중단되지 않으면 문서화된 기록을 증거로 남기는 것이 필요하다. 나중에 사실 여부를 확인할 근거가 될 수 있도록 일시, 장소, 성희롱 행위의 유형, 목격자, 대화 내용 등을 정확히 서술한다. 문제가 심각하다고 인식될 때는 직장 내 선배, 상급자, 회사 내 상담 요원 등에게 상담을 요청한다. 고용노동부 성희롱 신고센터는 전국 어느 곳에서나 국번 없이 대표전화 1350으로, 혹은 전국 15개 민간단체에 설치되어 있는 고용평등상담실에 문의하면 된다.

그러나 성희롱에 대하여 지나치게 경직된 태도를 취하는 것은 바람직하지 않다. 농담으로 넘길 것은 넘길 수 있어야 하며 너무 민감하게 반응하지는 않도록 한다. 어떤 조직에서는 남자들이 비공식적인 모임인 회식 자리나 사적인 자리에 여직원들을 동반하면 신경이 쓰이거나 공연히 오해받는다고 하여 공공연하게 여직원들을 모임에서 소외시키는 경우도 있다고 한다. 이렇게 되면 직장 내 정보 교류나 인간관계 형성에 부정적인 영향을 끼칠 수도 있기 때문에 성희롱에 대한 문제 제기를 할 때는 신중한 판단을 하는 것이 필요하다.

많은 회사에서는 성희롱에 관한 매뉴얼이나 인터넷 강의로 사원들에게 교육시키고 교육 실시 여부에 대하여 확인을 받기도 한다. 문제는 형식적인 것이 중요한 것이 아니라 성희롱이 없는 사내 분위기를 유지하겠다는 최고경영자의 의지가 중요하며, 피해자가 불이익을 받지 않고 상담하고 고발할 수 있는 제도적 장치가 필요하다.

익힘문제

1. 직업 선택 시 고려하여야 할 사항을 서술하라.

2. 윤리적 의사결정을 위하여 고려하여야 할 사항을 설명하라.

사례연구

1. 진로 탐색과 경력 개발에 관련된 정보를 검색해 보자.

2. 관심 있는 기업의 홈페이지를 방문하여 기업윤리 헌장을 조사해 보자.

3. 조직원들의 사회 공헌 활동을 지원하는 기업 사례를 조사해 보자.

4. 인터넷을 검색하여 성희롱에 관련된 법률이나 규정들을 찾아보자.

| 제 14장 |

직장과 취업

14.1 직장의 선택

대부분의 학생들은 졸업을 앞두고서야 취업에 대하여 생각하며 미리 준비하지 못한 자신에 대하여 초조해 한다. 이에 반하여 취업에 대한 관심을 가지고 미리 많은 준비를 해놓은 학생들은 여유 있게 본인이 원하는 일과 직장을 선택할 수 있다. 자신의 능력을 발휘하고 이에 대하여 인정을 받는 일을 할 수 있다는 것은 준비와 노력의 결과이다.

직업을 선택할 때에는 스스로를 돌아볼 필요가 있다. 예를 들어, 나의 관심은 무엇이며, 내가 가지고 있는 재능은 무엇인가, 이 직업이 나를 만족시키고 행복하게 해줄 수 있을까, 또한 이 직업이 내가 원하던 것으로 나를 지적 · 사회적으로 성장시킬 수 있을까를 신중히 생각해 보아야 한다.

비서직은 어떤 조직이나 분야에서도 요구되므로 원하는 분야로 비교적 쉽게 진출할 수 있다는 장점이 있는 반면, 전문직으로서 인정받기 위해서는 꾸준한 노력과 자기계발이 요구된다. 직장을 선택할 수 있는 기회를 갖기 위한 노력과 더불어 취업이 된 후에도 끊임없는 자기계발을 통하여 전문직 비서로서 인정받을 수 있다.

1. 선택의 요소

자신의 일이 '천직(天職)'이라고 생각하며 사는 사람들은 그리 많지 않다. 이는 자신의 성격이나 능력, 선호하는 직장에 대한 정확한 판단 없이 직장을 선택하였기 때문이다. 막연히 좋은 근무 조건이나 이름이 알려진 회사만을 동경하면 직장을 구할 수 없을 뿐 아니라, 직장 생활을 하는 데도 문제가 생길 수 있기 때문이다.

다음 사항에 대하여 스스로 생각해 보자.

(1) 직장을 가지고자 하는 이유

일반적으로 직장을 가지고자 하는 이유는 사회 활동의 경험, 경제적 이유, 자아 실현, 타인의 권유 등 다양하다. 따라서 직장의 선택은 자신이 가지고 있는 직장의 의미에 따라 크게 달라진다. 사회 생활을 통한 자기 자신의 계발에 가치를 두는 사람은 급여보다는 일에서의 보람을 찾을 것이다. 경제적인 이유로 직장을 가지고자 하는 사람은 좀 더 나은 수준의 임금을 주는 직장을 선택할 것이다.

개개인의 가치관에 따라 각기 다른 직장을 선택하게 되는 과정에서 "나의 장점과 단점은 무엇이며, 나는 왜 직장을 원하며 또 직장을 통해서 무엇을 추구할 것인가?"에 대한 답을 진지하게 생각해 보면 직장에 관한 문제는 생각보다 쉽게 결정할 수 있다.

(2) 자신의 장점과 약점

자신의 성격, 능력, 기술에 대하여 객관적으로 판단하고 있어야 한다. 사람을 잘 사귀고 사람들과 함께 일하는 것을 좋아하는가? 어학 실력은 있는가? 컴퓨터는 잘 다루는가? 등에 대하여 객관적으로 평가해 보아야 한다. 객관적으로 평가해 줄 수 있는 전문가의 의견을 듣거나, 직업 적성 검사를 해보거나 기술적인 면에서는 컴퓨터 활용 능력 자격 시험 등 검증된 테스트를 통한 파악이 필요하다. 이러한 장점과 약점을 고려하여 같은 비서 업무라도 평소 흥미와 관심이 있고 잘할 수 있는 분야의 업무를 찾는 것이 본인과 회사에 바람직하다.

(3) 진출 분야

비서직의 장점 중 하나는 취업 분야가 매우 다양하다는 것이다. 대부분의 조직에서 비서를 필요로 하기 때문에, 자격 요건과 능력을 갖춘 비서는 자신의 선택에 따라 어떤 업종의 회사에도 입사가 가능하다. 컴퓨터 활용에 관심이 있는 사람은 컴퓨터·게임 통신 관련 분야로 진출할 수 있으며, 교육기관에 관심이 있으면 대학이나 연구기관에서도 직장을 구할 수 있다. 자신이 관심 있는 분야에서 즐겁게 일을 하면서 자기계발을 꾸준히 해 나갈 수 있는 장점이 있다.

따라서 자신이 어느 분야에 취업하기를 원하는가를 깊이 생각해 본 후 해당 분야의 회사에 대한 정보를 수집하고 어떤 자격 요건을 원하는지를 파악한 후 이에 대한 준비를 하여야 한다.

(4) 회사의 규모와 분위기

많이 알려져 있거나 규모가 큰 대기업과 이에 비하여 유명도가 낮고 규모가 작은 중견기업이나 중소기업은 각각의 장점과 단점이 있다. 대기업은 사원 복지나 유명도가 높다는 점에서 선호되는 직장이다. 대기업에서의 비서는 주로 비서실이나 부속실에 배치되며, 대부분의 중요한 업무는 기획실이나 총무 부서에서 맡아 처리하는 경향이 있다. 이에 따라 비서는 본래의 기능을 충분히 발휘하지 못하는 한계점이 때로 존재한다.

이에 비하여 규모가 작은 기업에서는 다양한 업무를 수행하는 기회가 많다. 예를 들어, 직원 수가 적은 벤처 회사의 경우, 상사 보좌, 컴퓨터를 이용한 업무 처리, 고객 접대, 프로젝트 관리까지 다양한 역할을 수행한다. 따라서 업무 수행에 따른 성취감과 많은 경험을 쌓을 수 있는 장점이 있다.

이 밖에도 회사의 정책이나 분위기가 직원의 성장(成長)에 관심이 있는지, 급여 외 근무 조건은 좋은지, 인사 정책은 공정한지에 대하여 다각적인 검토를 해 볼 필요가 있다.

2. 취업 정보

비서직은 선배 · 친지 등의 경로를 통해서 소개받을 수도 있으나 전문화될수록 잡코리아, Linkedin 등의 취업포털 사이트를 통한 공개 채용이나 전문 리쿠르팅 회사를 통하는 방법이 증가하고 있다. 이 밖에 신입 비서의 경우 기업체에서 대학으로 이메일이나 팩스를 통하여 채용 의뢰서를 보내오기도 한다. 비서직 취업의 특징은 일 년에 한 두번 정도 공개 채용하는 다른 직종과는 달리 연중 자리가 생길 때마다 수시로 채용한다는 것이다. 그러나 최근에 와서는 일반 직종도 연중 수시 채용이 늘어났다. 그러므로 취업에 필요한 면접 기술이나 서류 작성에 대해서도 평소에 관심을 가지고 꾸준히 준비해 두는 것이 좋다.

관심 분야의 회사들에 대한 현황 파악과 정보 수집도 필요하다. 요즈음에는 회사 홈페이지나 기사 검색을 통하여 회사 정보를 얻기가 용이해졌다. 좀 더 적극적으로 회사에 근무하는 지인이나 선배를 만나 자세한 정보를 얻는 것이 좋다. 현재의 회사 규모만 보고 판단할 것이 아니라 장기적인 안목을 가지고 미래를 내다볼 수 있어야 한다.

회사에 지원하기 전에 미리 수집하여야 할 정보는 다음과 같다.

- 회사 연혁
- 자본금, 매출액, 종업원 수
- 회사 대표에 관한 정보(이름, 출신 학교, 전공 등)
- 사훈 및 경영 이념
- 주력 사업
- 회사의 대표적인 상품
- 업종별 계열 회사 및 관련 회사
- 해외 지사의 현황
- 근무 시간, 복지후생 및 임금
- 채용 인원과 채용 부서

• 전형 시 제출 서류 및 전형 방법 등

14. 2 취업의 과정

1. 구비 서류

직장을 구하기에 앞서 이에 필요한 서류들을 미리 여유 있게 준비해 놓아야 한다. 재학 증명서, 졸업(예정) 증명서, 성적 증명서 등은 학교에서 준비할 수 있는 서류이며, 자신이 준비하여야 하는 서류로는 이력서, 자기 소개서 등이 있다. 회사에 따라 요구하는 서류에 조금씩 차이가 있으나 이력서 · 자기 소개서 등은 거의 필수적이며, 사진을 요구하는 곳도 있으므로 단정한 모습의 증명사진을 넉넉하게 준비해 두고 파일로도 보관한다.

각종 자격증은 업무 수행 능력에 대한 보증을 할 수 있으므로 될 수 있으면 재학 중에 취득해 두면 유리하다. 최근 기업들은 학력이나 성적보다 능력과 인성을 중시하는 풍토로 변해 가고 있다. 이러한 추세에 비추어 볼 때 업무 능력을 증명할 수 있는 자격증은 취업에 많은 도움이 된다. 이러한 업무 능력 외에도, 신입 사원이 같이 일할 수 있는 인성을 갖추었는지는 기업체에서 매우 중요하게 생각하는 부분이다. 각종 자원봉사 활동에 참여하는 것은 이러한 인성을 기르는 데 도움이 된다. 회사에 지원서류를 보낼 때는 이력서, 자기 소개서 등을 한 개의 파일로 만들어 파일 내용을 한눈에 알 수 있도록 파일 이름을 붙여서 보낸다. 예를 들면, '김미나비서지원서류' 등과 같이 파일 이름만 보고도 내용을 알 수 있도록 한다.

(1) 이력서

이력서에는 자신의 신상에 관한 내용과 학력 · 경력 등이 포함되어야 한다. 자필 이력서를 요구하는 경우에는 시장에서 판매하는 이력서 양식에 깨끗하고 또렷한 글

이력서

성　　명: 김 미 나(金美娜)
생년월일: 1996년 10월 3일
현 주 소: 서울특별시 서대문구 신촌로 29길 16
연 락 처: 010-1234-56×× / ewha1234@hanmail.net

사　진

학력 및 경력

학　력	2016년 2월	서울 ○○고등학교 졸업
	2016년 3월	××대학교 비서학과 입학
	2021년 2월	동 대학 졸업 예정
경　력	2018년 6월~2019년 6월 (1년)	인턴십(근무지: ○○대학교 학생복지센터) 업무 내용: 전화 및 복사 업무/행사보조/서류정리/문서작업, 기타 업무
	2020년 6월~2020년 8월 (2개월)	인턴십(근무지: ○○○○ Consulting Co.) 업무 내용: Customer Service Representative Invoice 작성 및 주문 접수/재고정리/서류정리 및 Filing 등 기타 업무

사 무 능 력

컴 퓨 터　MOS 자격증 취득-Word Expert/Excel Expert/PowerPoint Core (2018년 7월/Microsoft Office사)
컴퓨터활용 능력 자격증 취득-2급(2019년 8월/대한상공회의소)
사용 가능한 프로그램-MS-Word/Excel/PowerPoint/한글/Illustrator/Photoshop
타자 속도-한글 350타/영문 34 wpm

영　　어　TOEIC 880점(2019년 3월 26일), 비서자격증 취득-2급(2019년 7월/대한상공회의소)

과 외 활 동

2016년 3월	××대학교 연극동아리 '연극무대' 가입
2018년 3월~2019년 6월	동아리 '연극무대' 부회장 및 회장(1년: 부회장/6개월: 회장)
2019년 6월~2019년 12월	캐나다 어학 연수: Charlottetown(PEI)-SAC(4개월)/Victoria(B.C)-PGIC(2개월)

위에 기재한 사항은 사실과 틀림이 없음.

2021년 1월 15일
위　김 미 나

씨체로 쓴다. 이력서 내용뿐만 아니라 필체로 성격이나 성실도를 가늠할 수 있으며, 좋은 필체는 좋은 인상을 주기 때문이다. 그러나 최근에는 지원서류를 파일로 받는 경우가 많아 자필 이력서에 대한 요구는 거의 없다.

자필 이력서를 요구하지 않는 경우에는 컴퓨터나 클라우드 저장 공간에 이력서를 저장해 두고 필요할 때마다 파일을 이메일로 보내거나 출력해서 사용하면 편리하다.

(2) 자기 소개서

자기 소개서는 인사 담당자들이 지원자의 가정환경, 성장 과정, 대인관계, 성격, 조직 적응력, 직업관, 문장력 및 논리력을 검증하는 기준이 되므로 성실하게 작성하여야 한다.

자기 소개서는 상대방이 보기 편하도록 몇 개의 주제어로 단락들을 나누어 작성하는 것이 좋다. 지원 동기와 포부는 기업 입장에서 관심을 두는 부분으로 지원하게 된 동기와 입사 후 하고 싶은 업무를 구체적으로 표현하는 것도 바람직하며, 거창하고 추상적인 단어와 긴 문장은 피하는 것이 좋다. 지원자는 자기 소개서를 통하여 자신의 장점을 충분히 나타냄으로써 채용 담당자가 면접하고 싶다는 생각이 들 수 있게끔 작성한다.

① 자기 소개서와 이력서는 다르다

이미 이력서에 있는 내용을 단순하게 설명을 부연하는 것은 자기 소개서가 아니다. 이력서에 쓸 수 없었던 자신의 경험을 스토리텔링할 수 있도록 한다.

② 논리적이고 문법이 정확한 문장을 쓴다

일단 취업을 하게 되면 기획서, 품의서 등 많은 글을 써야 하므로, 평가자는 자기 소개서를 통하여 그 사람의 문장력과 논리 전개력을 평가하게 된다.

③ 솔선수범과 팀워크를 강조한다

기업이 원하는 사원은 슈퍼맨이 아니라, 조직 내에서 함께 일할 사람을 원한다. 따라서 학창 시절 또는 봉사 활동 등을 통하여 다른 팀원들과 팀워크를 이루어 성공적

자기 소개서

웃음이 행복을 만든다

마지막에 웃는 자가 진정한 승리자인 이유는 승리했기 때문에 웃는 것이 아니라 웃어서 승리했기 때문입니다. 힘들고 어려운 상황에도 절망하지 않고 매 순간 최선을 다해 살아간다면 언제든 후회 없이 웃을 수 있다고 생각합니다. 긍정적으로 살고자 하는 마음 때문인지 지인들은 제가 작은 일에도 행복을 느끼고 고마워하는 사람이라고 말합니다. 승리를 위해 웃기보다는 일상에 감사하고 행복을 발견하며 사는 것이 제가 그리는 제 삶의 밑그림입니다.

함께하는 즐거움

혼자 시간을 보내기보다는 사람들과 함께 시간을 보내는 것을 좋아하며, 특히 친구들과의 우정을 무엇보다 소중하게 생각합니다. 그래서 어린 시절부터 많은 친구들과 어울리는 활발한 학교 생활을 했으며, 10년이 넘는 지금까지 좋은 관계를 유지하고 있습니다. 대학 재학 중에는 교외에서 열리는 세미나와 아카데미에 참여하여 다양한 관심사를 가진 사람들을 만나 학교에서 배우지 못한 지식을 쌓고 봉사 활동을 통해 장애 아동들과 친구가 되어 보람된 시간을 보내는 기회도 가질 수 있었습니다.

이론과 실습의 조화, 동아리 활동

대학 시절 가장 뜻깊은 경험은 비서학 전공 연구동아리인 '비서학연구회'의 회장 활동을 통해서였습니다. 학부 시절에 논문을 쓰며 논리력을 신장시키고, 제 이름이 인쇄된 논문집이 완성되었을 때에는 큰 성취감 또한 느낄 수 있었습니다. 논문 발간에서 행사 개최까지 직접 기획하며, 전공 강의를 통해 이론적으로만 습득했던 지식을 실제로 활용할 수 있었습니다. 하지만 무엇보다 중요한 점은 동아리 회원들과 작게나마 조직 생활을 경험하며, 다른 사람과 함께 일을 할 때 어떤 행동이 서로를 이롭게 하는지를 배운 것입니다. 효율적인 의사소통 방법을 습득하며 공동의 목표를 달성하기 위해 노력한 경험은 기업이라는 조직 생활을 하는 데 반드시 필요한 것이라고 생각합니다.

준비된 지원자

비서학을 전공하며 사무 운영 전반 및 정보관리 능력을 배양하여 유능한 비서가 되기 위한 준비를 해왔습니다. 한 학기 동안 ×××사에서 인턴 경험을 하면서 교과 과정을 통해 익힌 지식을 실무에 적용하고 조직에서 사람들과 함께 조화롭게 일하며 목표를 달성해 나가는 방법을 터득했습니다. 제가 속한 집단을 대외적으로 알리고 구성원의 결속력을 다지기 위해 다양한 활동을 직접 기획, 개최하고 보좌한 경험은 조직 내·외에서 여러 형태로 발생하는 구성원 간 또는 고객과의 원활한 의사소통에 도움이 될 것입니다. 일을 하기에 앞서 상대방의 입장을 고려하고 상생할 수 있는 방법을 찾는 태도는 고객의 요구를 파악하여 신뢰를 쌓아가는 데 도움이 될 것이라 확신합니다. 지금, 준비되어 있습니다. 저에게 꼭 ○○○○회사의 비전을 실현함과 동시에 저의 꿈을 펼칠 수 있는 기회를 주시면 감사하겠습니다.

2021년 1월 15일

김 미 나

으로 프로젝트를 수행한 것을 강조한다.

④ 긍정적이고 적극적인 인재임을 인지시켜야 한다

평가를 하는 사람들은 대부분 자기 소개서를 쓰는 사람보다 경험이 많고 세대 차이가 날 수도 있다. 그 때문에 평가자에 따라서는 신세대가 이기적이고 소극적일 것이라는 선입견을 가질 수도 있음을 고려하여 자신이 긍정적이고 적극적인 인재임을 강조한다. 막연하게 서술하여서는 설득력이 없으므로 경험을 중심으로 스토리텔링하도록 한다.

⑤ 자신의 능력을 자신 있게 말한다

지나친 겸손보다는 객관적으로 자신의 능력을 피력하는 것이 좋다. 자신의 외국어 능력은 물론이고 취미 생활이나 특기 중에서 잘하는 것을 서술함으로써 높은 평가를 받을 수 있다.

⑥ 입사 동기와 장래 포부를 명확히 피력한다

남들이 다 쓰는 평범한 입사 동기보다는 솔직하고 명확하게, 그리고 본인의 경력 목표도 언급하면서 가능하다면 구체적으로 적는다.

2. 커리어 포트폴리오

학생들은 대학 재학 기간 동안 교과목 수강을 통한 이론이나 지식의 습득뿐만 아니라 인턴십, 아르바이트 등과 같이 현장에서 실무를 익힐 수 있는 다양한 경험을 통하여 미래를 준비하며 기업들도 실무 경험을 가진 인재들을 선호한다. 커리어 포트폴리오(career portfolio)는 학습자의 능력과 지식을 보여 주는 모범적인 실적물들을 한 곳에 모은 것으로 구직시 회사나 기관 제출용으로 활용될 수 있다. 홈페이지나 블로그 형식으로 만들 수도 있으며, 투명한 바인더(binder)에 끼워 면접 시 지참하여 자신의 능력에 대한 객관적인 증거를 보여 줄 수 있다.

포함하여야 할 내용으로는 〈표 14-1〉에 예시한 것처럼 개인 정보 및 취업 관련 서류, 각종 공인 시험 성적표 및 자격증, 사무 기술과 능력을 보여 주는 각종 작업 예시물, 경력 및 과외 활동, 그리고 포상, 추천서 등 개인의 능력과 기술을 총체적으로 보여 줄 수 있도록 내용을 구성한다.

자신이 갖추고 있는 능력 및 성과 파일을 프로젝트(project) 과제, 훈련(training),

표 14-1 커리어 포트폴리오의 내용

대분류	중분류	포함 내용물
개인 정보 및 취업 관련 서류	개인 정보	이름, 사진, 연락처, 경력 목표, 직업 철학 등
	취업 서류	국/영문 이력서, 국/영문 자기 소개서, 성적증명서, 졸업(예정) 증명서
자격증/ 공인 어학시험	자격증	비서자격증, 워드 프로세서, MOS, 컴퓨터 활용 능력 등
	공인 어학 시험	TOEIC, TOEFL, 한자 능력시험, 일본어 능력시험, 중국어 능력시험 등
사무 기술 및 능력	문서 작성 능력	대표적인 영문서/국문서, 보고서, 각종 양식 등
	프레젠테이션 자료 제작	기획 PPT, 마케팅 PPT, 기타
	프로젝트 관리	졸업 작품전, 비디오 영상물, 기타
	탁상 출판	뉴스레터, 홍보물, 책자 등의 과제물
	엑셀	재무제표, 도표 등의 과제물
	그래픽(포토숍 등)	홈페이지, 과제 실습 작품
경력 및 과외 활동	경력 관련 경험	인턴십 이수증 및 사진, 업무 보조 아르바이트
	타 문화 경험	교환 학생, 배낭 여행, 어학 연수 등
	과외 활동	교내·외 활동, 취미/동아리 활동
	자원 봉사	사회봉사 이수증, 사진, 책자 등
포상/추천서	우수 장학금	성적우수 장학금, 장학재단 장학금 증서
	추천서	회사의 상사, 교수, 기타 지인들의 추천서
	감사장, 표창장 등	감사 편지, 공로패 등

기술(skill) 등으로 분류하여 포트폴리오에 포함한다. 이와 같은 파일을 준비하거나 비공개 블로그에 저장하여 본인이 가지고 있는 전문적 기술, 능력 등의 객관적 증거를 제시한다. 일부 기업에서는 동영상으로 자신을 소개하는 포트폴리오를 요구하는 경우도 있다. 자신에 대한 설명을 지루하게 하기보다 자신의 활동, 경험 등을 역동적으로 구성하여 피력하도록 한다.

3. 입사 시험

일반적으로 취업 응시자는 필기 · 실기 시험과 면접 시험을 치르게 된다. 대기업에서처럼 공개 채용으로 비서를 채용하는 곳에 입사하고 싶으면 미리 어떤 시험을 보는지에 대한 정보를 구해서 준비하면 유리하다. 일부 대기업에서는 기업 고유의 인성 · 적성검사 시험이 있으며, 정식 입사 시험이 없는 기업에서는 공신력 있는 기관에서 실시한 영어 시험이나 컴퓨터 활용 능력 시험 결과의 수준에 따라 가산점을 주는 사례가 많으므로, 평소에 이에 대한 준비를 해 두는 것이 현명하다.

인성 · 적성검사 시험을 치를 때는 긴장된 상황에서 얼마나 침착하게 시험을 치르는가도 중요하게 작용할 수 있으므로, 마음의 평정을 잃지 않는 것도 중요하다. 비슷한 실력을 가지고 있더라도 침착하게 행동하는 사람에게 더 유리한 결과가 나오기 마련이다.

4. 면　접

비서직의 경우 일반적인 시험만으로 비서의 적합성 여부를 판단하기는 어렵다. 이에 따라 비서직은 적격자를 선발하는 과정에서 면접이 차지하는 비중이 매우 높다. 면접 장소는 사전 답사로 위치를 잘 알아놓은 후 당일에도 20분 전에는 도착하여야 마음의 여유를 가지고 긴장을 풀 수 있다. 또한 비서는 방문객에게 상사나 회사의 이미지를 가장 먼저 전달하는 위치에 있으므로, 호감을 주는 인상과 친절한 태도를 원하는 회사가 많다. 또한 요즈음 면접은 지원 직군과 관련된 전문 지식을 평가하는 질문을 하는 회사가 늘고 있는 추세이다.

면접에서 가장 중요한 요소는 면접의 자세와 답변의 내용인데 자세는 겸손하게, 그리고 답변은 자신 있게 하는 것이 중요하므로, 면접에 대한 충분한 준비가 요구된다. 많은 지원자들을 대상으로 면접을 실시한 경험이 있는 대기업의 인사관리자들에 의하면 많은 지원자들이 자신이 직업을 통해서 찾는 것이 무엇인지, 왜 그 직업을 가지려 하는지, 또 왜 그 회사에 지원하게 되었는지에 대하여 지원자들이 막연한 생각을 가지고 있는 경우가 많다고 한다. 따라서 소신 없는 모호한 답변보다는 자신 있고 구체적인 답변이 호감을 줄 수 있으며, 왜 이 회사의 이 직무를 지원하는지를 자신 있게 피력할 수 있어야 한다.

(1) 면접 시험의 종류

기업에서는 개별 면접이나 집단 면접, 집단토론 면접, 그리고 기타 형태의 면접 중에서 한두 가지를 적절히 병행한다. 면접 시험 전에 자신이 지망한 기업에서 어떤 형태의 면접 방식을 채택하고 있는지에 대하여 미리 조사하고, 그것에 대한 대비책을 마련하면 도움이 된다.

사회 및 기업에서 원하는 인재는 급변하는 환경에 빠르게 대처하고 긍정적인 사고를 가지고 항상 자기계발을 게을리하지 않는 사람이다. 또한 글로벌 감각이 뛰어나고 대인관계가 원만한 사람을 선호한다. 회사마다 인재상이 다를 수 있으므로 사전 조사를 통하여 대비한다.

① 개별 면접

개별 면접은 면접관이 지원자 한 사람씩을 개별적으로 질의 응답하는 보편적인 방식이다. 외국계 회사에서 주로 실시되는 개별 면접은 한 사람을 자세히 파악할 수 있는 장점이 있으나 지원자에게 너무 지나친 긴장감을 조성하는 편이며, 시간이 많이 걸리고 면접관의 주관이 작용할 수 있다는 단점이 있다.

② 집단 면접

여러 명의 면접관이 지원자 여러 명을 한꺼번에 평가하는 방식이다. 시간을 단축할 수 있는 장점이 있으며 지원자 간에 비교 평가가 가능하다. 서로 비슷한 내용을 답해도 불이익이 오는 것은 아니지만 다른 수험생의 답변과 차별화하는 것이 좋은 점수를 받을 수 있다.

집단 면접에서 주의하여야 할 점은 질문을 하는 면접관은 한 명이지만 그 질문에 답변하는 모습을 관찰하는 면접관은 여러 사람이라는 것을 항시 염두에 두어야 한다. 자신이 대답하는 순서가 아니라고 해서 딴 생각을 하거나 다른 곳을 쳐다보기보다는 다른 지원자가 말하는 것을 진지하게 경청한다.

③ 집단토론 면접

한 주제를 가지고 지원자들이 토론을 통하여 결론을 도출하고 면접관들이 그 과정을 관찰·평가하는 방법이다. 기업에서 사회자와 주제를 지정하고 주어진 주제에 대하여 토론하게 하는 방법, 기업에서 주제만 정해 주고 지원자 중에서 사회자를 선정해 토론하는 방식, 사회자 및 주제를 정해 주지 않고 완전히 자유롭게 토론하게 하는 방법이 있다. 집단토론에서는 자신의 의견만을 고수하고 타인의 의견을 비판하기보다는 남의 의견을 경청·존중하는 태도를 보이면서 자신에게 기회가 왔을 때 핵심적인 내용을 조리 있게 표현하는 것이 중요하다.

집단 토론은 각 구성원의 지식, 경험, 의견을 나누고 주어진 문제의 좀 더 신중한 해결을 위하여 모든 구성원이 협력하는 지적 공동 작업이므로 협력 과정이 관찰·평가된다.

그 밖에 전문성 있는 주제에 대하여 응시자 자신의 의견, 지식, 경험, 열정 등을 발표하는 방식으로 자신의 개성이나 소신 등을 밝히도록 하는 프레젠테이션 면접이 있고, 일정한 주제를 제시한 후 토론을 거쳐 응시자들이 다른 응시자를 상호 평가하는 동료 평가 면접 등이 있다. 요즈음은 개성이나 창의력을 높이 평가하므로 이를 판별하기 위하여 자유스러운 장소에서 즐기면서 개인의 성격이나 됨됨이를 파악하는 방식 등으로 인재를 선발하기도 한다.

면접 절차와 주의 사항을 설명하면 다음과 같다.

- 면접에 임하기 전 담당 안내원의 주의나 지시, 면접의 순서를 잘 듣는다.
- 면접실에 들어갈 때는 두세 번 노크를 하고 잠시 후에 들어간다.
- 바른 걸음걸이로 입실하여 정면을 향하여 30도 정도로 허리를 굽혀 공손하게 인사를 한다.
- 성명을 정확하게 말하고 앉으라는 지시를 기다렸다가 착석한다. 앉을 때는 등을 반듯이 세우고 다리를 가지런히 하여 바른 자세로 앉는다.
- 질문의 의도에 맞는 대답을 하여야 한다. 결론부터 짧게 말하고 설명과 자신의 의견을 덧붙이되 너무 장황하지 않게 한다.
- 목소리는 또렷하고 침착하게 자연스러운 억양으로 대답하며, 경어와 표준어를 적절히 사용하도록 한다.
- 중간에 실수를 하였더라도 끝까지 최선을 다하는 태도를 보인다.
- 면접이 끝나면 기회를 준 것에 대한 감사의 말과 정중한 인사를 한다.
- 퇴실할 때는 등을 바로 돌리지 말고 두 세 걸음 뒤로 물러선 후 면접관을 향하여 다시 한 번 간단히 목례를 하고 등을 돌려 문 쪽으로 간다.
- 문을 닫을 때도 조심해서 살며시 닫는다.

면접 결과가 좋지 않더라도 회사 인사 담당자에게 면접 기회를 주어서 감사하다는 이메일을 반드시 보낸다.

14.3 직장 적응

입사를 하고 조직의 구성원이 된 비서는 여러 사람들과의 첫인사, 생소한 업무 등 새로운 환경에 적응하기 위하여 많은 노력을 기울여야 한다. 처음에는 실수도 많이 하게 되지만 이를 두려워하지 않고 실수를 통하여 배우고 같은 실수는 되풀이하지 않도록 유의한다.

1. 적응 태도

첫 직장에 적응하기 위하여 주의하여야 할 사항을 살펴보면 다음과 같다.

(1) 인사를 잘한다

인사는 인간관계의 시작이라고 할 수 있다. 직장 생활이 어려운 것은 업무나 다른 문제에 있는 것이 아니라 사람들과의 인간관계에서 비롯되는 문제가 가장 힘들기 때문이다. 명랑하고 부드러운 목소리로 미소를 잃지 않고 방문객뿐만 아니라 직장 내 사람들과 인사를 나누면 인간관계도 좋아지고 호의적인 인상을 심을 수 있다.

입사 초기에 사람들을 잘 모른다고 해서 고개를 숙이고 다니면 어두운 인상을 주게 되며, 고개를 든 채 다른 곳을 응시하며 다니는 것은 거만한 인상을 주기 때문에 바람직하지 않다. 조직 내의 지위 고하를 막론하고 내가 먼저 인사하며 잘 모르는 사람일지라도 복도에서 마주쳤을 때 가벼운 목례를 한다. 특히 경비원, 미화원과 같이 보이지 않게 일을 하는 분들에게도 친절히 대한다.

(2) 사람의 얼굴과 이름을 업무와 연관시켜 기억한다

어떤 분야에서든지 성공한 사람들의 공통적인 요소는 얼굴과 이름을 잘 기억한다는 것이다. 입사 후 가장 먼저 할 일은 상사, 동료, 내방객들의 얼굴과 이름을 기억하는 것이다. 회사의 좌석표나 조직도를 책상 위에 두고 이름을 기억하려는 의도적인 노력이 필요하다. 이름과 더불어 각 사람의 역할과 직위까지 연결해서 기억해 두면 업무를 이해하는 데 많은 도움이 된다.

또한 회사나 상사를 자주 찾아오는 외부인에 대해서도 기회 있을 때마다 선배에게 "저분은 어느 회사에서 오셨어요?"라고 적극적으로 물어 메모를 해 둔다. 시간이 있을 때 상사의 명함집을 보고 주요 인물들을 기억해 두는 것도 한 방법이다.

사람들이 가장 듣기 좋아하는 말은 자기 자신의 이름이라고 한다. 방문객이 다음에 찾아왔을 때 이름과 직위를 기억해서 반갑게 맞이하면 본인뿐만 아니라 회사에 대해서도 좋은 이미지를 전달하는 데 도움이 된다.

(3) 업무 파악을 신속히 하고 업무를 빨리 배우도록 한다

처음에 일을 배울 때는 선배나 상사의 가르침을 메모하면서 집중하여 듣는다. 메모를 해 두면 나중에 정리해서 다시 참고할 수 있다는 장점이 있을 뿐만 아니라, 가르쳐 주는 사람의 입장에서도 신입 비서의 열심히 배우려는 자세를 높이 평가하게 된다.

모르는 것을 부끄럽게 생각해서 묻지 않고 그냥 넘어가면 나중에 더 큰 실수를 하게 되므로 항시 확인하고 넘어가도록 한다. 일을 하다가 실수를 하였을 때는 질책 들을 것을 염려하여 숨기면 나중에 더 큰 문제로 비화될 수 있다. 전문 직업인이 되기 위해서는 꾸지람의 핵심을 정확히 파악하여 실수를 고쳐 나감으로써 배워 나가려는 긍정적인 태도가 반드시 필요하다.

(4) 작은 일이라도 최선을 다한다

신입 사원에게 주어지는 업무는 중요도가 높은 업무들이 아닐 수 있다. 눈에 띄지 않고 평범한 단순・반복 업무라 할지라도 확실하게 최선을 다하여 처리하는 것이 중요하다. 조직에서는 어느 일이라도 덜 중요한 일이 없다. 심부름, 복사, 전화 받기 등 자질구레한 일 하나하나도 완벽하게 해내는 습관을 길러야 한다. '내가 이런 일을 하려고 이 회사에 들어왔나'라고 불평하기보다는 밝은 표정, 명랑한 목소리로 작은 일이라도 최선을 다하여 열심히 함으로써 상사의 신뢰를 얻게 되고, 그 후 더 중요하고 의미 있는 일을 맡을 수 있게 된다.

(5) 직장의 규율을 지킨다

각 직장에는 조직 구성원들이 알고 지켜야 할 회사의 사훈이나 행동 규범이 있는데, 그러한 회사 규칙이나 상사의 지시, 명령 등을 잘 지킨다. 뿐만 아니라 조직의 규율이나 편람에 명문화되어 있지는 않지만 직장 내에서 통용되는 행동 규범이나 에티켓을 빨리 파악하여 지켜야 한다. 기본적으로 유의할 사항 외에도 조직에 대한 이해, 업무에 대한 이해, 상사에 대한 이해, 동료・선배들에 대한 이해를 위하여 다양한 자료원을 찾아보고 빠른 시간 내에 적응하도록 노력하여야 한다.

(6) 비서직에 맞는 복장을 착용한다

회사의 분위기와 어울리지 않는 복장을 하거나 지나치게 유행을 따르기보다는 업무 수행에 불편하지 않은 단정한 차림이 적당하다. 너무 짧거나 노출이 심한 복장은 업무 수행에 불편하므로 사무실에서는 적합하지 않은 옷차림이다. 회사의 분위기에 어울리면서 자신을 표현할 수 있는 옷차림을 하는 것이 바람직하다. 전문 직업인다운 차림새와 언행으로 자신의 이미지를 관리할 필요가 있다.

(7) 시간 외 근무도 기꺼이 임한다

시간 외 근무는 자신이 조직의 발전을 위하여 노력한다는 것을 나타내 보일 수 있는 좋은 기회이다. 근무 시간 외에도 업무를 하여야 할 경우, 상사가 시켜서 할 수 없이 일한다는 생각보다 능동적으로 업무를 처리하도록 한다. 어쩔 수 없는 회사의 일로 개인의 시간을 손해 보게 되는 경우가 있더라도 그 시간을 회사 통장에 저금한다고 생각하고 열심히 일하면 다음에 더 큰 보상으로 돌아올 것이다.

2. 업무 파악

입사 초기에는 모든 것이 낯설고 익숙하지 못하다. 될 수 있으면 업무를 빨리 파악하고, 실수를 하더라도 일을 배우겠다는 태도가 중요하다. 선배나 상사의 지시를 받거나 가르침을 받을 때마다 정확히 메모하여 자신의 정보로 소화시키는 것이 필요하다.

필요한 정보를 수집하여 자신의 업무 매뉴얼(manual)을 작성하면서 배우는 것도 좋은 방법이다. 매뉴얼이란 업무지침서 혹은 업무참고서라고 할 수 있으며, 비서 직무를 수행하는 데 필요한 모든 자료 · 정보 · 양식 · 절차 등을 모아둔 책이나 파일이다. 일반적으로 사무직에서는 표준화된 매뉴얼이 있는 기업이 많으나 비서직은 업무의 성격상 표준화할 수 있는 부분과 그렇지 못한 부분이 있기 때문에 매뉴얼이 없는 경우가 많다. 회사 매뉴얼이 있더라도 자신의 상사나 상사의 업무에 관련된 내용을 추가하여야 한다. 선배 비서나 전임 비서가 사용하던 매뉴얼이 있으면 참고로 하여 자신의 매뉴얼을 만들면 시간 절약도 되고 업무를 빨리 익힐 수 있다.

일단 매뉴얼을 작성해 두면 평소 필요한 정보를 빨리 찾아 업무를 처리할 수 있을 뿐 아니라 불가피한 일로 결근을 하거나 병가를 가더라도 업무 대행자가 매뉴얼을 참고로 일을 처리할 수 있기 때문에 업무에 미치는 영향을 최소화할 수 있다. 그리고 내용은 컴퓨터에 입력해 두고 바뀔 때마다 바뀐 부분만 다시 출력하여 참고 · 보관한다.

매뉴얼에 필수적으로 포함되어야 할 사항들은 다음과 같다.

(1) 조직과 상사에 관한 일반적 사항

회사의 목표 및 회사의 창업 역사를 포함한다. 대부분의 회사는 회사의 소개 책자에 이 부분을 포함하고 있으나 만약 없을 경우에는 회사의 주요 정책이나 주력 사업 등을 서술할 수도 있다.

조직도에 나타나 있는 임원들의 명단, 비서들의 이름, 주요 실무자들의 이름 등을 알아 둔다. 조직도를 잘 살펴보면 회사의 주요 업무, 부서, 명령 · 보고 체계 등을 알 수 있다.

또한 상사의 보좌와 관련된 업무들, 처리 원칙 등을 적어 둔다. 예를 들면, 꼭 하여야 할 일과 해서는 안 될 일, 손님과 전화의 중개 방법, 우편물 처리 방법 등이 이에 속한다. 어떤 상사는 자신의 사무실을 찾아오는 모든 사람을 만나 주는가 하면 어떤 상사는 일정 시간 동안은 손님과 전화를 일절 받지 않고 자신의 업무를 집중적으로 처리하기를 원하기도 한다. 어떤 상사는 면담 요청 스케줄을 비서에게 완전히 일임하는가 하면 자신이 직접 모든 스케줄을 관리하기 원하는 상사도 있다.

(2) 표준 절차와 양식

거래처, 빌딩 관리 부서, 각 주요 부서, 여행사, 호텔, 복사기 애프터서비스 등 자주 통화하는 전화번호를 적어 두거나 파일을 만들어 둔다. 또한 보고서, 편지, 메모, 청구서 등 자주 사용하는 문서의 기본 양식을 컴퓨터로 작성하고 파일 이름은 매뉴얼에 기록하여 둔다. 파일을 하드디스크에 저장할 때는 문서의 종류에 따른 디렉토리명과 주요 파일명을 매뉴얼에 적어 둔다.

(3) 업무 처리 절차

현재 수행하고 있는 일의 순서와 유의 사항을 적어 둔다. 일정관리, 회의 준비, 출장 준비, 비품 주문, 문서 작성, 우편물 처리, 전화 응대, 손님 응대 등 모든 업무의 처리 절차와 내용을 자세히 파악하여 작성한다.

(4) 업무 처리 공간

봉투, 라벨, 보고서 용지, 양식 등 각종 비품 및 문구류의 위치와 사무용 서랍장 열쇠, 파일의 위치, 책상 및 서랍의 정리 방법 등을 적는다.

(5) 용어 해설

회사 및 직무와 관련된 전문 용어, 약어, 은어 등을 정리하여 첨부한다. 새로운 용어들을 볼 때마다 뜻을 인터넷이나 서적 등 각종 참고 자료에서 찾아보고 정리하여 자신의 지식으로 만든다.

익힘문제

1. 회사 지원 시 수집하여야 할 회사에 관한 정보의 종류를 열거하라.

2. 커리어 포트폴리오에 포함되어야 할 내용을 열거하라.

3. 면접의 종류와 면접 시의 유의점을 서술하라.

사례연구

1. 인터넷에서 다양한 이력서 양식을 검색해 보고 평가해 보자.

2. 대기업 공채에서 어떤 입사 시험을 치르는지 조사해 보자.

3. 면접자들의 경험을 검색하고 가장 흔히 하는 실수들을 조사해 보자.

| 제 15장 |

비서의 자기계발

헤라클레이토스(Herakleitos, B.C. 535~B.C. 475)는 일찍이 "변화만이 영원하다"고 말한 적이 있다. 변화는 어느 시대에나 있어 왔으나 현대 사회에 와서는 그 변화의 속도가 더욱 빨라지고 있다. 특히 인공지능의 급속적인 발전으로 지난 10여 년간 기업 환경과 직업 환경은 많은 변화를 겪어 왔으며, 이러한 변화는 앞으로도 더욱 가속화될 것으로 전망되고 있다. 국가나 기업, 그리고 개인에게 무엇보다 빠른 변화에 적응할 수 있을 뿐 아니라 변화에 앞서 나갈 수 있는 능력이 어느 때보다 절실한 때이다.

비서직을 준비하는 학생이나 현직에 근무하는 비서는 변화의 방향을 파악하여 항상 스스로를 준비하고 계발해 나가는 노력이 무엇보다 중요하다. 더구나 우리나라에서도 평생고용의 시대가 끝나고 회사의 필요에 따라서 탄력적으로 직원을 해고할 수 있고, 또 개인은 자신의 능력을 인정해 주고 대우해 주는 직장을 언제든지 선택할 수 있는 노동 시장의 자유경쟁 시대가 열렸다. 따라서 자유경쟁 시장에서 항상 자신의 가치를 높이고 자신을 경쟁력 있게 만들기 위해서는 스스로 커리어 관리(career management)를 하지 않으면 안 되게 되었다. 별다른 직무 능력 없이 젊었을 때 잠시 종사하는 직업이 아니라 평생 전문직으로서의 비서직을 갖기 위해서는 지속적으로 자신의 능력을 함양시켜 나가야 한다.

15.1 목표관리

비서로서 직장에 자리를 잡고 직업인으로서 가져야 할 올바른 직업 의식과 직업윤리를 갖춘 다음 전문직 비서로 성장하기 위해서는 현재의 위치에 만족하기보다는 미래를 향하여 끊임없이 자기를 계발하여야 한다. 자기계발을 하기 위한 구체적 방법에 대하여 인식하고, 이를 실제 생활에 적용하려는 노력이 필요하다.

1. 목표의 수립

자기계발이란 자기 능력을 높이는 일이며, 이는 시간이 감에 따라 저절로 이루어지는 것이 아니라 자기계발을 통하여 성취하고자 하는 목표가 뚜렷하여야 가능하다. 많은 비서들이 업무를 처리할 때 우선순위에 따라 계획을 세우고 능숙하게 일을 하지만 막상 자신의 커리어를 관리하기 위하여 목표와 계획을 세울 때는 구체적으로 무엇을 어떻게 시작하여야 할지 잘 모른다. 효과적인 자기계발을 위해서는 달성 목표를 세움으로써 추진 방향이 확실하게 설정되며 지금 어떠한 노력을 더 하여야 할 것인가를 구체적으로 알게 해 준다. 즉, 목표 달성을 위한 계획이 세워짐에 따라서 능력을 계획적으로 높일 수 있게 된다. 물론 목표를 세웠다고 해서 다 달성할 수 있는 것은 아니며 많은 사람들은 목표에 도달하지 못하기도 한다. 그러나 통계에 의하면, 목표를 세우고 목표를 추구하는 사람이 그렇지 않은 사람보다 교육이나 훈련에서 일반적으로 더 많은 것을 성취한다고 한다.

목표를 설정한 뒤에는 목표를 신속하게 달성하기 위해서 어떻게 하면 좋을까를 생각하여야 하는데, 목표를 일상 생활에도 연결되게 함으로써 자기의 삶에 활기를 얻게 된다. 자신이 설정한 목표가 충분한 가치가 있다고 생각하고 반드시 해낸다는 굳은 결의가 있어야 한다.

그리고 자기계발을 위한 일정표를 짜서 작은 노력일지라도 한 걸음 한 걸음 쌓아가야 한다. 끈기 있게 매일 노력하는 생활이 습관화되면 더욱 바람직하다. 또한 주기적으로 진행 상황을 점검하는 것이 필요하다.

2. 목표 설정과 실행

목표관리에 의한 자기계발이 성공적으로 이루어지기 위해서는 먼저 효과적인 목표를 설정하고 이를 실행하여야 한다. 효과적인 목표 설정과 실행 방법은 다음과 같다.

① 목표를 구체적으로 적어 본다. 처음부터 완벽한 목표 설정이 힘들지라도 적어 나가는 과정에서 목표가 더 명확해지기 때문이다. 목표는 반드시 원대할 필요는 없으며 자신의 현재 능력, 환경을 고려하여 실현할 수 있는 합리적인 목표를 세우는 것이 좋다. 이 과정에서 자신이 가진 능력과 한계점을 고려하여야 한다. 예를 들면, 숫자를 좋아하지 않고 수치 정보 처리에 대한 적성이 부족한데 공인회계사가 되겠다라고 목표를 세우는 것은 자신의 적성과 능력에 대한 충분한 고려를 하지 않은 것으로 볼 수 있다.

② 실현 가능한 목표를 세워야 한다고 해서 너무 쉽게 성취할 수 있는 목표보다는 도전할 만한 가치가 있는 목표를 세운다.

③ 모호한 목표보다는 구체적인 목표를 설정한다. 예를 들면, 단순히 '공부를 열심히 하겠다'는 목표를 세우는 것보다 '하루에 두 시간 토익 공부를 하겠다'는 식의 목표가 바람직하다.

④ 단기적인 목표와 장기적인 목표가 서로 조화되도록 설정한다. 올해의 목표, 5년 후의 목표, 10년 후의 목표, 생애 목표 등을 설정함으로써 방향을 더욱 명확히 할 수 있다. 여러 개의 목표가 서로 조화되어야 하며, 어떤 목표는 다른 목표보다 더 많은 시간과 노력을 필요로 하기도 한다. 예를 들면, "10년 비서로서의 경력을 쌓은 뒤 외국계 로펌의 오피스 매니저가 되겠다"는 목표를 성취하기 위해서는 프로젝트 매니저 자격증과 같은 관련 자격증 취득, 영어 능력 향상, 인사관리 지식 습득 등 여러 개의 상호 연관된 단기 목표를 설정할 수 있다.

⑤ 목표를 설정할 때 목표를 추구하는 과정에서 발생하는 비용과 손해를 충분히

인식하여 설정하도록 한다. 예를 들면, 석사 학위를 취득하기 위하여 야간 대학원에 진학할 경우 휴가, 여가 시간, 사회 생활, 가족 생활 등 개인의 사적인 생활은 당분간 희생할 것을 감수하여야 한다. 이 과정에서 회사와 가족들의 이해와 도움 없이는 학위 취득이 불가능하다.

⑥ 추구하고자 하는 목표에서 요구하는 기술과 지식에 대하여 충분히 인식한다. 예를 들면, 5년 후 유능한 시니어 비서가 되겠다는 목표를 세운다면 시니어 비서에게 요구되는 기술이나 능력을 꾸준히 습득하도록 노력한다. 주위에서 자신이 본받고 배울 만한 구체적인 역할 모델이 있을 때 훨씬 쉽게 목표를 달성할 수 있다.

⑦ 목표를 정기적으로 점검한다. 목표를 정할 당시에는 가장 중요하다고 생각되었던 목표들도 일정 기간이 지나고 나면 자신의 관심이 바뀌거나 주위 환경적인 요소 때문에 더 이상 추구할 수 없는 목표가 되어 버리는 경우도 있다. 따라서 중·장기 목표일 경우 매년 혹은 매 6개월마다 점검하는 것이 필요하다.

⑧ 일정 시간이 지나면 평가할 수 있도록 목표를 정한다. 연간 목표였으면 연말에, 월간 목표였으면 월말에 얼마나 성취하였는지를 평가해 보아야 한다. 만약 성취하지 못했으면 이유와 개선 방안에 대한 평가가 동시에 이루어져야 한다.

⑨ 다른 사람에게 목표를 알린다. 일단 목표가 정해지면 상사, 가족 및 친구들에게 목표를 알린다. 예를 들면, 토익 시험에서 850점 이상 받겠다라고 목표를 세우고 이를 주위에 알리면 목표에 대하여 격려하는 사람이 있는 반면, 과연 그게 가능할까라고 의문을 표시하는 사람도 있을 것이다. 그러면 자신이 할 수 있음을 증명하기 위해서라도 더 많은 노력을 기울일 것이고, 또 주위에서 목표를 달성하도록 이해하고 도와 줄 수도 있을 것이다.

⑩ 실패를 두려워하지 않는다. 능력이 있는 많은 사람들이 능력을 충분히 발휘하여 성공하지 못하는 이유 중의 하나는 어떠한 일을 시작하려고 할 때 실패를 두려워하여 아예 시작조차 하지 못하거나 실패하였을 때의 주위의 평가나 비난이 두려워 용기를 내지 못하는 경우가 많이 있다. 실패를 하더라도 목표를 세워서 추구하는 사람이 그렇지 않은 사람보다 성공할 확률은 훨씬 더 높은 것이다. 거듭되는 실패를 거울삼아 대통령에까지 이른 링컨(A. Lincoln)을 비롯한 많은 사람들의 사례에서 도전

의 중요성을 배울 수 있다.

3. 목표의 유형

많은 직장인들은 일을 통하여 자아 실현을 하려고 노력한다. 너무 현재 일에만 매달리다 보면 어느 순간 자아를 상실한 것을 발견하게 된다. 최근에 증가하는 명예 퇴직자의 경우 자신의 목표를 일과 직장에만 맞추었기 때문에 퇴직을 한 후 생의 의미에 대하여 많은 갈등을 하거나 낙심하여 건강을 잃는 것을 종종 볼 수 있다. 따라서 생의 여러 측면을 고려하여 균형잡힌 목표를 정하는 것이 필요하다. 목표는 일상 업무를 위한 것, 자신의 향상과 미래의 커리어를 위한 것, 그리고 현재와 장래의 의미 있는 삶을 위한 것으로 나눌 수 있다.

(1) 일상 업무를 위한 목표

일상 업무 속에서 필요한 지식과 기술을 배우는 것을 목표로 하는 경우이며, 목표가 구체적이고 명확하여야 한다. 먼저, 현재 자신이 직무를 수행할 때 부족하다고 느끼는 지식이나 업무 관련 기술은 어떠한 것이 있는지 파악한 후 부족한 점을 향상시키기 위하여 목표를 세우고 노력하여야 한다.

직장에서 즉시 실현하여야 할 과제에 대해서는 회사가 사내 또는 사외 연수를 통하여 훈련을 제공하기도 한다. 그러나 실제로 효과적인 업무 수행을 위한 지식과 기술의 습득을 회사가 모두 지원해 주지는 않는다. 즉, 스스로 공부하고 노력하여 필요한 지식과 기술을 습득하여 자기계발을 해나가야 한다.

또한 자기계발에서 얻은 성과를 일상의 직무에 반영해 가야 한다. 즉, 자기계발의 성과가 업무에 반영됨으로써 목표 추구의 가치가 있게 되는 것이다. 비서 자격 시험, 외국어 및 컴퓨터 활용 능력 등을 비롯하여 많은 직업 능력 및 기능 시험이 있다. 이런 시험을 목표로 하여 적극적으로 자기계발에 노력하는 그 자체도 가치 있는 일이다.

(2) 자기 향상을 위한 목표

단기적으로 현재 자신의 업무를 잘 수행할 수 있는 능력을 갖춘 후에는 미래에 자신이 도달하고자 혹은 성취하고자 하는 직위와 업무에 대하여 중·장기 계획을 세우고 꾸준히 노력해 가는 자세가 필요하다. 예를 들면, 학교를 졸업하고 보험 회사에서 일하고 있는 초급 비서가 우선은 자신의 업무 수행에 필요한 능력을 갖추기 위하여 회사에서 사용하는 컴퓨터 소프트웨어 활용법 등을 배워야 하겠지만 어느 정도 적응이 되고 나면 보험의 종류나 업무 내용 등에 관심을 가지고 더 공부할 수도 있을 것이다.

5년이나 10년 후 자신이 성취하고자 하는 바를 실천 계획을 가지고 실행에 옮기는 비서와 그렇지 않은 비서는 미래에는 물론이고 현재의 생활에서도 많은 차이가 난다. 따라서 현재의 바쁜 업무에만 매달리기보다는 미래를 생각하는 시간을 가져야 한다. 미래를 준비하는 사람만이 빠르게 변화하고 있는 환경에서 적응하며 발전할 수 있다는 생각을 항상 염두에 두어야 한다.

(3) 삶의 질을 위한 목표

생활 주기의 변화와 소득 수준의 향상으로 사람들은 삶의 질을 추구하고 워라벨(Work and Life Balance), 즉 일과 삶의 균형을 원하게 되었다. 자신의 잠재 능력 개발이나 어학 능력·기획력·창조력 연마 등 비교적 업무에 관계 있는 능력 개발에서부터 취미, 운동, 여행, 종교 활동, 봉사 활동 등 개인 생활 속에서 자신의 여가와 취미 활동을 통한 삶의 가치 추구에 이르기까지 그 폭이 매우 넓다.

건강, 봉사 활동, 경제력 향상, 결혼 생활, 가족 관계 등 다양한 개인의 목표를 일에 대한 목표와 병행하여 추구하여야 한다. 대학 재학 기간에는 평생을 통하여 꾸준히 할 수 있는 운동과 취미를 계발하는 것이 좋다. 그 밖에도 해외 여행, 각종 스포츠에의 참가, 연극과 음악회, 전시회, 박물관/미술관, 그림이나 소설의 창작, 공공기관이나 대학의 시민 강좌나 문화센터, 평생교육원 프로그램 등 다양한 관심을 가지고 주의를 기울이면 자기계발 기회는 물론 자신의 생활을 풍요롭게 할 수 있는 시간을 가질 수 있다. 개인의 활발한 취미 생활과 여가 활동을 통하여 직업이나 직장에도 더욱 긍정적인 영향을 미칠 수 있다.

15.2 비서의 자기계발 방안

1. 직무를 통한 자기계발

많은 사람들은 학습은 주로 학교 교육을 통하여 이루어진다고 생각하기 쉬우나 실제로 학습은 태어났을 때부터 죽을 때까지 지속적으로, 그리고 모든 환경에서 이루어지는 것이다. 특히 직장에서 직무를 통한 학습은 매우 중요하다. 일과 학습은 개인과 조직의 성장에 직접적인 연관 관계가 있다. 오늘날과 같이 급속하게 변하는 시대에는 경쟁자나 경쟁 회사보다 빨리 배우지 못하는 개인이나 조직은 뒤떨어질 수밖에 없다.

우리는 무엇을 배웠던가에 대한 것은 인식하여도 어떠한 과정을 통하여 배웠던가에 대한 인식은 거의 하지 않는다. 직무 경험을 통한 의도적인 학습은 자기계발을 위한 매우 효과적인 방법이다. 학습에 시간과 노력을 들이는 것은 자신과 미래에 대한 투자이다. 우리는 경험을 통하여 직관적으로 배우게 된다. 그러나 일을 통하여 저절로 배울 수 있는 것은 아니다. 스스로 무엇을, 어떻게, 얼마나, 그리고 어떠한 속도로 배울 것인가를 결정하여 모든 학습의 기회를 적극적으로, 그리고 의도적으로 잡을 때 비로소 학습은 일어날 수 있다. 이때 일은 일상적인 것이 아니라 배울 수 있는 기회로 다가올 수 있다. 직무에서의 학습은 지식, 직무 기술, 경험의 증대로 인하여 현재의 직무 수행 능력을 향상시킬 수 있으며, 미래에 더 많은 책임을 맡을 수 있는 능력을 키우는 것을 의미한다.

그러면 비서 직무를 통하여 배울 수 있는 방법을 구체적으로 살펴보자.

① 상사의 의사결정 방법과 업무 처리 방법을 관찰한다

비서는 일반적으로 조직 내의 의사결정자를 가까이에서 보좌하게 된다. 조직 내에서 발생하는 다양한 문제에 대하여 상사는 어떠한 기준에서 어떠한 결정을 내리는가를 살펴보고, 자신이라면 어떻게 처리할 것인가 또 그 결과는 어떻게 달라질 것인가에 대하여 여러 각도로 분석해 보는 습관을 키운다.

② 문서작성 시에 문서의 내용을 읽고 이해한다

컴퓨터로 문서를 작성할 때, 기계적으로 내용만 입력할 것이 아니라 작성하고 있는 문서의 내용을 이해하는 것이 상사가 하는 일에 대해서 배울 수 있는 좋은 기회가 된다. 왜 그 서류가 만들어졌으며, 어떠한 내용을 담고 있으며, 예상되는 업무 처리 절차 등을 생각해 보면 업무 파악에 많은 도움이 된다.

③ 우편물과 다양한 문서들을 통하여 업무를 이해한다

비서는 일반적으로 상사의 우편물과 각종 보고서 등을 상사에게 전달하는 책임이 있다. 이러한 보고서, 문서, 메모는 업무나 조직의 상황에 대하여 좀 더 알 수 있는 훌륭한 자료원이 된다. 문서에 대한 답변도 연결해서 보면 업무가 어떻게 진행이 되는지에 대하여 알 수 있다. 이때 상사 앞으로 오는 개인적인 편지나 인사(人事)에 대한 사내비(社內秘)·사외비(社外秘)에 관한 사항은 개봉하지 않도록 하며, 실수로 보게 되었으면 외부에 누설하지 않도록 주의한다.

④ 회사의 상품과 업종에 대하여 조사하고 배운다

일상적으로 주위에서 일어나는 일에 대한 이해 외에도, 회사의 상품과 업종에 대한 지식을 얻도록 노력하여야 한다. 조직 내에서 발행되거나 유통되는 인쇄물과 보고서들을 유의해서 읽는다. 회사와 관련된 분야의 신문이나 인터넷 기사가 나오면 스크랩을 하는 등 평상시에도 항상 관심을 두도록 한다.

⑤ 기존의 방법이 아닌 더 나은 개선책을 생각한다

업무를 수행하다 보면 기존의 방법보다 시간과 비용을 적게 투자하고 같은 효과를 거둘 수 있거나 더 나은 성과를 얻을 수 있는 방법이 있다. '지금까지 계속해 오던 방법이다' 또는 '전임 비서가 그렇게 하였기 때문에 업무 방법을 바꿀 수 없다'라는 사고에서 벗어나서 생각을 해보면 새로운 아이디어가 떠오를 수 있다.

최근에는 사원 제안 제도가 있어서 사원들이 아이디어를 제출하면, 평가를 거쳐 좋은 아이디어는 회사 운영에 반영하고 안이 채택된 사람들에게는 물질적 포상을 하거나 인사고과 점수를 주는 회사도 있다.

2. 평생교육

평생교육(life long education)이란 학교 교육뿐만 아니라 가정 교육, 사회 교육 등을 망라하여 연령에 제한을 두지 않고 전 생애에 걸친 교육을 통하여 삶의 질을 향상시키는 것을 목적으로 한다. 과거에는 학교에서 배운 것을 평생 동안 활용할 수 있었으나 변화의 속도가 빠른 지금은 그렇지 않다. 10년 전에 통용된 지식은 반쯤은 쓸모가 없으며, 전문적인 지식은 5년 주기도 길다고 한다.

이와 같이 변화하는 환경에서 새롭게 요청되는 지식과 기술을 습득하기 위한 교육이 체계적으로 필요하다. 비서 또한 유능한 비서로서 조직에서 인정받기 위해서는 끊임없는 자기계발이 이루어져야 한다. 급변하는 현대 사회에서는 적극적인 자세로 노력하지 않으면 도태될 수밖에 없다.

평생교육은 정규 교육 과정을 통하여 이루어지기도 하지만 다양한 비정규 과정 및 자신의 적극적인 노력을 통하여 이루어진다.

(1) 대중 매체의 활용

신문, TV, 전문 잡지는 날마다 대하는 유력한 정보원이다. 젊은층들은 인터넷에서 주로 뉴스를 접하지만 비서는 이들을 잘 활용하느냐 못하느냐에 따라 업무 성과에서도 커다란 차이가 날 수 있다. 정보의 보고(寶庫)라고도 하는 대중 매체, 그러나 목적 의식을 명확히 가지고 있지 않으면 가치 있고 유용한 정보라도 그냥 넘기기가 쉽다. 따라서 그 활용법을 알고 대하는 것이 좋다.

① 신 문

㉠ 경제 신문, 전문 업종 신문을 활용한다

경제 신문은 경제 동향이나 회사 정보 등 시사 일간지에 없는 전문적인 정보를 제공한다. 비서 업무를 수행하는 일뿐만 아니라 회사 전체의 운영에 대한 이해를 위해서도 경제 신문은 유용한 정보를 제공해 준다. 특히 상사의 업무에 대한 이해와 이를 잘 보좌하는 데 많은 도움을 준다. 경제 기사는 다른 기사에 비하여 어느 정도 사전 지식이 있어야 이해하기 쉽다. 최소한 기사에 쓰이는 용어에 대한 사전 지식이 있어야 한다. 모르는 내용이 있으면 경제, 시사 사전 등을 활용하여 그때그때 의문점을 해결해 나간다. 주위에 경제학이나 경영학을 전공한 동료나 선배가 있으면 모르는 개념과 용어들에 대하여 적극적으로 가르침을 받는다.

참고로 경제 신문을 읽는 방법을 소개하면 다음과 같다.

첫째, 매일매일 기사를 제목만이라도 빠뜨리지 않고 점검하는 것이 중요하다. 정부의 경제 운용도 최단기가 3개월이라는 점에서 볼 때 적어도 6개월 정도는 계속하겠다는 각오를 가지고 경제 기사를 점검하면 경제 기사에 대한 이해도 생기고 부담도 없어진다.

둘째, 주제를 한정해서 읽는다. 신문 기사를 자세히 읽다 보면 한 신문만 읽어도 두 시간은 걸린다. 더구나 기사를 스크랩해서 파일 작업을 한다면 상당한 일거리가 되어 버린다. 따라서 효율적으로 읽고 정보를 수집하는 방법은, 표제를 중심으로 읽되 주제를 정보 수집의 목적에 맞춰 한정해서 읽는 것이다.

셋째, 해설 기사와 시리즈 기획물은 반드시 정독하고, 가능하다면 스크랩을 한다. 인터넷에 있는 기사라면 내용을 파일로 저장하도록 한다. 어려운 경제 기사에 대한 이해를 집중적으로 도와 주는 해설 기사와 시리즈 기획물은 그 분야에 대한 지식을 높일 뿐만 아니라 거대한 경제 흐름에 대한 시각도 갖도록 해 준다. 경제나 산업의 표제는 다양한 관점에서 씌어져 있으므로 직무 수행에 도움이 된다. 또한 좋은 기사는 자기 회사나 거래처 업계의 관계 기사, 그리고 직접 자신의 업무에도 관계되는 것이 적지 않다.

㉡ 인사나 재계 동향란에 유의한다

재계의 동향이나 인사 이동과 관련된 내용이 나오는 면은 주의 깊게 보도록 한다. 상사나 업무와 관련되어 있는 인사들에 대한 승진·전근이나 경·조사에 대한 기사를 자주 점검한다. 또한 회사와 관련되는 내용들은 신문에 표시를 하거나 복사해서 상사에게 보이도록 한다.

㉢ 주요 기사는 스크랩한다

신문 활용의 관건은 스크랩을 어떻게 하느냐에 달려 있다. 매일 신문을 자르고 정리하고 보관하는 일이 귀찮게 느껴질지 모르지만, 체계적으로 정리된 신문 스크랩은 업무 수행에 필요한 기초 자료를 제공해 주며 자신의 정보 자료원을 만드는 밑거름이 된다. 정보관리 방법으로는 자료를 컴퓨터에 입력하거나, 스캔해서 저장하거나, 신문사 인터넷 서비스를 활용하여 주제별로 컴퓨터에 저장하거나 또는 통일 규격으로 복사해 두는 방법 등이 있다.

㉣ 취업 정보를 획득한다

취업 정보에서도 신문이 신속성·공식성에서 가장 앞선 매체 중의 하나이다. 신문 정보를 이용한 취업의 가능성 외에 취업에서 빼놓을 수 없는 자격증에 대한 정보도 신문을 통해서 얻을 수 있다.

㉤ 주말 섹션을 읽는다

각 신문사에서는 시간에 쫓겨 발행되는 주중 신문에서 충분히 싣지 못하는 다양한 내용들을 주말 섹션에서 다룬다. 특히 문화, 생활, 여행 등과 관련되는 풍부한 내용들을 다루며, 전시회와 음악회 소식뿐만 아니라 미술, 건축, 북 리뷰에 이르기까지 폭넓은 지식들을 주말 섹션을 통하여 습득할 수 있다.

㉥ 광고에 주목한다

신간 서적 광고는 반드시 내용을 살펴 독서 계획을 세울 때 참고로 하는 것이 좋다. 경제지나 경영관리 분야의 책이나 잡지는 광고 내용을 보는 것만으로도 참고가 된다. 그리고 화제가 되는 책이나 베스트셀러는 시대 흐름에 뒤처지지 않게 읽는다.

② TV와 유튜브

㉠ 프로그램을 선택해서 시청하거나 청취한다

중요하지 않은 프로그램은 시간을 낭비하기 때문에 각종 프로그램 가운데 주제를 선별해서 시청 · 청취하는 것이 바람직하다.

㉡ 교육 방송을 충분히 이용한다

교육 방송 프로그램 중에서 어학 강좌, 경제 · 경영 강좌, 교양 강좌 등은 자기계발에 상당한 도움을 주므로, 좀 더 계획성 있게 이용하는 것이 바람직하다. EBS 온라인 강좌나 유튜브 동영상을 활용하면 주제별로 다양한 지식을 습득할 수 있다.

㉢ 라디오 방송을 이용한다

최근 라디오 프로그램 역시 상당한 기술 발전과 과감한 투자로 그 정보 효과가 놀라울 정도로 향상되고 있다. 이러한 라디오 방송도 정보의 안테나 역할을 하게 되는 것이다. 집에서나 직장에서 단순 작업을 할 때 다른 사람들에게 방해가 되지 않는 범위 내에서 라디오 방송을 청취하면 시간의 활용도를 높일 수 있다.

(2) 사내 연수 프로그램

최근에는 사내 연수 프로그램을 활발하게 설치하는 기업이 늘어났다. 업무에 직접적으로 도움이 되는 연수는 물론 폭넓게 자기 능력을 개발하기 위한 각종 연수에도 적극적으로 참여하는 것이 바람직하다. 이러한 사내 연수나 회사에서 추천하는 외부 훈련 프로그램은 자신의 전문 분야를 개발 · 확립한다는 점에서 바람직하다. 특히 대기업을 중심으로 사원의 업무 능력 향상이나 자기계발을 위한 사내 대학, 기술 대학 등 각종 프로그램에 대한 투자가 이루어지며 권장되고 있고, 대학 학력까지 인정해 주는 경우도 있다.

(3) 사외 연수 프로그램

회사 내에서 열리는 사내 연수 외에도 회사 외부에서 열리는 여러 교육 과정을 통한 재교육의 방법이 있다. 사외 연수는 직종이 다른 사람들의 모임이기 때문에 지식 이외에 인간관계를 형성하는 좋은 기회도 된다. 사외 연수는 대학, 대학원, 학원, 각

표 15-1 비서의 자기계발을 위한 교육 훈련 프로그램

정규 프로그램 (교육 제도)	• 방송통신대학, 야간대학(학사 과정)
	• 국제사무학과(구 비서학) 대학원 • 경영대학원, 행정대학원, 정보대학원 등 각종 특수대학원(석사 과정) • 평생교육원: 직무관련 단기과정 및 전문가 과정
비정규 프로그램	• 사내 교육: 경영, 전산, 외국어 교육 및 예절, 기초교양 강좌 • 사외 교육: 한국비서협회나 전문기관 주최의 세미나 및 연수 프로그램

종 협회, 단체, 기업 등 사회교육기관이 많이 개설한다.

이러한 사외 연수의 장점은 다양한 사람들과 네트워크할 수 있고, 비슷한 분야에 종사하는 사람들이 만나 서로 힘이 되어 줄 수 있다는 점이다. 예를 들어, 같은 직종이나 같은 지역에 있는 비서들이 함께 모여 정기적인 모임을 가지거나 회원들이 참여하는 (사)한국비서협회 교육 프로그램에 참가하다 보면 상호 이해가 깊어지고 정보 교환도 되어 열성을 가지게 된다.

사외 연수는 자기 자신이 어떤 문제 의식으로 자신을 성장시키려고 하느냐 하는 목적을 확실히 하여, 목적에 맞는 연수를 선택하여야 한다.

(4) 학위 과정

고등학교나 전문대학을 졸업하고 현직에 종사하고 있는 비서의 경우 야간 학위 과정을 통하여 자기계발을 할 수 있다. 그러나 학위 과정을 계속하기 위해서는 본인의 끊임없는 노력과 상사의 이해 없이는 불가능하다. 또한 공부로 인하여 회사나 상사의 업무에 차질이 있어서는 안 되므로 회사 업무, 시간, 건강 등을 다각적으로 검토하여야 한다.

방송통신대학, 학점은행제 등을 통하여 경영학, 행정학과 같은 관리과학 분야나 영어영문학과, 일어일문학과 등의 어학 분야에서 학사 학위를 취득함으로써 해당 분야에 대한 지식을 넓혀 나갈 뿐 아니라 자신의 자질을 높이고 실력을 쌓아 스스로를 준비함으로써 더 나은 미래를 위하여 대비할 수 있다.

또한 4년제 대학을 졸업하고 현직에 종사하고 있는 경우에는 일반대학원이나 특수대학원을 이용하여 최신 전문 지식과 능력을 습득할 수 있다. 도움이 되는 전공으로는 경제학, 경영학, 정보 테크놀로지, 빅데이터, 심리학, 회계학, 인적 자원 개발, 커뮤니케이션 등 여러 인접 사회과학 영역들이 있다.

3. 자격 시험

자격 시험의 장점은 현재의 업무에 도움이 되는 능력 및 기술 계발이나 미래에 필요로 하는 능력에 대하여 조직적으로 준비함으로써 객관적인 자격증을 획득할 수 있다는 점이다.

특정한 자격 취득을 위해서는 충분한 준비 기간을 두고, 계획을 세워서 노력하여야 한다. 자격 취득을 위한 요점을 정리하면 다음과 같다.

- 목적을 확실히 한다. 즉, 취득하고자 하는 구체적인 자격 시험의 종류와 단계를 확정하여 준비한다.
- 회사와의 공·사(公·私)를 확실히 한다. 취득하고자 하는 자격이 회사와 공적인 관계가 없다면 그 준비를 위해서 사적인 시간을 활용하여야 한다.
- 자격의 난이도를 고려한다. 자신의 능력과 학습 수준을 고려하여 취득 가능한 자격을 우선 준비하는 것이 바람직하다.
- 수험 계획은 무리없이 장기간으로 세운다. 지나치게 빠른 시일 내에 시험을 준비하게 되면 회사의 업무에 좋지 않은 영향을 미칠 수도 있으므로, 충분한 사전 계획 아래 시험을 준비하는 것이 좋다.
- TV나 유튜브 혹은 다양한 온라인 교육을 활용한다. 인터넷 검색을 통하여 특정 자격 시험에 필요한 정보를 수집하는 것도 바람직하다.

(1) 국가공인 비서 자격 시험

〈표 15-2〉는 대한상공회의소가 주관하는 국가공인 비서 자격 시험으로 비서가 되

표 15-2 비서 자격 시험 개요

검정 방법	등급별	시험 과목	객관식 문항	시험 시간
필기 시험	1급	비서실무 경영일반 사무영어 사무 정보관리	20 20 20 20	80분
	2급	비서실무 경영일반 사무영어 사무 정보관리	20 20 20 20	80분
	3급	비서실무 경영일반 사무영어	20 20 20	60분
실기 시험	1급	컴퓨터 활용 능력 1, 2급 워드 프로세서(구 1급) 한글속기 1, 2급, 전산회계운용사 1, 2급 중 택일		
	2급	컴퓨터 활용 능력 1, 2급 워드 프로세서(구 1급) 한글속기 1, 2급, 전산회계운용사 1, 2급 중 택일		
	3급	컴퓨터 활용 능력 1, 2급 워드 프로세서(구 1급) 한글속기 1, 2, 3급, 전산회계운용사 1, 2, 3급 중 택일		

출처: http://license.korcham.net/

기 위해서 꼭 취득하여야 하는 비서 자격 시험의 주요 내용이다. 대학 재학 기간 동안 미리 준비하여 자격증을 취득하면 비서로서 필요한 지식이나 능력을 익힐 수 있을 뿐 아니라 취업 시에도 많은 도움이 된다. 시험은 필기 시험과 실기 시험으로 나뉘는데, 실기 시험은 컴퓨터 활용 능력, 워드 프로세서, 속기 등의 자격을 따면 된다. 필기 시험은 객관식 유형으로 출제되며 전 과목 평균 60점 이상, 각 과목은 40점 이상 취득하여야 합격할 수 있다.

(2) 로펌비서 자격 시험

> 로펌비서 자격(1, 2급)
> 고용노동부에 등록된 법률분야 민간자격
> 주관 · 시행: (사)한국비서사무협회 / 공동개발: 한국비서학회

① 로펌비서 자격 제도

법률서비스 시장이 확대되고 국내 로펌들이 대형화 · 전문화 · 조직화되면서 변호사 수와 이들을 지원하는 비서의 수도 증가하였다. 법률비서직의 지속적인 수요 증가에 대비하고 전문화를 제고하기 위하여 2023년 3월부터 시행되었다.

(사)한국비서사무협회 혹은 한국자격평가원 사이트에서 온라인 교육을 수강 후 자격 시험에 응시하면 자격증 (1급, 2급)을 취득할 수 있다.

② 로펌비서 자격 개요

㉠ 로펌비서 직무내용 및 응시자격

등급		내용
1급	직무 내용	비서실무에 대한 이해와 법률 소양 및 관련 분야 지식을 갖추고 기업 자문과 영어 법률용어 이해를 바탕으로 대형 로펌(법무법인) 및 법률사무소에서 조직과 상사가 고객에게 효율적으로 법률서비스를 제공할 수 있도록 비서업무와 더불어 다양한 사무지원업무를 상당한 수준에서 수행
	응시 자격	제한없음
2급	직무 내용	비서실무에 대한 이해와 기본적인 법률 소양 및 관련 분야 지식을 갖추고 중소형 로펌(법무법인) 및 법률사무소에서 조직과 상사가 고객에게 효율적으로 법률서비스를 제공할 수 있도록 비서업무와 더불어 다양한 사무지원업무를 초보적인 수준에서 수행
	응시 자격	제한없음

㉡ 검정과목

등급	검정과목	검정방법	강좌수
1급	로펌비서개론 로펌비서실무 로펌비서심화 로펌비서영어	필기시험 25문항 (객관식 4지 선다형), 합격 평균 60점 이상	27강 (한 강의 당 25분 정도)
2급	로펌비서개론 로펌비서실무		18강 (한 강의 당 25분 정도)

(3) CAP(the Certified Administrative Professional)

국제사무전문가협회(International Association of Administrative Professionals: IAAP)는 오랫동안 CPS(Certified Professional Secretary)라는 국제 전문 비서 자격증을 운영해 왔다. 그러나 비서 직군에 종사하는 사람들뿐만 아니라 국제 사무관리 전문가, 즉 일반 행정 지원 사무직군에 종사하는 이들도 응시할 수 있는 CAP(Certified Administrative Professional) 자격 제도를 2012년도부터 실시하여 오고 있다.

CAP가 되기 위해서는 학력에 따라 최소 2년 이상의 실무적인 사무관리 경력이 있어야 한다. 지난 10년 동안 4년제 대학 졸업자의 경우 2년 이상, 2년제 대학 졸업자는 3년 이상, 고등학교 졸업자는 4년 이상의 경력이 요구되며 적어도 한 직장에서 1년 이상의 근무 경력이 있어야 한다.

또한 경력 기간 동안 다음과 같은 업무 경험이 포함되어 있어야 한다.

- Verbal and written communication with both internal and external clients
- Business writing, proofreading, editing
- Record management
- Meeting planning, travel planning
- Project management
- Human resource activities, hiring, compliance
- Budgeting, accounting function

비서와 사무직군들을 대상으로 대대적인 직무분석을 실시한 결과로 지식체(body of knowledge) 영역을 정의하고 이를 시험 과목에 반영하였다. CAP 시험은 〈표 15-3〉과 같은 과목들로 구성되며, 총 700점 만점에 500점 이상 맞아야 합격할 수 있다. Operational Functions에는 Human Resources와 Financial Functions 등이 포함된다.

표 15-3 CAP 시험 과목과 배점

시험 과목	배 점
Organizational Communication	24%
Business Writing and Document Production	22%
Technology and Information Distribution	16%
Office and Records Management	15%
Event & Project Management	12%
Operational Functions	11%
계	100%

경험 요구 사항과 시험 과목들을 살펴보았을 때 비서를 포함한 사무전문가들에게 기존의 비서 업무뿐 아니라 이벤트/프로젝트관리, 인사관리, 재무관리 등의 업무가 더 추가되고 있음을 알 수 있다.

(4) MOS

MOS는 Microsoft Office Specialist의 약자로서, Microsoft Office 소프트웨어의 활용 능력을 측정하는 시험이다. MOS는 컴퓨터의 실제 활용 능력을 측정하는 것이 목적이므로, 이론 문제나 객관식 유형이 없이 모든 문제를 실제 프로그램상에서 컴퓨터를 직접 조작하여 답을 얻는 100% 실기 시험이다. Microsoft Office에 포함된 프로그램 중 자유롭게 선택해서 응시할 수 있으며, 현재 Word, Excel, PowerPoint, Access, Outlook이 각각 시행되고 있다. 〈표 15-4〉는 현재 시행 중인 시험의 수준(level)과 과목을 설명한 표이다.

표 15-4 MOS 자격증 등급

Level	자 격
Master	별도의 시험 없이 Word(expert), Excel(expert), PowerPoint(core)는 필수 취득하고, 선택으로 Access(core), Outlook(core) 중 1과목을 취득하여 4개의 자격증을 획득하면 Master 자격을 받는다.

Expert(상급)	MS Word expert(문항 수 25~35개, 50분, 1,000점 만점)
	MS Excel expert(문항 수 25~35개, 50분, 1,000점 만점)
Core(일반)	MS Word core(문항 수 20~30개, 50분, 1,000점 만점)
	MS Excel core(문항 수 20~30개, 50분, 1,000점 만점)
	MS PowerPoint core(문항 수 30~40개, 50분, 1,000점 만점)
	MS Access core(문항 수 30~35개, 50분, 1,000점 만점)
	MS Outlook core(문항 수 30~35개, 50분 소요, 1,000점 만점)

(5) TOEIC

TOEIC은 Test of English for International Communication의 약자로서 영어가 모국어가 아닌 사람들을 대상으로 언어 본래의 기능인 '커뮤니케이션' 능력에 중점을 두고 일상 생활 또는 국제 업무 등에 필요한 실용 영어 능력을 평가하는 시험이다. TOEIC 시험에는 Listening & Reading 시험과 Speaking & Writing 시험이 있다.

많은 직장에서 TOEIC 점수를 입사 시험의 영어 시험 성적으로 인정해 주기도 하고, 승진 시 일정 점수 이상이 되면 가산점을 주기도 한다.

표 15-5 TOEIC 시험

구 분	TOEIC
출제 기관	미국 ETS(Education Testing Service)
시험 대상	대학생, 직장인, 공무원, 개인
출제 방향	직장인들의 어학 능력 측정, 커뮤니케이션 능력 측정
출제 유형, 시간	• Toeic Listening & Reading – Listening(100문항, 45분) – Reading(100문항, 75분) • Toeic Speaking & Writing Tests - Speaking(11문항, 20분) - Writing(8문항, 60분)
만점	Toeic Listening & Reading: 990점 Toeic Speaking & Writing Test: 각 200점
유효 기간	2년

시험 시기	수시(인터넷 홈페이지에서 검색)
시험 특징	1. Speaking 시험은 컴퓨터상에서 이루어짐 2. Listening & Reading Test는 카드에 연필로 표기함 3. 시험의 소재는 사회 및 직장 생활에 필요한 기본적인 단어 사용 4. 별도의 환산표에 의하여 난이도 결정 5. 점수 등급별로 구분

15. 3 네트워킹과 맨토링

1. 네트워킹

사회적으로 성공한 사람들의 경우 네트워크(network)가 각계각층에 고루 퍼져 있어 그 네트워크를 자산으로 활동을 펼쳐 나가게 된다. 이러한 인간관계는 하루아침에 저절로 얻어지는 것이 아니라 평소 꾸준히 키워 나가고 쌓아나가지 않으면 안 된다.

비서는 효과적인 업무 처리뿐만 아니라 자신의 계발을 위해서도 지속적으로 인맥, 즉 네트워크를 형성해 나가는 것이 바람직하다. 또한 비서 직무의 성격 자체가 많은 중요한 사람들을 접할 수 있는 위치에 있으므로 적극적인 관계 형성을 할 수 있다. 먼저, 자신의 업무와 관련되는 혹은 알고 있는 사람들을 점검해 볼 필요가 있다. 자신은 그다지 아는 사람이 많지 않다고 생각하는 사람도 곰곰이 따져보면 의외로 많은 인적 자산을 가지고 있는 것을 알게 된다. 대부분의 사람들은 그것을 깨닫지 못한 채 활용하지 않고 있을 따름이다.

사람은 일생 동안 학교, 직장, 종교 단체, 사회 단체, 취미 동호회 등 각종 단체를 통하여 많은 사람들과 만나게 된다. 단지 이러한 만남을 한 번의 만남으로 끝내 버리는 사람과 단 한 번의 만남도 소중하게 여기고, 그 관계를 키워 나가는 사람과의 차이는 굉장히 크다. 따라서 적극적인 인간관계를 형성할 마음의 준비와 태도로 많은 사람들과 개방적이고도 우호적인 관계를 유지하려는 노력이 중요하다.

예를 들면, 입사한 지 얼마 안 된 비서가 상사가 애용하는 고급 식당을 예약하기 위하여 전화를 걸었을 때 예약만 기계적으로 하고 끝낼 것이 아니라, 상대방에게 자신을 소개하고 잘 부탁한다는 인사말과 함께 상대방의 이름을 알아 두고 관계를 구축한다. 다음번 예약 때에도 그 담당자를 찾아 안부 인사와 함께 예약을 하면 자연스럽게 친근감이 형성되고, 또 기회가 있으면 만나 얼굴을 익혀둘 수도 있다. 이런 관계가 형성되고 나면 예약이 힘든 상황이 발생하더라도 상대방으로부터 적절한 도움을 받을 수 있다.

효율적인 업무 수행을 위한 네트워킹(networking)도 중요하지만 자신의 계발을 도모할 수 있는 인사들과의 관계 형성도 중요하다. 전문 업무 수행 시에 의문점이 발생할 때, 혹은 자신의 문제 해결에 조언이나 충고의 말을 청할 수 있는 스승이나 선배들 혹은 전문가들을 많이 알아두는 것도 중요하다. (사)한국비서협회(www.kaap.org)에 가입하거나 비서를 대상으로 하는 커뮤니티에 가입하는 것도 네트워킹의 좋은 방법 중 하나이다.

외부 기관에서 주최하는 세미나나 강연에 참석하는 것도 자기계발의 인맥을 넓힐 수 있는 좋은 기회이다. 단지 강연을 들을 뿐 아니라 강사는 물론 참가자들과 적극적으로 인간관계를 형성해 교제를 강화해 나가는 것이 중요하다. 이런 사람들로부터 회사 내에서는 얻기 힘든 정보를 수집하는 경우가 많다. 참가자들을 권유해 정기 세미나를 만드는 것도 네트워크의 유지와 확대를 위한 한 방법이다. 또한 업무와 관련된 인터넷 동호회에 가입하여 네트워크와 지식을 동시에 넓힐 수 있다. 예를 들면, 삼성경제연구소(www.seri.org) 홈페이지에 가면 마케팅, 파워포인트 제작 등 분야별로 많은 동호회가 활동하고 있는 것을 볼 수 있다.

각종 자원봉사단체나 종교 모임, 취미 클럽에의 참여도 자신의 생활을 더욱 풍요롭게 할 수 있을 뿐만 아니라 네트워킹을 넓혀 갈 수 있는 좋은 기회이기도 하다. 이러한 단체에서는 사회 각 분야의 사람들이 다 참여하기 때문에 다양한 관계를 구축할 수 있다.

네트워킹을 유지할 때 중요한 것은 필요할 때 상대방의 도움이나 정보를 구하기도 하지만 나 스스로도 상대방에게 언제든지 그 이상의 도움과 정보를 제공할 용의와 준비가 되어 있어야 하며, 평소 꾸준한 관계를 유지하여야 한다는 것이다. 일방적으로 도움을 청하기만 하거나 필요한 경우에만 연락하여 도움을 요청하는 관계는 결코 오래 지속될 수 없다.

2. 멘토링

멘토(mentor)란 인생을 살아가면서 혹은 직장에서 풍부한 지식과 경험을 갖추고 필요할 때 조언이나 안내, 가르침 등을 장기적으로 제공해 주는 사람이라고 할 수 있다. 멘토링(mentoring)이란 멘토의 경험으로부터 멘티(mentee)가 다양한 지식과 지혜를 배우는 관계를 의미한다. 멘토는 비공식적인 인간관계 혹은 이미 내가 알고 있는 누군가와의 관계에서도 찾을 수 있지만 직장 내에서는 선임자가 될 수도 있고, 비서에게는 선배 비서나 상사가 될 수도 있다.

비공식적인 멘토링은 주위에서 필요한 전문성과 지식 또는 기술을 갖추고 있는 사람을 찾아 멘토가 되어 줄 것을 요청하여야 한다. 반면 공식적인 멘토링은 회사나 업무와 관련된 모임이나 사내 멘토링 프로그램을 통하여 지도를 받을 수 있다. 성공적인 멘토링은 신뢰와 커뮤니케이션을 바탕으로 이루어지기 때문에, 초기에 상호 신뢰와 존경을 쌓는 것이 매우 중요하다.

비서에게는 상사가 가장 훌륭한 멘토가 될 수 있으며 존경할 만한 상사를 보좌하는 것은 매우 행운이다. 멘토는 멘티가 조직 내에서 수평적 이동과 승진을 할 수 있는 기회를 제공해 줄 뿐 아니라 멘티가 경력 개발을 할 수 있도록 지도하고 보호해 주기도 하기 때문이다. 따라서 입사 초기에 적극적으로 사내에서 자신의 멘토가 되어 줄 수 있는 사람을 찾아 지도를 받음으로써 회사에 빨리 적응할 수 있을 뿐만 아니라 회사 내에서 지속적인 경력 개발을 해 나갈 수 있을 것이다.

15.4 비서직 경험을 바탕으로 한 경력 전환

1. 다른 직종으로의 전환

비서는 일단 상사와 회사로부터 신임을 받으면 회사 내 다른 직종으로의 전환이 비교적 쉽다. 비서로 몇 년 경력을 쌓다보면 회사 내 부서의 업무 내용과 회사 내·외의 다양한 사람들에 대하여 알게 되고, 또 비서직을 통하여 쌓은 지식과 능력을 다른 업무에서도 잘 활용할 수 있기 때문이다. 외국계 회사의 인사 담당자나 헤드헌팅에 종사하는 사람들 중 비서직 출신이 많은 것도 이러한 이유 때문이다.

비서로 몇 년 경력을 쌓고 난 뒤 오피스 매니저(office manager), 즉 사무관리 책임자로도 많이 발탁되는데, 특히 규모가 크지 않은 외국계 로펌이나 외국 회사 한국 지사에서는 오피스 매니저에 대한 수요가 점점 늘어나고 있다. 오피스 매니저는 인사, 구매, 총무 등 다양한 행정 지원 업무를 총괄하며, 최고경영자나 관리자를 지원하고 조직의 목적 달성을 돕는다.

그 외 인사, 홍보, 금융, 교육훈련 전문가, 호텔 전문가 등 다양한 직종에서 두각을 나타내는 전직 비서들을 쉽게 찾아볼 수 있다.

2. 회사 설립

많은 회사원들의 경우와 마찬가지로 비서의 경우에도 조직 내에서 성장의 한계에 부딪쳤을 때 혹은 직장 경험을 바탕으로 자신의 사업을 시작하고 싶을 때 여러 방안을 생각할 수 있다. 외국의 경우 비서직으로 시작하여 최고경영자의 자리까지 오른 사람들이 있는가 하면 비서로서의 경험을 살려 사업에 성공한 사례를 많이 찾아볼 수 있다.

비서는 최고관리자들을 측근에서 보좌하면서 그들의 의사결정 과정과 문제 해결 과정을 지켜보며 계발한 경영자적인 소양과 자질 및 비서 경력을 통하여 구축한 인적 네트워킹을 활용하여 성공적으로 독립 사업체를 설립하고 이끌어 나갈 수 있다. 전직 비서들이 자신들의 경험을 살려 운영할 수 있는 회사들의 종류는 다음과 같다.

① 인력 소개 회사(manpower service): 기업체에 임시직 혹은 정식 직원들을 소개해 주는 회사

② 사무관리 회사: 복사/제본, 대량 우편물 발송, 문서 파기 등을 대행하는 회사

③ 여행사: 출장 및 여행 전반에 관련된 교통편, 숙박편 안내 및 제공

④ 이벤트 사업: 각종 이벤트를 기획에서 실행에 이르기까지 총괄적으로 기획하여 기업체에 판매하거나 기업체를 대신해서 행사를 총괄적으로 준비하는 회사

⑤ 컨벤션 개최 대행사: 국제 행사 개최나 대형 회의 개최 전반에 관한 사항의 준비 및 실행을 대행해 주는 회사

⑥ 비서・사무 교육/훈련 컨설팅: 예비 비서의 교육 및 현직 비서들의 재교육을 실시하고 각종 능력 계발 프로그램을 개발하여 제공하는 회사

⑦ 사무기기/가구/비품 회사: 각종 사무기기, 비품 및 가구들을 판매하고, 특히 사무실의 재설계 및 인테리어 서비스를 제공하는 회사 등

그 외 어떤 유형의 사업이든지 자신의 능력과 관심 분야에 따라 설립해서 운영할 때 비서로서의 조직 생활 경험은 많은 도움이 될 것이다.

With information technology restructuring corporations, employers right sizing and realigning, and the emergence of a global economy and communication network, our work styles and life styles are being altered. How we perceive tomorrow is dependent on our values and our vision of the "new world order." As secretaries, administrative/executive assistants, and related office professionals, we can make the world of work a better place for our profession.

To survive amidst the hail storm of change, secretaries must:

- Continue to be proactive – not reactive;
- Focus on new opportunities – not old problems;
- Utilize resources for growth – not merely survival;
- Concentrate on possibilities – not probabilities;
- Take pride in service – not rewards.

The future is a journey – not a destination. True, we can't see it. There is no road map to it.

By Evelynne Thompson

익힘문제

1. 직업 현장에서 필요로 하는 기초 직업 능력은 무엇인지 서술하라.

2. 효과적인 목표관리 방안을 설명하라.

3. 비서의 자기계발 방안을 서술하라.

사례연구

1. 대한상공회의소 홈페이지에서 비서 자격 시험 검정 기준을 찾아보고 응시를 위한 계획을 세워보자.

2. (사)한국비서협회 홈페이지와 국제사무전문가협회 홈페이지(www.iaap-hq.org)를 방문하여 비서 교육을 위하여 어떠한 재교육 프로그램이 제공되고 있는지 살펴보자.

3. 비서들이 활동하는 온라인 동호회의 종류를 알아보자.

참고문헌

[국내 문헌]

강예린 · 최애경(2019). 고경력 비서의 직업정체성 형성과정에 관한 현상학적 연구, 『비서 · 사무경영연구』, 28(1): 113-142.

고윤정 · 최애경(2016). 법률비서 직무 및 역량 측정도구 개발을 위한 기초연구: 송무비서를 중심으로, 『상업교육연구』, 30(5): 231-255.

김미영(2015). 대기업 임원 비서의 직무수행과 성격 5요인: 상사-부하 교환관계(LMX) 및 임파워먼트의 관계, 박사학위논문, 서울대학교.

김지영 · 최애경(2018). 법률비서의 경력정체가 조직효과성에 미치는 영향과 사회적 지원의 조절효과에 관한 연구: A로펌을 중심으로, 『비서 · 사무경영연구』, 26(2): 103-128.

박경옥(2017). 인공지능 가상비서의 비서직무 수행역량에 대한 연구, 『비서 · 사무경영연구』, 26(2): 253-272.

송가은 · 최애경(2012). 스마트 기기 이용에 따른 비서 업무 변화에 관한 연구, 『비서 · 사무경영연구』, 21(2): 57-82.

안혜진(2012). 의료비서의 역할과 특성에 관한 기초연구, 석사학위논문, 이화여자대학교.

오지현 · 양지혜(2019). 인공지능비서 출현에 따른 비서직의 경력촉진 방안에 관한 연구, 『비서 · 사무경영연구』, 28(2): 5-34.

오지현 · 최애경(2013). 비서직 종사자의 조직 내 경력개발에 관한 현상학적 연구, 『비서 · 사무경영연구』, 22(3): 109-134.

이동훈(2019). 『4차 산업혁명시대 경영정보시스템』, 한빛출판네트워크.

정유정 · 최애경(2007). 한국 법률비서의 역량 중요도에 관한 연구, 『비서 · 사무경영연구』, 16(1): 63-84.

조계숙 · 최애경(2007). 『현대비서학』(개정판), 대영문화사.

______(2011). 『로펌비서실무』, 대영문화사.

______(2016). 『비서실무론』(제3판), 대영문화사.

최애경(2006). 『인간관계의 이해와 실천』, 도서출판 청람.

______(2018). 『직업윤리와 기업윤리』, 도서출판 청람.

최애경 · 김은주(2006). 국내 대기업 팀비서와 외국계 기업 팀비서의 역할과 역량에 관한 비교연구, 『비서 · 사무경영연구』, 15(1): 49-70.

한국기술교육대학교(2005). 『비서 직무분석 개발』.

한국비서협회, http://www.kaap.org

황미선 · 최애경(2011). 법률비서의 직무에 관한 연구, 『비서 · 사무경영연구』, 20(1): 45-66.

[국외 문헌]

Bovee, C. L. & J. V. Thill(2017). *Business Communication Today*, 13th ed., Pearson Prentice Hall.

Fulton-Calkins, P.(2007). *The Administrative Professional: Technology & Procedure*, South-Western/THOMSON.

Guffey, E. & S. Carolyn(2006). *Business Communication Process & Product*, South-Western/THOMSON.

Houghton Mifflin Co.(2001). *The New Office Professional's Handbook*, 4th ed.

Oders, P. & B. Keeling(2000). *Administrative Office Management*, South-Western Publishing Co.

Oliverio, M., W. Pasewark, & B. White(2013). *The Office: Procedures and Technology*, 6th ed., South-Western Publishing Co.

Quible, Z. K.(2014). *Administrative Office Management*. 9th ed., Pearson Education, Ltd.

Quinn, R. E. & Rohrbaugh, J.(1983). A spatial model of effectiveness criteria: Toward and competing values approach to organizational analysis, *Management Science*, 29(3): 376-377. pubonline.informs.org/

Rankin, D. & K. Shumack(2017). *The Administrative Professional: Technology and Procedures*, 15th ed., Cengage Learning.

Read, J. & M. L. Ginn(2016). *Records Management*, 10th ed., Cengage Learning.

Sharma, P.(2018). Soft Skills Personality Development for Life Success, BPB Publications.

Verzuh, E.(2005). *The Fast Forward MBA in Project Management*, John & Wiley, Sons, Inc.

Wallace, H. & A. Masters(2010). *Personal Development for Life and Work*, South-Western/THOMSON.

White, A.(2003). *Interview Styles & Strategies*, South-Western/THOMSON.

Zemke, R., C. Raines, & B. Filipczak(2000). *Generations at Work*, AMACOM.

https://cdn.ymaws.com/www.iaap-hq.org/resource/resmgr/docs/certification_pdf/cap-body-of-knowledge_2018up.pdf

찾아보기

ㅇ

ㅈ

ㅎ

기타

저자 소개

조계숙

- 성균관대학교 경영학 박사
- 이화여자대학교 국제사무학과 명예교수

[저서 및 논문]

- 비서실무론, 로펌비서실무, 대영문화사 외 다수

최애경

- 뉴욕주립대학교 교육학 박사
- 현재 이화여자대학교 국제사무학과 교수

[저서 및 논문]

- 비서실무론, 대영문화사
- 인간관계의 이해와 실천, 청람 외 다수

정성휘

- 이화여자대학교 경영학 박사, MIS 전공
- NCS개발위원/감수위원 역임, 현 대한상공회의소 국가기술자격 전문위원
- 현재 인하공업전문대학교 비서과 교수

[저서 및 논문]

- 비서의 개인특성과 직무 및 환경특성이 창의성에 미치는 영향
- 비서실무 멘토링, 한올 외 다수

정미숙

- 이화여자대학교 대학원 경영학박사, 경영학과
- 현재 부천대학교 비서사무행정과 교수

[저서 및 논문]

- 트리즈를 활용한 비서의 창의적 문제해결 교육방안
- 비서과 학생의 진로의식과 대학생활적응간의 관계 외 다수

김미영

- 서울대학교 교육학 박사, 산업인력개발학 전공
- 현재 부산외국어대학교 국제비서학과 교수

[저서 및 논문]

- 국내기업 신입비서에게 기대하는 역할과 직무역량에 관한 연구
- 팀비서가 지각하는 조직분위기와 직무만족 및 직무수행과의 관계 외 다수

윤미숙

- 서울대학교 교육학 박사, 농산업교육과
- 현재 대림대학교 비서사무행정학부 비서전공 교수

[저서 및 논문]

- 진로진학상담교사 역량 개발, 교육부
- 비서의 역할 및 역량모델링에 관한 델파이 연구 외 다수

조영아

- 경기대학교 이벤트국제회의학 박사
- 현재 한양여자대학교 비서인재과 부교수

[저서 및 논문]

- 비서사무교육에의 적용을 위한 스마트워크 탐색 연구
- 직무 중심 전문대학 비서과 교육과정 사례연구 외 다수

오지현

- 숙명여자대학교 정책학 박사, 인력개발정책학 전공
- 현재 경민대학교 국제비서과 조교수

[저서 및 논문]

- 비서직 종사자의 조직 내 경력개발 경험에 관한 현상학적 연구
- 인공지능비서 출현에 따른 비서직의 경력촉진 방안에 관한 연구 외 다수

제3판
현대비서학

펴낸날 제1판 제1쇄 1997년 12월 20일
제2판 제1쇄 2007년 8월 20일
제3판 제1쇄 2021년 2월 10일
제3판 제2쇄 2023년 3월 8일

지은이 조계숙 · 최애경 · 정성휘 · 정미숙
김미영 · 윤미숙 · 조영아 · 오지현

펴낸이 임춘환
펴낸곳 도서출판 대영문화사
주소 (본사) 사무실: 경기도 고양시 일산서구 주화로 70
우신프라자 307호 (㊗ 10387)
(본사) 물류센터: 경기도 고양시 일산서구 덕산로
107번길 68-50 (㊗ 10205)
등록 1975년 12월 26일 제3-16호
전화 (031) 913-3062, (031) 914-3884~5
팩스 (031) 913-3839
홈페이지 http://www.dymbook.co.kr

ISBN 978-89-7644-771-5
값 25,000원

이 책의 인세 전액은 비서들의 전문성 향상을 위한 교육 기금으로 (사)한국비서사무협회에 기부됩니다.